U0916245

国学『两创』教材系列

《论语》校释译论

杨树增／著

山东人民出版社·济南
国家一级出版社 全国百佳图书出版单位

图书在版编目（CIP）数据

《论语》校释译论/杨树增著.--济南：山东人民出版社，2018.1

ISBN 978-7-209-11323-6

Ⅰ. ①论… Ⅱ. ①杨… Ⅲ. ①儒家②《论语》-译文 Ⅳ. ①B222.24

中国版本图书馆CIP数据核字(2018)第030956号

《论语》校释译论

杨树增 著

主管部门 山东出版传媒股份有限公司
出版发行 山东人民出版社
社　　址 济南市英雄山路165号
邮　　编 250002
电　　话 总编室（0531）82098914
　　　　 市场部（0531）82098027
网　　址 http://www.sd-book.com.cn
印　　装 日照报业印刷有限公司
经　　销 新华书店

规　　格 16开（170mm×240mm）
印　　张 32.25
字　　数 510千字
版　　次 2018年1月第1版
印　　次 2018年1月第1次
印　　数 1-5000
ISBN 978-7-209-11323-6
定　　价 68.00元

目　录

导 言

《论语》是儒家重要的经典之一，据班固《汉书·艺文志》载："《论语》者，孔子应答弟子时人及弟子相与言而接闻于夫子之语也。当时弟子各有所记。夫子既卒，门人相与辑而论纂，故谓之《论语》。"从班固所记，可知《论语》一书是孔子弟子及其再传弟子根据直接记录和传闻记录共同纂辑的孔子言论集，也兼记孔子弟子及当时人一些言行。大约在孔子逝世后的战国初基本编定。《论语》文字不多，却有不少重复的章节，有些字句完全相同，说明对孔子的言论，其弟子及再传弟子各有记载，后来汇集成书时并未作严格审订，所以《论语》一书是多人合成的著作。

《论语》传至汉初，国内流传着二个版本，传习于鲁国的本子称作《鲁论语》，传习于齐国的本子称作《齐论语》。《齐论语》有二十二篇，比《鲁论语》多出《问王》《知道》二篇，其余二十篇的章句和《鲁论语》大致相同。到了汉武帝末年，鲁恭王刘馀为扩大其宫室而拆除孔子故宅墙壁时，得到用战国时的文字抄写的《论语》，当时人们已称战国时的文字为"古文"，故称这部《论语》为《古论语》。《古论语》与《鲁论语》《齐论语》有所不同，一是没有《齐论语》中的《问王》《知道》二篇，二是把《尧曰》篇中的"子张问于孔子"以下文字另分为一篇，于是《古论语》中有了两个《子张》篇，共二十一篇，篇次也和《鲁论语》《齐论语》不一样，文字不同的计有四百多字。《鲁论语》和《齐论语》最初各有师传，《古论语》当时并没有人传授。到西汉末年，安昌侯张禹参校《鲁论语》《齐论语》，并将二者融合为一，篇目仍以《鲁论语》为据，编成新的《论语》，世称《张侯论语》。《张侯论语》当时就为一般儒生所尊奉，东汉灵帝时所刻的《熹平石经》中的《论语》，即采用此本。东汉末年，大学者郑玄以《张侯论语》为底本，参照《齐论语》、《古论语》作《论语注》，郑玄所定的《论语》，即为以后代代相传的今本。今本二十篇，已无《问王》《知道》二篇，也不再将《尧曰》

篇中“子张问于孔子”以下别立一篇。各篇名大多数取自首章首句中的二三字，全书五百多章，一万二千七百多字。

孔子（公元前551年—公元前479年）名丘，字仲尼，春秋末期伟大的思想家、政治家、教育家、史学家和文献整理家。祖籍是周初的宋国（今河南省商丘），祖上是殷商王室的后裔，六世祖孔父嘉是宋国的贵族，因动乱被杀，他的儿子木金父逃至鲁国，住在陬邑（今山东曲阜），到孔子父亲叔梁纥死后，家庭开始衰落。孔子自己也说：“吾少也贱，故多能鄙事。”（《论语·子罕》，以后凡引《论语》中语，除附录外，皆不注）孔子成人后，在鲁国季氏处曾任“委吏”（管理仓库账目）和“乘田”（管畜牧）等小官，属于从破落贵族家庭中成长起来的士阶层人物。

鲁国是周武王弟弟周公姬旦的封国，西周末期，王官礼乐文化衰微，文化中心东移，至春秋末期，鲁国仍然很大程度上保持着西周礼乐文化的传统，孔子从小就生活在这一文化氛围之中。他是一个非常勤奋好学的人，相传他曾问礼于老子，学乐于苌弘，学琴于师襄。大约在三十多岁，渊博的学识已被社会普遍认可，他一边收徒讲学，一边从事政治活动，五十一岁时被任命为鲁国中都宰（中都邑的长官），后又升为司空（主管鲁国的宫廷城邑建设）、司寇（主管鲁国的司法）、摄相事（代理鲁国宰相）。并以大司寇的身份，陪同鲁定公赴夹谷与齐景公会盟，以自己的大智大勇，挫败了齐国凌辱鲁国的阴谋。又在鲁国发起和参与限制卿大夫势力扩张的“堕三都”活动。齐国见鲁国因孔子治理日益强大，很害怕，于是使用离间计，使孔子与鲁国卿大夫发生严重矛盾冲突而被迫辞官离开鲁国。孔子于是率弟子们周游卫、宋、陈、蔡、齐、楚等国，想用自己的学说来挽救乱世，但所到之处，都不被重视。在鲁哀公十一年（公元前484年）又返回鲁国，致力于文化教育，整理《诗》《书》等古代文献，编著成《春秋》一书。鲁哀公十六年时，孔子逝世，享年七十三岁。

春秋战国时期，是中国历史上重大的社会转型期，社会的体制逐渐由封建领主制转变为封建地主中央集权制，重大的社会变革，使社会动荡之漫长，斗争之激烈，成为中国历史之最。史无前例的社会大变革引起社会意识形态的大变动，人心思变，士阶层空前活跃，统治阶级政治控制力削弱，必然带来学术的繁荣。时代要求对以往的历史进行总结，对即将到来的新社会提出新的模式规划，于是一批史学家、思想家便应运而生。孔子生在这一社会转型期的中期，是转型期涌现出来的思想家中最杰出的代表。孔子的思想是尧、舜二帝及夏、商、周三王时代先进思想的历史总结，是转型期时代创造的新的精神成果，以他为代表的儒家学派代表了当时社会的先进文化，并在后来构成了中华民族传统文化的核心，制约了此后二千余年的中国封建社会的发展。学衡派代表人物吴宓在 1927 年 9 月 22 日《大公报 · 文学副刊》上发表《孔子之价值及孔教之精义》一文，他认为孔子的“道德智慧，卓绝千古，……孔子为中国文化之中心，其前数千年之文化，赖孔子而传。其后数千年之文化，赖孔子而开”。孔子所创造的精神成果，至今仍是人类宝贵的智慧资源与精神财富。

近一百多年来，孔子被一些人认为是腐朽的奴隶主旧制度的维护者，实际上恰恰相反。他维护的是三代优秀的传统文化，打着弘扬尧、舜、禹、汤、文王、武王、周公之道，恢复周礼的旗号，来建立大一统封建地主阶级的新秩序。他的思想虽然不为当时一心想靠武力争霸的各诸侯所采纳，但并不能因此而断定他在政治上属于保守派，他的以仁爱为主体的思想恰适应了广大农奴要求解放、生产力迅猛发展的时代潮流。在激烈的社会转型的过程中，他的思想当然有其历史的局限性，但积极进取、改革创新的一面还是主要的，孔子是新兴地主阶级伟大先驱与杰出文化的代表。

孔子学说的核心是“仁”,”仁”即“爱人”，或“泛爱众”、“博施于民而能济众”，仅这一点就与奴隶主阶级以及封建领主阶级划清了界限。孔子“爱人”有两个标准，即从积极的方面——“忠”着眼，便是“己欲立而立人，己欲达而达人”；从消极的方面——“恕”着眼，便是“己所不欲，勿施于人”。完全以换位的思考，来推己及人。孔子特别要求统治者“节用而爱人，使民以时”，反对对老百姓横征暴敛，并把统治者的虐民苛政比作吃人的猛虎，表现了对民众的关心与重视，体现了鲜明的人道主义精神。但孔子的“爱人”是有等次的爱，这个等次不是因人不同而将赋予人的爱分成三六九等，而是强调因施爱者地位的不同，对其施爱方式有不同的要求。体现这个等次的内容便是“礼”。孔子认为“礼”是“仁”的各种规范，“礼”必须服从“仁”，所谓“人而不仁，如礼何？人而不仁，如乐何？”离开了“仁”便无从谈“礼”。礼对不同的人有不同的要求，如人子敬爱父母谓之孝，人臣服从君主谓之忠，亲亲尊尊，长幼尊卑有别，

孝是仁的出发点。但每个人所爱的人是多方面的，爱的方式也是多种多样的，孝只是人子敬爱双亲的一种标准罢了。孔子对君臣父子及所有不同身份的人都提出爱人的具体要求，所谓君君、臣臣、父父、子子，各有各的要求，从而达到整个社会的亲爱和谐，以此为核心替新兴封建地主阶级治国理政设计了根本大法，为大一统封建社会的建立提供了理论基础。

历来的统治阶级对孔子及其思想的态度，总是以是否有利于自己的利益为判断标准，每当他们冒着“乱臣贼子”的恶名向旧统治者夺取政权时，就厌恶或反对孔子那一套理论。而他们一旦大权在握，就要防范新的“乱臣贼子”的出现，于是一改往日的态度，把孔子及其学说捧上了天，以此来维护自己已得到的政权，因为孔子为维护大一统封建社会长治久安提供了理论武器。当孔子逐渐成为世人公认的“圣人”之后，统治阶级为了维护自己的利益，对孔子思想进行了有利于自己的曲解与篡改，对孔子思想最大的篡改，就是变“泛爱众”为“唯爱上”，即从我爱人人亦爱我的双向施爱变成你爱我我不必爱你的单向受爱。这一理论首启者是汉代董仲舒，他的“三纲说”，即君为臣纲、父为子纲、夫为妇纲，只提倡对统治者或政治、经济支配者尽爱的义务，而对被统治者或政治、经济上被支配者的正当利益或人权，却无视、漠视与轻视，继而历代统治阶级以“忠孝节义”取代了“仁”的全部内涵，只提倡臣子尽忠、人子尽孝、妻子守节、下属行义，甚至提出“君叫臣死臣不得不死，父叫子亡子不得不亡”的蛮横霸道的谬论，与孔子仁的思想相距何止十万八千里！孔子的思想本来“一以贯之”，是一个开放性、实践性很强的理论体系，代表了当时文化的最高成就，也揭示了许多超越具体时空的普遍真理。但是他的思想经后世封建统治阶级不断补充与改造，逐渐成为中国封建社会的正统思想，主体上成为维护封建等级制的工具，有的还成为封闭的、僵化的“神圣”教条，这是儒家思想创始人孔子所始料不及的。

当中国的历史进入 19 世纪中叶，帝国列强的坚船利炮撞开了中国封建社会长期封闭的国门，帝国列强军事、经济、政治、文化的侵略，清朝统治者的苟且妥协，一系列丧权辱国的不平等条约的签订，终于将几千年的中国封建社会改变为半封建半殖民地社会。为了救亡图存，革故鼎新成为社会的主流思潮。20 世纪初，新文化运动兴起，运动的主将们猛烈地抨击中国传统文化，提出“打倒孔家店”的口号，欲以西学或西方民主制或马克思主义，实现救国济世的目的。这不仅顺应了历史求新求变的潮流，还引发了中国政治的大变革。同时，新文化运动彻底否定孔子思想进而全面否定中国传统文化的弊端也影响深远。直到“文化大革命”时期，还掀起过全国性的批孔运动，否定孔子思想及中国传统文化达到了登峰造极的程度。

新时期以来，反思历史，观瞻中西古今得失，重新审视孔子思想及中国传统文化，人们逐渐有了新的发现，认识到孔子的主体思想及中国优秀的传统文化，是中华民族文化自信的根本，对促进当今社会和谐、健全人们的道德人格，仍具有重大的理论指导价值，是我们今后全面建成小康社会的宝贵精神资源。

孔子的学说始终贯穿着积极入世的精神，把经世化民作为行为的准则，在《论语》中，随处可见这方面的至理名言，这些闪烁着智慧之光的箴言，不仅阐述了孔子治国平天下的大志，对建立大一统仁政强国的种种设想，而且也显现了以孔子为代表的“君子”形象。

诵读《论语》，使我们感受到孔子那政治家的气概。孔子嘴上虽说“不在其位，不谋其政”，然而他身为布衣，却心怀天下，明确地把“仁”当作自己的社会理想和人生理念。孔子认为仁的内在要求是“爱人”，仁的外在规范是“复礼”，人人能做到“仁而爱人”，人类社会就会和谐，人人都能“克己复礼”，整个社会就会建立起协调的秩序。“仁”是富有人道主义精神的思想，是儒家治国平天下的目标，也是全体社会成员的最高精神境界。孔子说：“民之于仁也，甚于水火。”又说：“当仁，不让于师。”他的弟子曾参对这种远大志向理解较深，他说：“仁以为己任，不亦重乎？死而后已，不亦远乎？”为了实现这一人生理想，孔子不辞劳苦，不顾困厄，栖栖惶惶奔走于诸侯各国之间，宣传他的仁政德治的学说。然而当时各个诸侯国的执政者，都认为他的游说迂阔而无济于称霸。孔子在周游列国中，曾受过围困，也饿过肚皮，他明知不可为而为之，坚信自己的政治主张最终会付诸实践。历经了长期的磨难，他在政治上还是一无所成，但他不怨天不尤人，其志终不改悔。孔子说：“三军可夺帅也，匹夫不可夺其志也。”孔子至死执着追求着自己的理想，一生的经历与言行，都表明他是一个意志坚毅的政治家，具有为了实现理想而义无反顾的献身精神。

我们还可以感受到孔子具有循循善诱、诲人不倦的教育家的容止。孔子首创私人收徒讲学的教育形式，改变了“学在官府”的旧传统，堪称中国教育史上的

一大创举。孔子主张“有教无类”，使一批贫寒人家的子弟，如颜回、子路、曾参等，有了学习深造的机会，打破了贵族垄断文化的局面。孔子教学方法的最大特点是能够“因材施教”，他对每个弟子的气质、心理、素养等了如指掌，如他分析四个弟子的性格时说：“柴也愚，参也鲁，师也辟，由也喭。”了解学生，才能有针对性地施教。如子路与冉有向孔子请教同一个问题：听到一个道理是否马上就去实践？孔子答复子路：有父兄在，何不征求他们的意见却鲁莽从事呢？回答冉有则说：既听说了一个道理，就应该立即去实践。为何一个问题两种答案呢？因为子路平时勇于作为而好冒进，所以告诫他谨慎从事，广听别人意见；而冉有平日做事好犹豫退缩，所以就激励他大胆地去干。一退一进，都体现了“因材施教”的原则，都收到了教育的效果。孔子还针对其弟子不同的兴趣与发展趋向，传授以不同的专业知识，使弟子们能扬长避短尽其才，如“德行：颜渊、闵子骞、冉伯牛、仲弓。言语：宰我、子贡。政事：冉有、季路。文学：子游、子夏。”这恐怕是中国教育史上明确“分科”的开始。在教学中孔子还善于运用启发式方法，他说：“不愤不启，不悱不发。举一隅不以三隅反，则不复也。”强调培养学生学习的主动性与独立思考的能力。孔子主张“有教无类”的原则，贯彻“因材施教”的教学方法，实际是其“爱人”的观点在教学上的体现。不论对弟子满怀喜悦的表扬，还是严厉的批评，都饱含着孔子的高度责任心与对弟子们的一片诚挚的爱心。在日常生活中，孔子对弟子也体贴入微，冉伯牛病重，孔子忧心忡忡，亲自去慰问。颜回早逝，他悲痛欲绝。孔子是一位对学生既严格要求又关怀备至的严父慈母般的师长。

孔子还具有执着好学、学而不厌的学者的风范。孔子把学习视作完善人格修养、从而实现人生理想的唯一途径。他说：“仁”“知”“信”“直”“勇”“刚”，是人的六种美德，然而如果“不好学”，又都容易走向其反面——“愚”“荡”“贼”“绞”“乱”“狂”。有好的美德再加上“好学”，才能发扬其美德，补救其弊端，才能担当起济世救民的重任。孔子把学习看得如此重要，所以他把学习当作人生大事、快事来看待，对此乐而不倦，他说：“学而时习之，不亦说乎？”“默而识之，学而不厌，诲人不倦，何有于我哉？”他要求他的弟子博以文，约以礼，告诉他们好学的标准是：“食无求饱，居无求安，敏于事而慎于言、就有道而正焉”。他自己深感“学如不及，犹恐失之”，主张“三人行，必有我师焉！择其善者而从之，其不善者而改之”。他具有“每事问”的谦虚好学态度，“见贤思齐焉，见不贤而内自省也”。他坚信自己是一个好学不已的人，以至十分自信地对弟子们表白：“十室之邑，必有忠信如丘者焉，不如丘之好学也。”

孔子还具有刚直、正大的大丈夫节操。孔子襟怀博大，志向高远，虽屡遭困顿，仍怀“博施于民而能济众”的纯正信念，不论穷达都不失其正人君子的气节，为后世仁人志士树立了学习的楷模。他“笃信好学，守死善道。危邦不入，乱邦不居。天下有道则见，无道则隐。邦有道，贫且贱焉，耻也。邦无道，富且贵焉，耻也”。守善道能坚持始终，乱世危邦之中能洁身自好，为了维护仁，关键时刻勇于舍身，他认为：“志士仁人，无求生以害仁，有杀身以成仁。”那么，平日生活中的贫穷又算得了什么？孔子自己也说：“饭疏食饮水，曲肱而枕之，乐亦在其中矣。不义而富且贵，于我如浮云。”这种高尚的节操正是孔子首倡的“君子”的人格。孔子的高风亮节就如高山一样崇高巍峨而令人瞻仰，孔子所倡导的修身之道就如大道一样平直坦荡而使人乐于去遵循。

过去有人认为孔子提倡“中庸之道”是奉行不偏不倚的滑头主义，实际上，“中庸之道”充满了辩证法。孔子认为事物的性质往往体现在该事物的“适度”上，把握好这个“适度”就有利于认识事物与解决问题，这个“适度”往往处于事物矛盾双方的“中”，“过”与“不及”都会偏离“中”，讲的是认识论和方法论的问题。当然，当事物依据发展规律由量变逐渐转化为质变时，即从一旧性质的事物发展为另一新生事物时，正确的态度应是推动事物的转化，促进美好事物的产生，而不能一味地死守“中道”，在鼎新革故方面，孔子强调得是不够的。中庸在认识上不等于折中，在处理事务上不是无是非的“和稀泥”。在现实生活中，孔子在大是大非面前从来不含糊，旗帜鲜明地表明自己的态度，他反对的正是八面玲珑、四面讨好的所谓“老好人”。孔子认为：“唯仁者能好人，能恶人。”有一次，“子贡问曰：‘乡人皆好之，何如？’子曰：‘未可也。’‘乡人皆恶之，何如？’子曰：‘未可也。不如乡人之善者好之，其不善者恶之。’”孔子坚持实事求是的态度，“知之为知之，不知为不知”。如他能公开承认在稼圃技艺方面自己不如老农、老圃。对弟子的每一进步，孔子都给予肯定与鼓励，对弟子的缺点或错误，则毫不客气地提出批评。如对冉求，孔子曾表扬他有才艺、善政事，而当冉求帮着季氏聚敛不义之财时，孔子怒不可遏，号召弟子们对冉求进行讨伐：

"非吾徒也，小子鸣鼓而攻之可也！"孔子的确是一个性格刚正、办事公道、富有正义感的人。

在《论语》中，虽也偶尔有孔子举止的描写，甚至有孔子接人待物、音容笑貌的细节刻画，但主要还是收录了孔子的言论。正是这些言论，把孔子丰富的内心世界揭示得异常深刻清晰，使我们感受到他不是一个抽象的"仁"的化身，而是一个古道热肠、感情丰富的"正人君子"形象。《论语》之中也少量地记录了孔门一些弟子的言行，寥寥数语的记载，却使人领略到这些弟子的风采，如颜回聪慧好学、德行出众；冉求直爽、多才多艺；子贡能言善辩、办事通达；闵子骞少言寡语、为人恭敬持重；冉雍宽宏大度，不好与人争辩，等等。在众多的弟子中，子路的形象比较鲜明、突出，他的"勇"的特点展现得尤为生动。孔门弟子，人才济济，形象各异，从各个方面体现了君子的人格与精神，也从不同侧面衬托了孔子的形象。

在《论语》之前，散文还沿用着艰涩古奥的书面语言，如《尚书》那样。孔子弟子及再传弟子们辑录《论语》时，直接载录了孔子的口语，通俗晓畅，非常接近当时民间口语，其突出表现之一就是广泛地使用了"也""乎""矣""焉""哉"等语气词，使语言委婉达意，仿佛听到说话人疑问、感叹、讥讽等不同语气，看到说话人的不同神态，使人物性格逼真凸现。这种口语又吸收了古代书面语的精华，形成了一种与《尚书》语言不同的新的书面语，这种新的书面语一面世，便引起人们的效仿，后来经过先秦其他诸子散文与先秦史传文学的进一步发展，逐渐形成一种比较生动、活泼、通俗的新文体。这种新文体就是我国使用了两千多年的文言文的雏形，《论语》为我国传统的文言文体的成熟奠定了重要的基础，也开创了先秦诸子散文中的语录体形式。

从艺术性方面来讲，《论语》也达到了一定的高度，总的特点是：文辞简约而旨远意丰，朴实自然而意味隽永，义正词雅而酣畅雄肆。孔子认为"言之无文，行而不远"（《左传·襄公二十五年》），所以他及其弟子们喜欢用可感觉的形象来说明只可感悟的道理，以雍容和雅的语调、简洁凝炼的格言警句来表达深刻的思想，其中形象的比喻是其常用的艺术手段之一。如："子曰：'譬如为山，未成一篑，止，吾止也。譬如平地，虽覆一篑，进，吾往也。'""子贡曰：'君子之过也，如日月之食焉：过也，人皆见之；更也，人皆仰之。'"前则以堆土为山来比喻修业做学问，成功在于自强不息、积少成多，若半途而废，则功亏一篑，前功尽弃。后则以日食、月食来比喻君子的过失，君子有过失，人们都会知道，改了错误，还会像以往一样得到人们的尊敬。正如日、月被遮蔽，人人看得见，重新恢复明亮，人人又都仰望它，比喻得体，十分精妙。

可以说：中国传统文化的核心是国学，国学的核心是儒学，儒学的核心是经学，经学的核心是四书五经，四书五经的核心是《论语》，因为《论语》最集中地体现了孔子的思想，而孔子的思想又是经学、儒学、国学乃至中国传统文化的灵魂，《论语》是今人研究孔子及儒家思想最直接、最可靠的资料。以孔子思想为代表的儒家学说，涉及政治、经济、哲学、文学、史学、教育、艺术等多个领域，重点在阐述为政之道，主张立名教，通权变，辩治乱，以仁德礼乐教化国民，从而使人与人组成一个和谐的社会，所以宋代宰相赵普自称“以半部《论语》治天下”（明・周琦《东溪日谈录》）。齐家治国平天下，必须以修身为基础，《论语》论述最多的是君子个人修养，有完美的人格修养，才能有“美政”，才能创建美好的社会。比较而言，孔子思想及儒家学说，其不足处就是对自然界的认识相当地忽视，也就是重点关注了人与人之间的关系，而相对地忽视了人与自然的关系。不过，我们不应对古人求全责备，好在我们还有墨子等一批热心于自然科技的学者，他们的研究成果弥补了我们国学甚至中国传统文化这方面的缺憾。

《论语》从问世以来，就成为治国平天下的大纲，修德立身、为人处世的准则，成为中国人必读的经典，影响力之大，乃至决定了中华民族信仰、性格、心理、习俗的特征，它曾培育了多少民族精英、仁人志士，至今仍可转化为我们现代文明的精神资源。

展开《论语》，让我们与孔子对话，在聆听他老人家的教导中，思索一下自己应该做一个什么样的人，怎样对待他人，怎样对待学习，怎样对待事业，怎样对待社会，怎样度过自己的一生。

学而篇第一

《论语》共有二十篇，各篇的议题一般比较分散，每篇一般取第一章首句的前二三个字为篇名，而以“子曰”起头的七篇不取“子曰”，而取“子曰”后的二三字，如本篇即是，取“学而”二字，便于相互之间相区别。本篇共有十六章，主要讲述为学、为人、为政之道。强调君子“学而时习之”，以好学为乐事；“吾日三省吾身”，不断内省进德；以孝悌“为仁之本”，把握为人处世的标准；以“温、良、恭、俭、让”为行事的作风，而去“巧言令色”；以“敬事”“爱人”为行政准则；以“言而有信”为交友的原则。总之，本篇所论，涉及的都是君子修养的基本规则，也是人生修炼的至高精神境界。宋代学者朱熹在其《论语集注》中说：“此为书之首篇，故所记多务本之意，乃入道之门，积德之基，学者之先务也。”

1.1 **【原文】**

子曰①:“学而时习之②,不亦说乎③？有朋自远方来④,不亦乐乎？人不知而不愠⑤,不亦君子乎⑥？”

【注释】

①子：古代对男子的尊称，《论语》中“子曰”的“子”一般都指孔子。②时：时常，经常。习：温习或实习。③说：同“悦”，喜悦，高兴。④朋：指志同道合的朋友，其中包括前来向孔子学习礼乐和切磋礼乐的人。⑤愠：恼怒，生气。⑥君子：有高尚品格且讲究礼义的人，往往与小人相对。

【译文】

孔子说：“学了某种道理或知识，然后就时常去温习、领悟、实践它，这不

是一件很高兴的事吗？有志同道合的朋友从远处来，不也是件很快乐的事吗？别人不了解自己，自己不因此而怨恼他人，不也是君子应当具有的胸襟吗？”

【评论】

儒家最重视学习，所以把论述为学之道的此段语录作为《论语》的首篇首章，宋代朱熹认为此章"乃入道之门，积德之基，学者之先务也。"（《论语集注》）儒家学说可用"内圣外王"一语来概括，"内圣"就是指堂堂正正地做人，"外王"就是指认认真真地做事。前者的表现是："格物致知诚意正心修身"，后者的表现是："齐家治国平天下"。要具备独善其身之德与兼济天下之才，全在于学。学习是长久的事，俗话说："活到老学到老。"只要想做人做事，学习一日不可中止，这便是孔子提倡的"学而时习之"。有人理解此话为不断复习书本旧知识，理解未免太窄。"习"应该包括请教、切磋、实践等各种加深理解所学知识的一切方式。尤其是学了再加以实践，用实践验证理论，对所学知识就会理解得更深，对旧知识就会有新的体会与收获，心中自然感到高兴。学问就是学和问，光学无问也不行，因为"独学而无友，则孤陋而寡闻"（《礼记·学记》），所以有远方的朋友来，获得难得的互相切磋交流的机会，更是人生一大乐事。君子志于学，是为了奠定成人成才的基础，将来有用于社会，这是他好学的强大精神动力，不是为了博得他人的赞许，别人一时不了解自己，就计较，就耿耿于怀，那还算是君子吗？

孔子不经意间说出自己的二种喜好："学而时习之"与"有朋自远方来"，实际上除了好学与好客外，孔子的喜好与追求还很多，如他"默而识之，学而不厌，诲人不倦，何有于我哉？"与自身学习一样，他对教书育人也十分执着，而"朝闻道，夕死可矣"，反映了他对道的追求远超于对生命的爱惜，等等。他所培育的弟子们的人生价值观也大致如此，尤其是弟子颜回更为突出。除了缺少施教诲人一项，其余孔子的所好就是颜回的所好。如颜回也好学，孔子评价说："有颜回者好学，……不幸短命死矣。今也则亡，未闻好学者也。"颜回也安贫乐道："一箪食，一瓢饮，在陋巷，人不堪其忧，回也不改其乐。"等等。宋代思想家将他们的所好概括为："孔颜乐处"，从"孔颜乐处"可以看到他们的崇高人生追求与思想境界。我们若将志趣落实到"孔颜乐处"，必将成为"一个高尚的人，一个纯粹的人，一个有道德的人，一个脱离了低级趣味的人，一个有益于人民的人。"

(《毛泽东选集》第二卷,《纪念白求恩》)

1.2 【原文】

有子曰[①]:“其为人也孝弟[②],而好犯上者[③],鲜矣[④];不好犯上,而好作乱者,未之有也[⑤]。君子务本[⑥],本立而道生[⑦]。孝弟也者,其为仁之本与[⑧]!”

【注释】

①有子:孔子的学生,姓有,名若,鲁国人,在《论语》中,只有称他与曾参为“子”,可见他与曾参在儒家学派中的影响与地位。②孝:对父母敬爱顺从。弟:同“悌”,对兄长友善尊重。③犯:冒犯。上:上级。④鲜:少。⑤未之有也:宾语前置句,实际为“未有之也”,意为没有这种情况。⑥务:致力。本:根本。⑦道:有多种含义,儒家所说的“道”指伦理道德的准则,即接人待物的基本原则。⑧仁:仁爱。与:即“欤”,表示疑问的助词。《论语》中的“欤”字都可作“与”。

【译文】

有子说:“为人处世,在家孝顺父母,敬爱兄长,却在外喜欢冒犯上级,这种人是很少有的;不喜欢冒犯上级,却喜欢违法捣乱,这种人是从来没有见过的。君子专心致力于践行孝悌这一根本,根本确立了,为人之‘道’就会产生。孝顺父母,敬爱兄长,就是践行仁德的根本吧!”

【评论】

孔子思想的核心是仁,这也是儒家哲学思想的最高范畴。仁就是仁爱,就是爱人,尊重他人的人格与人权。儒家的“爱人”与墨家的“兼爱”不同,儒家的爱是分等级的,对不同等级的爱都赋予不同的概念,如父母爱子女叫“慈”,子女爱父母叫“孝”等。有子对孔子倡导的“仁”有深刻的体会,他说:“那种孝顺父母、敬爱兄长的人,很少去冒犯上级;不好冒犯上级而去闹乱子的人,从来没有听说过。作为有仁德的君子,他总是专心于修己的根本,根本确立了,以仁德为标准的做人行事的原则就会在日常生活中表现出来,而孝悌就是仁德的根本

吧！”居于一般人之上的，常被概括为“天地君亲师”，除敬畏天地之外，父母、兄长、师长、上级（最高至君王）是直接的“顶头上司”，对他们的爱分别称为孝、悌、尊、忠，这是爱的范围从有血缘关系的家庭向无血缘关系的社会自然延伸与扩大，这就是人们常说的“在家是孝子，于国为忠臣”，把仁推广到整个社会，才算达到仁的最高境界。你只要有爱心，就一定会自然而然地表现为孝顺父母、敬爱兄长、尊敬老师、忠诚上级，不可能仅仅在父母面前有爱心，而在其他方面就莫名其妙地失去了爱心。一个有仁德的人，就应有区别地爱所有的人，但孝悌是最初始的，也就是最根本的，因为一切爱都是从孝悌开始延伸扩大的。但是与孟子相比，孔子没有很好地强调下对上的爱应有一个前提，就是上也必须做到对下的爱，如果父母对子女不慈，君王对臣民不义，而一味要求子女与臣民孝顺和忠诚，这也是很难办到的。如果父母、君王暴虐无道，作为子女、臣民的叛逆甚至犯上作乱，那也是合乎情理的，这方面，孟子的认识倒比孔子开明得多。如他说：“君之视臣如手足，则臣视君如腹心；君之视臣如犬马，则臣视君如国人；君之视臣如土芥，则臣视君如寇雠。”（《孟子·离娄下》）

1.3 **【原文】**

子曰："巧言令色①，鲜矣仁②。"

【注释】

①巧言令色：这里指花言巧语、伪善面孔。巧、令，都是好、善的意思。②仁：这里指仁义品德。

【译文】

孔子说：“花言巧语，伪装和善的面容，这种人是很少有仁德的。”

【评论】

具有仁德的人，一定是表里如一的人，言必行，行必果。不说大话，不卑不亢。但是有一种人，他缺少仁德却要装成一个仁人志士的样子，常以花言巧语欺骗人，以和颜悦色取悦人。心口不一，掩盖真相；伪装好人，不外乎是想迷惑别人一时，以便达到个人不可告人的目的。巧言不等于至理名言，令色不等于慈眉善目，但要分辨清楚二者的界限，甚至透过讨好人的表面看到他欺骗人的本质，这需要多少生活的经验及敏锐的观察力与分析判断力！孔子就具备这种经验与能力，他一眼就看穿那种巧言令色的人是缺少仁德的人。因为他缺少仁德，才想靠巧言令色来混日子；又因为他惯于巧言令色，才说明他缺少仁德，这是可以互相印证的。

1.4 **【原文】**

曾子曰①：“吾日三省吾身②：为人谋而不忠乎③？与朋友交而不信乎④？传不习乎⑤？”

【注释】

①曾子：名参，字子舆，孔子的学生，鲁国人，据说《孝经》是他所作。②三：这里并非虚指，而是指具体数字“三”，意为三个方面。省：自我反省。③谋：商议，这里泛指人际交往。忠：尽心竭力。④信：诚实。⑤传：老师传授的知识。

【译文】

曾子说：“我每天从三个方面进行自我反省：为别人做事尽心竭力了吗？同朋友交往诚实吗？老师传授的经传复习、践行了吗？”

【评论】

儒家在修炼“内圣”品质时，特别强调“内省”，曾子之所以成为孔子弟子中的佼佼者，就是因为他能自觉地每日用三个高标准来反省自己，检查自己是否达到“内圣”的标准要求，还存在什么差距甚至错误缺点，这三个标准是：为他人服务是否尽心尽力？与朋友交往是否讲信用？老师传授的知识温习没有？他反省的都是关系到塑造自己完美人格的重要方面，以不断反省的方式，培育自己具备“忠”“信”的品德及好学的精神。《荀子·劝学篇》中说：“君子博学而日参省乎己，则知明而行无过矣。”自省，能明白事理，提高认识，减少错误，这是

自我修养的基本方法。正确地认识别人是很不容易的，而正确地认识自己就更难了，如果时时客观地解剖自己，从而清算自己的错误，战胜自己的弱点，肯定会塑造出完美的人格，培育成合格的治国之才，这也是老子所主张的："知人者智，自知者明。胜人者有力，自胜者强。"（《道德经》第三十三章）

1.5 **【原文】**

子曰："道千乘之国①，敬事而信②，节用而爱人③，使民以时④。"

【注释】

①道，作动词用，通"导"，"引导"之意，这里指治理的意思。乘（shèng）：四匹马拉的战车。"千乘之国"：指具有上千辆战车的诸侯国。②敬事：谨慎从事。③节用：节省费用。④使民以时：役使民众劳力时，选择不要影响农业生产的时节。时：适当的时候，这里指农闲季节。

【译文】

孔子说："治理具有千辆兵车的国家，要恭敬对待其职，诚信对待其民，要节俭财用而爱惜民力，役使老百姓时要选择农闲的时候。"

【评论】

春秋时期，兼并战争频仍，战车的多少是衡量一个国家强弱的重要标志，所以一些执政者就把扩军备战视为强国的唯一途径，这样做必然严重扰民，增加民众的负担，反而促成国内的动乱。孔子认为治理好一个国家，并使它不断强大，关键在于执政者对政事要认真谨慎，恪守职责，有敬业精神。对民众要诚信，取信于民。其次，执政者本身还要节省费用，反对奢侈浪费，爱惜百姓的劳动，减少民众的赋税，减轻民众的负担。不能在农忙季节调用民众进行劳务，从而影响一年的农业生产。孔子从敬事尽责、取信于民、节省费用、爱护人民、适时用民五个方面，阐述儒家治理国家的基本原则，具体地反映了孔子的仁政思想。

1.6 【原文】

子曰："弟子入则孝[①]，出则弟[②]，谨而信[③]，泛爱众[④]，而亲仁[⑤]。行有余力，则以学文[⑥]。"

【注释】

①弟：相对兄而言，子：相对父而言，弟子指小字辈，也指老师的学生，这里指为人之子。入：进入，指在家。②出：出门在外。弟：同"悌"，敬爱顺从兄长。本章"孝"、"弟"互用，也泛指敬重友爱。③谨而信：谨慎又诚信。④泛：广泛。⑤仁：这里指仁义之人。⑥以：用以。文：指古代文献典籍。

【译文】

孔子说："为人子弟，在家里要孝顺父母，在外面要敬重长者，处事谨慎而诚实可信，博爱大众而亲近有仁德的人。躬行这些德行外，还有剩余力量，就再去学习文献典籍。"

【评论】

孝、悌是仁的根本，所以孔子要求他的弟子必须牢记，在家在外都要贯彻执行。有人在家能孝敬父母与敬重兄长，但在外就不能推行仁爱之心了。出门就是广阔的社会，必然要接触许多人，凡是年龄大于自己的，都应以敬爱父母兄长般的爱心来对待他，这是孝、悌的扩大与延伸。对人要出言谨慎，行为要诚实，博爱大众，尤其是亲近那些有仁义道德的人，这些都是孝、悌思想在社会中的具体表现，是一个有仁德者的重要表现。对孝、悌之道不仅要身体力行，有闲暇的时间，还要用来学习古代的文献典籍，诸如《诗》《书》《礼》《乐》《易》《春秋》，从理论上提高执行孝、悌的自觉性。

1.7 【原文】

子夏曰[①]："贤贤易色[②]；事父母[③]，能竭其力；事君，能致其身[④]；与朋友交，言而有信。虽曰未学[⑤]，吾必谓之学矣[⑥]。"

【注释】

①子夏：孔子的学生，姓卜，名商，字子夏，卫国人。②贤贤：第一个“贤”字为动词，敬重的意思。第二个“贤”字为名词，指贤明的人。易：变化、改变、替换意。此句的“易色”指改变好色之心。③事：作动词，侍奉的意思。④致：奉献。⑤学：指学习古代文献典籍。⑥学：指掌握仁义道德。

【译文】

子夏说：“以敬重贤者的德行，取代对美色的追求；侍奉父母，能尽心竭力；侍奉君主，能达到贡献全部心身的程度；与朋友交往，说话诚实有信用。这样的人，虽然说没有系统学习过经传，但我认为他肯定掌握到了经传的精髓。”

【评论】

子夏是孔子的高材生，在传播和建立儒家学说中起了重要的作用，汉代郑玄认为子夏曾参与《论语》的编纂。这一段是子夏对“学习”的一种理解。子夏认为：“一个人能够以好贤之心替换其好色之心，侍奉父母能竭尽全力以行孝；服侍君王，能奉献全部身心来尽忠；与朋友交往，说话算数，诚实守信。做到了这些，他虽然谦虚地说自己没有学习过什么文献典籍，但我认为他已经掌握了真正的学问。”孔子也一直强调“学而时习之”，特别看重“学文”之后的实践。学习典籍是重要的，但将知识转化为自己的行动，运用于社会实践更重要。当然，轻视学习书本知识也是不对的，学习书本知识与社会实践二者相辅相成，不可偏废其一，子夏的话，可能是针对一些人唯以读书为学习而忽视实践的倾向而讲的。

1.8【原文】

子曰：“君子不重则不威①，学则不固②。主忠信③。无友不如己者④。过则勿惮改⑤。”

注释

①重：庄重，稳重。威：威严，威信。②固：牢固，扎实。③主：主持，主张。忠信：忠诚，讲信用。④无：通“毋”，不要的意思。友：作动词用，交往、交结的意思。⑤惮（dàn）：害怕。

【译文】

孔子说："作为君子而如果不自重，就不会有威严，所学的东西就不牢固。君子要以忠厚诚信为处世的根本。不与德行不如自己的人交朋友。自己有了过错，就不要害怕痛改前非。"

【评论】

君子若不庄重，就失去了自尊自爱，也就失去了威望。人格的塑造，形象的树立，威望的形成，全在于自己的高尚品德的养成，实实在在的君子行为，而不在于口头上说得多么漂亮。所学的道理再多，如果只停留在口头上，对道理的理解实际上是很不扎实而肤浅得很。要做到自尊自爱，重要的是能够坚持忠信。另外在择友方面，一定慎重，尽量选择影响你进步的朋友，不与自己志不同道不合的人做朋友，更远离那些品质不如自己还互相腐蚀堕落的人。自己有了过错不要害怕改正。君子不是天生的，关键是要做到：见别人的长处就学，见自己的过错就改，这是君子自尊自爱的根本修养之道。

1.9 【原文】

曾子曰："慎终追远①，民德归厚矣②。"

【注释】

①慎终：指对父母的丧事要谨慎办好，以尽哀痛。终：人死为终。追：追念。远：远代的祖先。②归：趋向。厚：淳朴忠厚。

【译文】

曾子说："谨慎地处理父母的丧事，以敬重之心追念远代祖先，若形成此风气，老百姓的德行自然会归于忠厚了。"

【评论】

儒家学派不讲鬼神，但很重视丧祭之礼，慎重地祭祀已故的父母，怀念他们养育自己的千辛万苦，对父母永怀感恩之心；慎重地祭祀祖先，追念他们开创基

业的功德，以表达自己对他们的敬仰与崇拜，并以父母与祖先为榜样，将爱无私地施于后人。丧祭可以成为培养人们具备忠孝品德的重要形式，人人都行孝道了，民风自然趋向淳朴厚道。从曾子所言，我们可以进一步理解孔子主张“敬鬼神而远之”的含义。孔子主张“敬鬼神”，与其说是敬畏鬼神还不如说是敬仰已故的父母及祖先，通过祭亡灵这一形式，进一步培养人们的孝道。而“远之”，则是指要远离鬼神之道，不要沉溺于虚妄的迷信之中。

1.10【原文】

子禽问于子贡曰①：“夫子至于是邦也②，必闻其政，求之与？抑与之与③？”子贡曰：“夫子温、良、恭、俭、让以得之④。夫子之求之也，其诸异乎人求之与⑤？”

【注释】

①子禽：孔子的学生，姓陈，名亢，字子禽，陈国人。子贡：孔子的学生，姓端木，名赐，子贡是其字，卫国人。②夫子：对人的敬称，这里指孔子。是：这个，此。邦：指当时的诸侯国。③抑：连词，“还是”的意思。此句前一个“与”是给予的意思，后一个“与”，同“欤”。④温、良、恭、俭、让：温和、善良、恭敬、节俭、谦让的意思。⑤其诸：或者、也许，表示推测。

【译文】

子禽向子贡问道：“老师每到一个国家，必定要了解那个国家的政事情况，这些情况是他自己求教来的呢？还是别人主动来告诉他的呢？”子贡回答说：“他老人家是靠温和、善良、恭敬、节俭、谦逊的品德得来的。他老人家获得他国的政事情况的方法，大概与别人获得的方法有所不同吧？”

【评论】

这一章写孔子的两位弟子探讨老师是如何了解各国政事的，在《论语》中首次出现了弟子评论孔子的文字。孔子周游列国，每到一个国家，一定会了解这个国家的政治状况。这是他主动打听到的呢，还是别人告诉他的呢？子禽带着这个问题求教于热心政治的子贡。子贡清楚孔子了解各国政事，是他治国平天下思想的自然流露。孔子具有温和、善良、恭敬、节俭、谦让等各种优秀的素质，具备治理国家的能力，所到之处，执政者愿意向他请教，百姓也愿意与他交谈。而且许多政事得失，还是靠他高深的素养观察、分析、判断来的，这正是孔子有别于他人了解把握他国国情的地方。子贡最崇拜孔子，孔子死后，子贡曾守墓六年。子贡能言善辩，他的一番解释，也不全符合实际。孔子在周游列国时，也有被冷遇的时候，甚至还被驱赶出境，说明孔子对这个国家执政者的政治主张还是没有了解、分析清楚。

1.11 **【原文】**

子曰："父在，观其志①。父没②，观其行。三年无改于父之道③，可谓孝矣。"

【注释】

①其：代词，相对父亲而言，指儿子。②没：通"殁"，死亡。③三年：多年，无定指。父之道：父亲生前的安排及制定的规矩等。

【译文】

孔子说："当父亲在世的时候，对父亲是否孝顺，要观察他孝顺的志向。父亲死了以后，要看他的孝顺行为。多年不改变父亲为人处世的准则，可以说得上是真正做到了对父亲的孝顺。"

【评论】

在宗法制的古代，人们的传统意识认为：子承父志、子承父业体现着最大的孝。子承父业有一个过程，因而考察儿子的"孝"也分不同阶段，在不同阶段里，儿子"孝"的表现是不同的。父亲在世的时候，儿子不主事，一切事情由父亲决断，这时观察儿子是否孝，主要看他有没有继承父业的志向。父亲去世后，儿子主事，观察他是否孝，主要看他有没有继承父业的行为。父亲生前的志向及所制定的规矩，多年之内不要轻易改变，这是对父亲的尊重与怀念。父亲一生积累的经验与做法，有其正确合理的成分，不可轻率废除，要细心理解体会。三个

阶段做到这三个方面，那就是孝了。孔子之所以说“三年无改于父之道”，而不是说永远不改父之道，就是想到对父业的继承之后总还是要发展的，发展就要改变现状。子超父也是历史的一般规律，三年之后改父之道，而且改得对，也是孝的体现。如果时代发展了，还仅是承父旧志，守父旧业，而无新发展，那么，“不进则退”，父业必然衰微，继承父志也会落空。

1.12【原文】

有子曰：“礼之用[1]，和为贵[2]。先王之道斯为美[3]，小大由之[4]。有所不行，知和而和，不以礼节之[5]，亦不可行也。”

【注释】

①礼：体现“仁”的各种具体规则，如礼节、仪式等。用：施行，运用。②和：和谐，协调。③先王：指古代圣明天子。斯：这，此。④由：依据，遵循。小大：指大小事情。之：代词，指代“和谐”⑤节：节制。

【译文】

有若说：“礼的效用，以达到人与人的和谐为最可贵。先王治理国家，以此为最美好的途径，无论大事小事都遵循这一原则。如果还有行不通的地方，一定是为了和谐而仅在形式上求和谐，不用礼仪来加以节制人的关系，真正的和谐是达不到的。”

【评论】

“仁”就是爱人，这是孔子思想的核心，仁的具体规范就是“礼”，礼的作用主要是协调人际关系，从而达到和谐的状态，这种和谐的状态就是仁在全社会范围内的体现。所以孔子弟子有若说：“礼的运用，以和谐为贵，先王治国，都以达到社会和谐为完美的境界，大事小情都以此为出发点。但和谐没有礼的节制，是行不通的。不顾礼而一味地求和谐，就失去了和谐的意义，也得不到真正的和谐。”人际关系的融洽是礼调节的结果，如果失去“仁”的指导，“礼”的制约，所谓的“和谐”就会变成是非不分，仁者与不仁者、守礼者与违礼者，如何和谐？失去了礼的制约，社会秩序只会混乱，混乱的社会秩序如何去协调人际关系，社会又如何能达到和谐？

1.13 【原文】

有子曰："信近于义[①]，言可复也[②]。恭近于礼[③]，远耻辱也[④]。因不失其亲[⑤]，亦可宗也[⑥]。"

【注释】

①信：诚信、诚实，说话算数。义：合理、适宜的意思。②复：实践，履行。③近：接近，这里作符合解。④远：远离，这里作避免解。⑤因：依靠，凭借。失：背离。⑥宗：本义为"主"，引申为"可靠"。

【译文】

有若说："诚信符合道义原则，所说的话就能得以履行。恭敬他人合乎礼仪，就可以避免他人的侮辱。凭借而不是背离关系亲近的人，也就有了依靠。"

【评论】

与人交往，诚实的许诺与恭敬的态度是非常重要的，但什么是诚实的许诺与恭敬的态度？有若有自己的理解与体会。他说："说话算数是诚信的表现，但所说的话要符合于礼的要求，这样的话才能得以兑现。对人恭敬是谦和近人的表现，但恭敬的态度也要符合礼的要求，这样的话才可避免遭受耻辱。依靠那些亲近的人，办事就牢靠了。"在有若看来，说真话不一定就是信，真话还得合乎礼，才能在实践中去履行，这样的真话才属信。一团和气也不一定就是恭，恭也得合乎礼，否则以损害自己的尊严去讨别人的欢心，恰适得其反，遭来的却是对方的轻蔑与鄙视。信与恭都要以礼来衡量，遵礼的信与恭是为人处世的重要原则。以这样的原则与人交往，所亲近的也都是遵礼的人，都是靠得住的人。

1.14 【原文】

子曰："君子食无求饱[①]，居无求安[②]，敏于事而慎于言[③]，就有道而正

焉④，可谓好学也已。”

【注释】

①求，追求，贪图。②居：闲居，生活。安：安逸，享乐。③敏：勤奋敏捷。④就：接近，亲近，这里指请教。有道：指有道德修养、有学问的人。正：匡正、纠正。

【译文】

孔子说：“君子饮食不求饱腹，居所不求安逸，勤勉做事而谨慎说话，请教贤德者并以他为榜样去纠正自己的不足，这就可以称得上好学的君子了。”

【评论】

提起好学，有人马上想到如饥似渴地博览群书。孔子是个好学的人，他也很爱读书，“韦编三绝”的故事，已说明他攻读的勤奋，后世甚至把他作为刻苦治学的典范。但他对好学有异于他人的解释，他认为：君子之所以好学，在于他有崇高的人生价值观。君子不追求丰美的饮食、安逸的住所，追求的只是勤奋敏捷的做事、谨慎的言谈，请教有道德的人来帮助自己修正错误，这才是真正的好学。孔子所说的好学，重于规范自己的言行，重于向榜样的学习请教，重于纠正自己的缺点。不论在古代或当代，物质的诱惑力是巨大的，一些人为了追求美食、豪宅，甚至灯红酒绿的腐化堕落生活，一心钻营，违法乱纪，一步步滑向犯罪的深渊。至于什么“敏于事而慎于言，就有道而正焉”，就根本谈不上了。相比之下，君子对物质生活要求很低，但对自己的工作态度和品德修养却要求很高。雷锋同志主张：在生活上向水平最低的人看齐，在工作上向水平最高的人看齐。这个高标准一般人可能不容易做到，但这一人生态度，值得我们学习。

1.15 【原文】

子贡曰：“贫而无谄①，富而无骄②，何如？”子曰：“可也。未若贫而乐③，富而好礼者也。”子贡曰：“《诗》云：‘如切如磋，如琢如磨④。’其斯之谓与⑤？”子曰：“赐也，始可与言《诗》已矣，告诸往而知来者⑥。”

【注释】

①而：表转折，意为“却”。谄：谄媚。②骄：骄奢，傲慢。③未若：不如，赶不上。乐：指乐于道。④如切如磋，如琢如磨：《诗经·卫风·淇奥》中的诗句。切、磋、琢、磨分别指加工骨、角、玉、石等物的不同工序，后指思考或商讨问题精益求精的意思。⑤斯：代词，这，此。谓：所说的。⑥诸：之于的合音。往：过去，原来。来：将来。

【译文】

子贡问：“虽然贫穷却不谄媚富贵者，虽然富有却不傲慢于贫贱者，人们做到这些怎么样？”孔子回答说：“基本可以了。但是还不如虽贫穷却乐于追求道，虽富有却喜好礼。”子贡又问：“《诗经》上说：‘求道尚礼既像切割骨器，又像雕刻象牙，既像雕琢玉器，又像雕磨石器，要精益求精，好上加好。’大概说得就是这个意思吧？”孔子说：“端木赐（子贡）呀，现在可以和你讨论《诗经》的深奥意蕴了，告诉你字面上原有的内容，你能悟出字面上未讲的含义了。”

【评论】

贫和富是社会客观存在的现实，孔子无意于马上改变这种现实，但他希望贫者乐道、富者好礼，“乐道”与“好礼”虽各有侧重，但可互用，贫者乐道也必好礼，富者好礼也必乐道。贫富都用道德规范来约束自己，做到各安其位，减少矛盾，达到社会和谐。他常以这样的思想教导他的学生，来认识与处理贫富问题。子贡请教孔子说：“一个人，虽然贫穷，但不向富人献媚巴结；虽然富有，但不向穷人显示骄横，做到这些大概就差不多了吧？”孔子回答说：“是差不多了，但还不如虽贫穷却无忧无虑地乐于求道，虽富有却谦虚平易地喜好于礼。”子贡原想自己提出的做人标准已经很高了，没想到孔子在此基础上提出了更高的要求。子贡由此想到《诗经·淇奥》中的诗句，讲到加工骨角玉石，需要切割呀、锉削呀、雕琢呀、磨光呀，原来含义深刻，包含着人也必须经过不断地修炼才能达到精神高境界的道理，从提高对贫、富为人的认识这一点上，不就证明了这个道理吗？孔子高兴子贡从已学的描述成器的诗句中领悟出为人的道理，懂得了《诗经》的真谛。赞赏他能举一反三，从告知他的往事中，想到未来的事。孔子对其弟子总是提出高于一般人的要求，如同玉匠琢玉成器一样，他想把他的弟

子们个个培养成推行仁德的典范。

1.16 【原文】

子曰："不患人之不己知[1]，患不知人也。"

【注释】

①患：忧患，担忧。不己知："不知己"的倒装，意为不了解自己。

【译文】

孔子说："不忧虑别人不了解自己，应当忧虑的是自己不能理解别人。"

【评论】

孔子的弟子中，有人认为自己有才有志而不为世用，常发别人不了解自己的牢骚。孔子教导他们："不要担心别人不了解自己，只怕自己不了解别人。"别人不了解自己，甚至误解自己，不要怨天尤人，要心平气和地分析，自己与那些高尚君子比，还有哪些差距和缺点，有差距就努力赶上去，有缺点就努力去纠正克服它，要用自己的高尚人格及真才实学去证明自己。自己不了解别人，说明自己修养不高，才能平庸，不会别才识才，对别人所施的爱心还不够，这正是君子应该忧虑的事。宽以待人，严于律己，接人待物，理当如此。

为政篇第二

本篇共有二十四章，涉及政治、教化、学习、修养等内容，主要宣传“为政以德”的思想。这就与前篇形成逻辑的联系，前篇首先强调“为学”，本篇首先强调“为政”，学习是成人的前提，也是成才的根本途径，而为政则是素养的体现，知识的运用，行仁的实践。以德治政，应以教化为先，行德治，首先执政者必须是个“有德者”，执政者正直无私“则民服”。为政就是管理老百姓，执政者重视老百姓，老百姓自然会尊敬你；对老百姓慈爱，老百姓自然会对你忠心耿耿；提拔好人又能教育能力差的人，老百姓自然会加倍努力。执政者的德行，是靠平日的学习、对父母的孝顺、对长者的尊敬、对朋友的诚实来养成，为政不过是在政权行使上发挥这些品德罢了。

2.1 **【原文】**

子曰：“为政以德[①]，譬如北辰[②]，居其所而众星共之[③]。”

【注释】

①为政：治理国家。以：用。德：道德。②北辰：指北极星。③所：处所，位置。共：同“拱”，环绕。

【译文】

孔子说：“用道德教化来治理国政，道德教化就好像北极星一样，在理政上它居于中心的位置，众多的星辰都围绕着它运行。”

【评论】

《论语》中所宣扬的思想，可以用“修己安民”一语来概括。“修己”的高境

界就是使修炼者具有“内圣”的品德，而执政者获得“外王”的最好政绩就是“安民”。“修己”体现为个人怀有仁爱之心，“安民”体现为执政者能执行爱民政策。孔子反对诸侯兼并、国家分裂，渴望实现大一统。他提倡王道而反对霸道，主张以仁德统一天下，只要以德治政，人人自然心向往之，就如众星围绕北极星而动一样。德治是孔子为政的基本思想，“为政以德”，就是执政者以德感化天下人，天下人就会竭诚归顺他。以德治国是儒家思想中很重要的部分。后来秦帝国虽取得一统，但因暴虐于民而速亡；汉帝国以孝治天下，创立了中国第一个封建盛世，从反正两个方面证实了儒家仁政学说的价值。“为政以德”，是维系中国封建中央集权制的唯一有效的国策，它大大加强了全国各地对封建中央政权的向心力。

2.2 【原文】

子曰：“《诗》三百①，一言以蔽之②，曰：‘思无邪③’。”

【注释】

①《诗》三百：《诗》指《诗经》，《诗经》存目有三百一十一篇，其中“六笙诗”有目无辞，实有三百零五篇，言“三百”是举其整数。②蔽：概括。③思：思想。无邪：没有邪念，思想纯正。“思无邪”一语采自《诗经·鲁颂·駉》。

【译文】

孔子说：“《诗经》共有三百多篇，其蕴含的大义用一句话来概括，就是思想纯正而无邪念。”

【评论】

《毛诗序》中说：“诗者，志之所之也，在心为志，发言为诗。情动于中而形于言，言之不足故嗟叹之，嗟叹之不足故永歌之，永歌之不足，不知手之舞之，足之蹈之也。情发于声，声成文谓之音。治世之音安以乐，其政和；乱世之音怨以怒，其政乖；亡国之音哀以思，其民困。故正得失，动天地，感鬼神，莫近于诗。先王以是经夫妇，成孝敬，厚人伦，美教化，移风俗。”自古以来，诗歌是表达情感的主要方式，治世、乱世、亡国时都有，其表达的种种感情肯定也是无所不容的，历代统治者非常重视诗歌的作用，把它视为强有力的政治工具。所以在孔子之前，就有采诗献诗的制度，以供天子观风俗、知盛衰。至孔子时，据说还有三千首诗存世，经过孔子整理编定，保留了三百多首。采诗、献诗、选诗、编定，都贯彻着有利于教化的原则，这就不免有甄别、取舍，采撷，保留符合于教化的“纯正”诗，淘汰那些有碍教化的“邪佚”的诗，孔子用“思无邪”来概括《诗经》的主旨，说明了自己编辑《诗经》的原则。难怪后来的司马迁读《诗经》后，感慨道：“《诗》三百篇，大底圣贤发愤之所为作也。”（《报任安书》）至于后来道学家看出了《诗经》中有“思邪”的“淫奔”诗，那是他们以道学家“存天理灭人欲”的眼光看待《诗经》了。

2.3 【原文】

子曰：“道之以政[①]，齐之以刑[②]，民免而无耻[③]；道之以德，齐之以礼[④]，有耻且格[⑤]。”

【注释】

①道：同“导”，引导，治理。政：这里指政令、法令。②齐：整治，约束，统一。刑：刑罚。③免：指避免犯罪受刑。耻：羞耻之心。④礼：这里指礼仪制度。⑤格：到，至，这里指归顺。

【译文】

孔子说：“用政法来诱导，用刑法来整顿，老百姓虽然会暂时免于罪过不受刑法的惩处，但是却没有廉耻之心。如果用道德来诱导，使用礼教来整顿，老百姓不但有廉耻之心，而且心服于政法刑法。”

【评论】

这章孔子仍在阐述德治思想，采用了法治与德治两种制度及效果进行比较的方法，比较其优劣，进一步肯定德治的方针政策。用政令引导百姓思想，用刑罚

约束百姓行为，其结果是：百姓避免了犯罪受刑，可能一时“口服”了，但“心还不服”。一时畏惧于政令与刑罚的严厉，但没有把违犯法令制度视作耻辱的意识，在遵守法规禁令上还没有自觉性，也就是还没有从根本上解决社会稳定的问题。而用道德来教化百姓，用礼制来统一百姓的行为，百姓会从内心感到违礼是耻辱的，具有了这种知耻之心便自觉顺从于领导，这种民众守礼的自觉意识，才是稳定社会秩序与国家安定的根本保证。二者比较，一个治标，一个治本，优劣昭然若揭。治民之本在于治心，但治心也不是万能的，总有愚顽不化者，还要以礼仪制度整齐之。以道德教化为主，以礼仪制度约束为辅，标本皆治，还颇具辩证法！

2.4 **【原文】**

子曰：“吾十有五而志于学①，三十而立②，四十而不惑③，五十而知天命④，六十而耳顺⑤，七十而从心所欲⑥，不逾矩⑦。”

【注释】

①有：同“又”，表示相加。②立：自立。③惑：迷惑。④天命：即天道，这里可理解为事物发展的基本规律。⑤耳顺：能听进各种意见，甚至包括逆耳之言。顺：顺畅地理解。⑥从心：随心。⑦逾：超越，这里指违背。矩：规矩，这里指合乎道德规范。

【译文】

孔子说：“我十五岁立志于潜心做学问；三十岁具备了立身处世的思想与才能，四十岁具备了独立分辨是非而不为外部迷惑的能力，五十岁能明察、顺应自然规律，六十岁能听进各种意见而心平气和，七十岁可以随心所欲却不超越礼的规定。”

【评论】

孔子一生好学，这一章他用极精炼的语言总结了自己一生治学的过程和感受。他十五岁时便有志于学问，明确了治学的目的，立志学习向上，将来有用于社会。学到三十岁，才树立了对道的自觉信仰，具有了君子安身立命之本。四十岁时对道有了更深的理解，从而能明辨是非，不被外界虚假现象所迷惑，说话做事做到心中有数。学到五十岁时，已能把握事物的发展规律，清楚了自己的历史使命。六十岁时能正确对待不同意见，能虚心听取他人对自己的各种批评。七十岁已是古稀高龄，但孔子仍好学不止，学习境界也达到比较理想的程度：一切虽随心所欲而不违犯道德规范。孔子的经验告诉我们：十年树木，百年树人，树人的过程就是一个学习的过程，活到老，学到老。人人都以学习为自己的终身大事，那么我们这个社会就会变成一个学习型的社会，人的素质提高了，社会进步的步伐自然就加快了。

2.5 **【原文】**

孟懿子问孝①。子曰："无违。②"樊迟御③，子告之曰："孟孙问孝于我，我对曰：'无违。'"樊迟曰："何谓也？④"子曰："生，事之以礼⑤，死，葬之以礼，祭之以礼。"

【注释】

①孟懿（yì）子：鲁国大夫，姓仲孙，名何忌，懿是其谥号，文中的"孟孙"也是指他。②无违：指不要违逆。③樊迟：孔子的学生，姓樊，名须，字子迟，齐国人。御：驾车。④何谓：说的是什么意思。⑤事：侍奉。

【译文】

孟懿子向孔子求教行孝之道。孔子说："不要违背孝敬父母的礼节。"樊迟为孔子驾车，孔子告诉他说："孟孙（孟懿子）向我询问孝道，我答复说'不要违背孝敬父母的礼节。'"樊迟问："您这句话指的是什么意思？"孔子回答道："父母活着的时候，按照礼的规定来侍奉他们。他们死了，按照礼的规定来葬送他们，然后按照礼的规定按时祭祀他们。"

【评论】

儒家建立自己的仁爱学说，是从家庭的伦理道德开始的，以自然血缘亲情为

出发点，逐步扩大至社会，形成亲亲、仁民、爱物的宏大思想体系。自然血缘亲情关系特别强调“孝”，因此也可以说儒家仁爱学说是从“孝”开始构建的。孔子非常重视孝，要求他的弟子修养君子品德，首先从对自己的父母尽孝做起。在《论语》中，孔子多次谈到孝，并且针对不同的人，有针对性地提出不同的尽孝意见。孟懿子问孝，孔子回答说：“不要违背礼。”孟懿子是鲁国大夫，其父僖子贤而好礼，命其学礼于孔子，可能孟懿子有违父命之处，孔子就以此来规范他的孝行。后来孔子为鲁司寇，主张堕三家之都，孟懿子反对，孔子的后学也就不承认他是孔子的弟子了。樊迟对孔子向孟懿子解释的孝意不理解，孔子再次给他解释，含意已经很普泛了。父母生前子女要伺服之，死后子女要丧葬之，每逢忌日子女要祭祀之，从始至终都要遵礼，无违礼之处才算孝。并不是一切都遵从父母之意就是孝，父母生前有不合礼处，也要顺应这不能算孝，死后不合礼的厚葬也不能算孝，祭祀时不合礼的滥祭也不能算孝。孝是有规定与原则的，依礼行孝才是真正的孝。

2.6 【原文】

孟武伯问孝①。子曰：“父母唯其疾之忧②。”

【注释】

①孟武伯：姓仲孙，名彘（zhì），字泄（xiè），武是其谥号，是孟懿子的儿子，鲁国大夫。②其：指父母自己。忧：担忧。

【译文】

孟武伯向孔子请教孝道。孔子说：“让父母无忧无虑，只担心自己的疾病。”

【评论】

孟武伯向孔子请教孝道的问题，孔子回答他说：“孝的标准，是叫父母只担忧自己的疾病。”一个人以孝心伺服父母，就会做到无微不至，没有使父母担忧的地方。但唯独父母的疾病，这是孝子无能为力之处。如果父母只为自己的疾病而发愁，说明其子的孝行在各方面都做到了，也做好了。对于父母的疾病，为人之子，除了请医求药外，就只好听天由命了。“父母唯其疾之忧”，实际也等于父母无忧，生老病死，这是自然规律，有谁能逃脱呢？父母也不会因此而对子有怨，父母对子无怨，就证明为子者尽了孝。孟懿子和他的儿子分别向孔子询问孝的含意，孔子作不同的解释，必有针对性。

2.7 **【原文】**

子游问孝[①]。子曰：“今之孝者，是谓能养[②]。至于犬马，皆能有养；不敬，何以别乎？”

【注释】

①子游：孔子的学生，姓言，名偃，子游是其字，鲁国人，一说为吴国人。②养：赡养。

【译文】

子游询问孝道。孔子说：“现在人们所说的孝，只是说能养活父母就行了。对于狗马，人们都能够养活；如果对父母只奉养而不恭敬，那与养活狗马又有什么区别呢？”

【评论】

赡养父母是儿女孝心的一种表现，但不是孝的至高境界，孝如果仅仅表现为赡养，那么看门的狗、拉车的马，都能得到人的饲养，相比之下，仅仅赡养父母的这种孝岂不有点低了？甚至与饲养狗、马没有了区别。孝的至高境界是敬，孝的核心也是敬，而不是养，孝应该首先体现在对父母的感情上。父母曾用无私的父爱母爱培育我们长大，我们怎能不以父母对待我们那样真诚的感情去回报父母呢？孝是发自良心的、内心的真爱。孝敬父母，不仅在经济上给父母以赡养，更要在精神上给父母以关爱、尊敬与体贴。当今流行的一首《常回家看看》的歌，歌词大意是：父母并不奢望儿女对家要做多大的贡献，能常回家看望，父母就心满意足了。多给父母精神慰藉，这才是对父母最好的孝爱。

2.8 【原文】

子夏问孝。子曰："色难[①]。有事，弟子服其劳[②]；有酒食[③]，先生馔[④]，曾是以为孝乎[⑤]？"

【注释】

①色：脸色，此处指和颜悦色。难：困难。②弟子：晚辈，这里指子女。③酒食：酒与饭，这里指饮食品。④先生：长辈，这里指父母。馔：（zhuàn）食物，这里指吃喝。⑤曾：副词，难道、竟然意。是：此，这。以：动词，认为。为：动词，是。

【译文】

子夏询问孝道。孔子说："在父母面前能做到始终和颜悦色是件难事。父母有事了，做子女的替父母去操劳；有了酒与食物，先让父母来享用，仅仅做到这些，难道可以认为是完全尽孝了吗？"

【评论】

孔子一再强调：孝敬父母，是发自内心的真爱，不是仅仅能赡养父母就是孝。所以他在回答子夏询问孝道时说："尽孝道难在常对父母有和颜悦色。有了事，子女们替父母去辛劳，有了饮食，让父母先去吃喝，但是对父母没有个好脸色，这难道也算孝吗？"《礼记·祭义》中说："孝子之有深爱者必有和气，有和气者必有愉色，有愉色者必有婉容。"脸色是内心真情的自然流露，有孝敬之心，必然对父母和颜悦色，有事，高兴替父母去做；有饭，希望父母先吃，都是出于自然的孝敬之心。如果内心缺乏孝敬之情，即使替父母做了事，让父母先吃了饭，也很勉强，自然在表情上表现出"色难"。以"敬"与"礼"的标准衡量这种孝，当然不能称作真正的孝了。因为孝是发自内心的真正的孝情，来不得半点掩饰。

2.9 【原文】

子曰："吾与回言终日[①]，不违[②]，如愚。退而省其私[③]，亦足以发[④]，回也不愚。”

【注释】

①回：姓颜，名回，字子渊，又称颜渊。孔子最得意的门生，鲁国人，以德行著称。可惜英年早逝，至今曲阜有纪念他的庙宇。②不违：不提违背老师言谈旨意的问题。③省（xǐng）：考察，观察。私：私下，这里指私下言论。④发：发挥，阐发。

【译文】

孔子说：“我整天和颜回谈论学问，从不见他提反对意见，好像很愚钝。等他退后我考察他私下的议论，也有自己独立的见解，其实颜回并不愚钝。”

【评论】

孔子在施教中，特别注意培养学生学习的主动性与创造性，所以在日常的讲学中，总是以师生平等交流的方式，进行启发式教学，鼓励学生大胆地提出问题和不同意见。然而给颜回整日讲学，却不见他提出任何疑问或不同看法。孔子主观上认为颜回不提出意见，就是不思考问题，甚至思维迟钝，像个愚笨的人。但考察颜回私下的言论，对老师所讲的都有自己的理解与发挥，证明颜回实际上并不愚笨，只是表达自己意见的方式与其他人有所不同而已。从孔子对颜回前后不同的评价，可以看到孔子对培养学生独立思考的重视，以及孔子调查研究、实事求是的工作作风。摸清学生具体、真实的情况，才能因材施教。

2.10【原文】

子曰：“视其所以①，观其所由②，察其所安③。人焉廋哉④？人焉廋哉？”

【注释】

①所以：即所做的事情。以，为。②由：走的路，这里指经过、经历。③察：与前面的“视”、“观”同意，观察、考察的意思。安：安心，安乐，喜好，这里指想法。④廋（sōu）：隐蔽。

【译文】

孔子说："了解一个人，要看他所做过的事，观察他做这些事的过程，观察他做这些事的想法，那么，这个人品质的优劣能隐藏的了吗？这个人品质的优劣怎能隐藏的了呢？"

【评论】

如何了解认识一个人，孔子主张：要看他的所作所为，要看他的行为过程，要看他喜好、追求、向往的是什么，那么，这个人再隐蔽的本质也会被识别出来。孔子给我们提供了认识人的三种基本方法。也就是观察他做什么事，是如何做的，又是如何想的，特别是做事的动机，是不易察觉的，但却是观察人的重要方面，不仅听其言，还要观其行，更要察其心。当然，对不同的人，观察的重点也有所不同。《大戴礼·官人》中总结说：对做官的人，观察他荐举使用了些什么人；对发了财的人，观察他把钱财施与谁；对困顿落魄的人，观察他宁可不得志也不肯做些什么事；对于贫穷的人，观察他宁可贫乏也不肯获取哪些钱财。这样，突出重点，提纲挈领，就认识了这个人的本质。即使他再善于伪装，给人以假象，只要运用上述"三看"观人法，考察其客观表现和主观动机，就不会被其伪装与假象所蒙蔽。

2.11 【原文】

子曰："温故而知新①，可以为师矣②。"

【注释】

①温：温习。故：旧的，原先的。知：知道，获得。新：新的知识和体会。②为：动词，做。

【译文】

孔子说："温习已经学过的知识，就能有新发现和新认识，这样就可以做老师了。"

【评论】

孔子作为中国第一个伟大的教育家，对教师有种种要求，其中有一条：温习旧的知识并能获得新体会、新见解的人，才有资格为人师。教师不应该成为只钻书本的“书虫”，只会死记硬背书本上的教条，不会将旧有的知识融会贯通，就没有创新性思维。教师也不应成为知识的贩子，现炒现卖，而是能举一反三，将旧的变新，“死”的变“活”，从旧的知识中开发出新知识、新见解。要做到“温故而知新”，不能仅仅调动旧有的书本知识储备，还要调动所有的人生感悟，要明白“世事洞明皆学问，人情练达即文章”，所有旧的知识储备得多也广泛得很，全部调动起来，就能获得更多更有质量的新知识。教师这种求知方法，对培养学生正确的学习方法及创新意识，无疑起着重要的示范作用，从这个角度讲，可以有资格做指导学生的教师了。

2.12 【原文】

子曰：“君子不器①。”

【注释】

①器：器皿。不器：比喻像器皿一样一成不变，只有一种专门的用途。

【译文】

孔子说：“君子不能像器皿一样只有一种用途，而应博学多才。”

【评论】

孔子心目中的君子是以天下为己任，能治国平天下的通才，而不是如器具一般的只精通一才一艺的匠人。治国平天下需要博学多才之人，这种人需要具备“博闻强志，明于治乱，娴于辞令”（《史记·屈原贾生列传》）的素质，有统揽全局的谋略，有领导全局的才干，有把握历史发展趋势的智慧，他的潜能获得全面的发展与发挥。进入现代社会，由于社会分工越来越细，各种人都被“职业化”“专业化”了，形成了以一才一艺为特征的专门家。但是我们仍然不可成为“器”，不要被“异化”为专业化的工具。除了关心自己的职业或专业之外，还要关心国

家的命运与发展，关心下一代的健康成长，关心周围生态环境及精神文明的建设，关心自己觉悟的提高，等等。即使再专业化，人也不能变成机器，人应该是机器的主宰。人是有血有肉有思想有灵魂的，人的体格、才干、思维是需要全面发展的，这不仅不会影响专业的进步，反而会促进专业的发展。因为社会发展了，人的素质全面提高了，其专业也会随之发展。孔子所谓的“君子不器”，就是不赞成君子只懂一种求生的技能，而是要成为全面发展的复合型人才。

2.13 **【原文】**

子贡问君子①。子曰：“先行其言而后从之②。”

【注释】

①君子：品德高尚的人。②从：遵从，照样。

【译文】

子贡问怎样才能成为一名君子。孔子说：“君子先有行动，事后才讲这方面的话。”

【评论】

孔子一直教导他的学生要敏于行而讷于言，子贡问如何成为君子，孔子针对子贡能言善辩的特点，重申了这一观点，他说：“先按你想说的话去做，然后按照你所做的事再说出来，就可以成为君子了。”一个君子，必须言而有信，言行一致，言必行，行必果，君子食言是最可耻的事。世上的事情是复杂多变的，正因为有时说了的话，但由于某种客观原因，一时不能兑现，所以孔子才告诉子贡先行而后言。因为先言并不等于有行，更不等于有果，君子取信于人，靠的是行动，而不是言论，说得再好，别人还是要“听其言观其行”。孔子最蔑视的是那些说话的巨人，行动的矮子。平常夸夸其谈，一遇困难就畏葸不前，说到做不到。现实中，也有人做到了“先行后言”，但是他做了一些事后，到处炫耀，不是有一说一，有二说二，而是夸大其词，添油加醋，这也是言行不一致的表现，因为他的“后言”并不能印证他全部的“先行”。

2.14 【原文】

子曰："君子周而不比①，小人比而不周②。"

【注释】

① 周：普遍 ，周全，这里指合群、团结的意思。比 ：并列 ，这里指勾结。②小人：人格低劣的人。

【译文】

孔子说："君子互相团结而不图利益勾结，小人虽然暂时勾结却并不团结。"

【评论】

君子与小人人格相反，究其根本在于公私上的区别。君子与小人身边都有朋友，但君子是以公义而合，小人是以私利而合。所谓物以类聚，人以群分，君子与小人的朋友是两类不同的人。君子出于公心，为公众谋福利，所以能用道义团结一切志同道合的人，他的朋友很多，但都光明磊落而不需要拉帮结派。小人出于私心，待人处事以利于自己为前提，所以只能结党营私而不能团结大多数人。他与他的朋友个个心怀鬼胎，一切从个人目的出发，有利则合，分利不合私心则斗，无利则分，就是勾结也不会长久，除非有长久的私利可图。

2.15 【原文】

子曰："学而不思①，则罔②；思而不学，则殆③。"

【注释】

①思：思考。②罔：即"惘"，迷惘，惘然无所得的样子。③殆（dài）：危险，这里指疑惑，偏见。

【译文】

孔子说："学习时如果只是读书，不动脑进行思考，就会迷惘；只凭空思索而不读书，就会产生偏见、误入歧途。"

【评论】

书本的知识都是前人根据当时实际的情况总结出来的经验，要把书本的知识变为自己的指导现实的精神力量，必须经过一番艰苦复杂的思索过程，分析出以往书本知识的现实价值、时代局限甚至错误缺陷，否则一味读书不加以思索，好比光吃不消化，学得再多还是惘然无收获。然而光思不学也是一种弊病，一个人的实践是极有限的，尽管肯用脑子思考问题，若不勤奋地学习，充分地吸收前人的经验教训，还是会处处疑惑不解，好比能消化但不吃东西，肚子里还是空空的。看来“学而不思”与“思而不学”，它们的结果是一样的，“学”“思”必须并重，不可偏废其一，只有“学而思”，才能得到管用的真知识。学是掌握知识，思是消化知识，并把知识转化为认识主、客观世界与改造主、客观世界的能力。

2.16 【原文】

子曰：“攻乎异端①，斯害也已②！”

【注释】

①攻：批判，攻击。异端：偏离正确的一端，这里指不同于儒家正确观点的学说、主张。②斯：这。害：危害。也已：语气词，表示完结，相当于“矣”。

【译文】

孔子说：“批判那些异端邪说，异端邪说所引起的祸害就可以止息了。”

【评论】

儒家视中庸之道为最高美德，“执其两端用其中于民”（《中庸》），成为道德修养和处理事物的基本原则和方法。做事、学习都不可偏向任何极端，应追求对立两端的统一与中和。钱穆说：“孔子平日言学，常兼举两端，如言仁常兼言礼，或兼言知。又如言质与文，学与思，此皆兼举两端，即《中庸》所谓执其两端。执其两端，则自见有一中道。中道在全体中见。仅治一端，则偏而不中矣。”（《论语新解》）如果专执一端，就会产生以偏概全的偏激思想，以此片面性的错误思想指导行动，没有不失败的，这不就是有害的吗？《孟子・尽心上》中说：“所恶执一者，为其贼道也，举一而废百也。”孟子也很赞同孔子的这一论点。有人把孔子这句话解释成：“攻击异端学说，反而是有危害的。”这样解释明显不合孔子的原意。

2.17 【原文】

子曰：“由[①]，诲女知之乎[②]？知之为知之，不知为不知，是知也[③]！”

【注释】

①由：孔子的学生，姓仲，名由，字子路，鲁国人。②诲：教诲。女：同“汝”，代词，你。③知：此“知”同“智”，意为聪明，明智。前面的“知之”“不知”的“知”当知道讲。

【译文】

孔子说：“仲由！教给你明智的道理吧！知道就是知道，不知道就是不知道，这才是真正的明智。”

【评论】

孔子在讲学中，并不强求弟子们立即听懂，但他要求弟子们做到：懂得就是懂得，不懂得就是不懂得。懂得“知之为知之，不知为不知”这一道理，本身就是一种“知”，即明智。对于做学问来说，这是一种根本的“知”。人生在世，必有所不知，就是经过一段学习，虽然有了一些知，还会有许多不知，不知不为耻，不知以为知才是虚伪。“知之”就可继续深入学习新知识，“不知”还可继续复习旧知识，然后达到“知之”。一个人清楚自己的知与不知，正是其进步的前提，所以孔子称赞这种诚实的学习态度是聪明智慧的表现。学习的大忌就是不懂装懂，暂时顾及了自己的虚荣心，却害了自己一生的进步。

2.18 【原文】

子张学干禄[①]。子曰：“多闻阙疑[②]，慎言其余，则寡尤[③]；多见阙殆[④]，慎行其余，则寡悔。言寡尤，行寡悔，禄在其中矣。”

【注释】

①子张：孔子的学生，姓颛（zhuān）孙，名师，字子张，陈国人。干：求。禄：俸禄，这里指官职。②阙：同“缺”，这里指留存。③寡：少。尤：过失。④殆：怀疑。“阙殆”与“阙疑”同义。

【译文】

子张向孔子学习求官得俸禄的方法。孔子说：“多听各方面的意见，对有怀疑难以确定的问题，加以保留，其余明确无疑问的问题，也要谨慎地说出，这样做才能减少过错；要多观察各方面的情况，有疑惑不明的问题，加以保留，其余明确无疑问的问题，也要谨慎地处理，这样就能减少懊悔。说话过错少了，做事懊悔少了，官职俸禄自然就在其业绩里面了。”

【评论】

孔子主张“学而优则仕”，希望自己的弟子都成为治国的栋梁之才。子张学习谋求官职的方法自然会得到孔子的赞同。孔子教导他：“遇事多听听他人的意见，拿不准的先不要说，其余的话也要句句谨慎，这样过失就少了；遇事还要亲自多看看，有疑虑的地方先不要做，要做的事也要处处小心，这样后悔的事就少了。言论少过失，做事少后悔，把握住这二点，就能当好官，俸禄也自然不成问题了。”孔子讲的不仅仅是为官之道，他说的正是适用于所有人的接人待物的基本原则，告诫人们对自己的言行应该采取严肃、谨慎、负责的态度，只要谨言慎行，尽职尽责，就可安身立命。

2.19 【原文】

哀公问曰[①]：“何为则民服[②]？”孔子对曰：“举直错诸枉[③]，则民服；举枉错诸直，则民不服。”

【注释】

①哀公：鲁国国君，姓姬，名蒋，在位二十七年，哀是他的谥号。②服：信服。③举：提拔，任用。直：指正直的人。错：放置。诸：相当“之于”。枉：

不正直，指邪佞的人。

【译文】

鲁哀公问孔子："怎样做才能使老百姓信服呢？"孔子回答说："提拔正直的人，将其地位置于邪佞人之上，老百姓就信服了；如果提拔邪佞的人，并把他的地位置于正直的人之上，老百姓就不会信服。"

【评论】

鲁哀公问孔子："何以取信于民，叫民信服？"孔子回答得非常简单而中肯："把正直的人提拔起来，使他的官位居于邪佞的人之上，老百姓就信服了，反之，把邪佞的人提拔起来，使他的官位居于正直的人之上，老百姓就不服。"为什么提拔重用几个人，会引起老百姓的服与不服呢？原来是提拔重用正直的人，正直的人就能忠言直谏君上，推行公正廉明政治，造福于民，使国家昌盛。提拔重用邪佞的人，就会谗言迷惑君上，使小人当道，政治黑暗，百姓遭殃，国家衰败。政治家诸葛亮对此有深切的体会，他在《出师表》中说："亲贤臣，远小人，此先汉所以兴隆也；亲小人，远贤臣，此后汉所以倾颓也。""举直压枉"是孔子德治思想的重要内容之一，至今，任人唯贤还是我们选拔干部的一条重要原则，也是我们政权建设的一条重要原则。

2.20 【原文】

季康子问[①]："使民敬、忠以劝[②]，如之何？"子曰："临之以庄[③]，则敬；孝慈[④]，则忠；举善而教不能[⑤]，则劝。"

【注释】

①季康子：姓季孙，名肥，鲁哀公时任正卿，是当时鲁国的主要执政者，"康"是其谥号。② 劝：勉励，勤勉。③ 临：面对，对待。庄：庄重，庄严。④慈：上对下的爱。⑤举：表彰。善：正直高尚的人。不能：能力差的人。

【译文】

季康子问孔子："要使老百姓恭敬忠诚于我，他们之间又能互相勉励，我应该怎样做呢？"孔子说："你以庄重的态度对待老百姓的事情，老百姓就会恭敬你；你带头孝顺长辈，慈爱幼小，老百姓就会忠诚于你；你提拔重用善德的人，教育能力弱小的人，老百姓就会互相勉励向上。"

【评论】

季康子是鲁哀公时的主要执政者，他在架空鲁哀公权力的同时，关心的是怎样使老百姓对他尊敬、忠诚并勤勉效力。他求教于孔子，孔子认为："你若能严肃认真地把老百姓当回事，老百姓自然会尊敬你；你若对老的有孝心对幼的有慈爱，老百姓自然会对你忠心耿耿；你若提拔好人又能教育能力差的人，老百姓自然会加倍努力。"古代为政主要就是治民，为政者与老百姓是一对矛盾，矛盾的主要方面在为政者，为政者的素质决定了为政的性质，"以其昏昏使人昭昭"的事是没有的。季康子本来想从孔子这里得到治民的办法，孔子告诉他的却是如何律己，如何得民心，孔子的话中暗寓讥讽，是很有针对性的。

2.21 【原文】

或谓孔子曰[①]："子奚不为政[②]？"子曰："《书》云[③]：'孝乎惟孝，友于兄弟，施于有政[④]。'是亦为政，奚其为为政？"

【注释】

①或：有人。②奚（xī）：何，为何。③书：指《尚书》。④"孝乎惟孝"三句：见伪古文《尚书·君陈篇》，意思是：孝顺父母，友爱兄弟，并把这种孝情推及到政事。惟：只有。施：延及。

【译文】

有人对孔子说："你为什么不入仕参政呢？"孔子回答道："《尚书》上说，'孝道呀，只有孝顺父母，友爱兄弟的人，才能以孝道影响政治。'行孝这也是参政呀，为什么一定要做官才算参与政治呢？"

【评论】

孔子不仅有治国之才，而且他培养的弟子也有为政的素质，然而当时的诸侯大国都忙于用武力争霸，诸侯小国在兼并的大势中又自顾不暇，对孔子的那一套治国平天下的理论都不感兴趣。孔子周游列国，没有一个国家任用他来治理朝政，他只好返回鲁国，一面整理古籍，一面完善自己的治国平天下的理论体系，他要为中国封建社会提供治国之道、为政之道。孔子确实是一位非常了不起的政治家，司马迁将孔子的传列入“世家”，与诸侯同列，后世有人更称孔子为“素王”，即不居帝王之位的国家精神领袖。中国封建社会二千多年，改换了多少朝代，多少巍巍然的皇帝成了历史的匆匆过客，独有孔子始终居于圣人之位。但在当时，孔子因为没有官职，有人竟认为孔子没有“为政”，孔子反驳说：“《尚书》中说过：‘只有孝顺父母、友爱兄弟，才能将孝道推及到政治上去。’推行孝悌就是为政，为什么一定要以做官才算为政呢？”道德教化就是最大最现实的为政，把齐家之道提升到治国平天下之道，正集中地体现了孔子的德治思想。

2.22 【原文】

子曰：“人而无信①，不知其可也。大车无輗②，小车无軏③，其何以行之哉④？”

【注释】

①而：如果。信：信誉。②輗：大车车辕上的销钉。③軏：小车车辕上的销钉。④何以：靠什么。何：什么。以：凭，靠。

【译文】

孔子说：“做人如果不讲信用，不知道他怎么可以称作人。譬如大车没有辕前横木上的木销子，小车也没有辕前横木上的木销子一样，大车、小车如何行驶呢？”

【评论】

信是孔子提出的一个重要道德观念，人以信为本，无信不立，无信何谈接人

待物。为政，首先取信于民，失信于民，何谈为政？信对于个人、团体乃至国家重要到何种程度？孔子作了一个比喻："大车没有輗，小车缺了軏，都无法套住驾车的牛马，没有牛马驾车，车子怎么会走动呢？"这好比人，不讲信用，别人都不予信任，就寸步难行了。孔子以形象的比喻，说明抽象的概念，语言生动，充满了理趣。

2.23 【原文】

子张问："十世可知也①？"子曰："殷因于夏礼②，所损益③，可知也；周因于殷礼，所损益，可知也。其或继周者，虽百世④，可知也。"

【注释】

①世：朝代。也：同"耶"，疑问词。②殷：即商朝，商朝王位传至盘庚，他将首都从奄（今山东曲阜）迁至殷（今河南安阳西北），后世因称商为殷，整个商代亦称为商殷或殷商。因：因袭，继承。夏：即夏朝。③损益，废除与增补。④虽：即使。

【译文】

子张问孔子："今后十代的世道您可以预知吗？"孔子说："殷商因袭于夏朝的礼仪制度，所废除与所增加的，是可以知道的；周朝因袭殷商的礼仪制度，所废除与所增加的，也是可以知道的。今后有哪个朝代来继承周朝，也不过是对其礼仪制度进行废除与增加，所以就是百代以后，也是可以预知的。"

【评论】

将来的社会是一个什么样的社会？这是一个十分诱人但难以回答的问题，于是子张请教孔子："能否知道今后十代的社会礼法制度呢？"孔子说："殷商因袭了夏朝的礼仪制度，与夏朝做比较，它所废除了夏朝哪些旧礼仪制度，它所制定了哪些新的礼仪制度，是可以知道的。周代因袭商朝礼仪制度的情况也类似。将来有继承周朝的也会如此，所以根据这一社会发展规律，虽百世之后，也是可以预知的。"孔子不承认自己是"生而知之"的人，但他能依据过去、现在而预测将来，将来的社会不外乎在历史与现在基础上有所变革。社会的变革，总是在旧有的基础上进行的，对旧的制度有继承有发展，也就是孔子所说的有因有损有益，没有“因”便没有“损益”，只有“因”而无“损益”，社会就没有进步。如果拒绝“因”而光“益”，“益”也势必成为一句空话，因为抽掉“益”的基础“因”，“益”便堕入虚空的深渊。如果拒绝“因”而光“损”，不仅不会有“益”，而且将是历史大倒退。“文化大革命”否定一切传统文化的恶果已经充分证明了这一点。有“因”有“损”有“益”，即有继承、有扬弃、有发展，社会才能进步。从孔子精辟论述“因”“损”“益”辩证关系这一点来看，孔子不仅不是反对社会变革的守旧派，而且很熟悉社会变革的规律。

2.24 **【原文】**

子曰：“非其鬼①而祭之，谄也②。见义不为③，无勇也。”

【注释】

①其鬼：指自己家族死去的先人，或符合自己的身份而祭祀的鬼神。②谄：谄媚，讨好。③义：思想行为符合情理的适宜的准则。为：动词，做。

【译文】

孔子说：“不是自己应该祭祀的鬼神而去祭祀他，这是谄媚众鬼神。眼见应该为义有所作为的事而无动于衷，这是没有勇气。”

【评论】

此章中的二事，好似不伦不类，难以连贯。实际上一则求福，一则避祸；一则为之，一则不为，二者有内在的逻辑关系。祭鬼神当然希望能赐以福禄，但主要还是为了追念先人的功德，寄托对崇拜者的敬仰感情。如果不是你该祭祀的鬼神你却要去滥祭，那必定是怀有个人的功利目的，想祈求到更多的好处，这就不是对鬼神发自内心的敬仰了，而是向鬼神谄媚，谄媚的目的就是想无代价地索取。不该做的做了，该做的反而不做，这主要体现为“见义不为”。行“义”虽然是实现仁的一种表现，符合礼的规范，但往往要付出，甚至付出自己的生命。

在需要付出的时候，只想索取的人就变成一个懦夫了，畏葸不前，没有“勇”的品质与气概。俗话说：“无私才无畏”，自私者在需要奉献的大义面前总扮演着“逃兵”的角色，只有在索取个人利益时才胆大妄为、无所畏惧。

八佾篇第三

这一篇有二十六章，主题比较集中，反映了孔子的礼乐思想。礼乐是文明的标志，我国素称礼乐之邦。“礼”，不仅仅指礼节性仪式，还包括一系列制度及相关的宗教、政治、伦理、民俗等行为规范。“乐”也并非仅仅指音乐、歌曲与舞蹈，凡能够贯彻、实行“礼”的愉悦手段都属这一范畴。《礼记·乐记》说：“乐者，天地之和也；礼者，天地之序也。和，故百物皆化；序，故群物皆别。”孔子说：“知者乐水，仁者乐山；知者动，仁者静。”我们也常说：“寓教于乐”。“礼”有了“乐”的配合，才能使人受到潜移默化的感化，精神愉快地自觉去推行礼。孔子认为中国的礼乐制度从夏、商即开始推行，到了周代，更是“监于二代，郁郁乎文哉”。礼乐既相辅相成，又是仁的具体体现，是仁的外在规范，并非仅是个形式，所以他认为没有仁德的人，不会行礼用乐。礼乐表达仁爱之心，不是讲排场讲体面的，“礼，与其奢也，宁俭”。礼乐也是稳定社会、维系等级的强有力工具，礼乐可以移风易俗，可以安邦治国，不论祭礼、射礼，乃至奏乐歌舞等，最终都是为仁义大目标服务的。边远少数民族落后，就是缺少中原华夏的礼乐制度。孔子主张“君使臣以礼”，反对臣子滥用国君规格礼乐的僭越行为，视其为“不可忍”的最大恶行。孔子维护礼乐制度就是维护仁德，维护大一统的社会秩序。

3.1 **【原文】**

孔子谓季氏①，“八佾舞于庭②，是可忍也③，孰不可忍也④。”

【注释】

①谓：以为，说。季氏：鲁国大夫季孙氏，即季平子。②佾（yì）：舞蹈行列，八个人的行列为一佾。古时舞蹈奏乐也按礼而行，天子用八佾，诸侯用六佾，大夫用四佾，士用二佾。按照季氏的等级只能使用四佾，而他却使用八佾，

所以孔子对这种越礼行为极其不满。③是：这。忍：容忍。④孰：谁，哪个。

【译文】

孔子谈到季氏时说："他在自己的庭院中演出只有天子才可享用的八佾之舞，如果这种事都能容忍，那么什么事不可以容忍呢？"

【评论】

孔子主张恢复周礼，一切依礼而行。周礼规定只有天子才能观赏八佾之舞，季氏只是一个大夫，依礼只能观赏四佾之舞，可是现在季氏在家中竟使用起只有天子才配享用的舞乐，这不是怀有野心的僭越行为吗？孔子对季氏想篡夺鲁国政权的意图早有觉察，这种僭越行为若能容忍，还有什么行为不可容忍呢？"礼坏乐崩""犯上作乱"是春秋时历史发展的必然结果，经过大乱，社会最终走向新的统一。孔子主张"拨乱反正""克己复礼"，表面上是恢复周天子的一统旧秩序，实质上是要建立新的大一统社会，这符合历史发展的必然要求。过去一些人在周礼与大一统之间一定分出个你是我非，却看不出二者"殊途而同归"。孔子维护周礼的目的是想使分崩离析、秩序混乱的社会恢复到大一统的状态，并非是想叫历史开倒车。

3.2 【原文】

三家者以《雍》彻①。子曰："'相维辟公，天子穆穆'②，奚取于三家之堂③？"

【注释】

①三家：指鲁国大夫孟孙、叔孙、季孙三家族，因都是鲁桓公之后，又称"三桓"。雍：《诗经·周颂》中的一篇。彻：同撤，指撤除祭品。②"相（xiàng）维辟公，天子穆穆"：《雍》诗中的句子，意思是：助祭者是诸侯，主祭者是严肃静穆的天子。相，助祭者。维，是。辟公，指诸侯。穆穆，形容天子严肃的仪态。③奚：为什么。堂：祭祀祖先的庙堂。

【译文】

孟孙、叔孙、季孙三家，在家庙祭祀时，唱着只配天子祭祀时方可唱的《诗经·雍》诗来撤除祭品。孔子说：“《雍》诗中有‘诸侯前来助祭，主祭的天子庄严肃穆’的句子，这样的诗句怎能用在三家祭祀的厅堂上呢？”

【评论】

依照周礼，只有天子在祭祀完毕撤除祭品时，才可命乐工唱《雍》诗。因为诗中唱道：“四方诸侯，都来助祭。天子主持，穆穆容仪。”从诗的内容看，这诗显然是专为天子祭祀而作的，也只配天子使用。孔子奇怪的是，在鲁国的孟孙、叔孙、季孙三家的厅堂上为何也唱起了《雍》诗？与季氏在其厅堂命人演出八佾舞一样，这些都是怀有野心的僭越行为。孔子时，周天子的共主地位已名存实亡，诸侯僭越天子、卿大夫僭越诸侯、家臣僭越卿大夫的现象，已屡见不鲜，孟孙、叔孙、季孙三氏本属卿大夫，竟敢僭越天子，实在太狂妄了。孟孙、叔孙、季孙三氏是鲁国的实权派，孔子敢于公开指责他们，是冒着很大风险的，真有点“知其不可而为之”的精神，为了自己的理想——维护周礼，他已将自己的生死置之度外。人们捍卫崇高理想或信仰，确实需要有这样的精神。

3.3 【原文】

子曰：“人而不仁，如礼何①？人而不仁，如乐何？”

【注释】

①如礼何：如何讲礼？如何执行礼？

【译文】

孔子说：“为人如果没有仁德之心，他如何能执行礼仪制度呢？为人如果没有仁德之心，他如何能运用音乐呢？”

【评论】

礼是为了维护封建等级制而在制度上、礼节上的种种规定。乐是表达封建等级制下人与人和谐感情的歌舞。礼、乐必须建立在仁的基础之上，它们要为仁服

务，是仁的一种外在表现，否则，礼与乐就失去了意义。如季氏使用八佾之乐，季孙、孟孙、叔孙氏三家都行天子祭祀之礼，使本来为仁服务的礼乐变了质。所以孔子才说："一个人没有仁德，怎么会行礼用乐呢？"孔子生于鲁国，鲁国是周公的封地，曲阜至今遗存着周公庙，庙的匾额上题有"制礼作乐"四个大字，既显示着周公的功绩，又说明礼乐是周代制度文明的标志，从这一角度，我们就可理解孔子为何不遗余力地维护礼乐的意义了。

3.4 【原文】

林放问礼之本①。子曰："大哉问②！礼，与其奢也，宁俭；丧，与其易也③，宁戚④。"

【注释】

①林放：姓林，名放，鲁国人。本：根本，实质。②大：重大，重要。③易：周到，完备。④戚（qī）：内心悲痛。

【译文】

林放向孔子请教礼的本质。孔子说："你问的这个问题意义重大呀，礼呀，一般性质的礼与其追求形式上的奢华，宁可俭朴更近于礼的本质；丧礼与其追求隆重周全，宁可内心悲哀更近于礼的本质。"

【评论】

仁是人们内心具有的仁爱道德感情，礼只是表达这种仁爱之情的种种外在表现。但有的人本末倒置，内心没有或缺少仁爱之心，却在礼节上大加讲究。林放是个懂礼的人，他看到有些人操办的礼仪越来越奢侈、越来越烦琐，还标榜这是重礼行礼。林放感到迷惘，就向孔子请教礼节的本质问题，孔子也觉得这个问题很重大。他认为：礼的本质是仁，礼是体现仁的形式。由于林放问的是礼节问题，所以他就从礼节说起。对于礼节，讲究得过于奢侈，并不能增加你的仁爱之心，节俭也不能减少你已有的仁爱之心，那么与其奢侈浪费还不如节俭为好。对于丧礼，与其周全，不如尽哀。因为倾诉对已亡亲人的哀思才是丧礼的目的，而不是在形式上求得面面俱到。讲究礼仪容易，难的是具备仁爱之心。甚至不仁不义不忠不孝之人，更乐意把礼仪操办得风光体面，好掩盖他平时不仁不义不忠不孝的行为。内容与形式，哪个是根本，由此可见。

3.5 【原文】

子曰："夷狄之有君①，不如诸夏之亡也。②"

【注释】

①夷狄：古代中原地区的人认为周边地区落后不开化，对那里的人有所谓"东夷北狄"之称，所称含有蔑视之意。②不如：比不上。诸夏：指中原地区，古代中原有诸华诸夏等部落。亡（wú）：通"无"，意为没有。

【译文】

孔子说："夷狄这样落后的国家，虽然有个君主，其礼仪制度还不如中原诸夏的国家没有君主时的礼仪制度好。"

【评论】

孔子确实有"夷夏之辨"的传统观念，但说他有大民族主义却冤枉了他。孔子是个胸怀天下的人，他主张"四海之内皆兄弟"，让天下人都沐浴在仁爱的阳光下，最终实现大同世界的美好理想。他不像屈原那样只热爱他的宗主国，他周游列国，像个"国际浪人"，就是想实现这一最高理想境界。孔子所讲的这段话，并不是蔑视少数民族，只是通过对比中原与周边地区制度的优劣。认为一个国家，有无君王固然十分重要，但更重要的是政治体制、礼法制度。中原有着历史久远的文明，它维系社会稳定与发展的作用远远超过帝王的作用，所以孔子才说："夷狄即便有了君主，还赶不上中原华夏诸国没有君主时的文明程度。"事实也如此，二千多年来，为了社会的进步，周边的少数民族不断地向中原文明靠拢，不断地"夏化"或"汉化"，说明了华夏文明的巨大影响力与感召力。

3.6 【原文】

季氏旅于泰山[①]。子谓冉有曰[②]:“女弗能救与[③]?”对曰:“不能。”子曰:“呜呼!曾谓泰山不如林放乎[④]?”

【注释】

①旅:古代祭祀山川叫旅,按照礼制,只有天子才有资格去祭祀泰山,季氏没有祭祀泰山的资格。②冉有:孔子的学生,姓冉,名求,字子有,又称冉有,鲁国人。③女:同“汝”。弗:不。救:劝阻,设法改正。与:同“欤”,表疑问。④曾:难道。

【译文】

季氏要去祭祀只有天子才配祭祀的泰山。孔子对冉有说道:“你不能阻止他这种僭越的行为吗?”冉有回答说:“不能。”孔子说:“哎!难道说泰山之神还不如林放懂得礼,竟然能接受季氏不合礼的祭祀吗?”

【评论】

季氏的僭越行为前面已讲过,八佾舞于庭,《雍》诗歌于堂,但季氏还嫌不足,还要到泰山去祭祀。泰山是五岳之尊,只有天子才有资格去那里进行祭祀活动,到后来甚至只有功勋卓著的天子才配去泰山祭祀天地之神,称作“封禅”。诸侯只能祭祀自己封地的名山大川,季氏作为卿大夫连祭祀鲁国山川的资格都没有,现在竟然要去祭泰山,不仅属于“非其鬼而祭之,谄也”,更属于严重的僭越行为,孔子决意去阻止他这次成行。他找来在季氏门下做官的冉有,希望他出面劝阻季氏的行为。但冉有拒绝说:“我不能去劝阻。”于是孔子感叹道:“哎!难道说泰山之神还不如一个懂礼的林放吗?”孔子平日“不语怪、力、乱、神”,这里是借题发挥,他并无责怪泰山神的意思,如果泰山真有灵的话,它怎么会接受季氏的祭奠呢?孔子不过是借说泰山而谴责季氏的不知天高地厚;并借表扬林放懂礼来批评冉有丧失原则的行为。

3.7 **【原文】**

子曰:“君子无所争,必也射乎[①]!揖让而升[②],下而饮[③]。其争也君子。”

【注释】

①必：一定。射：射箭比赛。②揖让：拱手作揖，以礼相让。升：这里指登堂。③下：走下堂。饮：饮酒。古代有四种射礼，但大同小异，比赛之后都要视中靶的多少而饮酒。

【译文】

孔子说："君子不与人争胜，如果说一定有所争的话，那就是比箭了！射礼规定比赛双方先相互作揖行礼，然后登堂比射，射箭完毕，走下堂来，然后再互相作揖敬酒。这种争胜就是君子很有礼貌的相争了。"

【评论】

孔子不赞成人们争斗，提倡"和为贵"。但他赞同开展有意义的竞争，这种竞争不仅不会伤和气，而且还会促进人们之间的和谐关系。他举了一个例子："君子与他人没有什么可争的事，如果非说有的话，那一定是射箭比赛了！"射箭比赛虽说比赛臂力，比赛射箭技术，但其过程始终贯彻着一定的礼数，不然，怎么称射箭比赛为射礼呢？孔子接着又介绍了射礼的过程："比赛射箭者分成几组，相互作揖行礼，然后登上大堂。射完之后，各自退下。等各组比赛完毕，再作揖登堂饮酒。这种竞争才是君子所需要的。"孔子的话中有两个"争"字，前一个"争"指损人利己的争斗、不合理的争夺，而后一个"争"指有积极意义的竞争、增进友谊的竞赛，孔子用一个"礼"字把二者的本质区别开来。不合"礼"的"争"，会形成恃强凌弱、弱肉强食的不合理现象，君子不去参与争。而合"礼"的"争"，会激励人们积极向上，促进社会的进步，君子必去参与争。

3.8 **【原文】**

子夏问曰："'巧笑倩兮，美目盼兮，素以为绚兮[①]。'何谓也？"子曰："绘事后素[②]。"曰："礼后乎？"子曰："起予者商也[③]，始可与言《诗》已矣。"

【注释】

①"巧笑倩兮"三句：前二句见于《诗经·卫风·硕人》，后一句可能是逸

诗。巧笑：美好的笑容。倩：美丽。盼：黑白分明。素：素淡，素雅。绚：有文采。②绘事：绘画之事。③起：同“启”，启发。予：我。商：指卜商，字子夏，卫国人，一说晋国人。

【译文】

子夏问孔子：“《诗经》中说：‘美丽的脸庞笑得多甜美呀，美丽的大眼睛炯炯有神多么妩媚呀，就像洁白的质地上画着美丽的花卉呀。’这几句诗蕴涵着什么意思？”孔子说：“绘画，必须先有白色的底子，然后才能进行描绘。”子夏说：“那么，礼也是在仁德的基础上才能制定的吧？”孔子说：“能启发我的人就是你卜商（子夏）了，现在我可以和你探讨《诗经》的深意了。”

【评论】

《诗》是孔子教育学生的重要教材之一，学生常从《诗》中那生动的描写中悟出深奥的道理。当然也有不解的时候，如《诗》中说：“笑得是多么好看呀，黑白分明的眼睛是多么动人呀，稍一打扮就那样的美丽呀。”子夏就不知道这三句的寓意。孔子解释说：“天生丽质，稍加打扮就楚楚动人，这是因为她有美人的素质。反之，本身不漂亮，再打扮也成不了美人。这好比绘画，先有白色的底子，然后才能画画，这是因为其底子是洁白的。反之，质地不洁白，就难绘出精美的图画来。”孔子这里就诗说理，采用了形象化的打比方。子夏立即由此想到仁与礼，仁是礼的基础，先有仁，然后再用礼节仪式来加以规范，使仁的美质更加突出。孔子感到子夏对《诗》理解得深，对自己很有启发，就大加赞赏地说：“能够启发我的人是你卜商啊，从现在开始可以与你谈论《诗》的深意了。”看来，教学相长确实有道理。

3.9 【原文】

子曰：“夏礼，吾能言之，杞不足征也①；殷礼，吾能言之，宋不足征也②。文献不足故也③。足，则吾能征之矣。”

【注释】

①杞（qǐ）：封国之名，故城在今河南杞县，后迁至今山东安丘东北一带，其国人是夏禹的后裔。征：证明。②宋：封国之名，故城在今河南商丘南，其国人是殷商遗民。③文献：有关典章制度的文字资料和熟悉掌故的人。文，典籍。献，通“贤”，贤人。后来就专指典籍资料了。

【译文】

孔子说：“夏朝的礼仪制度，我能说出来，但它的后裔杞国保存夏朝的文献不多，不足以充分证实；殷商的礼仪制度，我能说出来，但它的后裔宋国保存殷商的文献不多，不足以充分证实。这都是文献不足的缘故，如果充足了，那么我所讲的都能一一证实。”

【评论】

孔子是个博学的人，学习三代的礼尤勤，但他又是一个“知之为知之，不知为不知”的人，对自己掌握的知识有实事求是的科学态度。他曾说：夏、商朝的礼，略知些许，但因资料不足，很难充分说明这两个朝代的礼仪制度。这里孔子提出一个很重要的治学原则，即一切历史问题的研究，必须以历史文献资料为基础。文献资料是真实的第一手资料，为了获得更多的文献资料，有时甚至还需要到民间做民俗的田野调查，一切结论必须有历史事实为依据，要以史料带史论。切忌缺乏文献资料而作主观推测，或无事实依据来发空论。

3.10 【原文】

子曰：“禘自既灌而往者[①]，吾不欲观之矣[②]。”

【注释】

①禘（dì）：新天子登基必入太庙祭祖，以后每五年举行一次这样的祭祀祖先的大典，谓之禘。因周公对周朝有特殊贡献，成王特许鲁国之君也可举行此祭。灌：禘礼开始时首先向叫作尸的受祭者献酒，尸一般为儿童装扮，第一次献酒给尸叫“灌”，尸只闻一下就把酒浇在地上，用以降神。②观：看。

【译文】

孔子说："禘祭本是隆重的祭祀祖先的大典，然而鲁国的禘祭失去了庄严与虔诚，从第一次献酒给受祭者以后，我就不想再往下看了。"

【评论】

鲁国是一个特殊的封国，他的首位国君是周代大功臣周公姬旦，但周公一直在天子朝廷辅佐周成王，实际上没有管理过鲁国，但仍说明鲁国与其他封国不同，唯有鲁国能举行禘祭就是一个例证。正因为鲁国国君是周公的后裔，比起其他封国来，他们更拥护周公的礼乐思想。特别是春秋以来，周天子名存实亡，天下大乱，礼崩乐坏，周王朝的礼乐文明东迁于鲁，鲁国成了闻名遐迩的礼乐之邦，只有在这样的社会环境中，才能培育出以恢复周礼为己任的孔子来。但是，春秋时期诸侯国各自为政的"国际"大环境，也不能不影响着鲁国的君主及卿大夫，从对周天子的不尊，也影响到鲁国禘祭的不诚，禘祭往往走了形式。孔子观看鲁国的禘祭，只观完"灌"这一环节，以后的程序就不再想观了。因为参与以后程序的祭祀者，没有诚敬之心，无敬则无礼，孔子遵循着"非礼勿视"的原则，不忍心眼睁睁地看着有人在那里糟蹋禘祭。

3.11 【原文】

或问禘之说。子曰："不知也。知其说者之于天下也，其如示诸斯乎①！"指其掌。

【注释】

①示：置，摆放的意思。斯：这个，这里指手掌。

【译文】

有人向孔子请教关于禘祭的学问。孔子说："我不知道。知道这个学问的人对于治理天下，就易如反掌吧。"一面说，一面指了指自己的手掌。

【评论】

有人向孔子询问关于禘祭的问题，孔子说："我不知道。"孔子是个非常重视礼的人，他怎么会不知道禘祭礼呢？显然他对鲁君不以诚敬行禘祭礼有看法，但一时又不能明言，只好推诿说不知道。但他接着又说："能懂得禘祭之礼的人对于治理天下，就像翻动手掌一样容易吧。"说着示了示自己的手掌。这不仅说明孔子懂禘祭礼，而且对禘祭礼的本质及作用理解得非常深刻。行禘祭礼，其根本目的就是追念祖先功德，如能不忘祖先，尤其是不忘周公以礼乐治天下的遗训，那么治理天下不就易如反掌吗？礼治即仁治，孟子将仁治说成是"仁政""不忍人之政"，他曾说："以不忍人之心，行不忍人之政，治天下可运之掌上。"（《孟子·公孙丑上》）与孔子所言如出一辙。

3.12 【原文】

祭如在[①]，祭神如神在[②]。子曰："吾不与祭[③]，如不祭。"

【注释】

①祭：这里指祭祖先。②祭神：指祭天地之神。③与（yù）：参与。

【译文】

孔子祭祀祖先的时候，好像祖先真的就在眼前，祭祀神灵的时候，好像神灵真的就在眼前。孔子说："我如果不能参与祭祀，让人代替祭祀就等于没有祭祀。"

【评论】

祭礼是重要的礼仪，孔子非常重视，特别重视祭祀者的诚敬的感情。他强调：在祭祀祖先时，就好像祖先真的就在你面前；在祭祀天地之神时，就好像天地之神真的就在你的面前，否则怎么能对受祭者做到虔诚呢？孔子说："我如果不亲自参加祭礼，而是叫别人来替我祭祀，那就如同我没有祭祀一样。"孔子不会相信鬼神真的会在人们的面前再现，一个"如"字就说明了他不信神灵存在的观念。但他要祭祀者感到神灵"如在"，是强调祭祀的严肃庄重，他清楚：祭祀可以培养对祖先与天地的敬重感情，祭祀的过程，实际就是一种内心感知与体验的过程，并把它升华为一种高尚的道德情操修炼与仁政礼治理念再加固的过程。如果自己不亲身临祭，怎么会有这样的情感体验与精神的提升呢？叫人替祭，只

是图个形式，甚至是为了应付差事，那种祭祀又有什么意义呢？

3.13 【原文】

王孙贾问曰[①]：“与其媚于奥[②]，宁媚于灶[③]，何谓也？”子曰：“不然！获罪于天，无所祷也[④]。”

【注释】

①王孙贾：卫国的大夫。②媚：讨好，巴结。奥：室内西南角，尊者所居的位置，迷信认为这是主一家的神所居的位置。③ 灶：做饭用的炉灶，灶神所居之处。奥，地位高但是不管具体事的家神。灶，地位低但是管饮食大事的家神。④祷（dǎo）：祷告。

【译文】

王孙贾问孔子：“俗话说：‘与其讨好房屋里西南角的远神，还不如巴结掌管烹饪的灶神更有用。’这两句话含有什么意思？”孔子说：“不是俗话所说的那样！若是违理而得罪了上天，祈祷哪个神也没用。”

【评论】

王孙贾是卫灵公的大臣，很有权势，希望孔子能奉称巴结他这样有实权的人，就以请教“与其媚于奥，宁媚于灶”的含义，来暗示孔子。“与其媚于奥，宁媚于灶”大概是当时的俗语，说的虽是实情，但却是小人钻营谋私的歪理。君子喻于义，小人喻于利，小人很会算计私利，连选择巴结谁，都要先算算从被巴结者那里能获得多少实惠。“与其媚于奥，宁媚于灶”一语，说白了就是：与其巴结地位虽高但徒有虚名的人，不如巴结虽无高位但能赐给实惠的人。小人把关照、贿赂，甚至奉承、谄媚都当成换取更大利益的交换品。孔子鄙视王孙贾这种小人，对他的“劝告”并没有做正面回答，而是干脆否定这一说法，并说：“如果得罪了上天，祷告谁也没有用。”虽就神而说神，但言外之意是：你若失去了仁德，巴结谁也没有用；你若怀有仁德，谁也用不着去巴结。这一章的问答全用比喻、暗示，寓意深刻，耐人寻味。

3.14 【原文】

子曰："周监于二代[①]，郁郁乎文哉[②]！吾从周[③]。"

【注释】

①监：借鉴。二代：指夏、商两朝代。②郁郁：繁盛。文：指礼乐制度。③从：遵从。

【译文】

孔子说："周朝是借鉴夏、商两代的礼仪制度而建立起来的，周朝制定的新的礼仪制度，真是丰富多彩呀！我主张遵从周朝的礼仪制度。"

【评论】

历史是一个传承发展的过程，传承就是继承优秀的传统，发展就是将优秀传统加以提升，今天的文明是以昨天的进步为基础又向前发展的结果。殷商文明的取得，是因为"殷因于夏礼，所损益"，周代文明的取得，是因为"周因于殷礼，所损益"。礼乐制度到了周代，达到繁荣昌盛的程度，全是以夏、商两代礼乐制度为基础为借鉴而创造出来的。周公制礼作乐，有因有革，有损有益，更可贵的是在旧有的夏礼、殷礼的基础上来了一番突破性的大创新。孔子清楚这一道理，也具备这种"损益"观念，他所谓的"吾从周"，并不是表示死守"周礼"。"周礼"是历史发展的结果，体现了三代文化的最高水平，在遵从"周礼"的基本前提下，孔子依照历史发展的规律，势必意识到对"周礼"也需要进行"损益"，因为后代"监于"周，目的是超于周，这完全是合乎逻辑的发展。

3.15 【原文】

子入太庙[①]，每事问。或曰："孰谓鄹人之子知礼乎[②]？入太庙，每事问。"子闻之，曰："是礼也。"

【注释】

①太庙：开国之君称太祖，太祖之庙称太庙，周公是鲁国最初受封之君，这里的太庙指周公庙。②鄹（zōu）人之子：指孔子。孔子父亲叔梁纥（hé）曾做过鄹（在今山东曲阜东南）大夫，《左传》中称他为“鄹人纥”。

【译文】

孔子到了周公庙，对每个祭祀的细节都向人打听。有的人便说：“谁说叔梁纥的儿子懂得礼仪？他到了太庙，每件事都要向别人询问。”孔子听了这话，便说：“请教他人这正是懂得礼仪的表现呀！”

【评论】

孔子进入周公庙，对每项礼仪事都要打听得仔仔细细，因此有人耻笑说：“谁说鄹邑大夫的儿子懂得礼？到了太庙，就像个不懂事的小孩子，什么都要问。”孔子听到此话后，反驳说：“‘每事问’才正是懂礼呀！”孔子“每事问”的精神，一方面体现了他对礼仪谨慎、严肃的态度，对太庙祭祀的诚敬；另一方面体现了他不耻下问、好学的精神。孔子认为“知之为知之，不知为不知”，是一种理智，不知便学便问，有什么丢面子？不懂装懂才虚伪得很。可是有人却把不耻下问当做一种幼稚与羞耻，以耻于求教为自尊，不懂装懂，冒充知识渊博。我们切莫把理智当羞耻，把羞耻当理智。

3.16 **【原文】**

子曰：“射不主皮[①]，为力不同科[②]，古之道也。”

【注释】

①射：射箭。皮：古代箭靶叫“侯”，用布或皮子制成，上面画着或兽或禽的五彩的图案，此处的“皮”指用皮子做成的箭靶。“射不主皮”是说以射中为主，并不以射穿皮靶子为主。②为：因为。科：等级，类别。

【译文】

孔子说：“比赛射箭，胜出的标准是中的而不要求射穿箭靶，因为每个人的臂力大小不同，这是自古以来射礼的规矩。”

【评论】

箭是古代一种常规武器，以箭射杀是作战的常用形式，既然作战，就尽量选择强弓利箭，任用有臂力的人为射手，以射穿敌人身上的皮甲致敌伤亡为最有效的杀伤力。但后来把射箭纳入习礼的一个内容，目的就不同了，它的目的在于观德与养德，而不在于杀敌。所以孔子才说：“射礼主要看射中与否而不看是否射穿皮靶，因为每个人的臂力不一样，能行射礼就行，这是古礼制定的规矩。”古礼规矩究竟有哪些内容？《礼记·射义》中说：“故射者进退周旋必中礼，内志正，外体直，然后持弓矢审固；持弓矢审固，然后可以言中，此可以观德行矣。”射箭比赛，失去了它备战的意义，而是一种观德养德的实践。孔子强调这一点，也是他主张德治反对战争杀戮思想的一种体现。

3.17 【原文】

子贡欲去告朔之饩羊①。子曰：“赐也！尔爱其羊②，我爱其礼。”

【注释】

①去：去掉，废除。告朔：朔是指每月的初一，周礼规定天子在每年的秋冬之际，颁布来年的历书给诸侯，历书规定了有无闰月、每月朔日，因此叫“告朔”。饩（xì）羊：祭礼用羊，杀而不烹叫饩羊，杀而烹之叫飨（xiǎng）羊。②尔：你。爱：爱惜，舍不得。

【译文】

子贡想把每月初一告祭祖庙的饩羊免去不用。孔子说：“端木赐（子贡）呀，你爱惜那只羊，我爱护的是那种祭祀的礼制。”

【评论】

周天子进行告朔后，诸侯接受了历书，然后把它藏于祖庙。每逢初一，便杀一只羊祭于祖庙。行完祭礼，回朝听政，叫作“视朔”或“听朔”。至孔子时，各国早废此礼，由于鲁国较多地保留着周天子之礼，虽然从鲁文公开始就不再去

祖庙举行告朔祭礼，但每逢初一，仍杀羊上供。子贡感到鲁公不亲身临祭，告朔已失去它的意义，还无端地杀羊供奉，实在可惜，不如连这形式也一并废弃。孔子认为告朔礼不行，已无可奈何，但杀羊上供不可废，如果连这个形式都废了，人们就彻底不知有告朔之礼了。所以他对子贡说："你爱惜那只羊，我更爱护那个礼！"孔子处处维护周礼，就是想维护周天子的大一统，然而沧桑巨变，江河日下，人心不古，他的主张也是没办法的办法了。

3.18 **【原文】**

子曰："事君尽礼①，人以为谄也②。"

【注释】

①事：侍奉。礼：礼仪制度。②以为：认为。谄：谄媚。

【译文】

孔子说："侍奉君主要尽到做臣子的礼节，不知礼的人却以为是在谄媚君主。"

【评论】

孔子的这段话显然是针对当时的情况而言的，他说："全按礼的原则及礼节要求去侍奉君王，时人认为是对君王谄媚。"这说明几个问题：一是春秋末期，周天子名存实亡，权力下移，僭越行为司空见惯，君王失去了往日的权威，对君王无礼已见怪不怪。二是礼坏乐崩，尤其是君臣之礼遭到极大的破坏，臣事君的礼数已长久废弛，如今若行礼数，虽属正常反而见怪。三是人际关系、君臣关系，已用当时的利害关系去衡量了，你若对君尽臣子之礼，有人就会认为你对君必有所求才如此，其尽礼的行为在他们看来，当然是谄媚。这纯是以小人之心度君子之腹。

3.19 **【原文】**

定公问①："君使臣，臣事君，如之何？"孔子对曰："君使臣以礼，臣事君以忠。"

【注释】

①定公：鲁国国君，姓姬，名宋，定是谥号，在位十五年。

【译文】

鲁定公问孔子："君主役使臣子，臣子侍奉君主，各自应该如何去做？"孔子回答说："君主应该依照礼的规则去役使臣子，臣子应该忠心耿耿地去侍奉君主。"

【评论】

在封建社会统治阶级内部，君与臣是一对对立统一的矛盾体，当君臣之间严重对立时，统治阶级内部就出现分裂，导致国家的分裂；当君臣之间和谐协调时，统治阶级内部就团结，国家就相应地稳定。怎样才能使君臣之间相互协调？这是封建社会国家政权建设的根本大事。孔子认为为君的以礼待臣，为臣的以忠事君，所谓"君君，臣臣"，就是指君与臣各有各的道德要求，双方都要有自律的精神，君依礼像个君，臣尽忠像个臣，君臣双方都以仁爱之心对待对方，就会处理好君臣关系。但是中国封建社会自从确立君臣关系后，为君者往往就只强调臣尽忠的一面了。臣不尽忠便是大逆不道，而君对臣无礼，则无人敢指责了。若臣下对君无礼的行为提出批评，便被视为胆大妄为的"逆鳞"之举，鲁定公就持这种理念。孔子虽然从君臣双方来阐述各自应持的正确态度，但用意是对鲁定公的错误论调进行批驳。

3.20【原文】

子曰："《关雎》[①]，乐而不淫[②]，哀而不伤[③]。"

【注释】

①关雎（jū）：《诗经·国风》的第一篇。②淫：过分，过度。③哀：忧愁。伤：哀痛。

【译文】

孔子说："《关雎》这首诗，描写快乐之情而不淫荡，抒发哀婉之情而不悲伤。"

【评论】

《关雎》是一首描写爱情的诗，写一个"君子"对一位"窈窕淑女"的热切追求。其中写"君子"与"淑女"尽琴瑟钟鼓的欢乐，然而其欢乐却不至于放纵。写"君子"辗转反侧的忧思，尽其忧愁却不至于哀痛；诗中之所以称相恋的双方为"君子"与"淑女"，正是因为他们具有"君子"与"淑女"的品质，即哀乐有度而不失正。孔子赞赏这首诗表达情感能把握一个适度，从文学角度讲，体现了孔子主张的中和之美，反映了孔子重要的文艺批评原则。

3.21 【原文】

哀公问社于宰我[①]。宰我对曰："夏后氏以松[②]，殷人以柏，周人以栗[③]。曰：使民战栗[④]。"子闻之曰："成事不说[⑤]，遂事不谏[⑥]，既往不咎[⑦]。"

【注释】

①社：土地神，祭祀土神的庙也叫社，这里指供土神的木制牌位。宰我：孔子的学生，姓宰，名予，字子我，鲁国人。②夏后氏：指夏朝人。③栗：同松、柏一样，都是树木名称。④战栗：发抖。⑤成：指已做完的事。⑥遂：与"成"同意，指已完成的事。谏：规劝。⑦既：已经。咎：追究，责备。

【译文】

鲁哀公向宰我询问供奉土地神该用什么木料做神主。宰我回答说："夏朝人用松木，殷商人用柏木，周朝人用栗木，寓意是使人民敬畏而战栗。"孔子听说了宰我错误解释神主用木这件事，责备宰我说："已经做了的事就不要再说了，已经成了的事就不要规劝了，已经过去的事就不要再追究了。"

【评论】

哀公向宰我咨询用什么木料做土地神的牌位，宰我回答说："夏朝人用松木，殷商人用柏木，周朝人用的是栗木，为的是叫老百姓战栗畏惧。”宰我回答所用木料可能都对，但说周朝使用栗木是想叫百姓战栗，则是主观臆想或借题发挥。周朝大倡“敬天保民”、以德治国，怎么会把使百姓战栗作为自己的目的呢？三代选择何种木料做土地神牌位，都与自己执政目的毫无关系。对于“吾从周”的孔子来说，学生宰我的错误言论犯下了一个不可饶恕的原则性错误，但他对宰我只轻描淡写地说了几句：“已经过去的事，不必再解释了；已经完成的事，不必再劝诫了；已经成为往事，就不必再追究了。”孔子为什么对宰我不进行严厉批评呢？原来宰我是想借自己的妄解，启发哀公对鲁国的“三桓”采取严厉威慑，抑制其势力的继续发展，这也是孔子的想法，孔子知宰我意在此，主观意愿是对的，所以叫他以后不再讲这类话就行了。

3.22 **【原文】**

子曰：“管仲之器小哉[①]！”或曰：“管仲俭乎？”曰：“管仲有三归[②]，官事不摄[③]，焉得俭？”“然则管仲知礼乎？”曰：“邦君树塞门[④]，管氏亦树塞门。邦君为两君之好，有反坫[⑤]，管氏亦有反坫。管氏而知礼，孰不知礼？”

【注释】

①管仲：姓管，名夷吾，字仲，齐桓公的宰相，齐国人，春秋时期著名政治家。器：气量、胸怀。②三归：三归处，指三处住宅。③摄：兼任。④树：树立。塞门：类似后世大院中临大门口的照壁。⑤反坫（diàn）：古代诸侯祭祀或宴会时放置礼器、酒具的土台子。

【译文】

孔子说：“管仲的器量有点小呀！”有人便问：“他不是很节俭吗？”孔子说：“他有三处住宅，手下办事机构重叠，人员从不兼职，这怎么能说他节俭呢？”有人又问：“那末，管仲他懂得礼仪规则吧？”孔子说：“国君宫殿门前立了照壁，管氏也立了个照壁。国君为招待外国的君主，在堂上建了放置酒杯的坫台，管氏也修筑了这样的坫台。如果说管氏懂得礼仪规则，那还有谁不懂得礼仪规则呢？”

【评论】

管仲是春秋初期著名的政治家，以“尊王攘夷”相号召，辅佐齐桓公成为春秋时第一个霸主，孔子对他的评价有褒有贬，此段讲话，对他的气量小、不知俭、不知礼提出批评。孔子首先说：“管仲气量小！”听者无异议。有人问：“管仲节俭吗？”孔子回答说：“管仲有三处豪宅，手下的家臣不兼职，人多开销大，怎么能说是节俭呢？”有人又问：“那么管仲懂礼吗？”孔子回答：“国君的宫殿有照壁，管仲在自家的院中也立了照壁。国君为交往的两国国君友好，在堂上设有放置酒具的土台子，来招待他国国君，管仲的家里也有这样的土台子，如果说管仲知礼，那还有谁不知礼呢？”孔子说管仲气量小，是指他“攘夷”，而没有仁爱天下的博大胸怀。这一结论，虽没有举出事例，但这一点显而易见。至于说他不知俭、不知礼，都一一举以事例，事实胜于雄辩。孔子一般讲话，不用论证，也不用驳论，所以讲话简短精粹，往往成为格言。如果有不同意见，他也很会使用驳论，摆事实，讲道理，以理服人。

3.23 【原文】

子语鲁大师乐①，曰：“乐其可知也：始作，翕如也②；从之③，纯如也④，皦如也⑤，绎如也⑥，以成。”

【注释】

①语（yù）：告诉。大师：太师，乐官之长。②翕（xī）：协调。如：样子。③从：同“纵”，展开。④纯：和谐。⑤皦（jiǎo）：分明。⑥绎（yì）：连续。

【译文】

孔子与鲁国的乐官之长讨论关于演奏音乐的问题。孔子说：“音乐的奥妙是可以知道的：刚开始演奏时，音调十分和谐；继续演奏，音调纯正、清晰，余音袅袅。这样，一部乐章的演奏就完成了。”

【评论】

乐是孔子教育弟子的一个重要内容，孔子也是一位极有音乐鉴赏能力的专家，《论语·述而》记载："子在齐，闻《韶》，三月不知肉味"，可见他欣赏美妙音乐已达到如醉如痴的程度。在与鲁国大乐官谈论起奏乐时，孔子说："音乐演奏的过程及道理是可以知道的：开始演奏时，强调各种乐器声调的协调，继而强调音调和谐、节奏分明，这样的声乐连续不断，直到乐曲演奏完毕。"鲁太师何许人？在他面前谈论奏乐，岂不是班门弄斧？但孔子这里着重说的是金、革、土、匏各乐器相配合，五音六律各声相调济，奏乐的过程也是一种感情融洽、有序流露的过程，声乐必须合乎礼的要求，而这往往是乐师们难以深刻领悟的地方。

3.24 【原文】

仪封人请见[①]，曰："君子之至于斯也，吾未尝不得见也。"从者见之[②]。出曰："二三子何患于丧乎[③]？天下之无道也久矣，天将以夫子为木铎[④]。"

【注释】

①仪：地名。封人：官名，大约是镇守边疆的官。②从者：指孔子的随从学生。③丧：丢失官职。④木铎：木舌铜铃，古代发布政令时，以摇木铎来召集众人。

【译文】

仪地守边的官员想面见孔子，说："凡是来到这里的君子，我从来没有不面见的。"此官员由孔子学生引见而见到了孔子。当这位官员告辞出门时，对孔子的学生们说："你们这些人何必担心没有官位？天下黑暗无道义已经很久了，上天将要把你们的老师当作声音洪亮的木铎来唤醒天下人。"

【评论】

这一章记录的是仪地封人见孔子前后的两段话，却生动地显示出孔子非凡的形象。在见孔子前，封人说："凡到我管辖地盘的君子，我从来没有见不到的。"他把孔子只当作普通君子中的一个，把见孔子当作普通的一次见君子。于是孔子的随从学生把他引见给孔子，不想见了孔子后，他出来竟说："你们几个弟子真

幸运，能跟随这样好的先生！还愁什么没有官做？天下无道很久了，上天要把你们先生当作木铎来警世呢！”封人后来的认识肯定来自与孔子的接触，他与孔子如何接触？他前后的认识是如何变化的？全留给我们去想象，这就是意在言外的妙处。封人能在如此短暂的时间内获得对孔子如此深刻的认识，说明他是罕见的见识高远的“伯乐”。

3.25【原文】

子谓《韶》[①]：“尽美矣[②]，又尽善也[③]。”谓《武》[④]：“尽美矣，未尽善也[⑤]。”

【注释】

①韶：舜时的乐曲名。②美：指乐曲优美的声调。③善：指乐曲表达的善德。④武：周武王时的乐曲名。⑤未尽：没有达到。

【译文】

孔子谈到《韶》乐时说：“它的艺术形式是完美的，它的思想内容是完善的。”谈到《武》乐时说：“它的艺术形式是完美的，但是它的思想内容不完善。”

【评论】

《韶》曲，就乐曲来听，舒缓、祥和、悠扬，十分动人，所以孔子说它是“尽美”的。就表达的内容来分析，反映尧、舜“禅让”天下，合乎仁德，所以又说它是“尽善”的。“尽善尽美”的韶乐，孔子百听不厌，《述而》篇载：“子在齐，闻《韶》，三月不知肉味，曰：‘不图为乐之至于斯也！’”《武》曲，就乐曲来听，也是十分优美的。内容反映武王征伐商纣夺取天下，属于伐无道，基本上达到“善”，但因为过多宣扬暴力，铿锵有力声中含着杀戮之气，所以孔子认为它还“未尽善”。孔子主张文艺作品的标准是“尽善尽美”，也就是内容与形式的完美结合。强调真、善、美的协调统一，一直是我国古代文艺理论的核心思想，而孔子“尽善尽美”理论的提出，对我国古代文艺理论体系的建立与发展具有重要的指导意义。

3.26 【原文】

子曰："居上不宽①，为礼不敬②，临丧不哀③，吾何以观之哉？"

【注释】

①居上：身居上位之人。宽：宽厚。②为：行。③丧：丧祭。

【译文】

孔子说："居于上层地位的人，对下不宽厚，行礼不敬畏，遇到丧事不悲哀，这种人我怎么能看得下去呢？"

【评论】

对待别人不宽厚，行施礼仪不恭敬，参加丧事不悲哀，对于一切人来说，都是不对的。为什么孔子特别不满那些高高在上而处于执政地位的人有此行为呢？这是因为执政者本应以身作则，来教化民众，现在反其道而行之，带头搞坏社会风气，这情形叫孔子怎么能看得下去？"居上"必须"居正"，不"居正"不能"居上"。一个领导者的品行，因其"居上"而已不是他个人的行为，他会影响政权的建设，他会影响社会的风气。社会的风气往往是上行下效，上级心不正行不端，如何叫下级遵纪守法？孔子说得好："其身正，不令而行；其身不正，虽令不从。"国家不能令行禁止，社会岂不大乱？

里仁篇第四

本篇共二十六章，主要讲仁。仁是王道的标志，是儒家思想的核心，是圣贤、君子的主要特征。以仁为主体的道德修养，就体现为“仁德”。如何培养仁德？本篇作了多方面的论述。首先要选择仁义成风的居处环境，耳濡目染受其影响。其次知是非，能识别君子与小人，慎交友。再其次，“一以贯之”“志于道”，见贤思齐，见不贤自省，具有“朝闻道，夕死可矣”的精神，做到“无终食之间违仁”。行仁德说简单也简单，不外乎就是“喻于义”而非“喻于利”。“义”指维护大众利益，“利”指谋求个人利益。究竟以哪个利益为重，这是两种人生价值观的鲜明标志，也是区分君子与小人的试金石。只有把大众的利益放在第一位，当个人利益与大众利益发生矛盾时，要舍私利而求公益，只有这样，才能行“忠恕”，才能推行仁德。君子既有仁道的追求，那么不合乎仁道的富与贵不获取，不合乎仁道的贫与贱不辞去，至于“劳而不怨”、“三年无改于父道”、“讷于言，而敏于行”等，也不难做到，获得仁德全在于自己，有谁能阻挠君子获得仁德的品质呢？

4.1 **【原文】**

子曰：“里仁为美①。择不处仁②，焉得知③？”

【注释】

①里：周代称二十五家为一里，这里指居住区。②处：处身，居住的意思。③焉：怎么。知：同“智”，聪明。

【译文】

孔子说：“居住的地方有仁德风气，才算好居处。选择住处若没有仁德风气，怎么能算是明智的选择呢？”

【评论】

对于个人来说，整个社会是其社会大环境，居住的地方是其社会小环境，或称具体的生活环境。有时具体的生活环境对人的影响比社会大环境更直接更严重，因为那里有经常与你交往的人，他们好与坏的素质都会影响感染你。俗话说：近朱者赤，近墨者黑。选择住所不能不慎重。孔子非常重视生活环境对人的影响作用，告诫人们：“有仁德风气的地方是最理想的住处，选择这样的住处才是明智的选择，如果不选择有仁德风气的地方居住，哪里还算得上是明智的人呢？”孟子母亲曾三次迁居，非要选择一个有仁德风气的地方居住，好使其儿子从小就耳濡目染地受到仁德风气的熏陶，就是遵从了孔子这一教导。

4.2 【原文】

子曰：“不仁者不可以久处约①，不可以长处乐。仁者安仁②，知者利仁③。”

【注释】

①约：俭约，穷困。②安仁：安心遵守仁道。③知：同“智”。利仁：仁于己有利才去遵从。

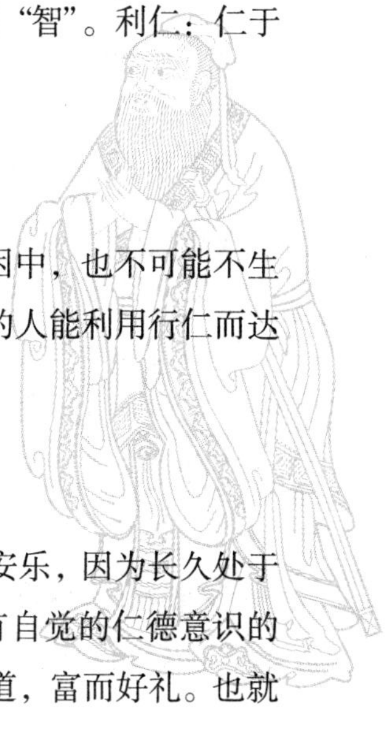

【译文】

孔子说：“没有仁德的人不可能乐于道而长久地处于穷困中，也不可能不生荒淫之心长久地处于安乐中。有仁德的人能固守仁道，聪明的人能利用行仁而达到自己的目的。”

【评论】

没有仁德的人，既不能长久处于贫困，也不能长久处于安乐，因为长久处于贫困，就会为非作歹，长久处于安乐，就会骄奢淫逸。具有自觉的仁德意识的人，无论贫富、荣辱、升沉，都安心实行仁德。做到安贫乐道，富而好礼。也就

是后来孟子所说的："富贵不能淫，贫贱不能移。"（《孟子·滕文公下》）智者不是仁者，以利益来对待仁。但智者也分大智与小智，那些大智者，能看透事物发展规律，知道行仁利于根本的利益，也基本能安于仁。而那些小智者，是些要小聪明的人，只顾眼前的利益，仁德对于自己眼下有利时才去实行，这样的"行仁"是不坚定的与不长久的，纯属"机会主义"。孔子把"不仁者""仁者"与"知者"对待仁的态度区分得清清楚楚。

4.3 **【原文】**

子曰："唯仁者能好人①，能恶人②。"

【注释】

①好（hào）：喜爱。②恶（wù）：厌恶。

【译文】

孔子说："只有具备仁德的人才能够喜好善人，厌恶恶人。"

【评论】

好善恶恶，是人之常情，然而有的人所好不一定就是善的，所恶也不一定是恶的，这还得看他站在什么立场上采用什么是非善恶标准。只有有仁德的人才能公而忘私，具有正确的是非观与爱憎观，即具有正确的好善恶恶的感情。凡是有仁德修养的人，他就喜好；凡是缺乏仁德修养的人，他就讨厌；凡是不行仁德的人，他就反对。不以此人对自己的态度来判断是非，也不以他人对此人的评价来决定自己的好恶，全以此人对仁德的态度来决定自己的爱憎。有人会说："孔子主张仁者爱人，怎么又来了个仁者'能恶人'？"孔子主张"爱人"，但被爱的人中并不包括恶人，因为恶人是害人的人，爱恶人实际就是帮助恶人来害人。所以对这些恶人只有"恶"而没有"好"。只有对恶人怀有刻骨的恨，才能对善人有真挚的爱，这也是对仁者爱人的一种理解吧！

4.4 【原文】

子曰："苟志于仁矣[①]，无恶也[②]。"

【注释】

①苟：如果，假如。②恶（è）：坏处，坏事。

【译文】

孔子说："假如立志于践行仁德，自身就不会有恶行。"

【评论】

孔子在这里勉励普通的人，要立行仁的志向。志于仁，这是成为仁人的开始。干什么都要有个目标，目标明确了，就有了奋斗的方向。成为仁人也如此，心中有了仁的目标，一切言行就以仁来衡量与规范，就不会去做损害仁的坏事了。当然，不做坏事不等于不做错事，做错事连仁人都难避免，何况初立志行仁的人呢？但干坏事与做错事是性质不同的两回事，干坏事是有意的，即坏心干坏事。做错事是无意的，即好心做错事。但只要立志行仁，知过必改，这也是行仁的一种表现。

4.5 【原文】

子曰："富与贵，是人之所欲也；不以其道得之，不处也[①]。贫与贱，是人之所恶也；不以其道得之[②]，不去也。君子去仁，恶乎成名[③]？君子无终食之间违仁[④]，造次必于是[⑤]，颠沛必于是[⑥]。"

【注释】

①处：居，这里指接受。②得之："去之"之误，意为摆脱它。③恶（wū）：何，怎样。④终食：一顿饭。违：离弃。⑤造次：仓促匆忙。⑥颠沛：困顿流离。

【译文】

孔子说："富有与尊贵，是人人所想拥有的；如果不用符合道义的方法得到

它，即使白白赐予君子，也是不能接受的。穷困和低贱，是人人所厌恶的；但是不用正当的手段摆脱它，君子是不去摆脱的。君子抛弃了仁德，怎么能成就他君子的名声？君子哪怕在一顿饭的瞬间也不能违背仁德原则，仓促匆忙的时候是这样，颠沛流离的时候也是如此。”

【评论】

好富贵恶贫贱，是人之常情。然而君子有比这种好恶之情更重要的信念，这就是富贵取之以“道”，贫贱守之以“道”。也就是以“道”去实现“欲”，以“道”去摆脱“不欲”，“道”在富贵贫贱上具体的表现就是不“违仁”。富与贵以“违仁”而取得，君子是不会干的；贫与贱以“违仁”而摆脱，君子也是不会干的，不然，怎么会称得上是得道的君子呢？君子连吃一顿饭的瞬间都不违仁，何况在匆忙之际、困顿之时？此章表述了孔子的人生价值观，孔子认为一个人追求的应当是仁，只有在仁的指导下，才能处理好自己的物质生活。自觉地用道义来指导自己的物质生活，这一原则至今仍有现实意义，尤其是那些挡不住物质诱惑，以犯法的手段去谋取富贵的人，好好琢磨一下孔子的这段劝诫语吧！

4.6 **【原文】**

子曰：“我未见好仁者，恶不仁者。好仁者，无以尚之①；恶不仁者，其为仁矣，不使不仁者加乎其身。有能一日用其力于仁矣乎②？我未见力不足者。盖有之矣，我未之见也③。”

【注释】

①尚：通“上”，超过，胜过的意思。②一日：指终日。③未之见：即未见之。

【译文】

孔子说：“我未曾见到过真正爱好仁德的人和厌恶不仁德的人。爱好仁德的人，把仁德视为没有什么能比它更好的了；厌恶不仁德的人，他所以践行仁德，是不想让不仁德的东西祸及自己。有谁能每一天都尽全力地去践行仁德呢？我没有见过想践行仁德而口称力不从心的。大概有这样的人吧，不过我不曾见过。”

【评论】

孟子曾说："杨朱之言盈天下"（《孟子·滕文公下》），虽说的是战国的情况，其实在春秋末期，"为我""重己"的思想已成泛滥之势，从个人主义出发的人于是把孔子的"博施于民而能济众"的仁爱思想视为迂阔。当时信仰混乱，道德沦丧，孔子有感世风日下，常发愤世嫉俗的慨叹。孔子并不责怪因害怕不仁的事加于自身而去行仁的人，这种人虽未达到好仁者的程度，但他毕竟在行仁，而且在生活中也是难能可贵的。他指责的是本来不想行仁，还要找能力不够做借口。为仁由己，你自己想行仁，自然会有行仁的行动，有谁能去阻止你去行仁呢？

4.7 【原文】

子曰："人之过也①，各于其党②。观过，斯知仁矣③。"

【注释】

①过：过错。②党：朋党，这里指类型。③仁：同"人"。

【译文】

孔子说："人们都会有过失，过失表现为各种不同的类型。看每个人所犯过失的性质及对过失的态度，就知道这个人属于哪一类人了。"

【评论】

大千世界，万物纷呈，不易认知；人的内心世界，同样复杂得很，不仅多变，而且隐蔽，认知起来并不比认识外在世界容易。但孔子是个熟知人们心理的思想家，他有多种识别人的方法，甚至从人们的过错中，能识别出他们不同的精神境界来。他说："人有过错，类型各有不同，考察所犯的错误，就可知道他的为人。"同样是犯错误，有的主观动机是好的，有的出发点就是险恶的。有的知错必改，有的却是文过饰非，百般抵赖。有的敢于承担责任，有的却上推下卸，等等。可见，人有过确实是不对的，但对过错不能一概而论，要认真分析其动机，并从过错中辨别出君子与小人来。

4.8 【原文】

子曰："朝闻道[①]，夕死可矣。"

【注释】

①朝（zhāo）：早晨。道：仁义道理，或泛指真理。

【译文】

孔子说："早晨听到了真理，即使要我当晚死去也可以。"

【评论】

孔子把追求真理看得比生命还贵重，他情愿早上得知真理，当晚而死去，也死而无憾。从朝到夕，时间是多么的短暂！如果能够得到真理，情愿在朝夕之间结束生命，热爱真理胜于爱惜生命，这种追求真理的精神是多么的执着！生命虽短暂，但只为追求真理而活着的人生最有价值。"朝闻道，夕死可矣。"这句话集中体现了孔子的人生观价值观。《朱子语类》从反面解释此话的意思说："若人一生而不闻道，虽长生亦何为？"孔子这种甘愿为真理而献身的精神，正是我们中华民族的至高美德。

4.9 【原文】

子曰："士志于道[①]，而耻恶衣恶食者[②]，未足与议也。"

【注释】

①士：古代贵族阶级中最低的一个阶层，也泛指知识分子。②耻：耻于，以……为耻辱。恶：不好，坏。

【译文】

孔子说："读书人应当有志于追求道义，如果以穿破衣吃粗食为羞耻，就不值得与他谈论道义了。"

【评论】

士是一个学文习武的阶层，是春秋战国时期新兴的社会力量，孔子对士抱有莫大的期望。他认为：“一个士应该有志于道，如果他以粗茶淡饭、破衣烂裳为耻辱，就不值得与他讨论道了。”志于道的人不耻于贫穷，而耻于闻道不足。《孟子·告子上》中说：“饱乎仁义也，所以不愿人之膏粱之味也。令闻广誉施于身，所以不愿人之文绣也。”士人一心追求的是仁义的人生境界，只要有维持生命的微薄物质就足矣，哪里费心思去追求多余的物质享受呢？如果以不阔气不排场没派头为寒酸羞耻，那么他就远离了仁义，那还叫什么士人呢？

4.10 【原文】

子曰：“君子之于天下也，无适也①，无莫也②，义之与比③。”

【注释】

①适：适可，可以。②莫：指不可以。③比：相从，依据。

【译文】

孔子说：“君子对于天下的事，无所谓一定行，无所谓一定不行，只要符合道义就行。”

【评论】

孔子认为天下的事情，没有规定一定非这样做才合适，也没有规定一定不这样做，一切从实际出发，根据变化了的时空条件而采取相应的措施。但有一个原则不能变，即所采取的措施一定依据道义的要求。坚守道义的立场坚定不移，做事的方法可以随机应变，这就是君子处理事务的正确态度。

4.11 【原文】

子曰：“君子怀德①，小人怀土②；君子怀刑③，小人怀惠④。”

【注释】

①怀：关注，追求。②土：乡土。③刑：法律制度。④惠：实惠，利益。

【译文】

孔子说："君子关注德行修养，小人顾念乡土安逸；君子关心国家法律制度，小人关心个人利益。"

【评论】

君子与小人有许多不同，这里列举了几个方面：君子追求的是德，完善的是自己的人格修养；小人追求的是个人的安逸，沉溺于乡土安居之乐。君子安于守法，以法约束自己；小人贪图实惠，常为贪利铤而走险。追求人格完善，就能不断改造自身。若追求口腹之欲、声色之乐，便放纵自身。追求的目的不同，关注的问题就不同，导致是非观、苦乐观、价值观都不同，人生的追求不同，人生的轨迹就不同，因而人生归宿也就不同了。

4.12 【原文】

子曰："放于利而行①，多怨②。"

【注释】

①放：同"仿"，依照。②怨：怨恨，埋怨。

【译文】

孔子说："以追求私利为目的而采取不义的行为，必然会招致很多的怨恨。"

【评论】

事事都依自己的私利而做，必然会招致众人的怨恨。为什么？因为事事利己，必事事有损于他人利益，损人利己，哪会不招致众怨？利己者可能靠着手中有权有势，来压制他人，使众人怨恨暂时不能公开表示，但"敢怒不敢言"还是一种怨，并且是一种潜伏性的怨，总有总爆发的那一天。仁者为何能得到众人的拥护，就是因为仁者“泛爱众”，肯定与尊重每一个人的人格与合法的人权，每一个人唯恐感激他都不及，哪里对他还能有怨？

4.13 【原文】

子曰：“能以礼让为国乎①？何有②！不能以礼让为国，如礼何③？”

【注释】

①礼让：谦让，礼仪制度的基本精神。为：治理。②何有：有何难。③如礼何：礼能如何。

【译文】

孔子说：“能用礼让来治理国家，国家有什么难治理的呢？不能用礼让来治理国家，所设的礼仪对于治理国家又有什么用处呢？”

【评论】

礼让是礼仪制度的核心，所以礼让是治国之本，以礼让治国，就纲举目张，没有什么解决不了的难题。反之，如果不以礼让来治国，那如何推行礼仪制度？抛弃了礼让的精神，即使保留礼仪的形式，那也仅仅展示的是一种毫无实际意义的形式，实质上并没有推行礼仪制度。

4.14 【原文】

子曰：“不患无位①，患所以立②；不患莫己知，求为可知也③。”

【注释】

①患：担忧，担心。位：地位，职位。②所以立：以什么自立。③可知：值得知道。

【译文】

孔子说：“不担忧没有职位，只担心没有立身的能力；不怕没有人知道自己，

只去追求让别人能够了解自己的真才实学。”

【评论】

君子的忧患与常人不同，他不愁自己没有地位，只愁自己没有自立的本事；他不愁别人不知道自己，只求自己有别人值得称道的长处。在“位”与“立”之间，在“己知”与“可知”之间，后者是前者的前提和基础，有自立的基础，何患“无位”？何况君子求“立”也并非一定图“位”。有“可知”之处，何患不“己知”？何况君子求“可知”也并非一定图“己知”。外因固然是变化的条件，但内因却是变化的根据，外因只有通过内因才起作用。孔子强调内因，即强调君子要自强自立，其他皆顺其自然，不是君子所应忧患的。

4.15【原文】

子曰：“参乎！吾道一以贯之[①]。”曾子曰：“唯[②]。”子出，门人问曰[③]：“何谓也？”曾子曰：“夫子之道，忠恕而已矣[④]！”

【注释】

①贯：贯穿，统辖。②唯：是。③门人：同门的人。④忠恕：孔子伦理思想的高度概括。“忠”，要求积极为他人。“恕”，要求推己及人，宽以待人。

【译文】

孔子说：“曾参呀！我的学说始终贯穿着一个基本思想。”曾子（曾参）说：“是的。”孔子从屋中走出去以后，其他学生便问曾子：“老师说的‘始终贯穿着一个基本思想’是指什么？”曾子回答说：“他老人家的学说，始终贯穿的就是忠恕之道罢了。”

【评论】

孔子学说的核心是“仁”，“仁者爱人”。“忠恕”讲的是如何爱人。南宋朱熹对“忠恕”有注释“尽己之谓忠，推己之谓恕。”“忠”要求积极为人，就是孔子所说的“已欲立而立人，已欲达而达人”。这是从积极的“欲”的方面讲的。“恕”要求推己及人，就是孔子所说的“己所不欲，勿施于人”。这是从消极的“不欲”的方面讲的。一个人“欲”与“不欲”的同时，都要考虑到他人的“欲”与“不欲”，并帮助他人实现这种“欲”与“不欲”。“忠恕”是仁的基本体现，所以孔子说这是他从始至终贯彻的“道”，曾参也对门人解释说：“老师所说的‘道’，概括起来只不过是‘忠恕’二字。”后世的仁人志士在此观点的基础上，还生发出先为天下人着想，后为自己打算的思想，如宋代范仲淹在其《岳阳楼记》中写道：“居庙堂之高，则忧其民；处江湖之远，则忧其君。是进亦忧，退亦忧，然则何时而乐耶？其必曰‘先天下之忧而忧，后天下之乐而乐’乎。”这比同时考虑自己与他人的境界又有新的提升。

4.16 **【原文】**

子曰：“君子喻于义①，小人喻于利②。”

【注释】

①喻：懂得，知道。义：意为追求真理大义。②利：意为谋求私利。

【译文】

孔子说：“君子晓以大义，小人只注重私利。”

【评论】

孔子曾讲过君子与小人的许多区别，这一则则是君子与小人的根本区别。君子深明大义，能克己复礼泛爱众，小人只懂得追求一己之利，斤斤计较损人利己。说到底，君子与小人的区别就在于公私二字上，即孔子所说的“义”“利”二字上。君子看重大义，甚至能做到“舍生取义”，小人看重“私利”，为此就敢铤而走险。商场有人说：“有敢做掉脑袋的买卖，没有愿做赔钱的生意。”其实，何止商场，见钱眼开的小人无处不在，尤其在官场，一批批贪官纷纷落马，平日里他们嘴里讲的全是“义”，实际上都是一些见利忘义之徒。

4.17 【原文】

子曰："见贤思齐焉[①]，见不贤而内自省也[②]。"

【注释】

①贤：有德行有才能的人。齐：取齐，看齐。②自省：自我反省。

【译文】

孔子说："看见有贤德的人就想着如何向他看齐，看见无贤德的人就反省自己有没有他那样的毛病。"

【评论】

他人有贤与不贤之分，自己内心对之反映有正确与错误之别。见他人贤明，便自惭形秽，自认天生不如；或者妒贤嫉能，百般挑剔。见他人平庸不贤，便轻蔑鄙夷，甚至冷嘲热讽。这些待人的态度都是不足取的。正确的态度应该像孔子提倡的那样：见到贤明的人，应该想想自己怎样才能达到他的水平。见到平庸不贤的人，应该想想自己有没有类似他的毛病。以他人为"镜子"，总会比照出自己的不足，不论他人贤与不贤，都是自己或正面或负面的老师，都能启发自己"思"与"省"，这样不断地通过自思与自省而达到自新，何愁成不了贤明的人？

4.18 【原文】

子曰："事父母几谏[①]，见志不从[②]，又敬不违[③]，劳而不怨[④]。"

【注释】

①几（jī）：轻微，委婉。谏：下劝阻上叫谏。②志：意见。从：听从。③违：改变。④劳：辛劳。怨：怨言。

【译文】

孔子说："侍奉父母，对他们的过错要委婉地劝谏，如果自己的意见不被父母采纳，仍然要恭敬父母，不要违拗他们，自己虽然操劳，但不报怨。"

【评论】

孔子提倡孝道，但不是倡导一切唯父母之命是从，父母的话有过错，如何听从？孔子有他的原则，他说："侍奉父母，对他们的过错要婉言相劝，看到自己的意见不被父母所采纳，对父母仍然恭敬如常，只是不要放弃正确的意见，等待适当机会再加劝谏。尽管如此辛劳，心中也无一点怨言。"父母待子女严，是父母对子女慈爱的一种表现；子女待父母敬，是子女对父母孝顺的表现，各自的爱在方式、方法、态度上各有不同。子女对父母之过，不劝谏，置父母于有过之地，不是孝顺；若谏而不听，便有怨而唐突，则伤父母之心。应该不辞劳苦，反复微言进谏，直至父母恍然大悟，必知孝子孝情之真且深。

4.19 【原文】

子曰："父母在，不远游①，游必有方②。"

【注释】

①远游：远离家乡，如"游学""游历"等外出活动。②方：方位，方向。

【译文】

孔子说："父母在世时，不必远离家门外出游历，如果一定要出远门，必须告诉父母准确的去处。"

【评论】

古代与现代的经济体制有所不同，老人须由子女来赡养，所以俗话说"养儿防备老"。加上人们重视"养亲""慎终"，孔子才主张："父母在，不远游"。父母有事有病能召子即来，特别是父母临终，子女不在身边相送，将成为父母的最大遗恨。但是孔子也知道，为了生计，有人不得不外出游学、游宦，但也必须时时告诉父母所学、所宦之地，免却父母挂念。再则如遇紧急事情，也好与之联系。现代社会，各有其职，各司其业，工作、生活节奏加快，许多人忙得不亦乐乎，至于"远游"，更是司空见惯。但距父母近者，还是应该常抽点时间，回家看看，远者，也应时时向父母问候道声平安，好在我们现在有现代先进的通信工

具，联系起来不像古人那样艰难。

4.20 【原文】

子曰："三年无改于父之道，可谓孝矣。"

【评论】

此语已见《学而》第十一章，当是孔子弟子各有所记，难免详略不同，甚至重复。

4.21 【原文】

子曰："父母之年[①]，不可不知也[②]。一则以喜[③]，一则以惧[④]。"

【注释】

①年：年龄。②知：记住。③喜：欢喜，高兴④惧：惧怕，担忧。

【译文】

孔子说："父母的年纪不可不知道，一方面为他们的高寿而高兴，另一方面又为他们的衰老而担忧。"

【评论】

一想到父母的年龄，又是欢喜，又是惧怕？这矛盾的心情实际是人之常情。如果父母还年富力强，喜的是自己尽孝的日子还长久，怕的是父母衰老将至；如果父母年老体弱，喜的是父母高寿，怕的是自己尽孝的日子不多。或喜或惧，都是孝子对父母的感恩之情，唯恐子欲孝而亲不待。孔子重视人的孝行，知道将孝敬父母之心加以推广，去爱他人，就会达到仁。孝是仁的发端，仁是孝的扩展，孝可齐家，仁可治国平天下。

4.22 【原文】

子曰："古者言之不出[①]，耻躬之不逮也[②]。"

【注释】

①不出：指不轻易说出。②躬：身体，这里指自己的行为。逮（dài）：及，赶上。

【译文】

孔子说："古代的人心里的话不轻易说出，因为害怕自己日后的行为兑现不了现在所说的言论。"

【评论】

孔子赞赏古代的人出言谨慎，不轻易发表不成熟的意见，因为自己说出的话如果自己的行动兑现不了，那是一种耻辱，这与他一贯主张讷于言而敏于行是一致的。孔子赞赏古人，对现实是有针对性的，当时就有一些说客，到处夸夸其谈，只图一时取悦于执政者，至于所言能否兑现他是不负责的。孔子的话很有启示作用，所谓"君子一言，驷马难追"，说出的话犹如铁板上钉的钉，句句都要以事实来验证的。但现实却不尽然。且不论那些轻易发表不成熟的观点，或惯于敷衍应付善说空话套话的了，就是常说假话的也大有人在，自以为得计，攫取了一时的利益，殊不知假话经不起事实的考验，反把自己丑恶的嘴脸暴露在光天化日之下。

4.23 【原文】

子曰："以约失之者鲜矣①！"

【注释】

①约：约束。鲜：少。

【译文】

孔子说："以礼约束自己的人，过失肯定就少。"

【评论】

能以一定的道德准则来约束自己的人，是很少有过失的，他意识到自己的言行必须限制在道德所容许的范围内，就自然会处处谨言慎行。如果没有约束，就会放纵自己，就容易犯错误。自我约束就是自我管理。当然除了道德约束外，还有国家法律的约束，还有各行各业相关制度的约束。但是道德约束是主要的，道德观念加强了，遵守法律、制度就成了自觉的行为。

4.24 【原文】

子曰:“君子欲讷于言而敏于行①。”

【注释】

①讷（nè）：语言迟钝，这里指说话谨慎。敏：敏捷。

【译文】

孔子说：“君子说话要谨慎，行动要敏捷。”

【评论】

孔子主张：君子宁可语言迟钝一些，也要在行动上做得敏捷。并非君子都不善于语言表达，而是考虑到兑现这些语言需要扎扎实实的行动，所以说话要谦虚慎重，不说大话与过头的话，更不说不负责的“胡话”。既然行动能兑现自己已说或将要说的话，所以做事要奋力拼搏、勤快敏捷。宁可所言不足以显示自己的业绩，也不做言过其实的人。不张扬，不自吹自擂，保持低调，对自己的长处优点与其言过其实，不如实过其言，讷言敏行才是君子的一种美德。

4.25 【原文】

子曰:“德不孤①,必有邻②。”

【注释】

①孤：孤单。②邻：伙伴，这里指思想相近或一致的人。

【译文】

孔子说："有德行的人不会孤立，一定会有志同道合的人来为伴。"

【评论】

孔子生于衰乱的春秋末世，仁德难以推行，他的主张常被视为迂阔，所到之处，时遭"碰壁"，常吃"闭门羹"，但他坚信："有道德的人，决不会孤立，必定有他的亲近者。"有道德的人即使一时"曲高和寡"，看似"单枪匹马"，但久而久之一定有他的志同道合者来响应。有道德的人即使一时不被众人所理解，但他对众人怀有爱心，久而久之他人必也对有道德的人报以爱心，在"仁"的旗帜下，四海之内皆兄弟，有道德的人还会孤寂吗？

4.26 【原文】

子游曰："事君数[①]，斯辱矣；朋友数，斯疏矣[②]。"

【注释】

①数：多次，引申为烦琐。②疏：疏远。

【译文】

子游说："侍奉君主，若礼节过于烦琐，就会自取其辱；对朋友礼节过于烦琐，就会被朋友疏远。"

【评论】

真诚侍奉君主，却因礼节太烦琐，反招致君主的侮辱；真诚对待朋友，也因礼节太烦琐，反会被朋友疏远。为什么会事与愿违、适得其反？这就得反思一下：君主为何有如此的态度？是君主听信谗言讨厌自己了？还是君主认为对他过于殷勤，猜想自己心怀私意有所求？朋友疏远也得反思一下：是否朋友与自己"道不同，不相为谋"？还是朋友认为礼数过多而见外，感情有了距离？若都是后者原因，则不能死守"礼多人不怪"这个理，事物都有一个"度"，超过这个"度"，事物的性质就要发生变化，所谓"物极必反"，就是这个道理。若都是前者原因，那就另当别论，就不是礼节烦琐不烦琐所能解决的问题了。

公冶长篇第五

本篇有二十八章，是评论人物的专篇，孔子评价一般人，都以君子的德行为标准，如他只看重公冶长的品行，并不在乎他是什么“囚犯”；有人说冉雍虽是仁人但口才不好，孔子反驳说：冉雍若是个仁人，何必非要善辩呢？仁德是修养的最高境界，孔子不会轻易以仁许人，他只表彰其仁德修养的某些方面，如他说子贡有治国才干，子路好勇，颜回好学，漆雕开严于自律等等。对政界人物，则主要以德治的标准来评价，如赞子产养民惠使民义的治国方针，赞宁武子国有道则仕，国无道则隐的大智慧，批评臧文仲治国不基于修德而违礼敬龟的不明智行为等等。学生对孔子的评价很高，但孔子认为自己与常人无异，只不过好学而已，表现了他不以圣人、仁人、贤人自居，具有谦虚、诚实的伟人素质。

5.1 【原文】

子谓公冶长①：“可妻也②，虽在缧绁之中③，非其罪也！”以其子妻之④。

【注释】

①公冶长：孔子的学生，姓公冶，名长，字子长，齐国人，一说鲁国人。②妻：作动词用，嫁给的意思。③ 缧绁（léi xiè）：捆绑犯人的绳索，这里指监狱。④子：子女，这里指女儿。

【译文】

孔子认为公冶长可靠，他说：“可以把女儿嫁他为妻。他虽然曾被关在监狱中，但那不是他的罪过。”于是便把自己的女儿嫁给了他。

【评论】

孔子可能与其家人谈论女儿出嫁之事，孔子选定了公冶长，家人认为公冶长蹲过牢，经历有污点，孔子说：“可以把女儿嫁给他，虽然他曾被囚禁在监狱中，但不是他的罪过。”孔子之所以解释这一点，看来那时候的人也非常重视名节。用我们现代的话说，囚禁在监狱中的人就是罪犯，就是释放出来，也是刑满释放犯，还没去掉“犯”字。在一般人的意识中，这类人是要入“另册”的，处处低人一等，人人还需防范。孔子为什么要把自己的女儿嫁给这样的人？这绝不仅仅因为公冶长“非其罪”，而是公冶长是个符合孔子仁礼要求的君子。说明孔子择婿，重在择其贤德，不在乎是否入过狱，更不在乎其人是否富贵，更难能可贵的是，他还不在乎世俗的“人言可畏”。

5.2 **【原文】**

子谓南容①：“邦有道，不废②；邦无道，免于刑戮。”以其兄之子妻之③。

【注释】

①南容：孔子的学生，姓南宫，名适，字子容，省称南容，鲁国人，孔子的侄女婿。②废：废弃，废置，闲居。③兄：指孔子兄长孟皮，早卒，孔子才能为其女主婚。之：代词，指南宫适。

【译文】

孔子称赞南容说：“当国家政治清明有道义时，他不放弃入仕的机会出来做官；当国家政治黑暗无道义时，他能隐退而免于遭受刑罚。”于是就把自己的侄女嫁给他为妻。

【评论】

孔子向人称道南容：“当国家政治清明时，他就积极参政，不致被废弃不用；当国家政治黑暗时，他就积极隐退，既不与小人同流合污，也避免刑罚加于自身。”孔子认为南容实践了他的“天下有道则见，无道则隐”的原则，是个有德的君子，能正确处理仕与隐，或者说是入世与出世的问题，所以决定把自己哥哥的女儿嫁给他。

5.3 【原文】

子谓子贱[①]，“君子哉若人[②]！鲁无君子者，斯焉取斯[③]？”

【注释】

①子贱：孔子的学生，姓宓（mì），名不齐，子贱是其字，鲁国人。②若：这个。③焉：疑问词，如何，哪里的意思。斯：代词。此句中第一个“斯”指子贱，第二个“斯”指其品德。

【译文】

孔子评价子贱说：“这个人真是位君子呀！假若鲁国没有君子的话，这种人该从哪里取得这种君子的好品德呢？”

【评论】

子贱是孔子的高材生，《论语》中记载对他的评论只此一处，然而在《孔子家语》《吕氏春秋》《韩诗外传》等书中，却有较多的记载。据传子贱曾任单父（今山东单县）宰，以德治政，很有政绩，《御览经义讲义》中载：“尝考宓子为单父宰，有贤者五人皆师之而禀度焉，故能身不下堂，鸣琴而治。”孔子深知子贱这样好的品德是如何养成的，他与人谈论子贱时，强调了子贱重视向君子学习的特点。子贱首先尊师，从老师那里学到许多好品德；其次子贱重视交友，注意吸取朋友的各种优点。一个人重视社会环境的影响，能把众人的优秀品质兼收并蓄，转化为自己的品质，可谓好学善学了。

5.4 【原文】

子贡问曰：“赐也何如[①]？”子曰：“女[②]，器也。”曰：“何器也？”曰：“瑚琏也[③]。”

【注释】

①何如：怎么样。②女：同汝，代词，你。③瑚琏（hú liǎn）：古代祭祀时盛黍稷的器具，有玉镶嵌，是一种很贵重的祭器。

【译文】

子贡问孔子："我端木赐（子贡）是怎样一个人呢？"孔子说："你呀，就像是一个有用的器皿。"子贡问："什么器皿？"孔子回答说："是宗庙祭祀时才用的珍贵的瑚琏。"

【评论】

孔子的学生经常征求老师对自己的看法，在向老师请教时，往往自谦称名，所以子贡问孔子："我端木赐是怎样的一个人？"孔子说："你好比是一个器具。"子贡又问："是什么器具？"孔子说："是宗庙里祭祀用的瑚琏。"瑚琏是礼器中的贵重器具，孔子借此比喻子贡是国家的栋梁之才。有人根据孔子"君子不器"一语，说孔子在贬子贡，指他为器则贬他非君子。钱穆在《论语新解》中说："读书有当会通说之者，有当仅就本文，不必牵引他说者。"孔子讲"君子不器"时，听者是谁？针对问题是何？语境肯定是特定的。那时强调君子不器是鼓励君子博学多才。而此处说子贡为器，是比喻子贡为廊庙之才，堪当社稷大任。对"器"的理解，应当会通地看，具体问题具体分析。

5.5 【原文】

或曰："雍也仁而不佞①。"子曰："焉用佞？御人以口给②，屡憎于人。不知其仁，焉用佞？"

【注释】

①雍：孔子的学生，姓冉，名雍，字仲弓，鲁国人。佞（nìng）：能言善辩，花言巧语。②御：对付，这里指争辩。口给（jǐ）：应对如流，给，本义是丰足，这里指言词滔滔不绝。

【译文】

有人说："冉雍虽是个仁者但不会能言善辩。"孔子说："为什么一定要能言善辩呢？强词夺理常胜人，往往被人憎恨。我不知道冉雍是不是个仁者，但要求他伶牙俐齿又有何用？"

【评论】

佞，原本指善辩，口才好。《尚书·吕刑》："非佞折狱。"后又引申为花言巧语，阿谀奉承。《卫灵公》篇有："放郑声，远佞人。"然孔子时许多人仍惯用本义，所以有人说："冉雍虽是个仁人，但口才不行。"孔子反驳说："何必要善辩呢？伶牙俐齿地与人争辩，常被人讨厌。我不知道冉雍是不是个仁人，但为什么一定要求他能言善辩呢？"孔子并非不看重语言表达能力，他曾说："志有之，言以足志，文以足言，不言谁知其志？言之无文，行而不远。"（《左传·襄公二十五年》）他还以学生的特长进行分科，其中就有"言语"科。他只是主张评价一个人应重仁而不重佞，重行而不重言，尤其反对花言巧语，甚至把这种人称为"佞人"。至于孔子说不知冉雍是不是仁人，他是不满问者一会无原则地戴高帽，称冉雍为仁人，一会又苛求说冉雍不佞。孔子感到仁人标准很高，不能轻易称许，另外冉雍是不是仁人，也不是眼下争议的论题，所以说"不知其仁"的话，并无贬损冉雍之意。

5.6 【原文】

子使漆雕开仕[①]。对曰："吾斯之未能信[②]。"子说[③]。

【注释】

①漆雕开：孔子的学生，姓漆雕，名开，字子若，一说字子开，鲁国人。仕：做官。②斯：指做官的事。③说：通"悦"，开心，高兴。

【译文】

孔子叫他的学生漆雕开去入仕做官。漆雕开答道："我对这个做官还没有信心。"孔子听了很高兴。

【评论】

孔子叫他的学生漆雕开去求官，漆雕开说："我对此事还没有自信心。"孔子听后反而很高兴。孔子培养学生，目的就是使学生"学而优则仕"，给社会输送优秀人才。叫漆雕开去做官，是深知他有这个能力的，并不是滥竽充数，对社会不负责任。可是漆雕开不愿现在去做官，孔子为何反而高兴呢？因为他通过此事，看到漆雕开并不热衷于官衔利禄，而是对做官一事非常慎重，深刻检查自己具备不具备做官的各种素质。经过自省，自认自信心不强，说明修养还需进一步提高，以便今后能胜任官职。漆雕开的这种谦虚、自律、认真负责的态度，正是成大器所必需的，孔子为此怎能不高兴呢？一些旧注，将“信”解释成“兴趣”，漆雕开说的话就成了“我对做官没兴趣”。假如漆雕开真说了这个意思的话，孔子听了怎么会高兴呢？这分明违背他的教育目的嘛！

5.7 **【原文】**

子曰：“道不行，乘桴浮于海[①]。从我者[②]，其由与[③]？”子路闻之喜。子曰：“由也好勇过我，无所取材[④]。”

【注释】

①桴（fú）：简单的渡船，或木排或竹排，大的叫筏，小的叫桴。②从：随从。③其：大概，可能。由：指子路，子路姓仲名由。④材：同“裁”，裁判，审度。

【译文】

孔子说：“礼乐大道如果不能推行，我就乘着木筏漂浮到海外去。随从我的恐怕只有仲由（子路）吧！”子路听到这话很高兴。孔子说：“仲由好勇超过了我，只是不善于审度事理，这方面就没有什么可取的了。”

【评论】

在本章中，孔子的前后二段话，并不是面对子路讲的。孔子看到自己的政治主张不被执政者采纳，虽是个“知其不可而为之”的坚定政治家，但面对如此的现实，有时也不免心灰意冷。他向人发牢骚说：“我主张的仁道推行不了，就只好乘着木筏漂流到海外去。能跟随我的，大概只有仲由吧？”子路听说孔子这样信任依靠自己，感到十分高兴。孔子知道这事后，又对他人说：“仲由这个人好

勇超过我，但却不善于裁度事理。”孔子发牢骚，只是一时的气话，并不想付诸行动。但子路以为说的是真话，欣喜先生把自己视为唯一倚重之人，所以就将此话到处张扬。孔子赞赏子路的勇武，子路的勇武确实众所周知，所以孔子想到能保护自己的人，首选就是子路。但他不满意子路鲁莽，对问题缺乏缜密的思考，所以说他勇猛有过而深思熟虑不足。

5.8 **【原文】**

孟武伯问[①]:“子路仁乎？”子曰:“不知也。”又问。子曰:“由也，千乘之国，可使治其赋也[②]，不知其仁也。”“求也何如[③]？”子曰:“求也，千室之邑[④]，百乘之家[⑤]，可使为之宰也[⑥]，不知其仁也。”“赤也何如[⑦]？”子曰:“赤也，束带立于朝[⑧]，可使与宾客言也，不知其仁也。”

【注释】

①孟武伯：鲁国大臣，孟懿子之子。②赋：指兵赋，这里引申为管理军队。③求：指孔子的学生冉求。④邑：老百姓聚居之地。千室之邑，就是千户人家的居民区，相当于卿大夫的领地。⑤乘（shèng）：量词，古代兵车的计量单位。家：指由诸侯国封于卿大夫、由卿大夫收税的采地食邑，可设家臣来管理。卿大夫若有百辆战车，就是采地中最有实力的，称为“百乘之家”。⑥宰：指卿大夫的管家。⑦赤：孔子的学生，姓公西，名赤，字子华，亦称公西华，鲁国人。⑧束带：束好绅带，这里指穿着整齐的朝服。

【译文】

孟武伯问孔子：“子路是仁德之人吗？孔子说：“不知道。”孟武伯又继续追问。孔子说：“仲由（子路）嘛，如果拥有千辆兵车的诸侯国，可以让他去管理兵役的工作，至于他是不是仁德之人，我不知道。”孟武伯又问：“冉求怎么样呢？”孔子说：“冉求呀，在拥有千户人家的城镇里，在拥有百辆兵车的大夫封地里，可以让他当总管，至于他是不是仁德之人，我不知道。”孟武伯又问：“公西赤怎么样呢？”孔子说：“公西赤呀，穿好礼服，站立于朝廷之中，可以叫他接待外宾，与外宾交谈，至于他是不是仁德之人，我不知道。”

【评论】

孟武伯问孔子几个弟子是不是仁德之人？孔子回答不知道，只知子路如果到了拥有千辆战车的诸侯国家，有主管该国军事的才能；只知冉求如果到了拥有千户人家、百辆战车的大夫采地，有担当该采地总管的本领；只知公西赤如果到朝廷为官，他便能衣冠楚楚地接待应酬宾客。在孔子的眼里，能力并不等于仁德，仁德是人生修养的最高境界，需要每个人毕一生精力去追求，哪能轻易地说某某已成为仁德之人？尽管问者是鲁桓公之后，在鲁国极有权势，有选用孔子学生的意图，尽管所问者全是孔子喜爱的学生，孔子也期望他们能踏入仕途，但是孔子还是做到了“不虚美”，对学生的评价做到了实事求是。

5.9【原文】

子谓子贡曰：“女与回也孰愈①？”对曰：“赐也何敢望回②？回也闻一以知十③，赐也闻一以知二。”子曰：“弗如也④。吾与女弗如也。”

【注释】

①女：同汝。愈：胜过，更好。②望：看，这里指相比。③闻一以知十：听到一件事来推知其他十件事。④弗：不。

【译文】

孔子对子贡说：“你和颜回相比谁更好一些？”子贡回答说：“我端木赐（子贡）怎敢和颜回相比？颜回他听到一件事，可以推知其他十件事，我端木赐听到一件事，只能推知其他两件事罢了。”孔子说：“是不如呀。这一点我与你都不如他。”

【评论】

在教学中，孔子主张“举一隅不以三隅反，则不复也”，重视培养学生从事物个别现象中探求事物普遍发展规律的能力，并把这种能力作为判断学生智力的标准。子贡自知自己在这方面不如颜回，所以孔子问他与颜回这方面能力谁强

时，他回答说："我怎么敢和颜回比，颜回能知道一点而领悟全部，我只能知道此而推及彼。"孔子肯定他的看法，赞许子贡有自知之明，并谦虚地说："我和你在这方面都不如颜回。"孔子一方面希望子贡能由现在的"闻一以知二"，提高到颜回那样的"闻一以知十"；另一方面也从学生的身上看到自己的不足。孔子曾说："三人行，必有我师焉：择其善者而从之，其不善者而改之。"其善者也必然包括他的学生，能承认自己在某些方面不如学生，这是多么谦虚好学的精神及博大宽容的胸怀！

5.10【原文】

宰予昼寝[①]。子曰："朽木不可雕也，粪土之墙不可杇也[②]；于予与何诛？[③]"子曰："始吾于人也，听其言而信其行；今吾于人也，听其言而观其行。于予与改是。"

【注释】

①宰予：孔子的学生，姓宰，名予，字子我，亦称宰我，鲁国人。昼寝：白天睡觉。②粪土：腐土。杇（wū）：抹墙用的抹子，借指粉刷墙壁。③于：对于。予：指宰予。诛：批评，责备。

【译文】

宰予大白天睡觉。孔子说："腐烂了的木头雕刻不成物件，粪土一样疏松的墙壁不可以再粉刷；对于宰予这样的人，责备他还有什么用呢？"孔子又说："起初我对他人，是听了他的话，就相信他的行为；今天我对他人，听了他的话，还要考察他的行为。我是从宰予这个事后，改变了原来判断人的做法。"

【评论】

君子自强不息，靠着勤奋好学，从无知到有知，从无能到有才能。如果懒惰懈怠，就等于放弃了自己造就成才的机会。宰予白天睡觉，浪费大好光阴，属于一种"自弃"行为，孔子极为生气，把他比喻成不可雕刻的朽木，不能粉刷的腐土墙，对于这种自弃的人，责备他又能起什么作用呢？当然，这是孔子一时恨铁不成钢的愤激语，不是真把宰予视为“朽木”“粪土之墙”，不可救药了。之所以不想再批评教育他，是因为宰予平日能说会道，什么道理不懂？在孔子的弟子中，宰予是个出名的伶牙俐齿的人，孔子曾从四个方面讲到十个学生的特长，其中宰予和子贡最善于辞令与外交应对。孔子由此认识到：自己过去对于他人，听他讲话就信他的行动；现在看来，光听他讲的还不够，还要看他如何做。从此，孔子这句“听其言而观其行”，就成了我们正确认识人的至理名言。

5.11 **【原文】**

子曰：“吾未见刚者①。”或对曰：“申枨②。”子曰：“枨也欲③，焉得刚？”

【注释】

①刚：刚毅，刚烈，坚强。②申枨（chéng）：孔子的学生，姓申，名枨，字子周，鲁国人。③欲：私心重。

【译文】

孔子说：“我还没有见过刚毅不屈的人。”有人回答说：“申枨就是这样的人。”孔子说：“申枨也有私念欲望，怎么能称得起刚毅不屈的人呢？”

【评论】

刚是仁的一种品质，孔子不轻易以此赞许人，他说：“我没见过具有刚德的人。”有人回答说：“申枨是这种人。”孔子说：“申枨私心杂念多，怎能做到刚？”钱穆在《论语新解》中说：“刚德之人，能伸乎事物之上，而无所屈挠。富贵贫贱，威武患难，乃及利害毁誉之变，皆不足以摄其气，动其心。凡儒家所重之道义，皆赖有刚德以达成之。若其人而多欲，则世情系恋，心存求乞，刚大之气馁矣。”我们常说“无欲则刚”，无欲，舍得抛弃名呀利呀，甚至连生命都敢舍弃，哪还有什么可畏惧的？真能做到“舍得一身剐，敢把皇帝拉下马”。但刚是为了实现仁，舍生为了取义。不是指血气方刚，天不怕地不怕地蛮干；更不是指胆大包天，胡作非为。

5.12 【原文】

子贡曰："我不欲人之加诸我也，吾亦欲无加诸人。"子曰："赐也，非尔所及也[1]。"

【注释】

①尔：你。及：做得到。

【译文】

子贡说："我不想别人强加给我不快的事，我也不想把不快的事强加给别人。"孔子说："端木赐（子贡），这不是你能完全做到的。"

【评论】

子贡的话实际就是孔子的"己所不欲，勿施于人"的翻版，体现着恕道，即仁德的核心，当然做到是不容易的。但细细体会，子贡的话与孔子的话还是有区别的。子贡的话主张公平，更多地体现为对人人平等这一制度、社会公德的追求，比较符合社会契约理论。而孔子的话，更多地体现为自我道德修养，推己及人，求诸己而不求诸人，"己欲立而立人，己欲达而达人"，是一种自觉行仁的行为，不是以他人对自己的态度为前提。不过子贡的想法虽不及孔子恕道的高度，但也不失为公平合理，也很大程度上体现着仁的内涵，所以做到也是不容易的。

5.13 【原文】

子贡曰："夫子之文章[1]，可得而闻也；夫子之言性与天道[2]，不可得而闻也。"

【注释】

①文章：指孔子从他整理的古代文献中所阐发的知识与理论。②性：指人性。天道：宇宙万物和社会人生的终极道理。

【译文】

子贡说："老师关于诗书礼乐等文献的学问，我们能听他经常讲，老师关于人性及天道方面的理论，就不可能听到了。"

【评论】

性与天道玄妙深奥，青年学生不易领悟，孔子索性也就不讲了。其实这不是根本原因，根本原因还在于孔子独特的思想体系。古代的哲学思想，不外乎探讨天、地、人"三道"的内涵及相互关系，孔子的思想是经世致用的思想，它关注的是"人道"，强调的是社会的主体——人的人格完善，在成仁的基础上达到圣，从而将社会治理成和谐一统的社会，使国家大治天下太平。而研究性与天道，容易偏离道德伦理，或倾向逻辑思辨，或倾向宗教迷信。孔子认为这些与成仁致圣关系不大，且玄而又玄，很难辩明，所以他很少言及性与天道的内容。

5.14【原文】

子路有闻，未之能行①，唯恐有闻②。

【注释】

①未之能行：即"未能行之"，意为还没有实行。②有：同"又"，再。

【译文】

子路听到某一道理，如果还没有及时去实行，就唯恐再听到新的道理。

【评论】

此章无"语"，纯为叙事。写子路听到一个该做的事后，就立即去付诸行动。如果还没有完成的话，唯恐再听到另一个该做的事。言外之意，就是害怕后者干扰前者，使该做的前一事情落了空。此章文字不多，却生动地展示了子路有闻必行、急切行善的性格，一个率真憨厚又带莽撞朴野的形象呼之欲出。子路这种勇于实践、急切落实所"闻"的精神难能可贵，这正是许多人缺少的精神，他们常常是闻而不行或闻多行少。孔子一方面称赞子路这种闻善勇为，但也多次批评子

路，告诫他在行动前还要多动脑筋，多征求别人的意见。三思而后行总比有闻即行要好得多，因为这可以减少盲动，获得更好的效果。

5.15 【原文】

子贡问曰："孔文子何以谓之'文'也[1]？"子曰："敏而好学[2]，不耻下问，是以谓之'文'也。"

【注释】

①孔文子：卫国的大夫，姓孔，名圉（yǔ），字仲叔，"文"是他的谥号，卫国人。②敏：勤勉，敏捷。

【译文】

子贡问孔子："孔文子凭什么能得到'文'的谥号？"孔子回答说："他悟性敏捷而又虚心好学，不以请教比他地位低的人而感到羞耻，所以才有'文'的谥号。"

【评论】

"文"在先秦时就有多种含义，博闻、审问、慎思、明辨、好学等，都属"文"的范畴，卫国的老臣孔圉死后便得到这样的谥号。但《左传》载，孔圉把自己的女儿嫁给卫国国君的继承人太叔疾，但太叔疾还和前妻的妹妹同居，孔圉不顾卫国大局，决定去攻打太叔疾，先征求孔子意见，遭到孔子的否定，并批评了孔圉为了泄私怨而不惜制造内乱，使卫国民众遭殃的行为。子贡不解为什么会把"文"的谥号赐给这样的人。但孔子认为，应该全面评价一个人，不能以偏概全。位高者往往不好学，又耻于下问，孔圉既能勤勉好学，又向地位低下的人请教时不以为耻，实属不易，得到"文"的谥号是合适的。

5.16 【原文】

子谓子产[1]："有君子之道四焉：其行己也恭[2]，其事上也敬[3]，其养民也惠[4]，其使民也义[5]。"

【注释】

①子产：郑穆公的孙子，郑国的贤相，姓公孙，名侨，字子产，春秋时期郑国人。②行己：自己的举止。③敬：严肃认真，敬业。④惠：恩惠，仁爱。⑤义：合适、合理的事称义。

【译文】

孔子评论子产说："他有四个方面符合君子的准则：自己的行为能使人感到待人谦恭，侍奉君主能做到恪尽职守，对人民能做到广施恩惠，役使人民能做到合情合理。"

【评论】

子产是春秋时杰出的政治家与外交家，他在郑简公、郑定公时执政二十二年，在诸侯兼并战争接连不断的条件下，在郑国任贤用能，发展生产，改善人民生活，对外捍卫了国家的安全与尊严，百姓无不拥护，口碑载道。孔子称他有四种优秀品质合乎"君子之道"：一是他举止恭谨；二是他侍奉国君恭敬；三是他教养百姓讲恩惠；四是他役使百姓合乎道义。从儒家道德方面来说，子产已做到修己安人的内圣外王的大节，对于国家治理来说，子产把握住了主要的为政之道。孔子从不轻易以"仁"来赞许他人，因为"仁"是最高的精神境界，孔子对仁德的标准把握极为严格，但他认为子产具备四项"君子之道"，就可称得上仁人，他赞颂道："人谓子产不仁，吾不信也。"（《左传·襄公三十一年》）给予子产以极高的评价。

5.17 【原文】

子曰："晏平仲善与人交①，久而敬之②。"

【注释】

①晏平仲：姓晏，名婴，字仲，一说谥号为平仲，春秋时期齐国的贤大夫。《晏子春秋》一书记载了他大量的言行。②之：指晏平仲，指交往的对方也通。

【译文】

孔子说："晏平仲善于和别人交往，相交时间越长久，别人对他越敬重。"

【评论】

晏平仲是齐国著名的政治家，历任齐国灵公、庄公、景公三朝相，《史记·管晏列传》中说他礼贤下士，并"以节俭力行重于齐。既相齐，食不重肉，妾不衣帛"。这种对自己对家人的严格要求，莫说国相，就是当时一般的官吏，谁能做得到？所以司马迁又说："假令晏子而在，余虽为之执鞭，所忻慕焉。"孔子对晏平仲的赞赏，是从其与人交往方面着眼的。他说："晏平仲善于和人交往，相交越久，别人对他越尊敬。"与人交就可见出君子与小人来。小人交结人，全以私利为目的，利合则勾结，利不合则散伙，为了争夺私利，狐朋狗友们反目成仇的事比比皆是，哪里有长久的感情与朋友？君子之交，志同道合，志不改道不衰，虽历久而敬爱如初，并随着不断的交往，不断地发现对方的美德，就对之愈加尊敬。

5.18 【原文】

子曰："臧文仲居蔡①，山节藻棁②，何如其知也③？"

【注释】

①臧文仲：鲁国大夫，姓臧孙，名辰，字仲，文是他的谥号，春秋时期鲁国人。居：收藏，保存的意思。蔡：指大龟，龟壳用以占卜，因产于蔡国，故称蔡。②山节藻棁（zhuō）：指雕梁画栋。山，山峦。节：房柱上的斗拱。藻，藻类，这里指草木花卉。棁，房梁上的短柱。③知：同"智"，明智。

【译文】

孔子说："臧文仲为一种蔡国产的大乌龟盖了一间屋，屋子中有雕刻着像山一样的斗栱和画着草木花卉的短柱，如此奢华，怎么可以说他是明智的呢？"

【评论】

据《左传》记载，臧文仲在鲁国很有声誉，时人盛赞其为智，死后还谥为“文”。然而臧文仲也有不明智之处，这就是过于迷信占卜巫术，孔子评论说：“臧文仲收藏了一个蔡地的大龟，供奉龟的堂室里，斗拱雕刻成山岳形，短柱上画着草木花卉，他如此迷信占卜，把用于占卜的大龟奉若神明，又怎么能承受得起明智者的名声呢？”臧文仲尽管在政治上有远见有谋略，但他如此谄龟邀福就不明智了。一是他将藏龟室的装修，达到了宗祠庙堂的规格，本身就是违礼，二是治国基于修德敬业，与敬龟有何关系？孔子批评臧文仲不明智处，正体现了他的明智。

5.19【原文】

子张问曰：“令尹子文三仕为令尹[①]，无喜色；三已之[②]，无愠色。旧令尹之政，必以告新令尹。何如？”子曰：“忠矣。”曰：“仁矣乎？”曰：“未知，焉得仁？”“崔子弑齐君[③]，陈文子有马十乘[④]，弃而违之[⑤]。至于他邦，则曰：‘犹吾大夫崔子也。’违之。之一邦，则又曰：‘犹吾大夫崔子也。’违之。何如？”子曰：“清矣。”曰：“仁矣乎？”曰：“未知，焉得仁？”

【注释】

①令尹：官名，楚国宰相称令尹。子文：姓斗，名穀（gǔ）於菟（tú），字子文。仕：任官。②已：停止，这里指罢官。③崔子：指齐国大夫崔杼（zhù）。弑：下级杀掉上级叫弑。齐君：指齐庄公，姓姜，名光。④陈文子，齐国大夫，名须无。乘：四匹马拉的车叫乘，马十乘即指马有四十匹。⑤违：离开。

【译文】

子张问孔子：“子文三次做楚国的令尹官，没有喜形于色；三次被罢免，也没有怨恨的气色。并一定把自己做令尹所制定的可行政令，全都告诉给新接任的令尹。子文这个人怎么样？”孔子回答说：“可算是尽忠于国家了。”子张又问：“他算不算个仁德之人呢？”孔子说：“对他的其他方面我不了解，怎么能说他是

仁德之人呢？”子张又问：“崔杼杀了齐庄公，陈文子有马四十匹，宁可舍弃不要，毅然离开齐国。到了其他一个国家，他不久说：‘这里的执政者同我们的崔大夫差不多。’所以离开此国到了另外一国，后来他又说：‘这里的执政者同我们的崔大夫差不多。’于是又远离而去。这个陈文子怎么样？”孔子说：“他清白得很呀！”子张又问：“他算不算个仁德之人呢？”孔子回答说：“对他的其他方面我不了解，怎么能说他是仁德之人呢？”

【评论】

子文三次担任楚国宰相又三次被免，既不喜形于色又不忧愁怨恨，每次卸任时，还认真地把一切政务向接替职位的新人全交代清楚。子张问孔子：“这样的人能否算得上仁人？”孔子只称赞其“忠”，以“不晓得”来否认他够得上仁人。陈文子是齐国大夫，家有马四十匹，崔杼杀了齐庄公后，他宁可抛弃大夫地位和家产，离开了齐国。他所到之处，凡执政者有类似崔杼行为的，他又远离而去。他不居乱邦，洁身自好，子张认为陈文子大概达到仁人的标准了。但孔子只赞赏其品质清白，不与恶势力同流合污，也没有以仁人称许。子文忠于职守与陈文子政治清白，都是仁的体现，但不能说已达到仁人的标准，仁是最高的精神境界，得到“仁人”的称许是不容易的。

5.20 **【原文】**

季文子三思而后行①。子闻之，曰：“再，斯可矣②。”

【注释】

①季文子：鲁国大夫，姓季孙，名行父，“文”是谥号。②斯：这，此。

【译文】

季文子每做一件事，事前都要多次反复考虑才付诸行动。孔子听说了，说：“像他如此谨慎的人，再思考一次就可以了。”

【评论】

孔子提倡三思而后行，为什么季文子三思而后行，孔子认为没必要，思考两次就够了？原来是因为季文子接人待物过于谨慎，祸福利害计较太细，所以世故圆滑，巧于心计，其后果往往是把问题复杂化，倒贻误了时机，模糊了公正原则。三思本是深思熟虑，可是有的人三思之后反倒犹豫不决，瞻前顾后，当断不断，一事无成，最终抱恨终身，这样的例子屡见不鲜。看来凡事都应掌握个度，而这个度又是因人而异，不可简单划一，死守常规。

5.21 【原文】

子曰："宁武子①，邦有道，则知；邦无道，则愚②。其知可及也，其愚不可及也。"

【注释】

①宁武子：卫国的大夫，姓宁，名俞，"武"是其谥号，春秋时期卫国人。②愚：指装傻。

【译文】

孔子说："宁武子在国家政治清明有道义时，就积极有为表现得很明智；在国家政治昏暗无道义时，就无所作为表现得很愚笨。他的明智别人还能达到，他的愚笨别人是难以做到的。"

【评论】

宁武子是卫庄公之子，但他只是文公、成公时的大夫，这个特殊的地位，需要有大智大勇来应对统治阶级内部的矛盾与斗争。宁武子在国家政治清明时，就尽量发挥自己的聪明才智，这一点不难做到，他人也可做到。但宁武子在国家政治黑暗时，就装疯卖傻，远离祸害，这种大智若愚，不是他人能轻易做到的。因为一般的人不善于隐藏对黑暗政治的愤嫉感情，所以常常受到黑暗势力的种种迫害，缺少宁武子的智慧，不善于保护自己。

5.22 【原文】

子在陈[1]，曰："归与！归与！吾党之小子狂简[2]，斐然成章[3]，不知所以裁之[4]。"

【注释】

①陈：国名，大约在今河南东部、安徽北部。②党：乡党，家乡。小子：指学生。狂简：志大才疏。③斐然成章：形容文采可观。④裁：裁度，节制，这里指修养、培育。

【译文】

孔子在陈国时，说："回去吧，回去吧！我们家乡的学生志大才疏，虽然文采还可观，但就是不知如何修养改造自己。"

【评论】

孔子带领少数弟子周游列国，目的在推广仁道，但终不见有哪国的执政者采纳，心中明白仁道难以推行，于是他在陈国大发感慨，想返回故国教导故乡的青年。道不行，就聚天下英才教育之，以等后学传道于来世。既已立德，便希望能立功，立功无望，退而立言、传教，儒家创始人孔子及后来的儒学大师孟子、荀子都有这种意识。

5.23 【原文】

子曰："伯夷、叔齐不念旧恶[1]，怨是用希[2]。"

【注释】

①伯夷、叔齐：殷商末年孤竹国国君的两个儿子，伯夷为长子，叔齐为次子。②是用：是以，因此。希：同"稀"，少。

【译文】

孔子说："伯夷、叔齐不记恨他人以往的恶行，所以心中就很少有怨气。"

【评论】

伯夷、叔齐的父王死后，二人互相礼让，都不肯自己来继承王位，为了让位，以致双双出走。武王伐纣时，他们认为臣伐君属不忠行为，是“以暴易暴”，并以武王不听劝谏而不食周粟，饿死于首阳山上。伯夷、叔齐的精神可谓空古绝今，尤其在为了争夺权力，臣弑君、子弑父屡见不鲜的动荡年代，伯夷、叔齐的人品更受到人们的敬仰。孔子赞赏说：“伯夷、叔齐不记恨他人以往的恶行，所以自己心中就很少有怨气。”孔子没有讲是何“旧恶”，是何“怨”，但相信他掌握有我们看不到的伯夷、叔齐的资料。如司马迁在其《伯夷列传》中提到他曾见过伯夷的轶诗及其传，但这些轶诗与传，都是我们见不到的资料。不过，从司马迁的《伯夷列传》中可知，伯夷、叔齐连王位都弃之如敝屣（xǐ），他们能念什么旧恶？能有什么怨呢？

5.24 【原文】

子曰：“孰谓微生高直①？或乞醯焉②，乞诸其邻而与之。”

【注释】

①微生高：姓微生，名高，鲁国人。直：正直，直爽，豪爽。②乞：讨，要。醯（xī）：醋。

【译文】

孔子说：“谁说微生高这个人正直？有人向他讨要点醋，他就到邻居那里讨了一点当作自己的醋送给了那个人。”

【评论】

有人听说微生高有慷慨助人的行为，就在孔子面前夸他豪爽。孔子反驳说：“谁说微生高这个人正直？有人向他讨点醋，有就有，没有就没有，他不说自己没有，为了保持自己豪爽的名声，就到邻居那里讨要了一点，当作自家的醋送给讨醋的人。”也许这件事真有，也许是孔子编了一个寓言故事，总之，孔子主张实事求是，不能为了虚荣，打肿脸充胖子。助人为乐的精神固然使人崇敬，但如

果借用他人之力，以抬高自己助人的声誉，那就不是什么豪爽了。

5.25【原文】

子曰："巧言、令色、足恭[①]，左丘明耻之[②]，丘亦耻之。匿怨而友其人[③]，左丘明耻之，丘亦耻之[④]。"

【注释】

①令：美好，这里指好看，亲切。足：过分。恭：恭敬，这里指恭维。②左丘明：春秋末年鲁国的史官，是历史巨著《左氏春秋》（《左传》）的作者。耻：意动用法，以……为耻。③匿：隐藏。友：友好，这里指讨好。④丘：孔子自称，孔子姓孔名丘，字仲尼。

【译文】

孔子说："花言巧语，伪装得和颜悦色，谦恭又过分，左丘明认为这种人可耻，孔丘我也认为他可耻。内心对他人深藏着怨恨，表面上还要讨好他人，左丘明认为这种人可耻，孔丘我也认为他可耻。"

【评论】

待人以诚实，交友讲信用，这是一个起码的做人原则。如果花言巧语，装出一副非常亲热的面容，表现出过分的卑恭，来取悦于人。或心中本来有怨恨，却暗暗隐藏着，表面上还表示友好，以此来迷惑人，这些行为都是虚伪不诚实的，是左丘明与孔子都很鄙弃的。仅从左丘明具有这些品质，孔子就视左丘明为志同道合者。孔子虽在赞美左丘明，但也启示我们每个人：做人要做一个表里一致的正直的人，交友要交心心相印的挚友，对口蜜腹剑的人一定要提高警惕。

5.26【原文】

颜渊、季路侍[①]。子曰："盍各言尔志[②]？"子路曰："愿车马衣轻裘，与朋友共，敝之而无憾[③]。"颜渊曰："愿无伐善[④]，无施劳[⑤]。"子路曰："愿闻子之志。"子曰："老者安之，朋友信之，少者怀之[⑥]。"

【注释】

①季路：即子路。侍：在旁边陪着。②盍（hé）：何不。尔：你们。③敝：破旧。④伐：夸耀。⑤施：表白。⑥怀：关怀。

【译文】

颜渊、季路两人站在孔子身旁服侍孔子。孔子说："你们为何不各自谈谈自己的志向呢？"子路（季路）说："我愿意将我的车马好衣服与朋友共同使用，用坏了也没有什么遗憾。"颜渊说："我不愿夸耀自己的好处，不想表白自己的功劳。"子路向孔子说："我们想听听老师您的志向。"孔子说："我希望老人们生活得安逸，朋友之间相互信任，年少的人都能得到关怀。"

【评论】

子路、颜渊陪伴老师孔子，孔子提议各自述说一下自己的志向。子路讲朋友义气，只重生活物质共享。颜渊重视自身品质修养，然而仅到"独善其身"为止。孔子的志向不同于他们二人，他既善其身又推及他人，既讲物质需求又讲精神需求。他的志向是能使老者有所养，安度晚年；希望朋友之间交往讲诚信，坦诚相待；少幼能得到关爱，使他们健康成长。字面上看好像孔子关注了三个年龄段的人们，实际上包括了社会全体成员，体现他一贯的"泛爱众"的思想，如果实现了他的志向，人们所生活的社会大概就达到了仁德的社会了吧！

5.27【原文】

子曰："已矣乎①，吾未见能见其过而内自讼者也②。"

【注释】

①已：罢了，算了。②讼：责备，谴责。

【译文】

孔子说："算了吧，我没见过能看到自己的错误便内心谴责的人啊。"

【评论】

确实，能看到自己的过错，是不容易的。要求别人容易，要求自己难，看到别人的过错容易，能认识自己的过错难。即使看到自己的过错，但进行自我责备就更难了。孔子的学生子路曾说自己“闻过则喜”，那是他的愿望，像他那样有勇少谋，未必能做到“见其过”。即使“闻过则喜”，但未必能正确剖析过错，从而自觉地改其过。颜回“不迁怒，不贰过”，是个“能见其过而内自讼者”，然而他在贤弟子中只属凤毛麟角，社会之中更是少见。孔子见惯了一些人，把自己的过错狡辩成正确，或隐匿自己的过错唯恐人知，或将自己的大过轻描淡写地说成小过。孔子之所以强调知过改过之难，正是说明修养成为君子或圣贤的艰巨性。

5.28 【原文】

子曰："十室之邑①，必有忠信如丘者焉，不如丘之好学也。"

【注释】

①室：户。邑：城镇，这里指村庄。

【译文】

孔子说："只有十户人家的小地方，也一定有像我这样忠厚守信的人，但不会有像我这样好学的。"

【评论】

孔子不以圣人、仁人、贤人自居，只承认自己有好学的长处，这不是过分地谦虚，而是他诚实品质的表现。好学，并不是一般人容易做到的，这正是伟人与常人的重要区别。伟人高尚的品德绝不是与生俱来的，起初与众人无异，只是由于好学，才逐渐获得伟人的那些素质。孔子自谦说自己的忠厚、诚信与常人相同，其实，伟人的忠厚、诚实也绝不在常人忠厚、诚实的层次上，孔子这样讲，还是体现了伟人谦虚的品质。

雍也篇第六

本篇分为三十章，通过孔子评论弟子、时人和讲述人生道理，指出了人才的标准、治国的途径、处事的原则等，内容较庞杂。孔子最赞赏颜回“好学，不迁怒，不贰过”，“其心三月不违仁”，“一箪食，一瓢饮，在陋巷，人不堪其忧，回也不改其乐”。虽未称其仁，但已达到贤的标准。而颜回的“贤”则是孔子教导他“博学于文，约之以礼”的结果。其他弟子虽不及颜回，但亦各有优长。孔子鼓励学生学成后能用于世、济天下。孔子直面社会现实，虽畏天命而不迷信上天，主张“敬鬼神而远之”。他提出的“中庸之道”，更是人生一大智慧，成为修身、接人待物、处理好世事的基本原则与方法。如为君子要做到“文质彬彬”，“质”指仁的内容，“文”指礼的形式，处处保持“中庸”，便使文质二者和谐协调。

6.1 **【原文】**

子曰：“雍也可使南面①。”

【注释】

①使：派遣，让。南面：古时尊者面南而坐正位，以听政。这里指为官。

【译文】

孔子说：“冉雍这个人，可以让他担任坐向朝南理政的长官。”

【评论】

孔子说：“冉雍可以叫他去做官。”虽是短短一句肯定冉雍具有从政才干的话，可是包含着孔子知人的卓见，包含着往昔他因材施教的辛劳，包含着孔子积极用于世，百折不挠地济天下的意志。

6.2 【原文】

仲弓问子桑伯子[①]。子曰："可也，简[②]。"仲弓曰："居敬而行简[③]，以临其民[④]，不亦可乎？居简而行简，无乃大简乎[⑤]？"子曰："雍之言然[⑥]。"

【注释】

①子桑伯子：人名，事迹不详，鲁国人。②简：简约，不烦琐。③居：平常。④临：指治理。⑤无乃：岂不。大：同"太"。⑥然：对的。

【译文】

仲弓问子桑伯子这个人怎么样。孔子说："还可以吧，他办事简便快捷。"仲弓说："如果平常敬业，而办事简约，这样对待老百姓，当然是可以的。如果是平常轻率，而办事简单化，那不是太简单草率了吗？"孔子说："冉雍（仲弓）你说的正是这样。"

【评论】

冉雍字仲弓，孔子认为他可以为官，说明他具有为官的各种素质，而且比较熟悉官员的为政之方。有一次仲弓向孔子征求对子桑伯子为政的评价。孔子说："他还可以，办事简约。"仲弓以为谈论简约，必须强调一个前提——敬业，所以补充说："平常严肃敬业，再加上办事简约，以这样的态度和方法来治理民事，不就称得起可以吗？如果平日只为简约而简约，岂不太简单了吗？"孔子非常赞同仲弓的补充意见，说："冉雍，你的话说得很对！"简约只是个形式，如果有敬业的精神，则既不扰民，又可提高办事的效率。如果缺乏敬业精神，处理政事虽简约了，但草率从事不认真，假错冤案就难免了。

6.3 【原文】

哀公问："弟子孰为好学[①]？"孔子对曰："有颜回者好学，不迁怒[②]，不贰过[③]。不幸短命死矣。今也则亡[④]，未闻好学者也。"

【注释】

①孰：谁。②迁：转移。③贰：重复。④亡：通“无”，没有。

【译文】

鲁哀公问孔子：“你的弟子中谁最好学？”孔子回答说：“有一个叫颜回的弟子最好学，他从不向别人发火；也不重犯同样的过错。不幸短命已经死了，现在再也找不到他这样的人了，没听说谁再比他更好学的了。”

【评论】

孔子自认好学，也认为弟子颜回也好学，但孔子所谓的“好学”，并不仅在多读几卷书，如果多读几卷书就是好学，那么这样的标准就太低了，这样“好学”的人也太多了。孔子所谓的好学，不仅包括勤奋读书，更重要的是能按书上所揭示的真理去做，重在道德修养。所以当哀公询问他的弟子谁好学时，孔子回答说：“颜回是个好学的人，其具体表现是：有怒不发泄于旁人身上，有错必改不再重犯。但不幸短命早亡，现在没有了这样的人，还没听说有谁像他那样的好学。”颜回“不迁怒”，重在自责，严于律已，宽以待人。“不贰过”，便重在自省，知错认错，吸取教训，痛改前非。颜回的道德修养达到了真正“好学”的高层次。

6.4 【原文】

子华使于齐[①]，冉子为其母请粟[②]。子曰：“与之釜[③]。”请益[④]。曰：“与之庾[⑤]。”冉子与之粟五秉[⑥]。子曰：“赤之适齐也，乘肥马，衣轻裘[⑦]。吾闻之也：君子周急不继富[⑧]。”

【注释】

① 子华：姓公西，名赤，字子华，鲁国人。使：出使。② 冉子：即冉求。③釜（fǔ）：量器名，六斗四升为一釜。④益：增加。⑤庾（yǔ）：十六斗为一庾。⑥与：给。秉：十斗为一斛（hú），十六斛为一秉。⑦衣：作动词用，指穿。⑧周：周济。急：急迫，穷困。继：增加。

【译文】

子华被派到齐国去作使者，冉有为照顾他的母亲向孔子请求一些粟子。孔子说："给她一釜。"冉有请求再增加点。孔子说："那就给她一庾。"冉有却私自给了子华母亲五秉粟。孔子知道后批评说："公西赤（子华）到了齐国，骑着肥壮的马，穿着又轻又暖的皮袍。我听说：'君子只救济窘迫困顿的人，而不周济富裕的人。'"

【评论】

公西赤出使齐国，他的同学冉求为公西赤的母亲请求粮食补贴，孔子答应给一釜，冉求请求再增加一些，孔子又给拨了一庾。但冉求却自作主张给公西赤的母亲送去了五秉。孔子知道后说："公西赤到齐国后，骑着高头大马，穿着又轻又暖的皮衣，他哪里贫困？我听说君子帮助的是急需救济的人，而不是使富者富上加富。""周急不继富"是孔子在当时提出的经济新思想，这种思想反对贫富差距过大，含有"平均主义"的成分，显然受到社会下层民众的影响。他首先考虑急需救济者的难处，是其仁德思想的突出表现，在当今社会仍有其进步意义。

6.5【原文】

原思为之宰①，与之粟九百，辞。子曰："毋！以与尔邻里乡党乎②！"

【注释】

①原思：孔子的学生，姓原，名宪，字子思，又称原思、原思仲，鲁国人。宰：家宰，管家。原思曾任过孔子家的总管。②邻里乡党：古代地方不同的建制。五家为邻，二十五家为里，五百家为党，一万二千五百家为乡，这里指家乡邻居。

【译文】

原思担任孔子的管家，孔子给他九百粟子作酬劳，原思辞谢不肯接受。孔子说："别推辞了，你嫌多就把多余的送给你邻里老乡们吧！"

【评论】

司马迁曾说过："爱施者，仁之端也；取与者，义之表也。"（《报任安书》）行好事当然是一个人成为仁人的开始，但是我们常说：君子取之有道，与之有义。不是无原则地施爱就是爱，这里有一个义的准则。当冉求为公西赤家请求补贴时，孔子一直主张少给予，贯彻的是"周急不继富"的原则，如果公西赤家贫急需，孔子肯定会多给予一些。原思为家宰，孔子给予他较多的粮食作为报酬，原思辞却不要，孔子说："不要推辞，哪怕你送给你的乡里乡亲。"孔子认为给予原思的，是原思理应得到的，不能因他有节操而辞却就不与他。对所给予的人，给多给少，孔子遵循的是义的原则。

6.6 【原文】

子谓仲弓曰："犁牛之子骍且角①。虽欲勿用，山川其舍诸②？"

【注释】

①犁牛：耕牛。骍（xīng）：本义为赤色的马，这里指赤色。周代尚赤，祭祀要求用赤色的牛作祭品。角：指牛角长得周正。②山川：指山川之神。

【译文】

孔子谈到仲弓时说："耕牛的牛犊毛色纯赤而两角长得周正，即使人们不想用它来作祭祀品，山川之神难道能舍弃它吗？"

【评论】

孔子赞赏仲弓的为政才干，曾说："雍也可使南面。"可是史籍（如《史记》）上记载仲弓父亲是个"贱人"，这样大家对重用仲弓有了种种议论。孔子为了说明任人唯贤的道理，他讲了一个寓言故事："犁牛，即耕牛，因为它色杂而只能耕田而不配为牲供祭。但它生下的小牛犊，全身长着赤色的毛，两角整齐，人们虽然想不用它来当祭牛，山川之神会肯舍弃吗？"言外之意：即使父亲地位低贱，甚至品质不好，但孩子是个优秀的栋梁之材，国家会舍弃不用吗？在用人大讲门第的时代，孔子反对血统论，不满世袭制，确实有一种大无畏的反潮流精神。

6.7 【原文】

子曰："回也，其心三月不违仁[①]，其余则日月至焉而已矣[②]。"

【注释】

①三月：借指时间长久。②其余：其余的人，指除颜回以外的学生。日月：一天、一月，这里指数天或数月短暂时期。

【译文】

孔子说："颜回呀，他的内心可以长期不违背仁德的原则，别人则只能数天或数月短期内不违背仁德的原则罢了。"

【评论】

仁德，是衡量人的本质、素质、道德的一把尺子，但仁德又属伦理道德的范畴，比较抽象，如果在比较每个人的仁德时，使用数量比较法，是多是少，数字的差别最醒目不过了，谁都清楚，勿用争辩。孔子于是拿这个方法来比较颜回与其他人的仁德，说："颜回呀，他的内心可以长期不违背仁德的原则，别人则只能数天或数月短期内不违背仁德的原则罢了。"数天或数月与长期相比，差距不就出来了？孔子只是以月、日打个比方，说明颜回坚持仁德能做到持之以恒"不违仁"，"不违仁"几乎变为他的长久自觉行为，而其他人偶然一时或阶段性地坚持仁德，说明还没有达到自觉的程度。

6.8 【原文】

季康子问："仲由可使从政也与[①]？"子曰："由也果[②]，于从政乎何有[③]？"曰："赐也可使从政也与？"曰："赐也达[④]，于从政乎何有？"曰："求也可使从政也与？"曰："求也艺[⑤]，于从政乎何有？"

【注释】

①从政：治理政事。②果：果断。③何有："何难之有"的省略，意为有什么难。④达：通达。⑤艺：才艺，才能。

【译文】

季康子问孔子："仲由这个人可以让他从政吗？"孔子回答说："仲由办事果敢决断，让他从政有什么困难呢？"季康子又问："端木赐可以让他从政吗？"孔子回答说："端木赐通达事理，让他从政有什么困难呢？"季康子又问："冉求可以让他从政吗？"孔子回答说："冉求多才多艺，让他从政有什么困难呢？"

【评论】

鲁哀公时，季康子是政治上最有权势的人，他向孔子询问仲由、端木赐、冉求三人能否治理政事。孔子回答："仲由办事果断，端木赐通达事理，冉求多才多艺，他们治理政事，都不成问题。"孔子这三位弟子，各有所长，自然各有其短，距孔子"仁"的标准还有不少距离，但孔子认为他们仅凭自己现有的长处，即能担当起鲁国的政事。一方面看出孔子因材施教的效果，一方面也反映出当时鲁国执政者的无能。三位学生以各自所长即可委以重任，那么孔子治理天下有何困难？孔子对自己及弟子们的理政能力十分自信。

6.9 【原文】

季氏使闵子骞为费宰①。闵子骞曰："善为我辞焉②！如有复我者③，则吾必在汶上矣④。"

【注释】

①闵（mǐn）子骞（qiān）：孔子的学生，姓闵，名损，字子骞，鲁国人。费：季氏的封邑，在今山东费县西北。②为：替。③复：又，这里指再邀请。④汶上：汶水之上。汶水流经齐、鲁两国，这里暗示要去齐国。

【译文】

季氏派特使去委任闵子骞为他的采邑费地的长官。闵子骞对使者说："好好地替我辞掉这个官职吧！如果再来召我的话，那我肯定会逃到汶水北面去了。"

【评论】

鲁国的执政季孙氏派人请闵子骞做他的费邑宰，闵子骞对使者婉言谢绝，并以季孙氏如果再来征召的话，自己一定逃往齐国去来表示拒召的坚定决心。孔子的学生有的去季氏那里做官，有的虽被邀请却加以谢绝，这叫人各有志吧。孔子对当官或不当官，都任其便，但有一个原则，当官须行仁德，否则必受到严厉谴责，甚至号召弟子们对其“鸣鼓而攻之”；不当官者，独善其身也未尝不可。闵子骞德才兼备，但他不愿在乱世当官，因为在黑暗的官场，“刚则必取祸，柔则必取辱”（朱熹《四书集注》）。闵子骞远避祸辱，洁身自好，也值得称道。

6.10 【原文】

伯牛有疾[①]，子问之，自牖执其手[②]，曰：“亡之[③]，命矣夫[④]！斯人也而有斯疾也！斯人也而有斯疾也！”

【注释】

①伯牛：孔子的学生，姓冉，名耕，字伯牛，鲁国人。②牖（yǒu）：窗户，这里指窗外。③亡：通“无”。④命：命运，指不可抗拒的天意。

【译文】

伯牛有了病，孔子去探问他，孔子在屋外的窗户口握着伯牛的手，说：“没法办了，这是命呀，这样的人竟会有这样的病！这样的人竟会有这样的病！”

【评论】

孔子待学生，不仅有良师之严，还有慈父之爱。伯牛得了重病，他去慰问，从窗外握着伯牛的手，他知道伯牛得的是不治之症，他又悲痛又绝望，叹息伯牛如此有作为的人，竟得了如此的绝症。从孔子反复的悲叹中，可以体会到他万分悲痛的感情。生老病死，虽说是难以抗拒的自然规律，但毕竟是使人最感痛苦的事，尤为痛心的是好人被恶疾折磨得奄奄一息，亲近的人又眼看着他即将离去，在那诀别的一刻，让人多么的撕心裂肺！

6.11 【原文】

子曰："贤哉，回也！一箪食[1]，一瓢饮[2]，在陋巷[3]，人不堪其忧[4]，回也不改其乐。贤哉，回也！"

【注释】

①箪（dān）：古代小而圆的盛饭竹器。②瓢：即瓠（hù），可盛水的果实外壳。③陋巷，原指简陋的街道，后因颜回在此居住过，索性将此街道改称为"陋巷"，曲阜城中至今仍存此街道名。④堪：忍受。

【译文】

孔子说："贤良呀，颜回这个人！平常只靠一小筐粗食，一瓢冷水度日，住在简陋的小巷子里，别人都忍受不了这种贫困，颜回却不改变他追求道义的快乐。贤良呀，颜回！"

【评论】

在众多弟子中，孔子最赞赏颜回，在这一章中，孔子称赞颜回生活消费的只是一篮子粗食、一瓠子水，住在简陋的巷子里，别人忍受不了这份清苦，他却从不因此而改变自己追求道德完美的乐趣。孔子抓住颜回的个性特征，描述颜回富有表现个性特征的几个生活细节，寥寥数语，就生动地显现出一个安贫乐道的君子形象。心中有远大的理想，全身心地孜孜追求，并以这种追求为最快乐、最幸福的事，生活方面艰苦一些算得了什么？"一箪食，一瓢饮"，可以维持生命，而生命的价值在于不懈地追求崇高的理想，颜回虽是一个物质生活的贫乏者，但却是一个精神财富的富有者。

6.12 【原文】

冉求曰："非不说子之道[1]，力不足也。"子曰："力不足者，中道而废[2]。今女画[3]。"

【注释】

①说：同“悦”，喜欢。②中道：中途。③女：同“汝”，你。画：同“划”，指划定界限。

【译文】

冉求对孔子说：“不是我不喜欢您的学说，是我的能力不够而不能很好地接受。”孔子说：“如果真是能力不够，会走到半道难以继续下去。可是现在你还没有开步，就画地为牢而止步了。”

【评论】

冉求求道有畏难情绪，他想打退堂鼓，向孔子说什么：“不是我不喜欢老师讲的仁义道德，只是我力不从心学不好。”孔子不同意他的看法，反驳说：“能力不够中途可能停下来，可是你现在在起点上就主观地给自己划了个不能前进的‘鸿沟’。”一个人的能力有大有小，但都要有一种孜孜不倦地追求仁义的精神，只要坚定追求目标，必定尽力去做，进步快慢是能力问题，放弃进步却是信念问题了。俗话说，在前进的道路上，“不怕慢，就怕站”。若追求理想的信念动摇了，给自己前进道路上划定不可逾越的“鸿沟”，那么再有能力，理想也在自弃中化为乌有。

6.13 【原文】

子谓子夏曰：“女为君子儒①，无为小人儒②。”

【注释】

①女：同：“汝”，你。君子儒：品学兼优的读书人。②无：不要。小人儒：人品和学品都不正的读书人。

【译文】

孔子对子夏说：“你应该做一名君子式的儒者，不要做小人式的儒者！”

【评论】

在孔子看来，读书人并非全是君子，其中也有小人。孔子所讲的君子与小人，并非以社会地位、职业来划分，而主要是以道德人格来划分。君子爱人为公，小人爱己谋私，表现在学业上，君子一心成德，小人唯名是求，说到底，还是那句话："君子喻于义，小人喻于利"，只不过不同行业的君子与小人，"义"与"利"在表现的形式上有所不同罢了。读书人如果做学问不是志于道而是志于名利，以学谋利，以学市利，这就是孔子所说的"小人儒"了。

6.14 【原文】

子游为武城宰①。子曰："女得人焉尔乎②？"曰："有澹台灭明者③，行不由径④，非公事，未尝至于偃之室也⑤。"

【注释】

①武城：鲁国的城邑。② 人：贤人。焉尔：于此。③ 澹（tàn）台灭明：姓澹台，名灭明，字子羽，鲁国大夫，后来也成为孔子的学生。④ 径：小路。⑤偃：指子游，子游姓言，名偃，字子游。

【译文】

子游担任武城邑的长官。孔子问他："你在那里得到什么人才没有？"子游回答说："有一个叫澹台灭明的人算是吧，他走路不抄小道捷径，如果不属公事，从不到我言偃（子游）的房间里来。"

【评论】

孔子十分注意发现人才、培养人才，也教导他的学生为政首先以得贤才为最重要。子游担任武城宰后，孔子问他在那里得到贤才没有，子游回答说："有一个叫澹台灭明的下属是位人才。"子游与澹台灭明接触不多，但从澹台灭明"走路不抄小道，不是公事，从不到上司家走动"这两件事，看出澹台灭明是个贤才。一是他堂堂正正走正道，不因便捷而抄小路。二是非公事不入上司的门，不向上司套近乎，更不阿谀奉承去行贿。抄小道，决不是仅指走路，实含着拉关

系、走后门之意。在人身依附严重的社会，和上司来往得近乎就有晋升的机会。澹台灭明与那些巴结上司、跑官、要官的人恰好相反，正直、诚实行正道，而这正是儒家识别人才的重要标志，只有这种人才信得过、靠得住、用得上。

6.15 【原文】

子曰："孟之反不伐①，奔而殿②，将入门，策其马③，曰：'非敢后也，马不进也。'"

【注释】

①孟之反：姓孟，名侧，字之反，《左传》作"孟之侧"，鲁国大夫。伐：夸耀。②奔：败走。殿：殿后，在最后做掩护。③策：鞭打。

【译文】

孔子说："孟之反从不显耀自己，当鲁军被齐军打败后，他走在溃逃的鲁军最后来掩护全军，将要进入城门时，才鞭打着马匹往前赶，一面说：'不是我胆大敢于殿后，是马匹不肯快点走。'"

【评论】

《左传》记载鲁哀公十一年（公元前 484 年）春，齐国进犯鲁国，鲁国军队被打败。当鲁国右翼军败退时，将领孟之反因为殿后而最后入城。但他不夸耀自己掩护撤退的功劳，反而风趣地一边鞭打着马，一边说："不是我敢留在最后，是马不肯快跑。"人们都知道，大军败退，落在最后，容易被敌方追兵杀戮或俘虏，所以无不争先恐后地奔命。孟之反舍命督后，还要说自己也有保命的意识，只怨战马踌躇不前而落在退兵之后，这可是出奇的不居功的行为。有的人有点功绩，生怕别人不知道；有的人甚至弄虚作假搞"政绩"，好往自己脸上贴金，他们与孟之反这种自掩其功的行为相比，差距何其得大。

6.16 【原文】

子曰："不有祝鮀之佞①，而有宋朝之美②，难乎免于今之世矣③。"

【注释】

①不：没。祝鮀（tuó）：卫国大夫，字子鱼，善于辞令。佞：能言善辩。这里指花言巧语，善于谄媚。② 宋朝：宋国的公子朝，以貌美名于世。③免：免灾祸。

【译文】

孔子说："没有如同祝鮀那样的巧言谄媚者，而仅有如同宋朝那样的以美色获宠者，在当今也还是难以避免灾祸的。"

【评论】

王引之《经义述闻》认为"而"犹"与"也。当"与"解，则"不有"二字就成为二句的领字，孔子这句话的意思就成了："没有祝鮀的能言善辩与宋朝的美色，恐怕避免灾祸于当今之世就难了。"如此理解，就等于说：有了祝鮀的能言善辩与宋朝的美色，就可以避免灾祸于当今了，"佞"与"美"本是国家罹难的重要根源，这里却成了解救国家灾难的关键，孔子是不会如此评价"佞"与"美"的。也有的人把"不"解释成"不仅"，孔子的话就成了："不仅有祝鮀式的巧言谄媚者，而且有宋朝式的以美色获宠者，在当今之世受其祸害就难避免了。"把原本否定意的"不有"，解释成肯定意的"不仅有"，这样解释缺乏依据。"不有……而有……"显然是一转折句，不是递进句。不论做何解释，孔子对统治者腐化堕落发出的愤慨之叹则是无疑的。统治者执政上的腐败，主要体现在对国家政事漠不关心，只顾一己或自己家族的奢侈淫乐，奢侈淫乐就想耳听阿谀奉承，眼观婀娜美色，佞人、美人就成为其左右心腹。佞人、美人是其政权稳定的"两害"，仅存一害，且使国家政权难以避免灾难，如果两害并发，国家政权岂不雪上加霜？

6.17 【原文】

子曰："谁能出不由户[①]？何莫由斯道也[②]？"

【注释】

①户：指房门。②何莫：为何没有。斯道：此路，这里指仁义之道。

【译文】

孔子说："谁能走出屋子而不经过房门呢？为什么想达到仁德境界而不走我指出的这条道呢？"

【评论】

人外出必须经过房门，因为这是出门远行的最初必由之路；人们走向社会，必须走仁义之路，因为这是正确人生的必由之路，这是符合逻辑、自然而然的规律与真理。但是孔子奇怪，为什么人们懂得外出必须经由房门，而在为人处事上就不遵循仁义之道呢？孔子清楚"天下无道""道不行"的现实，他埋怨人心不古。殊不知，春秋时期"道不行"是时代使然，说到底，也是一种历史的必然。

6.18 【原文】

子曰："质胜文则野①，文胜质则史②。文质彬彬③，然后君子。"

【注释】

①质：朴实，本质。文：文采，形式。野：本义为郊外、野外，这里引申为粗野。②史：掌管文书记史的官，善于言辞修饰，这里引申为虚浮。③彬彬：和谐文雅。

【译文】

孔子说："质朴多于文采就会显得粗野，文采多于质朴就会流于浮华。文采和质朴各得其所相辅相成，然后才能形成君子的气质。"

【评论】

任何事物都是由内容和形式构成的，内容是构成事物的一切内在要素的总和，形式是这些要素的结构或存在方式，内容决定形式，形式表现内容。二者虽有主要次要之分，但二者又是辩证统一的关系。抽象思维中，二者之所以可分，是出于分析、思辨的需要，其实二者存在于同一体中，是无法分开的，不可只强调内容而忽视形式，也不可只强调形式而忽视内容。本章中的"质"就是指内容而言，“文”就是指形式而言。对于君子修身来说，“质”就是仁，“文”就是礼，仁统摄礼，礼体现仁，二者不可偏废其一。缺少礼则显得粗野，礼过多，则显得虚伪，仁与礼相济，就达到了君子仁礼兼备的标准。

6.19 **【原文】**

子曰：“人之生也直，罔之生也幸而免[①]。”

【注释】

①罔（wǎng）：诬罔不直。幸：侥（jiǎo）幸。免：避免灾祸。

【译文】

孔子说：“人活在世上应该是正直的，不正直而活在世上的人能免于灾祸，那是很侥幸的事。”

【评论】

孔子说的这句话有着深刻的哲理。俗话说：“人活脸面树活皮”，人的脸面是靠人的正直挣来的，人活在世上要光明磊落，堂堂正正、公道正派，这才上仰而不欺天，下俯而不负人，不辱一个“人”字。有的人奸诈虚伪，惯使阴谋诡计，尽做见不得人的勾当，即使一时蒙混过关，躲过法律的制裁，但躲不过道德的谴责。现代诗人臧克家的诗中写道：“有的人活着他已经死了；有的人死了他还活着。”（《有的人》）奸诈虚伪之人，就是活着已经死了的人，在人们的心中，他早该死去，在人们的口中，常咒他快点死去。他在世上除了害人还能干点什么？早一点死去，世上少了一个恶人，大伙多了一些福祉，或许这就算他这一生做了点好事。这种人，作恶多端也有寿终正寝者，但他给世人留下骂名，给自己的后代儿孙们也留下了耻辱。

6.20 **【原文】**

子曰：“知之者[①]，不如好之者[②]；好之者，不如乐之者[③]。”

【注释】

①知：懂得。之：代词，它。②好（hào）：爱好，喜欢。③乐：快乐，意动用法，以……为乐。

【译文】

孔子说："对事物的认识有个深浅不同的程度，知道此事物者，不如专心喜好此事物者了解此事物的深度，喜好此事物者还不如以认识此事物为人生乐事者了解此事物的深度。"

【评论】

在教学中，就掌握某种专业知识的深广度而言，懂得此专业的人不如爱好此专业的人，而爱好此专业的人又不如以掌握此专业为乐趣的人。学习的强大动力在自觉，懂得某专业知识的人，仅对所学的专业知识有所掌握，但对所学专业知识若没有多大兴趣，其学习的内动力不会充分地引发出来，其自觉性自然不如爱好此专业的人强；爱好此专业的人，由于某种利益驱动，对学习掌握专业知识有一种强烈要求与欲望，但在学习的过程中，还是把学习当作一种苦差事来看待，其求知的内动力和学习的自觉性还是有限的，被限制在自己认为愿意承受的范围内；而以从事此专业为快乐的人，把学习专业知识当作人生乐事，知识学得再多仍不满足，学习任务再重也不觉得苦，求知已变成生活不可缺少的重要内容，具有了高度的自觉性。学习的自觉性不同，自然学习的效果就不一样了。不过，在学习的过程中，学习的自觉性是可以不断培养的，"知之"可以变为"好之"，"好之"也可以变为"乐之"。

6.21 【原文】

子曰："中人以上[①]，可以语上也[②]；中人以下，不可以语上也。"

【注释】

①中人：指具有中等才智者。②语：动词，告诉。上：指高深理论。

【译文】

孔子说："智力具有中等水平以上的人，可以和他谈论高深的学问；而智力在中等水平以下的人，不可以与他谈论高深的学问。"

【评论】

人的智商有高低，知识理论有深浅，在教学中，必须实事求是，因材施教。孔子作为一名教师，当然希望学生能掌握高深理论，但给基础差的学生讲授高深理论，他们不仅不理解，反而会误解、曲解，真可谓"欲益反损"。教学必须遵循循序渐进的原则，讲授的理论也就由浅入深地推进，"中人以下"自然可以逐渐培养成"中人以上"。

6.22 【原文】

樊迟问知①。子曰："务民之义②，敬鬼神而远之③，可谓知矣。"问仁。曰："仁者先难而后获④，可谓仁矣。"

【注释】

①知：同"智"，智慧，聪明。②务：专心从事。③远：疏远。④难：艰难。

【译文】

樊迟问怎样才算有明智。孔子回答说："管理人民要尽道义，对鬼神虽恭敬但要远离它，这样就可以称得上有明智了。"樊迟又问怎样才算有仁德。孔子回答说："有仁德的人先付出而不避艰难，然后再讲收获，这样就可以称得上有仁德了。"

【评论】

智、仁二德，互相为用，互相包含，不过大致也有区别，智一般指聪明才智；仁指忠恕厚道。一天，樊迟向孔子问怎样才算"智"。孔子回答说："专心致力于民众合宜的事，尊敬鬼神但远离它，就可称智了。"樊迟又问怎样才算"仁"。孔子回答说："仁者先从艰难做起，然后得到收获，可以称为仁了。"孔子关于

“智”与“仁”有多种解释，全因人而异，然而何种解释都不无道理。敬鬼神，尊民俗，这是“务民之义”中的重要内容，然而又远鬼神，始终保持理性，尊鬼神而不惑，最终目的是尽人事，做到这点就是智。“先难而后获”就是先奉献后索取，后来的范仲淹以“先天下之忧而忧，后天下之乐而乐”的豪情壮志名满天下（《岳阳楼记》），定受到“先难而后获”的启发，做到“先难而后获”不就达到仁者水平了吗？

6.23【原文】

子曰：“知者乐水[①]，仁者乐山；知者动，仁者静；知者乐[②]，仁者寿。”

【注释】

①乐：喜欢。下句“乐山”的“乐”也是同一意思。②乐：快乐。

【译文】

孔子说：“有智慧的人喜欢川流不息的河水，有仁德的人喜欢巍然屹立的高山。有智慧的人喜欢运动，有仁德的人喜欢宁静。有智慧的人快乐，有仁德的人长寿。”

【评论】

孔子惯用形象化的语言，概括抽象的哲理，这里他以山、水不同的物性，以动、静不同的物理，来说明“知者”与“仁者”不同的内心世界与外部特征，极富生动性与启发性。有智慧的人，通晓于事物的变化，爱好欣赏千回百转、川流不息的自然景观，从中得到应变的哲理启发；有仁德的人，坚守道义信仰，往往喜好岿然不动的高山，以寄托自己坚定的信念。有智慧的人，喜欢在事物动态的发展中把握时遇；有仁德的人，喜欢在平静中坚守真理。有智慧的人，在观察事物的运动中得到快乐；有仁德的人，在宁静地思索真理中得以长寿。这里孔子只是借物说理，具体到个人，各有所好，不能绝对化了。

6.24 【原文】

子曰："齐一变，至于鲁[①]；鲁一变，至于道[②]。"

【注释】

①至：达到。②道：这里指道德境界。

【译文】

孔子说："齐国的礼仪制度若有一场变化，就可以达到鲁国现在的程度；鲁国的礼仪制度若有一场变化，就可以达到先王的正道了。"

【评论】

孔子在此章中所说的"变"，并不是指革新，而主要是指复古，尽管这种复古中有损益，如称这种"变"叫作拨乱反正、恢复周礼，就更贴近孔子的原意。孔子所处的时代，齐国强鲁国弱，鲁国常受齐国的欺凌，时人也都认为齐胜于鲁，但孔子为什么还说齐国须"变"才能达到鲁国现在的水平？这完全是从礼乐教化的角度而言的。鲁国是周公的封国，至春秋时，仍保存着不少周公的礼乐遗风，民俗崇礼尚信。而齐国崇尚霸政，其俗崇功利，其民喜夸诈，所以要想达到现在鲁国的礼乐风尚，还需改变旧有的制度风俗。而鲁国虽存有周公礼乐遗风，虽礼乐制度远胜齐国，但毕竟与周公时大不相同，有些地方还偏离了周公之道，要想全面恢复先王之道，还须来一番"克己复礼"的变化。

6.25 【原文】

子曰："觚不觚[①]，觚哉！觚哉！"

【注释】

①觚（gū）：古时盛酒的器皿。

【译文】

孔子说："酒杯如果失其形制就不算酒杯了，这还能算酒杯吗！酒杯就是酒

杯！”

【评论】

觚为饮酒器具，形状上圆下方，容量不大，戒人饮酒时不要贪杯。然而礼崩乐坏的春秋，周礼废弛，沉湎于酒已成社会上层的风气，他们做出容量大的新酒具却仍然叫觚。暴饮违礼，做出的觚名不副实。叫觚而不是觚，还叫什么觚呀！其实，孔子生气还不在觚不像觚，充其量是借题发挥，真正生气的是“君不君，臣不臣，父不父，子不子”，于是他提出了“正名”，力图明确君臣父子在礼制等级方面的名分和担当，并认为这是为政之首，只有严格履行名分所赋予的职责，才能做到“君君、臣臣、父父、子子”，做到名实相符，各安其分。

6.26 【原文】

宰我问曰：“仁者，虽告之曰：‘井有仁焉’①。其从之也？”子曰：“何为其然也？君子可逝也②，不可陷也；可欺也，不可罔也③。”

【注释】

①仁：同“人”。②逝：离去。③罔：迷惑，这里指愚弄。

【译文】

宰我问孔子：“假如有一位有仁德的人，有人告诉他说：‘井里掉下一个人’，他是不是应该跟着也跳下去救人呢？”孔子回答说：“为什么要这样做呢？君子可以预先叫那人远远地离开井，事件发生后也不可以陷自己于井中；君子可以忍受欺侮，不可以接受愚弄。”

【评论】

见义勇为、舍己救人，这当然是有仁德的君子的高风亮节，但社会上往往有些缺少仁德的人，自己不去见义勇为、舍己救人，反而对仁德君子提出一些苛刻的、无法做到的要求，实际是在存心愚弄君子，不外乎想往君子身上泼脏水，好向大家证明：号称有仁德的君子连这些都做不到，还算什么有仁德的君子呢？岂不知有仁德的君子又是高智商的聪明人，他不会愚蠢到盲目、冲动地去做毫无价值与毫无效果的无谓牺牲的事。

6.27 【原文】

子曰：“君子博学于文[①]，约之以礼[②]，亦可以弗畔矣夫[③]！”

【注释】

①文：指文献典籍。②约：约束。③畔：同“叛”，背叛。夫：语气词。

【译文】

孔子说：“君子如果能广博地学习文献，再用礼来约束自己，就可以不会离经叛道了。”

【评论】

君子广泛地学习文献典籍才能明道，道的核心是仁，仁的具体体现形式是礼，有了广博的学识，懂得了做人的道理，再用礼来约束自己的言行，就不会离经叛道了。教育的目的在于培养符合一定标准的人，而不是为了学习而学习。博学一定要付诸实践，颜回对孔子的这一教育法深有体会，他说：“夫子循循然善诱人，博我以文，约我以礼，欲罢不能。”博学没有止境，守礼的自觉性仍需不断提高，所以不论学习典籍还是修身实践，永远不能中断。

6.28 【原文】

子见南子[①]，子路不说[②]。夫子矢之曰[③]：“予所否者[④]，天厌之[⑤]！天厌之！”

【注释】

①南子：卫灵公的夫人。② 说：同“悦”，高兴。③ 矢：同“誓”，发誓。④予：我。否：不是，不对。⑤厌：讨厌，厌弃。

【译文】

孔子去和卫灵公的夫人南子相见，子路对此很不高兴。孔子发誓说："我假若有不合礼的地方，上天会厌弃我！上天会厌弃我！"

【评论】

据《史记·孔子世家》记载，孔子去卫国时，卫灵公的夫人南子正把持着卫国的国政，她生活上有淫乱的行为，名声不好，她召见孔子想抬高自己的声望。孔子起初没答应，但后来不得已还是见了。子路为此很不高兴。孔子对他发誓说自己的行为端正，没有违背礼的地方，否则情愿受上天的惩罚。"子路不说"，说明他正直有气节，并对老师关心爱护。孔子并没有责怪子路对自己的误解，内心还十分赞赏子路的爱憎分明，尽管子路有点鲁莽。学生直言不讳，先生信誓旦旦，足见师生亲密无间。相比之下，子路毕竟还不成熟，只知坚守信念，而不知在特定的条件下可以变通。

6.29 【原文】

子曰："中庸之为德也①，其至矣乎②！民鲜久矣③。"

【注释】

①中：中和，适合，既不是过分又不是不够。庸：平常，处事不偏不倚，不走极端 。"中"与"庸"意相近，合起来表示孔子的道德标准。② 至：极高。③鲜（xiǎn）：少。

【译文】

孔子叹息说："中庸作为道德标准，应该是最高的，老百姓缺少这种道德已经很久了。"

【评论】

由孔子这一叹息，可见他对中庸之道的重视。中庸之道是孔子思想的重要组成部分，如果说仁是根本思想，礼是落实仁的措施，那么中庸之道则是执行礼的有效方法。过去有些人把孔子的中庸之道理解为妥协、保守、调和、骑墙的意思，这不符合孔子的原意。孔子提倡中庸，强调牢牢把握事物的“度”，这个“度”就代表着事物的质。“度”往往处于矛盾两端“中”的位置上，过与不及都会偏离“中”。偏离“中”，就难以在矛盾两端之间把握其平衡与协调，容易走极端，做事说话不能恰如其分。如“温和”与“严厉”，“威严”与“粗暴”，都属对立的两端，任何一端都属偏激的性格与气质。孔子善于“允执其中”，它们的“中”就是“温而厉，威而不猛”。当然，“执两用中”往往是在一定条件下进行的，如果缺乏优越的条件，很难取得理想的“中”，那么，取了相对的“中”也属把握住了“度”。甚至两端都属于与愿望相背离的，那么“两害取其轻”，也是不得已的正确选择。总之，中庸之道，是认识事物本质和解决问题的好方法，是孔子高超智慧的体现。

6.30 **【原文】**

子贡曰:“如有博施于民而能济众[①],何如？可谓仁乎？”子曰:“何事于仁,必也圣乎[②]！尧、舜其犹病诸[③]！夫仁者,己欲立而立人[④],己欲达而达人[⑤]。能近取譬[⑥],可谓仁之方也已[⑦]。”

【注释】

①博：广泛。众：众人。②圣：最崇高庄严的。圣人即指思想品德和智慧最高的典范人物。③尧、舜：古代两位圣明的天子。病：不足，达不到。④立：指站住脚，立身。⑤达：发达，这里指事业发达，过得好。⑥譬：比喻，这里指比方、比照。⑦方：方法。

【译文】

子贡问孔子：“如果有能力广泛地施恩惠于人民，又能救济大众，怎么样？可以称得上仁德之人了吧？”孔子说：“何止是仁德之人？那一定是圣人了！连尧、舜都担忧自己难以做到这一点。仁德之人，自己想安身立命，就应帮助别人也能安身立命。自己想显达，也要使别人显达。能以自身打比方，推己及人，这可以说是成为仁德之人唯一的方法了。

【评论】

仁者爱人，只要有爱人之心，就可以达到仁的境界。如果有能力对百姓广泛地施予恩惠，普救大众，不仅有爱天下人之心，而且有爱天下人之实效，这实在是理想中的伟人了，这样的人，何止是具有了仁德，而且一定达到“圣”的程度了！但孔子在现实中还没有听说过有这样的人，连尧、舜都难以做到，何况其他人呢？不过，虽然难以成为一个圣人，但做一个“仁人”，还是有办法实现的，这办法就是：自己想立身，也要帮助别人立身；自己想通达，也要帮助别人通达。能从自己的动机与行为中，将心比心，推己及人，就可以达到仁。

述而篇第七

本篇分为三十八章，主要是孔子自评及他人对孔子容貌行事的评述，篇中较多的是表现孔子好学善教的精神。孔子自比老彭，“信而好古”，他欣赏“尽善尽美”的《韶》乐，竟“三月不知肉味”。他喜讲雅言，他“发愤忘食，乐以忘忧”，晚年发愤攻读《易》，由于酷爱传统文化，才成为三代文化伟大的传承者。他在不能行道于天下时，给自己确立的使命就是“学而不厌，诲人不倦”，他最担忧的是：“德之不修，学之不讲，闻义不能徙，不善不能改。”提出：“志于道，据于德，依于仁，游于艺。”这既是他的教育思想，也是对自己及弟子们的基本要求。他安贫乐道好学，在教学中摸索出诸如因材施教、启发式、学无常师等方法，至今仍是行之有效的教学法，孔子无愧于万世师表的殊荣。

7.1 **【原文】**

子曰：“述而不作①，信而好古，窃比于我老彭②。”

【注释】

①述：传述，阐述。作：创作。②窃：私下，私自。老彭：指商朝贤大夫彭祖，一说是指老子与彭祖。

【译文】

孔子说：“我只阐述先王之道而不自我创作，深信先王之道并且喜好古代文献典籍，自以为可以与商朝贤大夫老彭相比了。”

【评论】

孔子私下把自己比作老彭，老彭是何人？说法不一，但老彭必是个只传述旧

典不创作、对古代典籍尊崇喜爱的人，孔子自比老彭正是基于“信而好古”这个特征。从这一比喻中，我们进一步看到孔子对三代文化的热爱，所以他才致力于古籍整理，用古代经典教育学生。孔子说自己“不作”，是谦虚的话，他撰写的《春秋》，不就是在“作”吗？他集三代文化之大成，在三代文化的基础上，建立起儒家思想理论的新体系，不就是在“作”吗？儒家思想之所以比其他学派思想影响力大，原因很多，其中之一，就是儒家认真、全面地整理了三代的文献典籍，并在建立自己学派理论过程中，广泛地吸收了中国古代文化的精华。

7.2 **【原文】**

子曰：“默而识之[1]，学而不厌[2]，诲人不倦[3]，何有于我哉？”

【注释】

①识：记住。②厌：满足。③诲：教诲。

【译文】

孔子说：“把所学的知识默默地记住，努力学习而不厌烦，教导别人而不感到疲倦，对我来说，除此之外还追求什么呢？”

【评论】

孔子强调学习的目的在于领会知识、运用知识，而不在于炫耀自己博学多识，所以他主张默默地牢记所学的知识，这是知识转化为理解问题、解决问题能力的基础。要当好先生，须先当好学生，孔子深知学习对已经成为人师的自己有同样重要的意义。所以博闻强记不仅是对学生的要求，也是对自己的鞭策。孔子一生主要从事教学，他深刻地理解“教”与“学”的关系，他的态度是：自己努力学习不厌其烦，认真教诲他人永不疲倦。除此而外，别无所求。“学”是诲人的基础，不学何以诲人？“学”不可浅尝辄止，而是以不厌其烦与永不满足为前提。诲人要有耐心而循循善诱，“教”与“学”都以永不疲倦与不怕劳苦为动力。“学而不厌，诲人不倦”，应成为每个教师的座右铭。

7.3 【原文】

子曰："德之不修，学之不讲，闻义不能徙[①]，不善不能改，是吾忧也。"

【注释】

①徙（xǐ）：奔赴。

【译文】

孔子说："品德不修养，学问不讲习，听到正义的呼唤，却不能前去响应，有不好的毛病不能改正，这些都是我所忧虑的。"

【评论】

君子忧道不忧贫。孔子所忧虑的，正是怕不修养道德，不讲习学问，听了道义不去亲自实践，有了错误不去改正。这四条虽然孔子常用来要求弟子，但要求自己却有更丰富的内涵。有忧虑才有责任心，有责任心才有追求，古代仁人志士追求道德修养、人格完善，耻于谈论物质享受，这种精神至今仍能鞭策人、激励人，如果常常忧虑自己没有做到孔子所说的四点，肯定能不断地进步。

7.4 【原文】

子之燕居[①]，申申如也[②]，夭夭如也[③]。

【注释】

①燕居：闲居。燕，通"宴"，安乐意。②申申：衣冠舒展、整齐。如也：好像……的样子。③夭夭：和乐轻松。

【译文】

孔子在家闲居，衣着整洁、舒适、大方，行止斯文，和颜悦色。

【评论】

家，牵动着多少人的情愫。有人把它比作避风港，暂作一时停留；有人把它

比作安乐窝，在此尽情地享受生活；有人把它比作作坊，为家中忙不完的琐事而烦恼，等等。我们不知孔子把家比成什么，但他在家闲居，衣着依旧整齐，态度依旧安详，既不懒散，又安闲自得，音容笑貌，无不合礼，这是一名君子或圣人神态的自然流露。

7.5 【原文】

子曰："甚矣吾衰也！久矣吾不复梦见周公[①]！"

【注释】

①周公：姓姬，名旦，周武王弟，辅佐成王安定天下，天下臻（zhēn）于大治，被后世奉为圣贤的典范。

【译文】

孔子说："我衰老得厉害呀！好长时间没有再梦见周公了！"

【评论】

唐代韩愈曾说："斯吾所谓道也，……尧以是传之舜，舜以是传之禹，禹以是传之汤，汤以是传之文武周公，文武周公传之孔子。"（《原道》）在儒学道统的传承中，周公是个关键人物，他为西周制礼作乐，厘定典章、制度，其思想又直接连接着孔子。孔子也以周公为楷模与旗帜，以恢复周礼、光大周公礼乐制度为己任，对周公怀有无限崇敬之情，念念不忘，因此常在梦中相见。然而奋斗一生，终不得实现自己的理想，时常为此怅恨，甚至慨叹："我衰老得厉害呀！好久没有梦到周公了！"没有梦到周公只是一种托词，他悲叹的是自己已经年老体弱，实现一统大业的梦依然渺茫，倾吐了一位政治家失意的沮丧之情。

7.6 【原文】

子曰："志于道[①]，据于德[②]，依于仁，游于艺[③]。"

【注释】

①志：志向，向往。②据：据守。③游：游泳，“人之习于艺，如鱼在水，忘其为水，斯有游泳自如之乐。”（钱穆《论语新解》注）这里指练习。艺：指礼、乐、射、御、书、数六艺。

【译文】

孔子说：“要立志求得天地人伦的规则，据守高尚的道德情操，依从爱人之心，练习礼、乐、射、御、书、数六艺。”

【评论】

孔子主张：以道为志向，以德为依据，以仁为依托，以艺为常习。道，大小事一以贯之的纲领，是每个人所向往的；德，是把道化为人生指导，体现为一种崇高的精神，是每个人所应恪守的；仁，是道的核心，是每个人所应依从的；艺，是实现道的具体手段，是每个人所应时常练习的。这四句话，概括了孔子的全部教育内容，有纲领、有依据、有依从、有途径，完整而成体系。

7.7 【原文】

子曰：“自行束脩以上①，吾未尝无诲焉。”

【注释】

①行：这里指拿、带、送等意。束：一束。脩（xiū）：干肉。束脩，即一束（十条）干肉，古人初见面时带的薄礼。上：来。

【译文】

孔子说：“凡是主动带一束干肉作为见面薄礼来见我，我没有不接纳而教诲他的。”

【评论】

有人把送一束干肉理解成交学费，借此来贬损孔子的形象，指责孔子没有实

行“有教无类”，而是以交学费为“有教”的前提。其实，一束干肉，属学生初次拜见先生的一种薄礼，如果一束干肉成了所交的学费，那么即使在古代，学费再低廉也不至于这个程度。孔子提倡“有教无类”，就是想打破学在官府、贫贱者没有受教育权利的传统，开创中国私家讲学的风气。根本不是靠办学来养家糊口，学生拿一束干肉来见，不过是遵守拜师礼仪罢了。

7.8【原文】

子曰:“不愤不启①,不悱不发②。举一隅不以三隅反③,则不复也④。”

【注释】

① 愤：指心中不清楚而急于想弄清楚的样子。② 悱（fěi）：指口里说不出又急于想表达的样子。③ 隅（yú）：角落，这里引申为方面。反：反正，推知。④复：重复。

【译文】

孔子说：“对学生，不到他百思不得其解又想求得要领时，不去开导他。不到他想说却又说不出条理时，不去启发他。给他举出一个问题，他不能由此而类推其他几个问题，那就没有必要再开导他了。”

【评论】

孔子教育学生非常注意把握火候，等学生苦思而想不通时，才去开导他选择最好的思路，等学生想表述而说不出来时，才去启发他如何有效地表述。告诉学生一个方面的问题而他仍不会推知其他方面的问题，那就没有必要再重复教这一问题了。孔子清楚开导、启发学生的条件，把握教师开导、启发的时机，这样才能有好的教学效果。学生学习有动机，才容易提示、引导，学生学习时能思索，才有继续深入学习的可能。如果缺乏对知识的理解力，不会由此及彼、由表及里，教学就难进行了。孔子在教学中重视采用启发式，充分发挥学生的主动性，注意培养学生的独立思考能力，提高学生灵活运用知识的能力，符合教学规律，他的教学方法也是我们现代教育应该遵从的教学原则。

7.9 【原文】

子食于有丧者之侧[①]，未尝饱也。

【注释】

①有丧者：有丧事的人。侧：身旁。

【译文】

孔子在有丧事的人旁边用餐，从来没有吃饱过。

【评论】

有丧事的人，因为死了亲人必定悲痛欲绝，在他们身边用餐，如果狼吞虎咽，大快朵颐，定是一点都不体谅有丧事人的心情。孔子不然，在有丧事人的旁边吃饭，从未吃饱过。就这一个小细节，就说明孔子对有丧事者的恻隐同情之心。孔子能推己及人，也能推人及己。他人有丧情，我岂能无痛？我在有丧事人旁，岂能有漠不关心他人、只顾自己饱食之心？人与人交往，一定将心比心，来回“换位思考”。

7.10 【原文】

子于是日哭[①]，则不歌[②]。

【注释】

①是日：这一天。②歌：歌唱。

【译文】

孔子要是在这一天哭泣过，这一天就不再唱歌了。

【评论】

孔子是堂堂的男子汉大丈夫，从未因小事小情哭泣过，如果真有一天因为大悲大痛哭泣过，那么这一天他肯定不会再唱歌了，这是孔子生活细节的一个真实

的展示。孔子一般的喜怒哀乐之情，不轻易表露于声色，若流泪痛哭，必是遇到极伤心的事。能撼动孔子心灵的伤心事，必使孔子久久沉浸在痛苦之中，这一天他不再高兴，不再歌唱，这全是他真情的吐露，并不是装成悲痛的样子给人看的。只有伪饰的人，才像不懂事的孩子，瞬间哭了又即刻笑了，一会发怒，一会唱歌。伪饰的人，因为其情是假的，所以可以多变，其表情是给人看的。而吐露真情的人，其情必然是凝重而比较持久的。

7.11 **【原文】**

子谓颜渊曰："用之则行[①]，舍之则藏，惟我与尔有是夫[②]！"子路曰："子行三军[③]，则谁与[④]？"子曰："暴虎冯河[⑤]，死而无悔者，吾不与也。必也临事而惧[⑥]，好谋而成者也。"

【注释】

①之：指才华，人才。行：推行，这里指入仕。②是：这，此处指"用之则行，舍之则藏"的原则。③行：率领。④谁与：与谁。⑤暴虎：徒手与虎搏斗。冯河：《尔雅·释训》："冯河，徒涉也。"指不用船只而徒步涉水过河。⑥惧：害怕，这里有谨慎小心的意思。

【译文】

孔子对颜渊说："执政者若任用，就去推行自己的政治主张，不任用，就隐退藏匿自己的才干。只有我和你才能做到进退有则吧！"子路反问道："您若率领三军人马，找谁共事呢？"孔子说："赤手空拳和老虎搏斗，不乘船只而赤脚渡河，这样死了都不后悔的人，我是不能和他共事的。与我共事的人，一定是面临任务忧虑得战战兢兢，最终因善于谋略而能成功的人。"

【评论】

颜渊安贫乐道，随遇而安，所以孔子十分赞赏他，当面对他说："世道重用人才，就去入仕干一番事业；世道废弃人才，就隐退藏身，只有我与你才能如此吧。"子路见孔子如此看重颜渊，心中有些忌妒而不平，凭着自己的刚勇，他故意向孔子发问："老师您如果率领军队，那能找谁共事呢？"大有舍我其谁的气度。孔子不以为然地说："空手斗老虎，赤脚过深河，至死不悔的人，我不与他共事。我所共事的人，必须是临事小心谨慎，生怕不能任事，认真谋划而保证完成任务的人。""暴虎冯河"，看似有气魄有把握，实际是无智愚勇。"临事而惧"，看似战战兢兢，如履薄冰，实际在认真考虑事情的每一个环节，这才是大智大勇，往往能把事情办成功。

7.12 **【原文】**

子曰："富而可求也①，虽执鞭之士②，吾亦为之。如不可求，从吾所好。"

【注释】

①富：财富。而：如果。②执鞭：手执皮鞭开路的人，如车夫之类的人。这里泛指地位低下的人所从事的职业。

【译文】

孔子说："财富如果可以以正道求到的话，虽然是当手拿皮鞭的车夫，我也愿意去做。如果还是不能求得到，那就随从我喜好的事干吧。"

【评论】

孔子主张凡事都要符合道义，对贫与富这一人生重大问题更是如此。孔子并不反对富，相反鼓励人们追求财富，但这种富是取之有道、合乎道义的富，如能求得这样的财富，虽然是手执皮鞭开路的下等差事，他也愿意干，并不感到羞耻。如果是不合乎道义的富，即能大富大贵，君子也不去追求，宁愿去做自己喜欢做的即使不能致富的事。孔子曾说：不义之财对他来说如同"浮云"，他追求财富的标准不是财富的多少，而是所追求的财富合不合道义，这种价值观，是对那些唯利是图、富而不仁者的一种有力批判。

7.13 **【原文】**

子之所慎：齐①，战，疾②。

【注释】

①齐：同“斋”，斋戒。②疾：疾病。

【译文】

孔子慎重对待的事有三种：斋戒、战争和疾病。

【评论】

斋戒关系着祭祀，而祭祀在当时是朝廷、宗族的大事。战争关系着国家的兴亡，疾病关系着人们的生死，如此重大的三件事，关系着国计民生，孔子当然必须慎重对待。

7.14【原文】

子在齐闻《韶》，三月不知肉味[①]，曰：“不图为乐之至于斯也！[②]”

【注释】

①三月：泛指时间久。②图：想到。

【译文】

孔子在齐国听了《韶》乐，竟然很长时间尝不出肉的味道，他说：“想不到《韶》乐使人陶醉到了这样的境界。”

【评论】

闻《韶》乐长时间不知肉味，可能吗？是不是这里运用了夸张的手法？所以《史记·孔子世家》在“三月”前加了“学之”二字。其实，“三月”不过泛指时间之长，如说颜回“三月”不违仁。孔子欣赏的是《韶》乐，孔子曾赞美其“尽善尽美”，也就是他不仅欣赏其乐调美，而且还欣赏其乐曲中所表达的善意，把赏乐与习礼联系起来，把道德修养与艺术修养融合起来，追求圣人精神境界，长期浸润此乐中而无心品味肉食，这是很正常的。

7.15 【原文】

冉有曰:“夫子为卫君乎①?”子贡曰:“诺②,吾将问之。”入,曰:“伯夷,叔齐何人也?”曰:“古之贤人也。”曰:“怨乎③?”曰:“求仁而得仁,又何怨?”出,曰:“夫子不为也。”

【注释】

①为:赞成,赞同,赞助。卫君:指卫灵公之孙卫出公蒯(kuǎi)辄,本姓姬,后代子孙有以祖上的名字命姓者,称蒯姓。②诺:是,好吧。③怨:怨恨。

【译文】

冉有问子贡:“老师赞同卫出公拒父回国吗?”子贡回答说:“好吧,我去问问老师。”子贡进到孔子屋里,问孔子:“伯夷、叔齐是什么样的人?”孔子说:“是古代的圣贤呀!”子贡又问:“他们两人互让君位,结果都流落他乡,是不是感到后悔呢?”孔子回答说:“他们追求仁德而得到了仁德,有什么后悔的呢?”子贡走出屋子答复冉有说:“我判断老师不会赞同卫出公的做法的。”

【评论】

蒯聩是卫灵公的太子,公元前496年,蒯聩因谋杀灵公宠姬南子未遂,先逃奔宋国,不久又投奔晋国。灵公死后,其孙蒯辄被立为国君,为卫出公。晋国想送蒯聩回国,扶持他为卫国君主,卫出公却拒绝其父蒯聩回国。时孔子及弟子正居于卫,不宜直白地议论这个敏感的问题。冉有才问子贡:“老师会赞同卫出公的做法吗?”子贡也不清楚,说:“好吧,我去问问。”子贡进入孔子屋里,先旁敲侧击地问道:“伯夷、叔齐是怎样的人?”孔子说:“是古代贤人。”子贡又问:“他们之间有悔恨吗?”孔子回答:“他们追求仁而得到仁,又有什么悔恨呢?”子贡出来对冉有说:“老师不会赞同卫出公的做法的。”因为孔子否定伯夷、叔齐因得不到王位而有悔恨,赞同伯夷、叔齐互相谦让王位的高风峻节,实际已经亮明了自己的观点:他反对目前卫出公不让蒯愦回国的做法。

7.16 【原文】

子曰："饭疏食①，饮水②，曲肱而枕之③，乐亦在其中矣。不义而富且贵，于我如浮云。"

【注释】

①饭：作动词用，"吃"的意思。疏食：粗粮。②水：指冷水，热水古代称汤。③肱（gōng）：胳膊。

【译文】

孔子说："吃粗食，饮冷水，弯着胳膊当枕头，乐趣就在这安贫乐道中了。以不正当的手段取得的财富与地位，对我来说，视如浮云一样。"

【评论】

孔子曾以类似的语言形象地描述过颜回安贫乐道的形象，这几句话展示的是孔子生动的"自画像"。孔子吃粗粮，喝冷水，弯曲胳膊作枕头，生活虽清贫，然而有乐趣，乐趣就在于追求仁义之道。不合道义的富贵，在他看来如天上的浮云，和他毫无关系。孔子曾说过："富与贵，是人之所欲也，不以其道得之，不处也。贫与贱，是人之所恶也，不以其道得（去）之，不去也。"一个人如果能坚守道义，在不以其道得之的物欲面前，再诱惑也不为所动，他就是一个精神富有而有气节的人。

7.17 【原文】

子曰："加我数年①，五十以学《易》②，可以无大过矣。"

【注释】

①加：增加，给予。②《易》：《周易》的简称，是一部古代卜筮书，与《连山》、《归藏》合称"三易"。

【译文】

孔子说："假如上天多增加我几年的寿命，在五十岁时去学习《易经》，就可以没有大的过失了。"

【评论】

李泽厚在《论语今读》中说："《易》本是远古卜卦算命的书（今天也还如此），涉及人生、世道、命运和哲理，它来自远古巫术，结合历史经验，走向理性化，这是某种宇宙观、人生论，并充满神秘色彩。"孔子平日"不语怪、力、乱、神"，所以教弟子以《诗》《书》《礼》《乐》，而很少涉及《易》。但到了后来，他透过《易》神秘的卜卦算命的外表，发现它是一部能指导人们穷理知命的书，讲的是吉凶消长之理，祸福转换之道。他唯恐来日不长，深入学习《易》的时间有限，所以感慨地说："让我多活几年，到五十岁时去学《易》，人生就可以没有大过错了。"于是后来发愤攻读《易》，以致"韦编三绝"。真正做到"活到老，学到老。"

7.18 【原文】

子所雅言[①]，《诗》、《书》，执礼，皆雅言也。

【注释】

①雅言：雅正之言。古时指全国通行语，也称官话，与方言相对而言。

【译文】

孔子能讲周代规范的标准语，他在讲授《诗经》《尚书》时，或在执行礼仪时，所用的语言都是规范的标准语。

【评论】

各个时代，都提倡与推广"雅言"，国为雅言是全国各地共同使用的统一语言，是促进各地交往、巩固大一统社会的有力工具。古代的雅言一般以京畿地区语音为标准音，西周时，全国通行以政治中心长安一带的语音为标准音的雅言，

然而至春秋时，随着大一统局面的废弛，各地多讲方言而少讲雅言了。孔子教学时往往还坚持讲雅言，尤其是讲解《诗》、《书》等典籍与执行礼事时，都使用雅言，体现了孔子的大一统与尊重文化传统的思想。雅言相当于我们现在的普通话，远在孔子时，他已高度重视推广这种中华民族的共同语了，充分认识到它具有的强大的民族凝聚力。

7.19【原文】

叶公问孔子于子路[①]，子路不对。子曰："女奚不曰[②]，其为人也，发愤忘食，乐以忘忧，不知老之将至云尔[③]。"

【注释】

①叶：春秋末期楚国一地名。叶公：楚国大夫，姓沈名诸梁，字子高，因在叶地任官，人称他为叶公。②女：同"汝"，你。③云尔：如此而已。云，代词，如此。尔同"耳"，罢了的意思。

【译文】

叶公向子路询问孔子的为人，子路一时不知如何答复。孔子对子路说："你为什么不说：'他的为人嘛，发愤读书有时忘记了吃饭，乐于求道常忘记了忧愁，却不知道衰老渐渐地来到了。'"

【评论】

孔子不以"圣人"、"仁人"自居，只承认自己"好学"。所以当叶公问子路孔子是怎样一个人时，平日率真的子路竟一时不知如何回答才好。孔子知道后责备子路说："为什么不说呢？你就说他这个人呀，发愤用功到了废寝忘食的程度，乐于追求道义把一切忧愁都忘了，不晓得老年就要来到，仅此而已。"孔子把自己说得很平常，有忧有乐，除了"学而不厌，诲人不倦"，别无他求。但为了这个追求，他能"忘食"，能忘"老之将至"。这种执着，我们平常人能做到吗？这种精神，我们平常人能具备吗？孔子永远保持着好学上进的信念，少也如此，壮也如此，老也如此，随着学习的不断进步，他的精神境界也在不断地提升。

7.20 【原文】

子曰："我非生而知之者[①]，好古[②]，敏以求之者也[③]。"

【注释】

①之：代词，指知识或道理。②古：指古代文化。③敏：敏捷，这里指勤奋。

【译文】

孔子说："我不是天生就什么都知道的人，只是爱好古代文化典籍，并勤奋敏捷地去探求知识的人。"

【评论】

从"知"的角度，孔子曾将人分为四等：上等是"生而知之"，其次是"学而知之"，再其次是"困而学之"，最次是"困而不学"。"生而知之"显然是不存在的，孔子也从没赞许哪个人是"生而知之"的人。为何孔子要提及这不存在的"生而知之"呢？这是孔子针对有人说他"生而知之"而说的假设语。"生而知之"的人也许有吧，但自己不是。他只说自己是个爱好古代文化，并勤奋追求这些知识的人，也就是属于"学而知之"的人。孔子不仅"好古"，而且对古代文献进行了卓有成就的整理，他"写天地之辉光，晓生民之耳目"（《文心雕龙·原道》），历史的功绩万代不能磨灭。

7.21 【原文】

子不语怪、力、乱、神[①]。

【注释】

①怪：怪异。力：暴力。乱：叛乱，动乱。神：鬼神。

【译文】

孔子不谈论怪异、暴力、动乱和鬼神之类的事。

【评论】

孔子不谈论怪异、暴力、叛乱、鬼神，是因为这些内容与他常说的仁义道德，是相违背的。《论语集注》引宋代谢良佐的话说："圣人语常而不语怪，语德而不语力，语治而不语乱，语人而不语神。"因为讲奇怪语会导致诡异，讲暴力语会引发轻视仁义，讲叛乱语会提示弑君弑父、犯上作乱，讲鬼神之事更是虚枉。孔子是个务实、求真、谨慎的学者，讲每句话都是有根据有原则性的，并且考虑到每句话的实际社会效果。

7.22 【原文】

子曰："三人行[①]，必有我师焉。择其善者而从之[②]，其不善者而改之。"

【注释】

①三人：有的解释"三"为实数，有的还解释为三人中有一人善，一人恶，剩下一人是孔子。都拘泥于字义，这里应理解为为数不多的人。②择：选择。

【译文】

孔子说："即使三个人在一块走路，其中也一定有可以引以为师的人。我选择其优点而向他学习，他的缺点，也会使我引以为鉴，从而将自己的毛病加以改正。"

【评论】

俗话说："尺有所短，寸有所长。"善于发现别人身上优点与缺点的人，往往就是善于向别人学习的人。孔子学无常师，从每个人身上都可学到东西。这段话中的"三"，不少旧注认为"三"不可拘泥于实数，应指多数，根据语意，此处的"三"，恰指少数。所以孔子说："即使和少数几个人同路，其中必有可以做我老师的人，选择他的长处，我照着去做，他的缺点也促使我反省，促使我改掉类似的错误。"只要抱定"见贤思齐焉，见不贤而内自省也"的好学态度，无论什么环境，无论遇到什么人，自己都可以从中得到提高。有的人认为比自己好的人可学，不如自己的人向他学习什么？千万不要认为自己是朵花，他人是堆豆腐渣。再则，从“不善者”身上吸取教训这也是一种学习。总之，虚心向别人学习，必须要有不耻下问的精神。

7.23 【原文】

子曰:“天生德于予[①],桓魋其如予何[②]?”

【注释】

①生：赋予。予：我。②桓魋（tuí）：宋国主管军政的司马向魋，因为是宋桓公的后代，所以又称桓魋。

【译文】

孔子说：“上天赋予我仁者的德行，宋国的桓魋能把我怎么样？”

【评论】

据《史记·孔子世家》记载，孔子当年周游列国时，去到宋国，宋国的司马桓魋听说后，带兵前去驱逐。当时孔子正与弟子们在一棵大树下习礼，桓魋来到后，先叫兵丁将大树砍掉，并想杀了孔子。孔子一行人只好离去，他的弟子们在仓惶逃奔中催促孔子快点跑，孔子说：“上天赋予了我仁者至刚的德行，桓魋能将我奈何？”孔子罕言天，此处是借天以蔑视桓魋，桓魋虽蛮横，他能胜过至高至大的天吗？能胜过无敌于天下的德吗？仁者无惧，浩然正气贯长虹。孔子因对道德的自信，从而对自己的力量也充满自信。

7.24 【原文】

子曰：“二三子以我为隐乎[①]？吾无隐乎尔。吾无行而不与二三子者[②],是丘也[③]。”

【注释】

①二三子：孔子对弟子的称呼。隐：隐藏。②行：行事。与：告诉。③是：这。

【译文】

孔子说："你们这些学生以为我对你们有所隐瞒吗？我没有什么对你们可隐瞒的。我的行为没有一点不向你们公开的，这就是我孔丘的为人。"

【评论】

孔子博学多识，弟子如何学也不及老师，便有弟子怀疑孔子传授知识时有所隐匿。孔子说："你们几个人以为我有所隐瞒，我没有隐瞒你们。我没有什么事不告诉你们的，这就是我孔丘的为人。"把"诲人不倦"作为人生信条的孔子，怎么会向学生隐瞒知识呢？孔子不是民间的手艺人，教了徒弟的绝技便等于夺了师傅的饭碗，所以师傅往往隐匿绝技不传徒弟。孔子是个伟大的思想家、教育家，他恨不得在一天里将自己的一生所得传授给弟子。但是学习是个循序渐进的过程，欲速则不达。弟子误解，孔子并不责怪，君子就应"人不知而不愠"，给弟子们讲清楚就可以了。

7.25【原文】

子以四教：文[①]，行[②]，忠，信。

【注释】

①文：文献知识。②行：修行，此指社会实践。

【译文】

孔子教育学生主要有四个方面的内容：学习文献、践行道德、培养忠诚、珍惜信誉。

【评论】

这里讲的文、行、忠、信，并不是四个分科，而是指孔子教学的主要内容。"文"，是指引导学生熟悉、掌握历代文献，打好理论基础。清代学者刘宝楠说："文'谓《诗》《书》礼、乐，凡博学、审问、慎思、明辨，皆文之教也。"（《论语正义》）"行"指"修行"、"躬行"讲，与"忠"、"信"可并于道德品行修养类。

孔子施教首先让学生学文懂理，然后在日常的生活实践中加以验证所学的理论，并以理论来指导自己的实践。学文、实践为的是培养忠诚、守信的品质，这是教育的根本目的。从文、行、忠、信排列来看，好像是前因后果的关系，即先打好理论基础，然后求得道德修养的结果。但实际上它们之间并不是各自分段独立，而是互相融为一体。虽然先广泛扎实地掌握文献知识，提高理论水平，但在实践活动过程中，还要温习已学过的文献，既是一个“学而时习之”的过程，又是一个温故而知新的过程，这样才能加深对理论的理解。并根据实践的需求，继续扩大文献的阅读与对新理论的把握。文、行、忠、信体现了一整套培养学生成才、成人的教学原则，使学生不仅有知识、有能力，还要有好思想好品质，这才是完美的人格，社会可用的人才。

7.26 【原文】

子曰：“圣人，吾不得而见之矣；得见君子者，斯可矣①。”子曰：“善人，吾不得而见之矣；得见有恒者②，斯可矣。亡而为有③，虚而为盈④，约而为泰⑤，难乎有恒矣。”

【注释】

①斯：这。可：可以，差不多。②恒：长久，始终。③亡：通“无”，没有。④虚：空虚。盈：充实。⑤约：穷困。泰：富实。

【译文】

孔子说：“圣人，我见不到了；能见到君子，这就可以了。”又说：“操守完善无瑕的人，我也见不到了，能见到固守一定操守的人，这就可以了。把本来没有的说成有，把本来空虚的说成盈实，把本来简约的说成豪华，这样的现象比比皆是，所以见到固守一定操守的人都是比较困难的。”

【评论】

孔子生于春秋末期，当时社会动荡，礼崩乐坏，贤愚不辨，孔子哀叹圣人不出，君子难遇，善人难求，连能固守一定节操的人也少了。他说：“圣人我是看

不到了，能见到君子就可以了。”一个“可”字，表达了他无可奈何的心情。他又说：“善人我也见不到，能见到始终保持一定节操的人就可以了。现在普遍的社会现象是：把没有的说成有，把空虚的说成充实，把穷困的说成富实，黑白是非全颠倒了，连看到一个始终保持一定节操的人都不容易了。”孔子不晓得天下大乱正孕育着新的大治，人们信仰混乱，社会道德滑坡，正是社会动乱的结果，从整个人类发展历史看，社会动乱毕竟只是暂时现象。然而孔子愤世嫉俗的感情，还是很有正义感的，他憧憬着圣人出、君子与善人比比皆是的盛世。

7.27 【原文】

子钓而不纲[①]，弋不射宿[②]。

【注释】

①钓：钓鱼。纲：系网的大绳，这里指渔网。②弋（yì）：用带丝线的箭射鸟。宿：指归巢歇息的鸟。

【译文】

孔子只用钓竿钓鱼，不用渔网来捕捞鱼。用带丝线的箭射鸟，但不射日落时归巢歇息的鸟。

【评论】

仁者，不仅能做到推己及人，而且还能做到推己及物。不仅求得人与人的和谐，而且还求得人与物、人与自然的和谐，达到天人合一。这种仁德之心体现在日常生活的各个方面。孔子只用钓竿来钓鱼，不用大绳拉网来捕鱼；也不用带着丝线的箭射杀归巢歇息的鸟。大网捕鱼，等于竭泽而渔；射杀归巢之鸟，会殃及幼鸟、鸟卵。对自然界生物赶尽杀绝，等于杀鸡取卵，不是仁人所为，不能因为图一时的利益，就毁坏了人类长久生存的和谐生态环境。在孔子的时代，自然资源还未大量开发消耗，生态环境还未恶化，孔子就提出人与自然和谐共处的思想，可能在当时人们还对他的主张不以为然。可是，人类发展到今天，自然资源匮乏，物种日益减少，生态环境恶化，更能看清孔子这种超前的意识是多么的可贵。

7.28 【原文】

子曰："盖有不知而作之者[①]，我无是也。多闻，择其善者而从之，多见而识之[②]。知之次也[③]。"

【注释】

①作：作为，这里指妄作穿凿虚空之说。②识：记住。③次：低一等。

【译文】

孔子说："大概有这样一种人，不知道多少知识就自吹自擂，我不是这种人。多听听各方面的意见，选择其中好的加以汲取，多角度观察而增长见识。这样获得知识的人，仅次于'生而知之'的人了。"

【评论】

此章是孔子阐述自己立说的根据。他说："有一种人无知，却凭空胡说八道，我不是这样。而是多听，选择别人好的而跟着学；多看而牢记心中，我是次于'生而知'即'学而知'的人。"这段话，是他"我非生而知之者，好古，敏以求之者也"的另一种说法。孔子说话很谦虚，他创立学说，不仅多闻、多见，还有多思、多实践等，这里只强调吸收采纳，集思广益，没有前人创造的丰富理论做基础，哪能建立自己的理论体系？天下没有"生而知"者，也许那种无知却凭空创制邪说的人，才标榜自己是"生而知"者。因为他们认为自己的理论是无所依凭而想象出来的，所"知"是与生俱来的。

7.29 【原文】

互乡难与言[①]，童子见，门人惑[②]。子曰："与其进也[③]，不与其退也，唯何甚[④]？人洁己以进，与其洁也，不保其往也[⑤]。"

【注释】

①互乡：地名。②门人：门生，弟子。③与：赞许，鼓励。④甚：很，极。⑤保：守，这里指计较、纠缠。往：过去。

【译文】

互乡这地方的人难于和人交谈，但互乡一个年幼的人得到了孔子的接见，弟子们不理解老师为什么要和难以进行沟通的互乡人打交道。孔子说："应该鼓励他进步，不赞成他退步，对人家何必苛求得太过？他像追求自身洁净一样来追求上进，我就应当鼓励他的追求，不能老记着他的过去。"

【评论】

互乡这个地方可能落后不开化，同这个地方的一些人很难交谈沟通，孔子却接见了其中的一位少年，孔子的弟子们因此感到疑惑不解。孔子解释说："我鼓励他进步，不赞成他的退步，何必太苛求别人呢？人家想改掉错误求进步，我正赞许他这一点，不能老计较人家的过去。"孔子教学的目的是诱人于善，求教者只要有为善的动机，就"往者不追，来者不拒"，体现了他"诲人不倦""成人之美"的教学态度。

7.30 【原文】

子曰："仁远乎哉？我欲仁[①]，斯仁至矣[②]。"

【注释】

①欲：想得到。②斯：这种，这个。

【译文】

孔子说："仁德难道离我们很远吗？只要我想追求仁德，仁德就会来到。"

【评论】

孔子一会儿说仁人难见，仁德难达，为什么一会儿又说想得到仁，仁就会来到呢？其实，认真体会他的讲话，前后并不矛盾。仁是人生追求的最高道德境界，是各种善的品德的概括，要想达到此境界确实很难，从修养成此崇高境界来说，离我们比较遥远。本章所谓的仁指一种善心，我想施善心，自觉地推行忠恕之道，推己及人泛爱众，求于己即可得。“我欲仁”，施爱不就是随时随地的身边事吗？

7.31 【原文】

陈司败问[①]：“昭公知礼乎[②]？”孔子曰：“知礼。”孔子退，揖巫马期而进之[③]，曰：“吾闻君子不党[④]，君子亦党乎？君取于吴[⑤]，为同姓，谓之吴孟子[⑥]。君而知礼，孰不知礼？”巫马期以告。子曰：“丘也幸，苟有过，人必知之。”

【注释】

①陈司败：陈国主管司法的官员。②昭公：鲁昭公。③揖：作揖，行礼。巫马期：孔子的学生，姓巫马，名施，字子期，又称巫马期。④党：偏袒。⑤取：同“娶”。吴：吴国。⑥吴孟子：鲁昭公娶的吴国女子，本姓姬，鲁昭公也姓姬，周礼规定同姓不通婚，为遮人耳目，就改称吴孟子。

【译文】

陈国的司败（相当鲁国的司寇）问孔子：“鲁昭公懂礼吗？”孔子回答说：“懂礼。”孔子从厅堂退出来后，陈司败向巫马期作了个揖，请巫马期走近自己，然后小声说：“我听说君子不结党也不互相偏袒，难道号称君子的孔子也偏袒主上吗？鲁昭公从吴国娶了位同姓姬的女子做夫人，不好称她的姓，只好称她为吴孟子。鲁昭公如果懂得礼，那么还有谁不懂礼？”巫马期把陈司败的话转告给了孔子。孔子说：“我真幸运啊，如果有了错误，别人就一定会给我指出来。”

【评论】

古代礼制规定同姓不通婚，而鲁昭公带头破坏这一礼制，娶了吴国一位同姓

的女子，为了掩盖这一“丑行”，将这个女子称为吴孟子。陈国的司败故意问孔子：“昭公知礼吗？”孔子一时不知陈司败的用意，就说了一句：“知礼。”陈司败不好意思当面反驳孔子。孔子退去后，陈司败向巫马期作揖，请他进来，然后对孔子偏袒鲁昭公提出了批评。孔子知道后，不仅不恼怒，反而说：“孔丘我真幸运，如果有了过错，人家一定会知道的。”孔子知道了自己的过错后，首先诚恳地接受别人的批评，这里既不替昭公辩解，又不为自己辩解。其实他是知道昭公在娶妻问题上违礼，只是一时没想到这一点，或有意替父母之邦的国君偏袒，别人一旦指出，就老老实实地认错。而且是闻过则喜，喜在知道了自己的过错，就有了改正过错的意识，就得到了新的进步的机会。

7.32 **【原文】**

子与人歌而善，必使反之①，而后和之②。

【注释】

①反：反复，重复。②和：应和。

【译文】

孔子同别人一同唱歌，如果别人唱得好，孔子一定请人家反复再唱，然后他自己跟着唱和。

【评论】

这是孔子日常生活的一个细节的真实记录，实无什么深意蕴涵。不过可看到孔子虚心好学、不耻下问的精神。这才是一个本真的平凡生活中的孔子形象，全然不是后人所想象的道貌岸然的圣人模样。

7.33 **【原文】**

子曰：“文①，莫吾犹人也②，躬行君子③，则吾未之有得。”

【注释】

①文：文献知识。②莫：大概，差不多。犹人：像他人。③躬行：身体力行。

【译文】

孔子说："做学问，我和别人差不多。至于身体力行地做个君子，我还没有做到。"

【评论】

孔子教育他的学生每日"三省吾身"，他也时刻检点自己，常与他人作比较，"见贤思齐焉，见不贤而内自省也"。在比较的过程中，往往较多地看到别人的优点，严格地找出自己的缺点。他曾说："十室之邑，必有忠信如丘者焉，不如丘之好学也。"向以忠信为人生信条的孔子，竟认为忠信如自己的人比比皆是，这是多么的谦逊！此章他又说："文献典籍方面的学问，大概我和别人差不多。至于和身体力行的君子比，我还有没达到的地方。"这也许不是事实，但绝不是虚伪，也不是自卑，只有这种虚怀若谷，才能虚己受人，永远向上进步，因而达到别人难以达到的高度。

7.34【原文】

子曰："若圣与仁，则吾岂敢[①]！抑为之不厌[②]，诲人不倦，则可谓云尔已矣[③]。"公西华曰："正唯弟子不能学也。"

【注释】

①岂敢：岂敢担当。②抑：不过。之：指圣与仁。③云尔：这样说。

【译文】

孔子说："如果说圣人和仁人，那我怎么敢当呢？只不过在追求圣人与仁人的境界方面，我不会感到厌烦，以此教导别人也不会感到疲倦，只能如此说罢了。"公西华说："老师所说的这些正是我们大家难以学到的。"

【评论】

在弟子们的心目中，孔子的形象是伟大崇高的，他们常怀“高山仰止，景行行止”的心情来称颂他们的先生，如子贡就认为孔子是个“仁者”“圣者”，他说：“仁且智，夫子既圣矣。”（《孟子·公孙丑上》）但孔子有自知之明，他说：“若说圣与仁，我怎敢承当？不过我追求它从不厌烦，以它来教人也从不疲倦，这样说还差不多。”深刻理解孔子志向的学生公西华慨叹说：“正是先生这一品行，是我们做弟子的所难学到的。”圣与仁是理想化的道德标准，连孔子都感到难以达到，但要达到孔子的精神境界，虽然不易，却也不是没有可能，孔子毕竟是现实中的人，只要具有他的那种理想信仰与为之奋斗的精神，就可“不厌”地追求圣人与仁人的境界，“不倦”地教育培养后人也为此而不懈奋斗。

7.35【原文】

子疾病，子路请祷[①]。子曰：“有诸[②]？”子路对曰：“有之。《诔》曰[③]：‘祷尔于上下神祇[④]。’”子曰：“丘之祷久矣。”

【注释】

①请祷：请代祈祷。②有诸：有这回事吗？③诔（lěi）：向鬼神祈祷的文章。④神：称天神为神。祇（qí）：称地神为祇。

【译文】

孔子患重病，子路请求为他祈祷。孔子说：“有人这样做吗？”子路回答说：“有的。《诔》文中说：‘替你祈祷于天神地祇。’”孔子说：“如果灵验的话，孔丘我早就祈祷了。”

【评论】

孔子并不公开反对鬼神的存在，但他以说不清道不明因而以“远之”的态度，来否定鬼神的存在。正因为有这个思想做指导，由他创立的儒家学说才不属于宗教，并成为中国传统文化的基本特征，此章讲的这个故事就说明了这个问题。孔子得了重病，子路请求代先生向天、地之神祈祷来消灾除病。孔子对可以代人向天、地之神祈祷来消灾除病这事表示怀疑。子路说："有这样的事。《诔》文上说：'向天神地神为你祈祷。'"孔子见子路不接受自己的质疑，又提出对鬼神显灵表示怀疑，说："如果祈祷灵验的话，我早就祈祷了。"听此话，可知孔子从来没有向鬼神祈祷过。俗话说：有病乱投医。旧日的"医"往往兼有"巫"的职能即祈祷鬼神来除病，但孔子有重病也不向鬼神祈祷，他不相信鬼神的存在，说明他基本上是个无神论者。

7.36 【原文】

子曰："奢则不孙①，俭则固②。与其不孙也，宁固。"

【注释】

①奢：奢侈。孙：通"逊"，谦逊，不傲。②固：固陋，寒酸。

【译文】

孔子说："奢侈豪华过度就会傲慢不逊，俭朴过分就会寒酸鄙陋。与其傲慢不逊，宁可寒酸鄙陋。"

【评论】

过分的奢侈豪华会给人骄奢、炫富的感觉，俭省朴素过分会给人寒酸、寒碜的印象。骄奢与寒酸都有偏颇，都不合礼。二者比较而言，骄奢的坏处比寒酸要大得多。骄奢会带坏社会风气，无端浪费社会财物。而寒酸固然不合礼，寒酸者个人受到众人的鄙夷，但它不挥霍社会财物。所以孔子主张："与其骄奢，宁可寒酸。"孔子一直主张"执其两端，用其中于民"，两端有皆为善的，有一善一恶的，也有两端皆不善的。"骄奢"与"寒酸"属两端皆不善，即皆不合礼，按中庸原则，两害相较取其轻，与"骄奢"相比较，自然取其"寒酸"为好，因而此处相比较的"宁可寒酸"也就合中庸之道了。

7.37 【原文】

子曰："君子坦荡荡①，小人长戚戚②。"

【注释】

①坦：平坦。荡荡：宽阔的样子。②戚戚，忧愁的样子。

【译文】

孔子说："君子胸怀宽广坦荡，小人心胸狭小常怀忧愁。"

【评论】

喜怒哀乐是人之一时的表情，但孔子却能从人们一时的情态上，分别出君子与小人。君子对追求道义充满信心，对生活持有乐观的态度。政治清明则积极有为，政治黑暗则急流勇退，等待时来运转。平日安贫乐道，随遇而安，不怨天不尤人，心胸宽阔坦然。而小人则不然，他们没有远大的人生目标，也没有崇高的精神寄托，心胸狭窄，眼光短浅，唯利是图，斤斤计较。常因患得患失忧愁怨恨、愁眉苦脸。君子与小人的这种差别，从表面上看，好像是个气度的问题，但归根到底还是一个人生观、价值观的问题。人生观、价值观决定着心态，心态又往往以表情的形式表现出来。

7.38 【原文】

子温而厉①，威而不猛②，恭而安③。

【注释】

①温：温和。厉：严厉，此处指严肃。②威：威严。猛：凶猛。③恭：恭敬。安：安详。

【译文】

孔子温和而又严厉，有威仪而不粗暴，恭敬而又安详。

【评论】

我们常说某人"有个性"，是说他有别于一般人的性格与气质，并且大多数是指有所偏激的性格与气质。很难做到孔子那样：温和而又严肃，威严而不凶猛，恭敬而又安详。这种气质可谓刚柔相济，恰到好处。在举手投足、一颦一笑之间，可以窥见人的内心世界。孔子的这种气质，是其文质彬彬的君子性格的自然流露。

泰伯篇第八

本篇分为二十一章，除了记载孔子的言论外，还记载了曾参的言论。《论语》中有少部分孔子弟子及他人的言论，孔子弟子一般称姓名，而曾参如同孔子一样被称为“子”，可见他在儒家学派中的崇高地位。如果说前几篇主要展示孔子的德行，而本篇则主要展示古代圣贤的精神风貌，通过对古圣贤的赞扬，来宣扬仁政。如赞扬泰伯礼让天下，来谴责为争夺天下而不惜使生灵涂炭的暴行；赞扬尧、舜、禹将天下禅让给贤能之人，不把天下视为己有，来针砭家天下的弊端；赞扬尧、舜、武王任用贤能，痛恨商纣王迫害忠良，终致国亡；赞扬大禹尽力于公务，三过家门而不入，鞠躬尽瘁；赞扬周公多才而谦虚的美德。执政者首先要具备“内圣”的素质，方有“外王”的执政效果，因为其表率作用是其为政的关键。

8.1 **【原文】**

子曰：“泰伯[①]，其可谓至德也已矣[②]。三以天下让[③]，民无得而称焉。”

【注释】

①泰伯：即太伯，周族太王古公亶（dǎn）父的长子。②至德：最高的德行。③三以天下让：三次让王位。

【译文】

孔子说：“泰伯，其德行可以说是极崇高的了。三次把王位让给其弟季历，老百姓对此已经没有更合适的词语来赞美他了。”

【评论】

春秋末期，天下大乱，为了争夺权力，臣弑君者有之，子弑父者有之，君不君、臣不臣、父不父、子不子的现象很普遍。为了拨乱反正，孔子特别提倡伯夷、叔齐的礼让精神，周民族中的太伯也是他极为赞赏的人物，他说："太伯，大概可以称得上是品德至高的人了。三次以天下相让，人民简直都不知该怎样来称颂他。"对三让天下，历来解释不一。一说是太王古公亶父预见太伯三弟季历之子姬昌将成大业，就想传王位给季历再传至姬昌。太伯知父意，虽然自己是嫡长子，有继承王位的惯例，但毅然把王位让给季历。季历传姬昌（即周文王），姬昌传武王，三人之位是太伯相让的结果。一说太伯为让季历继位，他远避于吴，此为一让天下；太王死，太伯不奔丧，免得回国被推上王位，此为二让天下；太王发丧后，太伯断发文身，终生不返，此为三让天下。深究有哪三让，意义不大，在以血腥杀戮争夺王位的现象司空见惯的社会中，能相让王位而不是争夺王位，这种"至德"已经足以让人称道了。

8.2 **【原文】**

子曰："恭而无礼则劳[①]，慎而无礼则葸[②]，勇而无礼则乱，直而无礼则绞[③]。君子笃于亲[④]，则民兴于仁；故旧不遗，则民不偷。[⑤]"

【注释】

①劳：徒劳。②葸（xǐ）：畏惧。③绞：尖刻，急切。④笃：诚实。⑤偷：淡薄。

【译文】

孔子说："虽然恭敬但没有礼的规范就会徒劳，虽然谨慎但没有礼的规范就会胆怯畏缩，虽然勇敢但没有礼的规范就会作乱，虽然直率但没有礼的规范就会变得尖刻。君子对待亲族友爱深情，人民就会兴起仁爱的风气；执政在位的人不遗弃故人老友，那老百姓就不会人情淡薄。"

【评论】

孔子提出恭、慎、勇、直四德，必须以礼来作指导，否则就会导致劳、葸、乱、绞的弊端。另一方面，又强调上行下效。君子，特别是居于高位的君子，具

有改变民风的责任与带头作用，淳厚的民风就是普行仁爱的风气。仁爱首先从孝、悌开始，所以君子的示范作用首先从“笃于亲”“故旧不遗”做起，老百姓效仿了，仁爱的风气自然会形成。

8.3 **【原文】**

曾子有疾,召门弟子曰:“启予足[①]！启予手！《诗》云:‘战战兢兢,如临深渊,如履薄冰。[②]’而今而后,吾知免夫[③]！小子！[④]”

【注释】

①启：看，视。②履（lǚ）：本义为鞋，这里指踩踏。这三诗句，引自《诗经·小雅·小旻》。③免：身体免于损毁。④小子：对弟子的称呼。

【译文】

曾子病了，把他的学生召集来说：“掀起被子看看我的脚！再看看我的手！《诗经》上说：‘心中害怕得战战兢兢，好像面临着深渊，好像行走在薄薄的冰面上。’从今以后，我知道我的身体可以免于损毁的灾祸了！弟子们！”

【评论】

《孝经·开宗明义章》载，孔子曾对曾子说：“身体发肤，受之父母，不敢毁伤，孝之始也。立身行道，扬名于后世，以显父母，孝之终也。”曾子在病重的时候，又想起老师的这番教导。他召集并教导他的学生：要谨慎地对待自己的身体，这也是对父母的一种孝心。正直的人在乱世难以免祸，不免受刑毁肢体伤肌肤。曾子在病危弥留之际，想到自己小心翼翼地处事，终于使自己未遭刑戮，手足未损，就是离开人世，也可使九泉之下的父母欣慰了。“人之将死，其言也善”，从曾参临终前的这几句话，可知世道之残酷，也可见曾参对父母的拳拳孝心。

8.4 **【原文】**

曾子有疾,孟敬子问之[①]。曾子言曰:“鸟之将死,其鸣也哀;人之将死,其言也善。君子所贵乎道者三:动容貌[②],斯远暴慢矣[③];正颜色[④],斯近信矣;出辞气[⑤],斯远鄙倍矣[⑥]。笾豆之事[⑦],则有司存。[⑧]”

【注释】

①孟敬子：即鲁国大夫仲孙捷。问：看望。②动：表现。③暴慢：粗暴放肆。④正：端正。颜色：脸色。⑤出：说出，表达。辞气：言辞和语气。⑥鄙：粗鄙。倍：同“背”，违背，错误。⑦笾（biān）豆：祭器合称。笾，竹材制。豆，由木、铜、瓦等材料制。⑧有司：主管其事的小官。

【译文】

曾子得病了，孟敬子前去慰问他。曾子说：“鸟将要死的时候，它的鸣叫声充满悲哀；人将要死的时候，他说出的话都是善意的。君子所重视的修养原则有三点：自己的举止容貌端庄了，就会远离他人的粗暴和懈怠；自己的脸色严肃认真了，就容易让人信任；自己的言谈措辞和气了，就会避免鄙俗和粗野。至于祭祀礼仪中的具体细节，自然由主管小吏负责就行了。”

【评论】

曾子与鲁国大夫孟敬子有交往，曾子病重，孟敬子前去探望。曾子清楚自己在世上弥留不久，想与孟敬子说些心里话。为了引起孟敬子重视，他先说：“鸟快死时叫声悲哀，人快死时说的话都是善意的。”然后才说：“君子该当重视三个方面的道德修养：注意自己的容貌表情，避免粗暴放肆；端庄自己的脸色，给人近乎诚信的感觉；注意说话的言辞语气，避免鄙陋悖谬。至于祭祀该用什么祭器的事，自有分管这方面工作的官吏去处理。”曾子的话既有针对性，又善意婉转，提醒孟敬子重视上述的三件事。其实曾子临终所述，也是指导一个为政者日常如何接人特物的肺腑之言。所讲看似举止言谈生活小细节，但它关系为人处世的大问题。

8.5 【原文】

曾子曰:“以能问于不能,以多问于寡;有若无,实若虚,犯而不校[①],昔者吾友尝从事于斯矣[②]。”

【注释】

①犯：冒犯。校：同“较”，计较。②吾友：我的朋友，有人认为指的是颜回。

【译文】

曾子说：“虽然有才能却能向无才能的人请教，尽管知识丰富却能向知识少的人请教；本来有学问看上去却像没有学问一样，满腹知识却像空虚无知一样，受到别人的冒犯也不计较，从前我的一位朋友就能做到这些。”

【评论】

有才能却向没才能的请教，知识多却向知识少的请教；有学问却好像没学问，知识充实却好像很空虚，别人冒犯他也不计较。如此的德行，在孔门弟子中，大概只有颜回这位“谦谦君子”才能做到。曾子所说的“从前的朋友”，“曾经有过的品德”，大概就是指已经去世了的颜回。俗话说：人不可貌相，海水不可斗量。不可轻视那些自称“无能寡知”的人，说不定他们正是多才多艺的人。谦虚、好学、低调，是君子的一个长处，而缺才少德的人往往喜欢自吹自擂。高才反而低调，低才反而高调，似乎成了一个普遍规律。

8.6 【原文】

曾子曰：“可以托六尺之孤①，可以寄百里之命②，临大节而不可夺也③，君子人与④？君子人也！”

【注释】

①托：托付。六尺：指小孩，古人以七尺指成年人。孤：幼主。②寄：寄托。百里：指国家。③不可夺：不可夺其志。④与：通“欤”。

【译文】

曾子说：“可以把幼小的储君托付给他，可以把国家的命运寄托给他，面临生死存亡的紧要关头，而不动摇忠臣气节，这样的人是君子吗？这才是君子啊。”

【评论】

一部《论语》讲君子的地方很多，一部《论语》所塑造的形象只有一个，那就是君子。君子以德才为标准，而不以职业与地位为标准。各种职业与地位的人都有君子，曾子这里所讲的君子，是指做官为宦的君子。可以把年幼的君主托付给他，可以把国家的命运托付给他，临到生死存亡之际，也休想改变他的意志。这种人是君子吗？这种人才是君子！托孤于他，他有辅佐君王之才；授他要政，他有兴国安邦之策；面临危难，他有尽忠献身之德。这类君子是民族英雄、国家栋梁，往往名垂青史，令后人敬仰。

8.7 【原文】

曾子曰："士不可以不弘毅[①]，任重而道远。仁以为己任，不亦重乎？死而后已，不亦远乎？"

【注释】

①士：指读书人。弘毅：胸怀远大而意志刚强。

【译文】

曾子说："读书人的心胸不可以不宽广，意志不可以不刚毅，因为他担负的历史使命十分重大，奋斗的路程十分遥远。把实现仁德于天下作为自己毕生的任务，这任务不是很重大吗？肩负的重任到死才可以卸下，这种奋斗的历程不也是漫长遥远吗？"

【评论】

作为士，他不能不心胸阔大而意志刚毅，因为他肩上有重任，眼前有远途。他要以实现仁德社会为自己的任务，这任务不是很重吗？为此他要不懈地奋斗，只有死了才能停止奋斗，这奋斗不是很长久吗？曾子的话道出了士的人生观与价值观。士有宏大的胸怀，才能以仁为己任，而不是仅为养家糊口为目的。历史赋予的使命如此重大，士才必须具备刚毅的意志，方能奋斗不息，直至为此而献出自己宝贵的生命。曾子所说的士就是君子，他们的人生意义就在于为实现一个仁德的社会而奋斗不息。

8.8【原文】

子曰:"兴于诗①,立于礼②,成于乐③。"

【注释】

①兴:兴起,启发。诗:《诗经》,这里指《诗》教。②立:立身。礼:《礼经》,这里指《礼》教。③成:成全。乐:《乐经》,这里指《乐》教。

【译文】

孔子说:"修身养性兴起于《诗》教,立身之道在于《礼》教,心身和谐成就于《乐》教。"

【评论】

孔子是我国伟大的教育家,他在自己的教学活动中,总结了一系列的宝贵教学经验,有许多精辟的论述。他曾说:"学《诗》重在启发人的本来性情,学《礼》重在巩固人的立身基础,学《乐》重在健全人格心理的培养。"后人把它概括为孔子三教:诗教、礼教与乐教。诗本是抒发性情之作,吟诵之间,与古人的心灵沟通,可以启发自己的情志。然而发乎情必须止乎礼,人的情性须纳入礼的规范。礼教的中心是恭敬谦让,待人接物均有规矩节度,言行合乎礼,才可立足于社会。乐是心之声,不仅可以愉悦心灵,还可以陶冶情操,净化灵魂。诗教、乐教主要从性情上感化人,礼教主要从行为规范上约束人,三者相互配合,共同促进。《诗》、《礼》、《乐》的教化交互进行,可使淳朴的情感提升到理性的高度。反观现代教学,只重道德的说教,而不注重诗乐文学艺术的熏陶,这种说教不仅事半功倍,而且还使一些受教育者厌学反感,这些施教者应该从孔子的三教中得到应有的启发。

8.9【原文】

子曰:"民可使由之①,不可使知之②。"

【注释】

①可：可以。使：动词，让，叫，令。由：遵从。②知：知道。

【译文】

孔子说："对老百姓，可以让他们遵照指令去做，不必让他们知道为什么这样做。"

【评论】

历代封建统治者都曲解这段话，把它奉为愚民的理论依据，大行独裁专制。近代以来，许多人也以此认为孔子主张愚民政策。当然也有人为孔子开脱，如康有为把这段话读成"民可，使由之；不可，使知之"。理解成：民众认可，则指令他们去做，民众不认可，则先让他们了解实情。这样理解，孔子就成了近、现代民主化的先驱。其实这同样是曲解了孔子原意，为我所用罢了。孔子这段话是指政令而言的，前提是执政者"行正"，政令才是正确的，否则"虽令不从"。若民"知之"，民当然能更好地"由之"，但在古代，政令宣传到家喻户晓，有一定的难度。不能因老百姓一时不理解就不推行正确的政令，可以在推行的过程中让老百姓慢慢理解。对孔子的话进行曲解固然不对，用今人的观念去苛求孔子也不妥当。

8.10【原文】

子曰："好勇疾贫[①]，乱也[②]；人而不仁，疾之已甚[③]，乱也。"

【注释】

①疾：厌恶，憎恶。②乱：作乱。③已甚：太过分。

【译文】

孔子说："性勇好斗又厌恶贫困的人，容易作乱；作为一个没有仁德的人，心怀嫉恨过多，也容易作乱。"

【评论】

孔子以治国平天下为己任，十分娴于治乱之道，他说："喜好勇敢而厌恶自己贫穷的人，容易闹出乱子。本性本来不仁的人，如果过分嫉恨他人的话，也会引出乱子。"勇本是一种美德，但前提是以仁作指导。勇者心中有仁德，虽贫也能做到安贫乐道。否则，既好勇又疾贫，加上窘境所迫，容易生乱，偷盗、诈骗、抢劫，无所不为。不仁之人，本来就生性恶劣，如果再嫉恨他人，自然比好勇者还容易作乱。如果不仁之人是个有钱的富者、有权的贵者，他必定还嫌自己财富不足，于是聚敛钱财不择手段。他本不想作乱，因为乱对他来说是无益的，然而贫穷者被他盘剥难以生存而被迫作乱，也是常有的事，常言说：官逼民反，从这个意义上说，不仁的富贵者是最大的乱源。如何消除这些生乱的社会现象？除了教化之外，发展社会生产力，增加社会财富，使一些人不致因贫穷过甚而产生作乱的念头。也要运用法律手段，制裁为富不仁者的不法剥夺行为，这都是消除社会不稳定因素的基本措施。

8.11 【原文】

子曰："如有周公之才之美，使骄且吝[①]，其余不足观也已。"

【注释】

①吝（lìn）：吝啬，这里指器量狭小，见识短浅。

【译文】

孔子说："一个人即使有周公那样美好的才华，但只要骄傲并器量狭小，那么其他方面也就不值得一看了。"

【评论】

唐代韩愈在《原毁》中说："闻古之人有周公者，其为人也，多才与艺人也。"周公善于理政的才智一向为孔子所崇拜。周公在辅佐周武王夺取天下后，又辅佐成王巩固天下，并为周朝主持制定了一系列的礼乐制度。他平日勤于理政，据说为了接见来客，他常常几次中断洗头和吃饭，这就是广为传颂的"一沐三握发，一饭三吐哺”（《韩诗·外传》）卷三的动人事迹，因此获得“周公吐哺，天下归心”（曹操《短歌行》）的美誉。孔子曾以很久没有梦到周公而遗憾，但是他认为：即使有周公那样美好的才智，如果他骄傲又心胸狭窄，那么其余一切就不值得看了。一个骄傲，一个心胸狭窄，竟能毁掉孔子心中的偶像，可见孔子对骄傲与心胸狭窄的厌恶与嫉恨，也反映出孔子评估人坚持德才兼备的标准。在孔子心目中，一个人再有美才，若没有美德，这个人也就没有什么大价值了。

8.12 【原文】

子曰："三年学，不至于谷[①]，不易得也。"

【注释】

①至：到，这里指想到。谷：小米，这里指做官俸禄。

【译文】

孔子说："读书三年，还没有做官取饷的愿望，这样的人是不易得到的。"

【评论】

儒家虽然主张"学而优则仕"，但认为学习的目的仅为取得官饷就错了，学习的目的是为了能够修己安人行仁于天下。在实际生活中，许多人还是为求得官员俸禄而学习。所以孔子说："学习三年，却没有去想做官的俸禄，这是很难得的啊。"学习的动力，学术的视野，学习的效果，在很大程度上取决于目的。如果仅以做官取禄为目的，势必眼光短浅，动力不足，怎会取得好成绩？康有为的《论语注》说得好："盖学者之大患，在志于利禄。一有此心，则终身务外欲速，其志趣卑污，德心不广，举念皆温饱，萦情皆富贵，成就抑可知矣。"如果以天下为己任，必志向宏大，视野开阔，意识到任重道远，学习中就有强大的动力，没有克服不了的困难，学习自然会取得好成效。

8.13 【原文】

子曰："笃信好学[①]，守死善道[②]。危邦不入，乱邦不居。天下有道则

见[③],无道则隐。邦有道,贫且贱焉,耻也;邦无道,富且贵焉,耻也。”

【注释】

①笃信：坚信。②守死：誓死不离。③见：同“现”，出现，这里指参政。

【译文】

孔子说：“信仰坚定又好学，一生固守美好的道德标准。不进入濒临危亡的国家中，不居住在动乱频仍的国家里。天下政治清明有道义就出来参政，政治混乱无道义就归隐。国家政治清明有道义，自己还贫穷卑贱，这是耻辱的；国家政治黑暗无道义，自己却富裕而显贵，这也是耻辱的。”

【评论】

孔子这里讲的是君子的处世原则：“坚定信念，勤奋好学，誓死不违美好的仁义之道。不进入危机四伏的国家中，不住在动乱四起的国家里。天下太平、政治清明就出来参政，天下大乱、政治黑暗就隐居。国家政治清明时还贫穷无地位，那必是自己无才无德，无疑是一种耻辱；国家政治黑暗时反倒富贵荣华，那必是自己同恶势力同流合污，这更是一种耻辱。”君子选择入与出、居与迁、仕与隐、贫与富、贱与贵的标准，完全取决于国家有道与否，一切因时因势的变化而决定变化，唯一不变的是“笃信好学，守死善道”这一坚定信念。

8.14 【原文】

子曰:“不在其位,不谋其政[①]。”

【注释】

①谋：谋划，这里指干预。

【译文】

孔子说：“不在那个职位上，就不干预那个职位上的政务。”

【评论】

孔子所说，符合行政管理的原则。否则，不在位者有越俎代庖之嫌，在位者有被干扰之忧。分官设职，各有其责权，乱其秩序等于乱其政。但这并不是说没有官职的人，就不必关心政治及国家大事。如孔子，他周游列国，并不干涉所到的诸侯国的具体政务，但他代天子言，“退诸侯，讨大夫，以达王事”，“上明三王之道，下辨人事之纪，别嫌疑，明是非，定犹豫，善善恶恶，贤贤贱不肖，存亡国，继绝世，补敝起废”（司马迁《太史公自序》）。后来的儒者继承了孔子这种历史使命感，他们立志要“为天地立心，为生民立命，为往圣继绝学，为万世开太平”（张载《张子全书·序》）。但担当天下兴亡的大任与遵守行政管理原则是两码事。

8.15 【原文】

子曰：“师挚之始①，《关雎》之乱②，洋洋乎盈耳哉！③”

【注释】

①师挚（zhì）：鲁国的乐师，名挚。始：首，开始。②乱：乐曲结尾部分。③洋洋：形容众多盛大。盈：满。

【译文】

孔子说：“鲁国的太师挚开始演奏音乐，一直演奏到《关雎》最后一章才结束，美妙动听的音乐还在耳边萦绕！”

【评论】

古代诗乐合一，其配乐的诗称作歌诗，其带唱词的乐称作歌乐。孔子自卫返鲁而正乐删诗时，鲁国的挚正为国家的乐师之长，孔子一定向他多次请教乐理。孔子十分赞赏太师挚的音乐才华，他说：“太师挚奏乐时以撞击金钟开始，以演奏《诗经》的首篇《关雎》乐曲来结束，美妙的乐声不绝于耳。”太师挚以金钟之声开始，继而引起琴瑟笙竽合奏，最终以玉磬之声收束，孔子赞美其乐调从始至终和谐、协调而完整统一。孟子由此引申说：“孔子之谓集大成，集大成也者，

金声而玉振之也。金声也者，始条理也；玉振之也者，终条理也。始条理者，智之事也；终条理者，圣之事也。”（《孟子·万章下》）现在曲阜的孔庙石牌坊上，还镌刻着“金声玉振”四个大字，不过它不是指古代奏乐的全过程，而是昭示孟子之意：孔子是中华传统文化的集大成者。

8.16 **【原文】**

子曰：“狂而不直①，侗而不愿②，悾悾而不信③，吾不知之矣。”

【注释】

①狂：狂妄。直：正直。②侗（tóng）：儿童，引申为幼稚。愿：老实。③悾（kōng）悾：无知的样子。

【译文】

孔子说：“狂妄而不直率，幼稚而不老实，浅薄而不守信，我不知道应该如何对待这种人？”

【评论】

孔子循循善诱后进，对于那些狂妄、幼稚、无知的人，自然有使其向善的教育办法。但是他说这些人如果“狂妄而不正直，幼稚而不老实，无知又不讲信用，我就真不知道对他们该如何教育了”。“狂”“侗”“悾悾”的毛病是可以引导纠正的，因为“狂”还有其率直的一面，只要引导他有了自知之明，便可克服了“狂”。然而“狂”上如果再加上“不直”，就连率直的一面也没了。“侗”一般指年少幼稚者，只要随着他阅历的丰富，便会逐渐成熟起来。然而“侗”上如果再加上“不愿”即不老实，就由幼稚变成了愚蠢的骗子。“悾悾”虽是缺少知识，然而还有让人可信之处，如果在无知的基础上再加上“不信”，就成了为绝对的不诚信、不可靠的了。一个人不成熟并不可怕，不成熟可以被教育引导走向成熟，可怕的是不成熟还缺大德，那就恐怕不可救药了。

8.17 【原文】

子曰："学如不及[①]，犹恐失之。"

【注释】

①如：担心，恐怕。及：达到，赶得上。

【译文】

孔子说："学习总担心还有没涉及的地方，又担心学过的会遗忘掉。"

【评论】

一心向学的人，常感到勤勉而学还常有涉及不到的新知识，又担心学过的知识再把它遗忘掉。这确实是好学者的心理写照与经验之谈。学习越深入，越知学问之深广，越觉得自己懂得很少，越觉得自己没有掌握的知识太多了。学习起来，有一种饥渴感与急迫感。学习是件很艰苦的事，不仅不断地"知新"，而且还须时常"温故"。孔子勉励大家学习必须专心致志，全力以赴，永不自满，也永不懈怠。学习中充满辛酸苦辣的滋味，当然也有甘甜喜乐的时候，只有在学习的实践中才能体味到。

8.18 【原文】

子曰："巍巍乎[①]，舜、禹之有天下也而不与焉！[②]"

【注释】

①巍巍：本义形容山势高峻，这里指人格伟大、崇高。②不与：指不享受天下之利。

【译文】

孔子说："多么伟大崇高呀，舜和禹掌有天下权柄，却不为自己独有而能让贤。"

【评论】

舜、禹是孔子心目中的明主贤王，他们有天下，而无特权，生活仍如一名普

通人，“茅茨不翦，采椽不斫；粝粢之食，藜藿之羹；冬日麑裘，夏日葛衣；虽监门之服养，不亏于此矣”（《韩非子·五蠹》）。其伟大之处，更体现在任贤使能，将天下禅让给善于治理天下的人，不把天下视为己有，随便送于自己身边亲近的人。孔子赞颂说：“多么的崇高啊，舜与禹拥有天下，而一点也不为自己的私利打算。”舜、禹处于氏族社会的末期，虽有了私有制及私有观念的萌芽，但还保持着原始共产主义的遗风。孔子赞美舜、禹是很有针对性的，可以说是借赞舜、禹有天下而利天下的大公无私的精神，而针砭后世，揭露一些得天下者，使天下变成一家之私产，恨不得吸吮尽天下人的膏脂而肥己的罪恶。

8.19【原文】

子曰：“大哉尧之为君也[①]！巍巍乎！唯天为大，唯尧则之[②]。荡荡乎[③]！民无能名焉[④]。巍巍乎！其有成功也，焕乎其有文章[⑤]！”

【注释】

①大：伟大。②则：效法。③荡荡：广远的样子。④名：说，赞颂。⑤焕：光彩。文章：指礼仪制度。

【译文】

孔子说：“伟大啊，尧作为君主，真是崇高得很呀！只有天最高最大，也只有尧能够效法天。尧的恩德广博浩荡，老百姓不知该怎样称赞他。他的功绩太崇高了，他的礼仪制度也焕发着璀璨的光彩！”

【评论】

前一章记孔子颂扬舜、禹，这一章记孔子颂扬尧。孔子对尧帝的颂扬，就是一曲尧的赞歌，句中感叹词、形容词的运用，加重了它的抒情味。孔子以“有天下也而不与焉”来颂扬舜、禹，以“唯天为大，唯尧则之”来颂扬尧，赞词不同，却是同一崇敬古代圣君的情怀。尧、舜、禹的功绩各有侧重，但他们的精神是一致的，这就是无私为公，心怀天下，施恩惠于万民。尧、舜、禹为后世治理天下者树立了光辉的榜样，民众不知以什么语言来称颂他们，更显示出他们功德无量。

8.20【原文】

舜有臣五人而天下治[①]。武王曰："予有乱臣十人[②]。"孔子曰："才难[③]，不其然乎[④]？唐虞之际[⑤]，于斯为盛[⑥]。有妇人焉，九人而已。三分天下有其二[⑦]，以服事殷。周之德，其可谓至德也已矣。"

【注释】

①五人：指禹、稷、契、皋陶、伯益。②乱臣：这里指治理国家的大臣。《说文》："乱，治也。"十人：指周公旦、召公奭（shì）、太公望、毕公、荣公、太颠、闳（hóng）夭、散宜生、南宫适，另一属管理内务的贤臣邑姜，即武王夫人。③才难：人才难得。④不其然：不是这个样子。⑤唐虞：指唐尧虞舜。唐是尧的国号，虞是舜的国号。⑥斯：指周武王时代。⑦三分天下有其二：传说天下分九州，商纣王灭亡前，已有六州归附文王，占有天下三分之二。

【译文】

舜帝时有五位贤臣，辅佐舜帝把天下治理好了。周武王也说过，"我有能治理天下的十位臣子。"孔子因此说："人才难得呀，不是这样吗？唐尧和虞舜时期，虽人才济济却股肱之臣有限，周武王所说的十位能治理天下的臣子，中间还有一位妇女，实际上只是九位。周文王拥有天下三分之二时，仍然以臣子之礼侍奉商纣王，周文王的仁德，可以称得上是最高的仁德了。"

【评论】

孔子认为贤能难得，能治理天下的英才更难得，尽管圣朝能任贤使能，但辅国的股肱之臣还是很有限的。舜能治理好天下，主要得力于他的五位贤臣。周武王能使天下人归心，其原因武王自己就说得很清楚："我有十位能治理天下的大臣。"大千世界，芸芸众生，真正能辅佐周武王治理天下的英才，是屈指可数的。孔子对此感慨治国人才难得，强调治国的关键在于选用贤才。舜帝、武王任用的

贤才虽然不算多，但毕竟能慧眼识别、大胆使用能人，依靠这些能人创造了一个崭新的社会。再看商纣王，朝中贤才本不多，还横加迫害，其国家政权焉有不亡之理？孔子特别赞颂周文王，他的方国实力虽雄厚，但仍守臣道称西伯，不是商纣王暴虐无道，众叛亲离，他决无恃强夺权之心，这种仁德不就是至高而难得的吗？孔子赞美周文王守臣之道，与伯夷、叔齐叩马而谏周武王遵守臣道，其用意还是有区别的。伯夷、叔齐死守的是臣弑君大不仁的信条，而孔子既赞颂周文王守臣道，也赞成周武王推翻商纣王夺取天下的义举，孔子始终维护的是大一统，坚守的是从道不从君的原则。

8.21 【原文】

子曰："禹，吾无间然矣①。菲饮食而致孝乎鬼神②，恶衣服而致美乎黼冕③，卑宫室而尽力乎沟洫④。禹，吾无间然矣。"

【注释】

①间：批评，挑剔。②菲：菲薄。③黼（fǔ）冕：祭祀时穿戴的衣帽。④沟洫（xù）：沟渠。

【译文】

孔子说："禹，我没有什么地方可挑剔你的了。你饮食很简单粗劣，却以丰美的祭品孝敬鬼神；你穿得很破旧，却把祭服做得很华美；你住在低矮窄小的房屋里，全力投入到沟通沟渠水利工程上。大禹啊，我对你能有什么可挑剔的呢？"

【评论】

孔子推崇大禹，与赞美尧、舜相同，都善于用难以表达的语言方式来表述自己无限敬仰崇拜之情。推崇尧、舜时，他用了"民众不知以什么语言来称赞"一句来赞美尧、舜圣德，这一章，他又用了"对于大禹，我都挑剔不出他有什么不值得称颂的地方"一句来赞美禹帝。接着他简要列举了大禹的主要圣德功绩。大禹虽有君王之尊，生活简朴得与民众相同，他十分讲究祭祀，因为通过严肃隆重的祭祀，追念父辈及祖先的功德，可以加强部族、民众的统一信仰及团结。大禹心怀天下，志于解救民众于水深火热之中，所以他尽全力于公务，以致三过家门而不入，鞠躬尽瘁的精神十分感人。对于这样公而忘私的人，除了由衷地赞颂，还有什么可挑剔的呢？

子罕篇第九

本篇有三十一章，以表现孔子远大、坚毅的志向为主。孔子的志向一经确立就坚定不移，“三军可夺帅”而其志“不可夺”。他博学，却很少谈利与天命及成仁的事。因为“小人喻于利”，言利易害义；天命神秘难测，应当“远之”；仁是最高的道德境界，轻易谈论成仁无益。他不鄙视“贱事”及其技能，更注重道德与知识的力量，认为“知者不惑，仁者不忧，勇者不惧”。他只忧虑光阴似水，时不待我，并不怀疑自己推行仁德于天下的能力，“文王既没，文不在兹乎？”对承担历史使命非常自信。他善于以中庸之道把握事物的本质，没有主观猜测、绝对肯定、固执己见、自以为是的毛病。他一生好学、修身，目的是用于世，行仁道。当仁德的大道难以推行，只好退而整理文献与培养弟子，将推行仁道的希望寄予来世与后人。颜渊以“仰之弥高，钻之弥坚”慨叹孔子的学问与人品，子贡以“固天纵之将圣”来定格孔子的人格。孔子就是中华民族的一面旗帜，他的一生揭示了人何以为人的真理。

9.1 【原文】

子罕言利与命与仁①。

【注释】

①罕：稀罕，少。命：天命。仁：仁德，仁道，这里指成仁。

【译文】

孔子很少谈及功利、天命和成仁。

【评论】

孔子很少谈论如何获得利与如何知天命及如何修成仁，这是其弟子们共同感受到的事实。“利”这里指私利，它煽动人欲，损人利己，尔虞我诈，无所不用其极，不正当的私利是万恶之源。孔子罕言利，言利易害义，这一方面我们很好理解。为什么孔子追求“五十而知天命”与至高至善的仁，却也要“罕言”呢？程颐解释得挺明白：“计利则害义，命之理微，仁之道大，皆夫子所罕言也。”（《论语集注》）孔子“畏天命”，就在于天命难测，具有一种玄奥的神秘性，很难把握它。但他又想“知天命”，既解除对它的敬畏感，又不是通过占卜之类非理性方式去认知它，这是一种超出一般人知识与理解力的高度抽象思维与逻辑推理，所以孔子很少向他的弟子们谈论它。孔子平日谈论的多是仁的具体体现，要求弟子从具体方面去修炼仁德。仁是最高的道德标准，追求一生也未必能成仁，只有朝着这个方向不断努力去践行，轻易谈论成仁反而无益，容易造成学生在修炼仁德的过程中产生自满的念头。

9.2 **【原文】**

达巷党人曰[①]：“大哉孔子，博学而无所成名[②]。”子闻之，谓门弟子曰：“吾何执[③]？执御乎，执射乎？吾执御矣。”

【注释】

①达巷：地名。党人：这里指达巷居住的人。党，古时五百家为一党。②无所成名：没有可以使他成名的专长。③执：从事。

【译文】

住在达巷的一个人说：“孔子真伟大！学识渊博，可惜并不能以某一方面的技能专长而出名。”孔子听了这话，风趣地对他的学生们讲：“我的技能专长是什么呢？赶车吗？射箭吗？我还是赶车好了。”

【评论】

达巷里有些人，只闻孔子其名而不知其人，贸然在那里发议论：“孔子确实伟大呀，学问实在渊博，只可惜他没有一项可以使自己成名的实用专长。”他们所说的专长，不外乎是日常生活中的一技之长。他们哪里知道孔子“少也贱，故

多能鄙事”，孔子日常生活的技能多得是，但孔子是个豁达、幽默的人，他不去表白自己，只对弟子们说：“那我干什么好呢？去驾车？去射猎？还是去驾车吧！”驾车、射猎这类“鄙事”，对于孔子来说，少年时就很娴熟，但是他认为君子还有更大的事业——“志于道，据于德，依于仁，游于艺”，君子任重道远，肩负着拨乱反正、治国平天下的历史使命。达巷党人的一二语，深刻反映了眼界受到局限的小生产者的心理，而孔子并不正面去反驳他们的错误认识，只以风趣的话来和弟子们逗乐，透露了一位大智者的雍容达观。

9.3 【原文】

子曰：“麻冕①，礼也；今也纯②，俭③，吾从众。拜下④，礼也；今拜乎上，泰也⑤。虽违众，吾从下。”

【注释】

①麻冕：麻制的礼帽。②纯：黑色的丝。③俭：节俭。④拜下：堂下跪拜。⑤泰：高傲。

【译文】

孔子说：“用麻料编织的丧祭礼帽，才符合礼制的规定；今天大家都用纯丝料编织，这样比以前节俭了，我服从大家的做法。以前拜见长辈要在堂下磕头，符合传统的礼仪；今天大家都在堂上行拱手相揖礼，这是傲慢的表现。虽然我的主张违反大家的意愿，但我还是主张对长辈在堂下行叩头礼。”

【评论】

“麻冕”与“拜下”，同是古礼规定，为何孔子一个变通一个遵守呢？原来孔子的变通与不变通全看“义”。变通了而不离义，可以变通。变通了却背离了义，就坚持不变通而守其义。他曾说：“礼，与其奢也，宁俭；丧，与其易也，宁戚。”以黑丝礼帽代替麻制礼帽，虽由“奢”变“俭”，但丝毫不影响行礼，所以孔子赞同这种变通。而免去堂下跪拜，减少了对长辈的崇敬，违犯了尊尊亲亲的伦理道德，虽然大家都这样做，孔子也守义遵礼而不盲从。“入乡随俗”的前提是这个“俗”是合乎礼的，不合乎礼的“俗”，奉行的人再多孔子也不能“随”。

9.4【原文】

子绝四[①]:毋意[②],毋必[③],毋固[④],毋我。

【注释】

①绝：杜绝。②意：主观猜测。③必：一定，绝对。④固：固执。

【译文】

孔子杜绝的四种毛病是：主观猜测，绝对肯定，固执己见，自以为是。

【评论】

孔子具有众多的好品质，其中有以下四个方面：不主观猜测、不绝对肯定、不固执己见、不自以为是。人在思维时离不开猜测，猜测正确与否，全看猜测是否符合客观现实，如果脱离客观而主观想象，那便是“意”。人在判断是非时必有肯定与否定，但世界上的事物无时不在变化之中，其是非也随着事物的变化而变化，如果无视变化了的事实，认识上不及时变通，一味坚持原有的判断，那便是“必”。一个人肯定要有主见的，但要善于听取别人的意见，不断克服自己认识的片面性和局限性，否则，那便是“固”。思考与处理问题的最佳效果是主客观的统一，主客观不统一往往是主观不能认识和反映客观，主观上自以为是、一切唯我是依，那便是“我”。主观猜测与独到见解有区别，绝对肯定与果敢决断有区别，固执己见与坚持真理有区别，自以为是与自我正确判断有区别，前者与后者的区别在于：前者出自主观想象，后者源于客观事实。要想实事求是，就要尊重客观的事实，超越主观的自我，实践是检验真理的唯一标准。

9.5【原文】

子畏于匡[①],曰:“文王既没[②],文不在兹乎？天之将丧斯文也,后死者不得与于斯文也[③];天之未丧斯文也,匡人其如予何[④]？”

【注释】

①畏：这里指恐吓、围困的意思。匡：地名，在今河南长垣（yuán）县西南。②文王：指周文王姬昌。没：同“殁”，死去。③后死者：孔子自称。与：参与，此指得到、掌握。④如予何：奈我何，把我怎么样。予，我。

【译文】

孔子被匡地的人所围困，他说：“周文王死了以后，文献典籍不都在我这里吗？上天如果要丧失周文化，那我也就不会掌握这些文献典籍了；既然上天不想丧失周文化，那匡地的人又能把我怎么样呢？”

【评论】

鲁定公十三年（公元前 497 年），孔子率领他的一些弟子从卫国到陈国时，路经匡地。七年前，匡地的人曾遭受过鲁国阳虎的暴行，现在听说来了一帮鲁国人，孔子长得又有点像阳虎，于是匡地的人就把孔子他们围起来，拘禁了五天，一度还想杀死他们。在生死攸关之际，孔子临危不惧，他很自信：自认为自己承担着传承周文王时代礼乐文明的历史使命，天不灭礼乐文明，匡人能把我怎么样？孔子不是在自吹自擂地恫吓匡人的围攻，也不是在乞求上天的保佑，他自信中国传统文化不会泯灭，他的传播、发扬光大周文化的历史使命在完成之前，他的生命不会完结。他将自己的生命与中国传统文化联系起来，所以有着藐视一切危难的自信心。

9.6【原文】

太宰问于子贡曰[①]：“夫子圣者与？何其多能也？”子贡曰：“固天纵之将圣[②]，又多能也。”子闻之，曰：“太宰知我乎！吾少也贱[③]，故多能鄙事[④]。君子多乎哉[⑤]？不多也。”

【注释】

①太宰：掌管国君宫廷事务的官员。此处指吴国太宰嚭（pǐ）。②纵：让，使。③贱：地位低微。④鄙事：卑贱的技艺，这里指下层劳动者从事的劳动。

⑤君子：这里指读书人。

【译文】

太宰向子贡打听："孔老先生是位圣人吗？为什么他有那么多的才能与技艺呢？"子贡回答说："这肯定是上天要叫他成为圣人，才使他多才多艺。"孔子听说后，对子贡说："太宰了解我呀！我小时候很贫贱，所以学会了很多卑贱的劳役技能。君子会有这么多的劳役技能吗？不会有这么多的。"

【评论】

在劳心者治人，劳力者治于人的时代，劳心者一向鄙薄劳力者的劳动技能。吴国太宰嚭奇怪孔子为何也有这些技能，于是故意问子贡："你的老师是个圣人吧？怎么会有那么多的劳力技能呢？"显然他认为"圣人"是不应该从事下贱的体力劳动，掌握那些下贱技能的。子贡故意曲解他怀有恶意的问话，回答说："这本来是上天让他成为圣人，才有意让他多才多艺。"子贡故意把掌握劳动技能说成是圣人多才多艺的一种美德，回应了太宰嚭的挑剔。孔子听说此事后反倒说："太宰嚭了解我呀！我小时候贫贱，所以学会了许多体力劳动的技能。读书人会有这么多的技能吗？我想是不会有的。"子贡对吴国太宰嚭的挑剔有故意曲解的意思，而孔子却正面来理解吴太宰的话，在孔子的意识中，自己"少也贱"的现实与从事过"鄙事"的经历是确实存在过的，无须隐瞒与掩饰。在古代，将社会地位低下者视为贱人，将从事体力劳动视为鄙事，既集中地反映了腐朽的封建等级制度，又反映了上层统治者的等级观念。但孔子具有"反潮流"的精神，他并不认为自己"少也贱"与从事过"鄙事"是不光彩的事，所以他陈述得理直气壮，不仅不觉得丢人，还认为比所谓高贵者多几种劳动技能，就是一种优越感。反观现在，有的人鄙视弱势群体，甚至以自己的长辈为普通农民而感到耻辱，其荣辱观还不如古代的孔子，恐怕是太落伍了。

9.7 【原文】

牢曰[①]："子云：'吾不试[②]，故艺[③]。'"

【注释】

①牢：郑玄说是孔子的学生，也有的资料说他是孔子弟子琴张，一名琴牢，字子开，一字子张，卫国人。但《史记·仲尼弟子列传》中无此人。②试：用，任用。③艺：技艺，劳动技能。

【译文】

牢说："我听孔夫子说过：'我不曾被国家重用，所以学了一些劳动技艺。'"

【评论】

孔子从不隐瞒自己曾有过"贫贱"的身份，也从不隐瞒自己曾从事过的"鄙事"。他不以天下无道而自己不被起用为耻辱，反倒觉得在此背景下掌握了一些劳动技能也可值得骄傲。其实，孔子并不是没有被鲁国重用过，他曾做过鲁国中都宰（中都的长官），后又升为司空、司寇（主管司法），这都是鲁国不小的官。但他为官是为了行道，如果为官不能行道，他视官位如浮云，弃之如敝屣，所以他从不以做过中都宰、司空、司寇为夸耀的资本，常以不曾被国家任用来自称。有了这样的气度，加上长期处于社会下层，有熟悉社会及民众的经历，才会发展出"有教无类"的思想，才会热心培养颜回一类的贫贱学生，才会有不如"老农""老圃"的感慨，使他的仁学思想具有了浓厚的民本色彩。

9.8 【原文】

子曰："吾有知乎哉？无知也。有鄙夫问于我①，空空如也②。我叩其两端而竭焉③。"

【注释】

①鄙夫：乡下人。②空空如也：指什么也没有。③叩：叩问，求。两端：事物正反两个方面。竭：穷尽，完全。

【译文】

孔子说："我有知识吗？其实是没有的。有一个卑贱的人向我提问题，我都一点也不知道如何回答他。我只知道从事物的正反两端穷究其理罢了。”

【评论】

孔子自认自己好学，但他也明白，知识像海洋一样浩瀚无垠，而人的一生学习时间与学习精力实在有限得很，不可能做到“百事通”。在知识的面前，必须有诚实的态度，“知之为知之，不知为不知”。因此樊迟向他请教农艺，他承认自己不如“老农”“老圃”，表现了孔子谦虚与求实的精神。孔子曾向一个乡下人坦诚地表示：自己实际没有多少知识，只不过能通过事物正反两方面来把握事物的本质，这就是孔子要告诉乡下人的全部内容。孔子的话表达的意思是：我虽然清楚自己掌握具体的知识是有限的，但我掌握了认识一切事物的好方法，这就是中庸之道。

9.9 【原文】

子曰：“凤鸟不至①，河不出图②，吾已矣夫！”

【注释】

①凤鸟：即凤凰，传说凤鸟出现，象征着天下太平。②图：指河图，即黄河出现龙马驮的“八卦图”，《周易·系辞》中说：“河出图，洛出书，圣人则之。”传说河图出现，是圣人受命的征兆。

【译文】

孔子说：“象征着天下太平的凤凰不来了，呈现圣人受命征兆的黄河图画不出现了，我这一生恐怕将要完结了！”

【评论】

凤凰是传说中的神鸟，雄的叫“凤”，雌的叫“凰”，通称为凤鸟。凤鸟难见，一旦出现，就显示着天下太平，圣王将出。传说在舜时出现过，周文王时，凤鸟曾鸣于岐山。韩愈说：“吾闻鸟有凤者，恒出于有道之国。”（《送何坚序》）又传说伏羲时有龙马出于黄河，背负“河图”献给伏羲，伏羲依此以画八卦。夏

禹治水时有神龟出于洛水，背驮“洛书”献给大禹。大禹依此治水成功，并划天下为九州，定出九章大法治理天下。从此，“河图洛书”成为帝王圣者受命的祥瑞，《易·系辞上》曰：“河出图，洛出书，圣人则之。”孔子一生追求盛世的到来、圣王的出现，他为了恢复西周周公时的大一统，一生奔波，毫无结果，于是悲叹道：“凤鸟不飞来，黄河不再出现河图，我这一生恐怕就这样完结了吧！”孔子不是在宣扬迷信，而是慨叹清明世道不至，圣王明主不出，他的仁道难以推行，哀叹自己生不逢时。孔子把完成历史使命看得比自己的生命重要得多，悲慨愈深，愈见其志向的执着。

9.10 【原文】

子见齐衰者、冕衣裳者与瞽者[①]，见之，虽少[②]，必作[③]；过之，必趋[④]。

【注释】

①齐衰（zī cuī）：古代的一种麻制丧服。冕衣裳者：戴礼帽穿礼服的人。冕：官帽。衣：上衣。裳：下服。瞽者：指盲人。②少：岁数小，年轻。③作：站起来，表示同情或敬意。④趋：快走，表示敬意。

【译文】

孔子看见穿丧服的人、穿戴着礼帽礼服的人以及瞎了眼睛的人，与他们相见时，他们虽然年轻，孔子也一定站起来表示尊重；从他们面前经过时，也一定快步走过去。

【评论】

孔子不论处理大事小情，也不论对待熟人生人，都处处体现着礼。本章写他对几种不相识的人所持的态度，来看他接人待物的一贯原则。孔子见到穿丧服的人、戴礼帽穿礼服的人及盲人，他们之中虽然有年少者，自己也一定站起来。从他们面前经过时，一定快步离开，表示对他们尊重。按道理讲，一个老者在少者面前不需要这般恭敬。但孔子认为：即使他是个年少者，因为他穿着丧服，必有亲人离世的悲痛，他由同情而产生尊重；他若戴礼帽穿礼服，必位尊而庄重，他由仰慕而产生尊重；至于盲者，更因残疾而时时痛苦，他由怜悯而产生尊重。如此对待这三种人，不一定是礼仪这般规定，这完全是孔子体贴、善待他人感情的自然流露。对不同人行不同礼数，这个不难做到，但要做到孔子这种自觉的程度就不容易了，因为孔子有一颗悲天悯人之心。

9.11 【原文】

颜渊喟然叹曰[①]："仰之弥高[②]，钻之弥坚[③]。瞻之在前[④]，忽焉在后。夫子循循然善诱人[⑤]，博我以文[⑥]，约我以礼，欲罢不能。既竭吾才，如有所立卓尔[⑦]，虽欲从之，末由也已[⑧]。"

【注释】

①喟：感叹声。②弥（mí）：更加。③钻：钻研。④瞻：看。⑤循循然：一步步。诱：诱导。⑥博：丰富。⑦卓尔：高大不凡。⑧末：没有。由：道路。

【译文】

颜渊感慨地叹息道："老师的学问与道德，越瞻仰越觉得高大，越钻研越觉得艰深。看着似乎在前面，忽然又觉得在后面。老师善于循序渐进地引导我们，用各种文献典籍促进我博学，用礼仪制度来约束我的行为，我想停止学习都不可能。我已经竭尽了全部才智，老师的学问与道德仍像耸立在面前的高峻山峰，我想遵从老师的教导攀登上去，可是又不知道走哪条道才好。"

【评论】

在《论语》中，常见到孔子对弟子颜回的赞赏，也能看到颜回对老师孔子的赞颂，这绝不是师生两人互相吹捧，从他俩那中肯的话语中，可看到他们的精神境界。这一章记述颜回对孔子学问道德的由衷赞叹："老师的学问道德啊，越仰慕越觉得崇高，越钻研越感到博大精深。看着好像在前面，忽然又觉得在后面，不易把握。老师一步一步地诱导我，用文献来丰富我的学识，用礼来约束我的行为，我想停止学习都不可能，我竭尽全力，仍好像有一高峰矗立在眼前，我想遵从教导攀登上去，自己却找不到攀登的路径。"颜回不仅是孔子的得意门生，而

且是孔子的真正知音。可以说，颜回的这几句话，把孔子的思想、教育方法的特点，及自己学习的感受、对老师的仰慕，全概括出来了。颜回感受到老师的学问道德博大精深，正是体会到了老师学问道德的精髓。感到没有路径达到老师的高度，正是找到了提升的途径。只有深刻理解孔子的道德学问与为人，才会有如此深刻的认知。

9.12 【原文】

子疾病[①]，子路使门人为臣[②]。病间[③]，曰："久矣哉，由之行诈也[④]！无臣而为有臣。吾谁欺，欺天乎！且予与其死于臣之手也，无宁死于二三子之手乎！且予纵不得大葬[⑤]，予死于道路乎？"

【注释】

①病：这里指病重。②臣：家臣。③间：间隙，这里指病情减轻。④诈：欺骗。⑤大葬：指大夫隆重葬礼。

【译文】

孔子得了重病，子路让孔子的其他学生作为家臣，准备办理丧事。过了一段时间，孔子的病情逐渐好转，孔子就说："仲由（子路）瞒着我干这种欺骗的事已经很久了，我本没有家臣而设家臣来治丧，我欺骗谁呢？欺骗上天吗？况且我与其死在家臣手里，不如死在你们这些学生手里，我死后即使不能按大夫的规格隆重地安葬，我难道会尸横道路上无人安葬我吗？"

【评论】

孔子病重，子路估计孔子不久于人世，出于对孔子的尊敬，想以家臣治丧的名义，按大夫之礼来安排后事。且不说孔子曾任过鲁国的大夫，就说在当时礼崩乐坏的年代，这种僭越现象也不罕见。但是孔子却把子路的这种行为斥之为"行诈"，将自己享受大夫的葬礼，斥之为"欺天"，可见孔子对僭越行为的痛恨。孔子明知子路出自于"好心"，但孔子不许他"好心办坏事""人情超越礼制"。

9.13 【原文】

子贡曰："有美玉于斯，韫椟而藏诸①？求善贾而沽诸？②"子曰："沽之哉！沽之哉！我待贾者也。"

【注释】

①韫（yùn）：收藏。椟（dú）：柜子。②贾（gǔ）：商人，这里指价钱。沽：卖。

【译文】

子贡说："假如有一块美玉在这里，是把它放在柜子里收藏起来呢？还是找一个识货的商人卖一个高价呢？"孔子回答说："卖了它，卖了它，我正等待那个识货的商人。"

【评论】

儒家学派主张学而优则仕，好学、修身，成才、成人，然后为官，将仁德礼治推行于天下。孔子带领部分弟子四处游说，就是想让自己及弟子们能踏入仕途，将治国平天下的智慧才干都发挥出来。然而他坚持一条基本原则，即为之服务的国君必须能推行仁道，否则是不会参与其政的。可悲可叹的是，他周游列国并没遇到一位能行仁道的国君，于是只好退而整理文献与继续培养弟子。他的弟子子贡不大了解孔子的想法，以为老师清高而怀才不仕，于是婉转地劝谏："有美玉在此，是把它放到柜子里收藏起来呢？还是求个好价钱把它卖掉呢？"孔子知道子贡问意，也幽默地说："卖它呀！卖它呀！我在等一个识货的商人。"孔子与子贡都想用于世，但区别在于子贡急于求仕，而孔子却在耐心待仕。待仕在我，人能用我的道则仕，人不能用我的道则隐。求仕在人，我欲仕须替人行其道，不论此道合不合我意。孔子不仕，是因为没有遇到赞同他的仁德学说的执政者，孔子为官的目的是推行仁道而不是谋求个人出路。

9.14 【原文】

子欲居九夷①。或曰："陋②，如之何？"子曰："君子居之，何陋之有？"

【注释】

①九夷：泛指我国古代东部的少数民族。②陋：本义是简陋，这里指经济、文化落后。

【译文】

孔子想搬到九夷部族辖区去居住。有人说："那个地方的风俗非常鄙陋，怎么能居住？"孔子说："君子所住的地方，还有什么鄙陋的呢？"

【评论】

孔子周游列国，推行仁德教化，结果到处碰壁，空手而归，愤激之下，想到九夷地区去住。有人劝说："九夷那地方很落后，怎么能去居住？"孔子说："君子居住的地方，还有什么落后的吗？"孔子的想法总是和一般人不一样，他人说落后，主要指地方偏僻，经济落后，交通不便等，而孔子关注的却是礼乐教化的精神文明建设，君子所往，正是去推行礼乐教化，所以说"何陋之有"。孔子想去九夷，远离鲁国，表明他志在四方，无宗主国的观念，有大一统的思想。同时也显示了他不论经历多少挫折失败，但崇高的理想信念始终不能泯灭，只要能推行礼乐教化，哪怕是很落后的地方，他也义无反顾地前往。

9.15 【原文】

子曰："吾自卫反鲁[①]，然后乐正[②]，《雅》《颂》各得其所[③]。"

【注释】

①反：同"返"。②正：厘正。③《雅》《颂》：《诗经》分《风》《雅》《颂》三类诗，这是其中的二类诗。这里指的是《雅》《颂》的乐曲。

【译文】

孔子说："我从卫国返回鲁国，然后修订校正乐经，使《雅》乐与《颂》乐各自都有适当的安置。"

【评论】

《诗经》本名《诗》，是我国最早的一部古代乐歌总集，汉代列为儒家经典之一，称作《诗经》。相传《诗》的篇章原来有很多，今本《诗经》只有三百零五篇。《诗经》分“风”“雅”“颂”三类，“风”是民谣、土乐歌，含十五国“风”。“雅”用的是周朝王畿的乐调，根据音节律吕分为大雅、小雅。“颂”多采自庙堂祭祀舞曲，含商颂、周颂和鲁颂。至春秋时，由于社会动荡，《诗》中的“雅”“颂”也出现了混乱的现象。孔子周游列国时，就对《诗》的乐曲及篇章作了考察。从卫国返回鲁国后，他对古代的文献典籍进行了系统的整理，其中就包括对《诗》的整理。他自己说：“我自卫国返回鲁国，然后把乐曲进行了厘正，使‘雅’诗与‘颂’诗各自按音乐曲调归于其应有的位置上。”由这段话，可以证明《诗》最后是由孔子整理删定的。《诗经》本按乐曲进行分类，《风》《雅》《颂》本来是曲调名，可是后来与诗相配的乐曲逐渐失传，《风》《雅》《颂》也就成了纯粹的篇章名称。

9.16 【原文】

子曰：“出则事公卿①，入则事父兄，丧事不敢不勉②，不为酒困，何有于我哉。”

【注释】

①公卿：三公九卿的简称。三公是中央三种最高官衔的合称，周以太师、太傅、太保为三公。九卿是中央政府的九个高级官职，周以少师、少傅、少保、冢（zhǒng）宰、司徒、宗伯、司马、司寇、司空为九卿。②勉：努力去办。

【译文】

孔子说：“走出家门任职就尽力服侍公卿，回到家中就尽心服侍父兄，办理丧事不敢不勤勉而为，平日不被酒所困扰而误事，除了这些我还有什么可干的事呢？”

【评论】

这里所说的“出”，是指出任朝廷中的职务，所说的“入”，是指在家居住。这是一个士人所处的两个不同的时空，也是其生存的基本环境。孔子说：“出门即侍奉公卿，家居即侍奉父兄，遇到丧事不敢不勤勉去操办，又不贪杯为酒所困扰，除此之外，还有什么要我做的吗？”有人说这是孔子自谦，不就是要做到那么简单的区区数事吗，哪个士人做不到呢？其实不然，侍奉公卿要尽忠，侍奉父兄要尽孝，勉力办丧事要尽诚，不被酒乱性要尽慎。或“出”或“入”，或对事，或对人，或对己，都要做到尽礼，这是很难达到的高标准，就连孔子也只能说“不敢不勉”。

9.17【原文】

子在川上曰[①]：“逝者如斯夫[②]，不舍昼夜[③]！”

【注释】

①川上：河边。②逝：消逝。夫：语气词。③舍：居住，这里指停留。

【译文】

孔子站在河边感叹道：“消逝的时光就像这河水一样，日夜不停地流逝而去。”

【评论】

孔子站在河边，面对滔滔远逝的河水，感叹时光难驻，犹如日日夜夜不停流逝的河水。此话有无深意，不可主观猜测，但至少含有叹息岁月如流、迟暮伤逝的意思。林无静树，川无停流，万物都处于变化之中，这是不可抗拒的规律。人也如此，孔子就曾叹息过“不知老之将至云尔”。孔子叹老不是惧怕老死，他总觉得时间过得太快，时不我待，比如“学如不及，犹恐失之”，许多想做的事还来不及做，光阴就已匆匆逝去。他多么希望自己多活几年，曾说：“加我数年，五十以学易，可以无大过矣。”惜时叹老都为了多学，这样的时间观念大概与时间一样珍贵吧！所以古人常说：不贵尺璧，而惜寸阴。

9.18 【原文】

子曰："吾未见好德如好色者也[1]。"

【注释】

①色：美色。

【译文】

孔子说："我还没有看见过喜好仁德就像喜好美色一样的人。"

【评论】

三国时魏国的何晏在《论语集解》中说：孔子"疾时人薄于德而厚于色，故发此言"。喜好美色是人之本性，本性更多地体现为先天俱来的天性；喜好德行是人之至性，至性更多地体现为后天领悟的理性。人之本性与人之至性，并非势同水火，本性须提高至至性，天性须有理性的统摄，孔子不是借"好德"来禁绝"好色"，而是反对薄于德而厚于色。人应当厚于德，并以德来规范好色。孔子喜欢见到的是好德如好色者，而生活中所见到的却多是轻德而重色的人。这说明在许多人中，理性还没有战胜天性，需要在社会上大力提倡"好德"的风气。

9.19 【原文】

子曰："譬如为山，未成一篑[1]，止，吾止也。譬如平地，虽覆一篑，进，吾往也。"

【注释】

①篑（kuì）：土筐。

【译文】

孔子说："好比堆土成山，只欠一筐土就堆成山了，如果就此停止了堆土，这是我自己停止成山的。又好比平整土地，虽然只是刚刚在凹地倒下一筐土，但只要坚持下去，就会达到平地的目的，这是我自己要坚持完成的呀！"

【评论】

孔子向来主张学习、修养主要靠自己自觉努力、坚持不懈，他打比方说："好像用土堆山，只差一筐土山就堆成了，此时却停下来，还是没有形成山，这能怨谁，是自己要停的；又好像平地，虽然才刚刚倒下一筐土，但继续进行下去，再大面积的地也会平整出来，这是自己要坚持完成的。"堆山，只差一筐土，仍不能称其为山；平地，只差一筐土，地仍不能算平整，不论干什么事，如果半途而废便前功尽弃，这就是所谓的"为山九仞，功亏一篑"（《尚书·周书·旅獒》）。从事任何事业，虽仅开头，离成功还很遥远，但日就月将，积少成多，必有成功的一天。

9.20 【原文】

子曰："语之而不惰者[1]，其回也与[2]。"

【注释】

①语：告诉。惰：懈怠。②其：大概，也许。与：同"欤"，语气词。

【译文】

孔子说："听我讲话能始终不懈怠的，大概只有颜回吧！"

【评论】

颜回是孔子最得意的门生，孔子多次称赞过颜回好学，此章是孔子从听讲不懈怠这一角度来称赞颜回的好学精神。颜回听讲为何能做到聚精会神，始终不懈？这主要是因为他能排除任何困扰，乐于孜孜追求道，即使是"一箪食，一瓢饮，在陋巷，人不堪其忧，回也不改其乐"。有这样的求道渴望，才对老师的学说心驰神往，始终保持旺盛的学习毅力。其次，在孔子循循善诱的教导下，他对孔子"仰之弥高，钻之弥坚"的学说心领神会，在理解的基础上，常"亦足以发"，有自己的心得体会，从而引起他极大的学习兴趣，使他"欲罢不能"。再次，颜回觉得"既竭吾才，如有所立卓尔"，总有一个高标准立在眼前，永不满足的求知欲，催促他不断攀登。所以他听老师讲解，总是全神贯注，而没有心不在焉的时候。

9.21 【原文】

子谓颜渊曰[1]："惜乎[2]！吾见其进也，未见其止也！"

【注释】

①谓：议论。②惜：可惜，痛惜。颜回英年早逝，所以孔子有此叹息。

【译文】

孔子谈到颜渊说："可惜了，英年早逝！我只看见他不断地进步，没有看见他有止步的地方。"

【评论】

在孔子受业的学生中，颜回是最优秀的，孔子对他寄予莫大的期望，不幸他英年早逝，孔子悲痛地说："可惜呀！我见他只有不断地进步，没见他有停止不前的时候。"颜回为啥具备永远上进不止的精神？原因在于他"好学"，好学才见贤思齐，见不贤自省，并逐渐达到"不迁怒不贰过""其心三月不违仁"的高境界。颜回过早夭折，其一生也不见有什么惊人建树，但自汉代起他就被列为七十二贤之首，历代统治者不断追加谥号，至今曲阜遗存着他独自的庙堂——复圣庙，人们崇敬的正是他勤奋好学，永不疲倦的进取精神。毛泽东曾有这样的题词："好好学习，天天向上。"颜回可是真正做到了这一点，他的生命虽短暂，然而却是一个辉煌的人生。谁能天天好学向上，谁就是一个令人仰慕的人。

9.22 【原文】

子曰："苗而不秀者有矣夫[1]！秀而不实者有矣夫[2]！"

【注释】

①苗：出苗。秀：指禾开花吐穗。②实：结果。

【译文】

孔子说："出苗却不开花的庄稼有吧，开花吐穗却不凝浆结实的庄稼有吧！"

【评论】

种下的庄稼出苗了，但有的禾苗虽枝叶茂盛却不开花，有的虽然开花吐穗了，但它不灌浆结果实。尽管这是个别现象，但毕竟是一种客观存在。孔子以庄稼地里见到的这种现象，来比喻人群中的现象，这种以具体的自然现象阐述抽象的人生哲理，太形象深刻了。我们常见到有的人，体质健全而无才华，这与"苗而不秀"何其相似；或虽有才华而无所建树，这又与"秀而不实"何其一致。体质健全而无才华者，往往是被懒惰所累，被缺乏自信心所害。一个人对自己失去信心，你就是一团火，也被自造的冰团所包裹，如何能发光发热？有才华而无所建树者，也是普遍存在的现象，这些人往往内心浮躁，没有持之以恒的精神，总想凭自己的聪明走捷径，结果欲速则不达。或稍取得一点成绩，便沾沾自喜，骄傲自满，故步自封。如此这般，能有什么大的建树？还有个别人，虽不属以上二种人的情况，但足可引起我们惋惜，那就是他们才华横溢，却不爱惜身体，本该有更大建树，却夭折于过度疲劳，对他个人及他的家庭与事业都是莫大的损失。

9.23 【原文】

子曰："后生可畏①，焉知来者之不如今也？四十、五十而无闻焉②，斯亦不足畏也已。"

【注释】

①后生：年轻人。畏：敬畏。②无闻：没有名声。

【译文】

孔子说："年轻人是可以让人敬畏的，怎么知道他将来赶不上现在的人呢？但一个人活到四五十岁，如果还没有什么名声的话，那他也就没有什么可以叫人敬畏的了。"

【评论】

孔子对年轻人寄予厚望，因为年轻人好像早晨八九点钟的太阳，朝气勃勃，前途无量，未来是属于他们的。他说："年轻人值得敬畏，怎么敢断定后来者不如现在的人呢？但现在四五十岁的人，在事业上还默默无闻，那他就没有什么可以叫人敬畏的了。"四五十岁，在古代已进入老年期，而今日科学发达，生活环境改善，人的寿命延长，许多人在四五十岁时正处于事业的巅峰期，所以不可拘泥于孔子提出的岁数，要深刻理解孔子话中的主旨。他强调年轻人精力旺盛，体力充沛，思维敏捷，少保守多创新，若勤奋好学，将来必可成就事业。俗话说：长江后浪推前浪，后人一定胜前人。孔子清楚这一历史规律与必然，所以常怀"后生可畏"的信念。但年轻人不可自恃年富力强而"荒于嬉""毁于随"。君不见"少壮不努力，老大徒伤悲"者不在少数，"后生"将来也有"四五十岁"的时候，到那时"而无闻焉，斯亦不足畏也已"。

9.24 【原文】

子曰："法语之言[①]，能无从乎？改之为贵。巽与之言[②]，能无说乎[③]？绎之为贵。说而不绎[④]，从而不改，吾末如之何也已矣。"

【注释】

①法语：合乎法规的话。②巽（xùn）：恭顺。与：赞许。③说：同"悦"。④绎：研究。

【译文】

孔子说："合乎法规的话，听了能不服从吗？改正了错误就好。恭维赞许的话，听了能不高兴吗？但还需要认真分析才对。盲目高兴而不思考，口头服从而不改过，对这种人我就不知道该怎么办了。"

【评论】

真正听从合乎法规的话，必须用它来规范自己的行为，改掉不合乎法规的错误。如果表面上听从合乎法规的话，而实际上却无悔改错误的行为，那就是阳奉

阴违了。一个人要想进步，对于阿谀奉承的话，一定要提高警惕，谀言多是害人的"陷阱"，我们必须冷静分析，辨清是非，切莫让它把我们吹捧得昏昏然。对于一切逆耳的忠言，包括可能逆耳的"法语之言"，倒是应该虚心听取，并努力将它落实到具体的行动中。

9.25 【原文】

子曰："主忠信，毋友不如己者，过则勿惮改。"

【评论】

此章与《学而》第八章后半部分重复，钱穆《论语新解》中说："圣人随机立教，一事时或再言，弟子重师训，故复书而存之。"

9.26 【原文】

子曰："三军可夺帅也①，匹夫不可夺志也。②"

【注释】

①三军：周朝制度规定：诸侯大国可以拥有中、上、下三军的军队，一军一万二千五百人，后用"三军"作军队的通称。②匹夫：一介平民百姓。志：志向。

【译文】

孔子说："三军虽强大，但可以夺取它的主帅；一介平民虽软弱，却不能剥夺他的志向。"

【评论】

三军可谓人多势众，然而遇到强兵，其主帅也会成为强敌的俘虏。一个平民百姓可谓势薄力单，但他所坚守的志向，再强大的敌人也无法让他放弃。可见，三军皆可战胜之，而匹夫之志却坚固不可摧。孔子以强烈的对比，来颂扬大丈夫"威武不能屈"的尊严。一个人，只要信仰坚定，在精神上就无敌于天下，他捍卫了最可珍贵的信仰、人格与气节，丝毫不惜付出生命的代价。“身可危也，而志不可夺也”（《礼记·儒行》），“士可杀而不可辱”，也是对“匹夫不可夺志”的又一种阐释。在中国历史上，曾出现过多少宁死不屈、为坚守节操而英勇就义的烈士，他们是中华民族的精英与脊梁，在他们身上体现了“匹夫不可夺志”的伟大精神。

9.27 **【原文】**

子曰：“衣敝缊袍[①]，与衣狐貉者立[②]，而不耻者，其由也与。‘不忮不求，何用不臧[③]？’”子路终身诵之。子曰：“是道也，何足以臧？”

【注释】

①衣：作动词用，穿。敝：破旧。缊（yùn）：乱麻、旧絮。②狐貉（hé）：指用狐、貉皮毛制的珍贵大衣。③不忮（zhì）不求，何用不臧：《诗经·邶风·雄雉》中的诗句，意思是：不损人不贪婪，走到哪里能不行呢？忮：嫉妒，损害。求：贪求。臧：好，善。

【译文】

孔子说：“穿着破旧的绵袍和穿着狐貉裘衣的人站在一起，不觉得自己寒酸羞愧，恐怕只有仲由（子路）能做到吧。正如《诗经》上说：‘不嫉妒，不贪求，走到哪里不行呢？’”子路听了很高兴，终身背诵着这两句诗。孔子又说：“仅仅懂得这个道理，怎能说足够好呢？”

【评论】

子路出身贫寒，《孔子家语》与《说苑》都记有子路对往昔的回忆：“负重涉远不择地而休，家贫亲老不择禄而仕。昔者由也，事二亲之时，常食藜藿之实，为亲负米百里之外。”但子路又重义轻财，曾说：“愿车马衣轻裘，与朋友共，敝之而无憾。”孔子称赞他不以贫穷为耻，不为富贵动心。并说：“只要做到《诗》中所说：‘不嫉妒不贪婪，走到哪里能不理直气壮呢？’”子路听了，感到无比的自豪，长久地背诵这两句诗。孔子又说：“仅仅做到这点，怎能管用一辈子呢？”

一些人，因自己贫穷而自卑，与富人在一起更觉得寒酸丢脸。有的人因耻于自己贫穷而嫉恨他人富有。更有甚者，因不甘贫穷而不择手段谋取他人钱财。子路既不损人利己又不谋求不义之财，当然是一善德，但不能仅以此一善而沾沾自喜，君子任重而道远，岂能以一善而故步自封，孔子前表扬后批评，都是为了子路的进一步修德。

9.28 【原文】

子曰："岁寒然后知松柏之后凋也[1]！"

【注释】

①凋（diāo）：凋零。

【译文】

孔子说："天气严寒了，然后才知道松柏的叶子是最后才凋落的。"

【评论】

孔子这句话并不是想述说一种自然现象，而是寓有深刻的哲理，以松柏不畏天寒地冻，来比喻在艰难困苦环境中坚守信仰节操的人。《荀子·大略篇》中说："岁不寒，无以知松柏；事不难，无以知君子。"俗话也说："疾风知劲草，板荡识忠臣。"越是在国家危难之时，民族存亡之际，小人之奸，君子之忠，越是鲜明地显现出来，越能显示出仁人志士不屈不挠、力挽狂澜的本色。孔子赞颂松柏，实际就是赞颂"时穷节乃见"（文天祥《正气歌》）的英雄。自孔子之后，岁寒中的松柏就成了"岁寒三友"之一，就成了文人借以表达高洁情怀的象征物。陈毅就有《青松》一诗："大雪压青松，青松挺且直。要知松高洁，待到雪化时。"颂扬岁寒中的松柏成为中国文化特有的景观。

9.29 【原文】

子曰："知者不惑[1]，仁者不忧，勇者不惧。"

【注释】

①知：同“智”。

【译文】

孔子说：“有智慧的人不迷惑，有仁德的人不忧愁，有勇气的人不惧怕。”

【评论】

有智慧，就能辨是非，明事理，所以难以被假象所迷惑。有仁德，心怀天下，乐道而忘忧，何愁之有？有勇气，见义勇为，舍生取义，强暴有何惧？智、仁、勇是三项美德，君子可以兼而有之。然而三项美德中，还是以仁为统摄，有仁德，才好学修业达明智；有仁德，才无私知耻一身胆。如何达到知、仁、勇？还是孔子说得好：“好学近乎知，力行近乎仁，知耻近乎勇。”孔子所说的“仁者不忧”，是指仁者不以个人得失常戚戚，但仁者却常以天下百姓之忧而忧。孟子说：“乐民之乐者，民亦乐其乐；忧民之忧者，民亦忧其忧。乐以天下，忧以天下。”（《孟子·梁惠王章句下》）忧乐系于天下，才是仁者，才会具备大智大勇。

9.30 【原文】

子曰：“可与共学，未可与适道①；可与适道，未可与立②；可与立，未可与权③。”

【注释】

①适：往，赴。②立：立身，建树。③权：权衡，这里指变通。

【译文】

孔子说：“可以在一起学习的人，未必可以志同道合；可以志同道合，未必可以一同有所建树；可以有共同建树，未必可以有共同权衡利弊的方法。”

【评论】

可以在一起学习的人，未必可以与他有共同的道义追求；可以与他有共同的

道义追求，未必与他建立共同的功业；可以与他有共同的功业，未必与他有同样的灵活变通方式。这确实是同学之间全部情况的真实概括。一起学习的同学，各怀自己的目的，有的为求个人利禄而学，有的为治国平天下而学，自然不能志同道合，共同追求道义目标；能共同追求同一道义，但对道义的理解深浅不同，信仰的程度不同，自然不会做到同样的立身、立德、立功；即使能共同创立事业，但由于思考处理问题的方法不同，也不会都能随着变化了的情况而变通。能一心向道，坚定信仰，善于权变，把握事物适当的“度”，不死守教条，能从容应对事态变化来推行道，这是孔子最理想的学以致用了。

9.31 **【原文】**

“唐棣之华①，偏其反而②。岂不尔思③？室是远而④。”子曰：“未之思也，夫何远之有？”

【注释】

①唐棣：树木名。华：同“花”。②偏其反而：翩翩摇摆。偏，同“翩”，随风摆动。反，通“翻”。而，语气词。③不尔思：即不思尔。④室：居处。

【译文】

古逸诗说：“唐棣树开的花，随风翩翩地摆动。哪里是我不思念你？因为家离这里太遥远。”孔子说：“其实还是没有去思念，这与离家遥远不遥远有什么关系呢？”

【评论】

此章前四句是一首逸诗，没有收入《诗》中，意思是：“唐棣树的花，在微风中翩翩摆动。难道我不想念你吗？只因为你的住所太遥远了。”孔子针对这首诗说：“还是没有思念，如果思念，还管什么遥远不遥远。”“古人云：形在江海之上，心存魏阙之下，……故寂然凝虑，思接千载；悄焉动容，视通万里。”（《文心雕龙·神思》）“思”就是自己心中的情感波动、思维活动，根本不受时空的限制。因为遥远而不能思，这不是骗人的话吗？不是不能思，而是不想思。本章中的“尔”，在《诗》中大概指爱人或亲人，读者若“思接千载”“视通万里”，可以联想到贤者，或盛世、或理想……也能说通，实无强求一致的必要。有人说：孔子借逸诗起兴，意在说明：“仁远乎哉？我欲仁，斯仁至矣。”比较起来，还是这种理解更贴近历史真实。孔子评论这首诗的寓意是：如果你想推行仁德，就有仁德的事可做，如果找借口说推行仁德没条件，其实是你原来就不想推行仁德。

乡党篇第十

本篇有二十七章，几乎全是记述孔子在日常生活中践行礼仪的情况。孔子从小就生活在礼乐之邦的鲁国，耳濡目染，深受其礼乐的熏陶，自幼便喜欢习礼，对当时“礼崩乐坏”的现象痛心疾首。成人后，更注意在官场上、老乡中、出国时，在其他不同的场合，以礼规范自己的言谈、礼节。在不同的时节与不同的地点，穿戴不同的合乎礼所要求的衣帽。严格遵守饮食起居中有关礼的规定与禁忌，如做到“食不语，寝不言”，“车中不内顾，不疾言，不亲指”。在诸礼中尤其重视祭祀礼仪，“齐（斋），必有明衣，布。齐（斋）必变食，居必迁坐。”同时也很重视君臣之礼，君召不得迟缓，君赐食，君探望，都回以相应的礼数以示对国君的尊重。孔子在言谈举止、衣食住行中处处守礼，不仅是为学生做表率，而且也是自己学识、文化、修养、风度的自然流露。因为他把礼视为社会文明的标尺，所以才能做到随时随地自觉地守礼行礼。本篇有异于其他篇，它重在叙事，主要写孔子的生活片断甚至生活细节，然而这些并非闲笔，通过这些描写，以小见大，由琐细显示宏旨，由孔子具体的起居行止、待人接物，反映出他的习惯、志趣、涵养甚至感情、信仰，使孔子的形象更加活灵活现。

10.1 **【原文】**

孔子于乡党[1]，恂恂如也[2]，似不能言者。其在宗庙朝廷，便便言[3]，唯谨尔。

【注释】

①乡党：家乡，也指老乡。②恂（xún）恂：温和恭顺。如：相当于“然”，……的样子。③便便：擅长言谈。便，通“辩”。

【译文】

孔子在本乡地方上，非常恭顺温和，好像不善言辞的样子。他在宗庙或朝廷上，却雄辩滔滔，只是每句话都很谨慎罢了。

【评论】

孔子同一个人，一会儿寡言，一会儿善语，给人两种印象，是不是孔子在搞两面派？不是的。这说明孔子讲话注意不同的对象、不同的场合，遵循不同的礼节，该说就说，不该说就不说，该说什么，该说多少，都有一定的原则。在家乡，待人恭顺随和就可以了，用不着在父老乡亲面前夸夸其谈，以显示自己博学多才。在宗庙祭祀与朝廷上议事时，不把关于礼仪和为政的道理说得有理有据明白畅达，就是没尽职责，但说话时特别注意谦虚谨慎，既中肯到位又语气亲切缓和。由于孔子对中庸原则、社交礼仪十分娴熟，才能针对不同的对象，准确把握表情与言谈的分寸，尽管在家乡、宗庙、朝廷上，对老乡与同僚们有不同的口吻语态，但都反映了孔子谦恭的容貌和平和的心态。

10.2 【原文】

朝，与下大夫言①，侃侃如也②；与上大夫言，訚訚如也③。君在，踧踖如也④，与与如也⑤。

【注释】

①下大夫：大夫中的下等阶层。大夫是诸侯以下的阶层，大夫中又有上、下大夫之分。②侃（kǎn）侃：温和快乐。③訚（yín）訚：正直恭敬。④踧踖（cù jí）：小心恭敬。⑤与与：徐徐，安详稳重。

【译文】

孔子上朝的时候，与下大夫交谈，温和快乐从容不迫；与上大夫交谈，正直恭敬态度和悦。国君在场时，虽然有点局促不安，但神态安详稳重。

【评论】

孔子当时应该是个下大夫，所以与下大夫谈话时轻松快乐，与上大夫谈话则较严肃恭敬。对君王则恭敬加不安了，但也不惊慌失措。这些不同神态，都符合礼的要求，既符合自己的身份，又符合对方的礼节要求。不同的礼节仪式，反映着封建的等级制，也维护着封建等级制。孔子从小就经常习礼，肯定包括练习与不同等级的人谈话时应有的姿态、表情及语态，所以当真正面对不同级别的人时，他所施行的礼节仍然十分娴熟自如。

10.3 【原文】

君召使摈①，色勃如也②，足躩如也③。揖所与立④，左右手，衣前后，襜如也⑤。趋进⑥，翼如也⑦。宾退，必复命曰："宾不顾矣⑧。"

【注释】

①摈（bìn）：接待外宾。②勃：庄重。③躩（jué）：快步行进。④揖：作揖，即行礼。⑤襜（chān）：衣服整齐摆动。⑥趋进：快步向前。⑦翼：鸟儿翅膀。⑧顾：回头看。

【译文】

鲁国君主召唤孔子，派他去接待外国的贵宾，孔子面色矜持庄重，行走迅速敏捷。他向左右两旁的人作揖，一会儿向左拱手，一会儿向右拱手，衣裳随身一俯一仰，前后摆动协调整齐。贵宾来了，他快步向前，姿态像鸟儿舒展开翅膀。贵宾告退后，他一定回报国君说："贵宾已经不回头地走远了。"

【评论】

此章记录孔子奉国君之命，接待外宾时的举止神态。孔子从小习礼，非常娴熟接待外宾的礼数，他的神态与言语既符合礼仪的要求，又突出了对外宾的尊敬，同时还保持着自己的尊严，因为他代表的是一个国家，他行使的礼仪标志着一个国家的文明。《史记·屈原贾生列传》记屈原"博闻强记，明于治乱，娴于辞令。入则与王图议国事，以出号令；出则接遇宾客，应对诸侯。王甚任之”。显然，礼貌待客，尤其是以礼接待外宾，这是重臣必备的素质。由此可见，孔子从小习礼，就怀有远大的志向。

10.4【原文】

入公门，鞠躬如也[①]，如不容。立不中门[②]，行不履阈[③]。过位[④]，色勃如也，足躩如也，其言似不足者[⑤]。摄齐升堂[⑥]，鞠躬如也，屏气似不息者[⑦]。出，降一等[⑧]，逞颜色[⑨]，怡怡如也[⑩]。没阶[⑪]，趋进，翼如也。复其位，踧踖如也。

【注释】

①鞠躬：这里指弯腰。②中门：门中间。③阈（yù）：门坎。④位：指国君的座位。⑤不足：指气力不足。⑥摄齐：提起衣裳的下摆。摄，提。齐，衣裳的下摆。⑦屏气：憋气。⑧一等：指下一级台阶。⑨逞颜色：舒展脸色。⑩怡怡：轻松和悦。⑪没阶：走完最后一级台阶。

【译文】

孔子进入鲁公朝廷的大门时，很恭敬地低头躬身，好像门低而不容他直挺着身子走进去。他不在朝廷中门站立，进门时不踩门槛。经过国君的座位时，脸色立即变得矜持庄重，脚步也加快，说话声音微弱好像气力不足。他上堂时提起衣服的下摆，低头躬身，屏气凝神，好像停止呼吸似的。走出厅堂，下了一个台阶，脸色便放松一些，神情舒展了一些。走完最后一个台阶，他便加快了脚步，衣袂飘动好像鸟儿展翅。回到原先的位置，才恢复了平常小心恭敬神态。

【评论】

此章叙述孔子上朝的举止，从一系列的举手投足的变化中，我们可以看到孔子内心的全部活动，这些神态举止，朝礼不一定悉数规定，许多还是出于对国君的敬畏，对国君敬畏，正体现了孔子对自己职责的高度重视。

10.5 【原文】

执圭[1]，鞠躬如也，如不胜[2]。上如揖，下如授。勃如战色，足蹜蹜如有循[3]。

享礼[4]，有容色。私觌[5]，愉愉如也[6]。

【注释】

①圭：上圆下方的一种玉器，举行典礼时君臣都要手执圭，只不过身份不同，圭的形制也不同。②不胜：承受不了。③蹜蹜（sù）：脚步细碎紧凑。④享礼：享受献礼。⑤觌（dí）：会见。⑥愉愉：轻松愉快。

【译文】

孔子双手捧着圭，低头躬身，恭敬谨慎，好像拿不动圭的样子。他向上举起圭好像在作揖，向下拿着圭好像在授予他人。他面色紧张，战战兢兢，碎步紧凑，好像按着规定的路线前行。当献上礼物的时候，满脸谦和。当以私人身份和外国君臣会面时，则显出轻松愉快的样子。

【评论】

此章记孔子受国君之命聘问外国的过程，也有人认为这是记录孔子教弟子习礼的情况，二者都可说得通。然而《春秋》《左传》皆不载孔子作为使者出国朝聘往来之事，姑且从后说。孔子怎样教弟子出使外国时，准确施行外交礼节？他先做示范，一丝不苟，如同真的出聘一般。经过严格的习礼训练，孔子才对弟子入仕任官那样的有信心。

10.6 【原文】

君子不以绀緅饰[1]，红紫不以为亵服[2]。当暑，袗絺绤[3]，必表而出之[4]。缁衣[5]，羔裘[6]；素衣[7]，麑裘；黄衣，狐裘。亵裘长，短右袂[8]。必有寝衣，长一身有半。狐貉之厚以居[9]。去丧，无所不佩。非帷裳[10]，必杀之[11]。羔裘玄冠不以吊[12]。吉月[13]，必朝服而朝。

【注释】

①绀（gàn）：深青中带红的色彩。緅（zōu）：黑中带红。②亵服：家居时穿的便服。③袗（zhěn）絺（chī）绤（xì）：指麻制单衣。袗，单衣。絺，细麻布。绤，粗麻布。④必表：一定把麻制单衣穿在外面，里有衬衣。⑤缁（zī）：黑色。⑥羔裘：羔羊皮袍。⑦素：白。⑧袂：袖子。⑨居：通“踞”，坐、蹲的意思，这里指坐垫。⑩帷裳：整幅布制的朝祭礼服。⑪杀：指裁剪。⑫玄冠：黑色礼帽。吊：吊丧。⑬吉月：正月初一。一说每月初一。

【译文】

君子不用深青带红和黑中带红的色布镶衣领边，不用浅红色和紫色来作平常居家的休闲服。暑天穿或者粗或者细的葛布单衣，但一定穿在外边，里边衬有内衣。冬天穿黑羊羔皮袄要配黑色的罩衣，如穿麑皮袄要配白色的罩衣，如穿狐皮袄要配黄色的罩衣。在家闲居时，所穿的皮袄可长一些，只是右边的袖子要做得短些，便于做事。睡觉时所用的“寝衣”即被子，其长度大约是使用者身长的一倍半。用长着厚毛部位的狐貉皮作坐垫。丧期满了以后，就什么装饰物都可以佩戴了。做不是上朝和祭祀时穿的衣服，一定要裁剪掉多余的布。去吊丧，不穿羔皮袄也不戴黑色礼帽。每到初一日，一定穿着上朝的礼服去朝拜。

【评论】

儒家制定的礼仪，对不同的人，有不同的要求，礼的规范无处不在，渗透到社会生活的方方面面，其中服饰就是重要的一项。不同等级的人有不同的服饰规定，君子的服饰要求是：不用深青透红或黑里透红的布料做衣服的镶边，因为它们是斋祭服，用深青透红或黑里透红的布料做镶边不庄严。也不以粉红或紫红色布料做家穿的便服，因为粉红或紫红色不是正色。当暑天来临，要穿粗麻布或细麻布做的单衣，一定罩在衬衣的外面。冬天来临，黑色的外衣，配黑羔羊皮袍，白色的外衣，配白麑鹿皮袍，黄色的外衣，配黄狐狸皮袍，做到颜色表里如一。平常在家穿的皮袍，做得较长，右手的袖子较短，便于右手做事。小卧被，其长度是一身长又半，睡觉时，脚端可折，不会透风。用长着厚毛的狐皮貉皮做坐褥，来接待宾客。服丧期满了，脱去丧服，无啥禁忌了，金玉类饰物就都可以佩

戴了。如果不是朝服祭服，一定裁剪掉多余的布，免得浪费。不能穿羔皮袍子、戴黑礼帽去吊丧，这可能是当时的一种忌讳。每月的初一，是一月之始，一定穿上礼服上朝参拜。服饰代表着一定阶层的社会地位与精神面貌，也显示着一定的风俗习惯、礼法规定，所以儒家对此十分重视。

10.7 【原文】

齐[①]，必有明衣[②]，布。齐必变食[③]，居必迁坐[④]。

【注释】

①齐：同"斋"。祭祀前，必须斋戒沐浴。②明衣：浴后所穿的洁净的衣服。③变食：变更平常的食物，指不饮酒、不吃肉。④迁坐：改换卧室，不与妻妾同房。

【译文】

斋戒沐浴的时候，一定要有用布做的洁净的浴衣。斋戒的时候，必须改变日常的饮食习惯，不饮酒不吃荤，还要搬迁到无妻妾的住所去居住。

【评论】

在古代，祭祀与征伐一样，是国家的大事，曾子曾说："慎终追远，民德归厚矣。"通过祭祀，感谢先辈恩泽，追念祖先功德，使民风趋向忠孝厚道，为此国家还设置专门的官员来负责祭祀的礼仪。孔子历来对斋祭非常重视，也非常慎重，严格遵守斋祭规定。斋祭前，必须沐浴。浴后换上洁净的衣服，浴衣是用布料制作而成。斋祭后不再饮酒、不再吃荤。从内室搬到外室，不与眷属一起住，求得身洁心诚。孔子重视斋祭，难道他相信斋祭能与神灵沟通？不是的，"子不语怪、力、乱、神"，已经十分清楚地否定了这一点。孔子斋祭前后一系列洁身活动，只为了通过斋祭仪式达到一次心灵的净化与提升。

10.8 【原文】

食不厌精[①]，脍不厌细[②]。食饐而餲[③]，鱼馁而肉败[④]，不食。色恶，不食。臭恶，不食。失饪[5]，不食。不时[6]，不食。割不正，不食。不得其酱，不食。肉虽多，不使胜食气[7]。唯酒无量，不及乱[8]。沽酒市脯不食[9]。不撤姜食，不多食。

【注释】

①厌：通“餍”，贪吃，饱餐。②脍（kuài）：细切的鱼或肉。③饐（yì）：气改变。餲（ài）：变了味。④馁（něi）：腐烂。⑤失饪（rèn）：烹调不当。⑥时：时候。⑦食气：指粮食主食，气同“饩”。⑧乱：神智昏乱。⑨脯（fǔ）：干肉。

【译文】

粮食舂得再精也不饱餐，鱼和肉切得再细也不贪吃。粮食陈旧了会霉烂变味，鱼和肉不新鲜了会腐烂，都不能吃。食物颜色不正异样了，不吃。气味腐臭难闻了，不吃。烹调不当或夹生或焦煳了，不吃。不到该吃食时候，不吃。不按正确方法切割的肉，不吃。没有调味的酱醋，不吃。肉虽然多，所吃也不能超过主食。只有酒不限量，但也不至于喝醉神智昏乱。从市场上买来的酒和肉干未必清洁纯正，不吃。一直到吃完也不把姜撤去，但不多吃。

【评论】

过去的著述往往把“食不厌精，脍不厌细”解释成：孔子吃米不嫌舂得精，吃鱼和肉不嫌切得细，这种解释久而久之形成了一种传统的观念，认为孔子很会享受生活。也为历史上的“批孔派”提供了攻击孔子“生活奢侈腐化”的重要证据。实际上，这纯粹是对孔子名声的一种玷污。孔子主张：“士志于道，而耻恶衣恶食者，未足与议也。”“君子食无求饱，居无求安，敏于事而慎于言，就有道而正焉，可谓好学也已。”“饭蔬食，饮水，曲肱而枕之，乐亦在其中矣。不义而富且贵，于我如浮云。”孔子根本不属于追求物质享受的人。许多著述为什么会得出与实际相反的结果呢？全来自于对本章的误读。要正确理解本章，必须弄清其具体的语境。本章的具体语境不是孔子居家时的日常生活或待客。如果在自己的家里，他是不会将霉烂变了味的粮食、鱼和肉，做成饭菜。也不会将这些饭菜

摆到桌面上后，然后他又不吃了。只能是他被人邀请，在宴席面前，孔子根本谈不上“吃米不嫌舂得精，吃鱼和肉不嫌切得细”，他只能选择哪些该吃哪些不该吃，该吃的，只能选择是吃多还是吃少，或者不到吃饭的时候干脆谢绝去吃。所以本章的“厌”当“贪吃”理解最合适。孔子讲究饮食卫生，按时饮食，饮食有量，这是很重要的养生之道，与奢侈腐化毫不沾边。

10.9 **【原文】**

祭于公[①]，不宿肉[②]。祭肉不出三日[③]。出三日，不食之矣。

【注释】

①祭于公：陪国君祭祀，祭毕，国君赐祭肉。②宿肉：过夜的肉。③祭肉：自家祭祀用的祭肉。

【译文】

参加国家的祭祀典礼，国君所赐予的祭肉，不能过夜再吃。在家祭祀祖先，保留祭肉，不能超出三天。若是存放过了三天，就不能吃了。

【评论】

参加国君祭祀典礼，祭祀完毕，国君要赐祭肉给助祭者。但此祭肉此时已在祭坛上供了两天，所以不能再留下过夜，应马上吃掉，否则变了味再吃，就危险了。自家祭祀，所供的祭肉不能超过三天，否则也不新鲜了，再不能食用。国君赐祭肉，仪式隆重，但不能因为其意义重大，过了夜不新鲜的祭肉还要吃，往往会闹肚子。家庭祭肉虽不如国君所赐祭肉那般珍贵，但也不能食用过期腐烂变质了的肉。分享祭肉的意义固然与平日吃肉不一样，但也要以健康为至高原则，过期腐败的祭肉不能吃，那平日过期腐败的肉就更不用说了。

10.10 **【原文】**

食不语[①]，寝不言[②]。

【注释】

①食：吃饭。②寝：睡觉。

【译文】

吃饭的时候不要交谈，睡觉的时候不要说话。

【评论】

儒家不仅注意危急时刻保持大节，也注意平日保持良好的生活小节。如提倡吃饭睡眠都不适宜说话，吃饭时，口中嚼物，说话容易喷饭沫，很不卫生。睡眠时说话，会影响大家休息。“食不语，寝不言”，事虽细小，但事关大家的保健，应自觉遵守，始终保持君子的守礼大雅。当然，特殊情况下，如宴会时，敬酒讲话，朋友久别重逢彻夜谈心等，就另当别论了，具体情况分别对待。

10.11 【原文】

虽疏食菜羹瓜[①]，祭，必齐如也[②]。

【注释】

①疏食：粗糙的饭食。菜羹：菜汤。②齐：通“斋”，斋戒。如：那样。

【译文】

吃的虽然是糙米饭，喝的虽然是菜汤，也一定得先祭一祭祖先，而且祭的时候一定恭恭敬敬，和正式斋戒一样。

【评论】

古代有祭食之礼，在饮食之前，将每种食物取出一点，放在盛食物的器皿中进行祈祷，感谢上天的赐予与祭祀古时发明用火做熟食的人。有时祭祀者虽然供的是粗粮、菜汤与瓜，三物极廉价，虽不算什么重大祭祀，也一定像其他祭祀一样毕恭毕敬。通过祭祀，感谢厚德载物的大地，为人类提供这些维持生命的物质，追念先人在茹毛饮血的时代，筚路蓝缕，为后人开拓、创造文明的恩泽。

10.12 【原文】

席不正[①]，不坐。

【注释】

①席：席子。

【译文】

座席摆放的不合礼制，不能坐。

【评论】

古代以席铺地而坐，铺席也必须符合礼的要求，天子、诸侯、大夫坐几层席，面向什么方向，都有规定，符合规定，称作席正。若就座的席位与自己的名位不相配，就叫作“席不正”。孔子来到别人家，摆放的铺席与自己的名位不相称，则不入座，孔子恪守的是礼的规定。

10.13 【原文】

乡人饮酒，杖者出[①]，斯出矣。

【注释】

①杖者：拄拐杖的人，指老人。

【译文】

乡人举行饮酒礼后，要等拄着拐杖的老人都出去了，孔子这才动身离开。

【评论】

老乡聚会饮酒，讲究乡饮酒礼，其礼节显著特点是尊敬老者，长幼有序。拄杖的人一般都是长者，坐上席。拄杖者不退席，孔子不敢退席，拄杖者退出，孔子才退出。表示对老人的尊敬与遵守乡饮之礼。中国古代，十分注重宴席上的礼节，不仅席位上讲究，敬酒上讲究，退席先后也讲究，处处尊重年老者、尊贵者，长期以来形成了一种风俗传统。

10.14 【原文】

乡人傩[①]，朝服而立于阼阶[②]。

【注释】

①傩（nuó）：古人迎神以逐疫鬼的一种风俗活动。②阼（zuò）阶：大堂东的台阶，是主人迎送宾客站立的地方。

【译文】

乡里的人举行迎神驱鬼的风俗活动，孔子就穿着朝服站在东边的台阶上。

【评论】

傩是乡人举行迎神以驱逐疫鬼的一种风俗活动，每当举行这一活动时，孔子总是穿着朝服，站立在迎送宾客的大堂东阶上观看。他虽不参与，但如同上朝一般对乡人迎神逐疫鬼的活动表示尊重与敬畏。这是孔子“敬鬼神而远之”的生动写照，同时观赏着道上往来的仪仗队伍，也是一种与民同乐。

10.15 【原文】

问人于他邦[①]，再拜而送之。

【注释】

①问：问候。他邦：他国，这里指他国的友人。

【译文】

孔子托人向他国的朋友问好，总是对受托者先拜两次然后再送行。

【评论】

孔子周游列国，交友甚广，每当托人捎带信件、礼品向他国的友人问候时，对所拜托的人一拜再拜。一拜谢他一路辛劳，再拜等于遥拜所问候的友人，远方的友人虽不在身边，但一样恭敬如在面前，然后恭恭敬敬地送他上路。孔子如此敬重受托者，受托者也一定会把孔子对友人的诚挚情谊做认真转达。

10.16 【原文】

康子馈药[①],拜而受之。曰:“丘未达[②],不敢尝。”

【注释】

①康子：即季康子。馈：赠送。②达：了解，明了。

【译文】

季康子给孔子赠送药品，孔子虽拜谢而接受了，却说：“我对这药性不了解，不敢服用。”

【评论】

鲁国大夫季康子馈赠孔子药物，孔子拜谢后收下，行的是接受大夫馈赠之礼。然后却说：“孔丘我还不了解这种药的性能，不敢尝试服用”。药物不是普通食物，没搞清药性时，不可贸然试服，孔子对服药十分谨慎的态度是对的。但是，季康子馈赠孔子药物的药性，孔子难道真的不了解吗？未必。孔子对季康子在鲁国执政很有看法，他不愿与他交往，又不便拒绝他的馈赠，只好当着权势显赫的季康子或其使者的面说“不敢尝”，实际等于拒绝了季康子的馈赠，又不算失礼，恰当地给了季康子一个十分难堪的回复。

10.17 【原文】

厩焚[①]。子退朝,曰:“伤人乎?”不问马。

【注释】

①厩（jiù）：牲口棚。

【译文】

孔子家的马棚失了火。孔子退出朝廷回家后，急匆匆地问："大火伤了人吗？"一点也不提及马。

【评论】

这是一段著名的描写孔子"爱人"的言行。孔子为官退朝回家后，得知家中马棚失火，他不首先问马烧伤烧死没有，而是首先问人烧伤没有，因为马棚失火，孔子关心受伤的可能就是雇用的马夫。马是孔子重要的私有财产，他却不关心，马夫非亲非故且社会地位卑贱，失火又主要是他的责任，孔子并没有首先谴责他，而是关心他的受伤。孔子仓促间，虽只说了"伤人乎"这一句问话，却体现了他一贯倡导的仁爱精神！春秋时期，在贵族眼里，下贱佣人的价值并没有他的马匹珍贵，孔子却爱人不爱马，体现了重视、爱护下层民众的历史进步意识。

10.18 【原文】

君赐食，必正席先尝之；君赐腥[①]，必熟而荐之[②]；君赐生[③]，必畜之。侍食于君，君祭，先饭[④]。

【注释】

①腥：腥臊，这里指生肉。②荐：供奉。③生：指活牲畜。④饭：吃饭，这里指先尝一点饭。

【译文】

国君赐予孔子熟食，孔子一定摆正座位先尝一尝。国君赐予孔子生肉，孔子一定拿回家煮熟了，先供奉给祖宗。国君赐予孔子活的牲畜，孔子一定养活着它。孔子陪同国君一起吃饭，当国君举行饭前祭礼的时候，孔子就先尝一点饭而不吃菜。

【评论】

国君赐予熟食，受赐者一定摆正席位端坐，先尝一点，表示感谢国君的赏赐。国君赐予生肉，带回家后一定将它煮熟，先供奉给祖先，将国君赐予的这份荣耀归于祖先。国君赐予活的牲畜，一定先饲养着，待到祭祀时，再杀作祭品。侍奉国君吃饭时，国君在饭前要行祭食之礼，在国君祭食时，侍奉者先尝一点饭，表示为君主尝食，看看烹调得如何。儒家对国君赐食如此敬重，伺服国君祭食如此认真，实际就是对国君的尊重。孔子曾说："不知礼，无以立也。"知礼是儒家的立身之本，儒家守礼行礼一丝不苟。

10.19 【原文】

疾，君视之，东首[1]，加朝服[2]，拖绅[3]。

【注释】

①首：头朝东。②加朝服：把朝服盖在身上。③绅：束在腰间的大带子。

【译文】

孔子病了，国君来探望他，孔子就在病榻上把头朝向东，披上朝服，朝服上还拖着大腰带。

【评论】

孔子病重，听到国君要来看望他，便头朝东而卧，所盖的被子上加盖了朝服，又把束腰的大带子放在朝服上面。孔子有病不能起床参拜国君，但头朝东，给国君就座时留出尊贵的南向方位来。按礼仪规定，觐见国君，必须穿朝服而不能穿便服，但孔子因卧病不能穿朝服，只能将朝服盖在身上，再把束腰的带子放在上面，表示如穿朝服，以迎国君到来。孔子虽在病中，仍不忘事君之礼。

10.20 【原文】

君命召，不俟驾行矣[1]。

【注释】

①俟（sì）：等待。驾：指驾好马车。

【译文】

国君派人召唤孔子，孔子等不及备好车辆驾好马，就急匆匆地步行去了。

【评论】

如果有国君召见的命令到，孔子等不到驾好马车就先步行走了。步行先走，肯定走不远，马车很快赶到，还得坐上马车走，何苦呢？他闻令急趋，招之即来，表明了他对国君命令的重视态度。国君命令，必涉及重要国事，孔子把国事视如山重，容不得有片刻的迟缓，由此也可想象他执行国君命令时是如何的雷厉风行。

10.21 【原文】

入太庙，每事问。

【评论】

本章内容已见《八佾》篇第十五章。

10.22 【原文】

朋友死，无所归①，曰：“于我殡。②”

【注释】

①归：归宿，这里指安葬。②殡：殡葬。

【译文】

孔子的朋友死了，但没有他的亲戚来收敛，孔子便说：“殡葬的事由我来处理吧。”

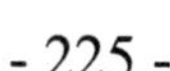

【评论】

朋友死了，却没有朋友的亲人给他来办丧事，朋友死无葬身之处，灵魂无所归依，这时作为朋友的孔子就会站出来说："殡葬的事由我来安排。"殡葬需要花销大量的钱财与精力，只有重情谊守信义的朋友才能做到，可见孔子是个仗义疏财之人。孔子一直强调交友要讲信义，不仅对活着的朋友讲信义，对死了的朋友也要讲信义。应常念朋友的情谊，朋友死后无亲人或亲人无力办丧事，作为昔日的朋友就要主动承担起殡葬重任。有的人，朋友活的时候，"握手出肺肝相示，指天日涕泣，誓生死不相背负"（韩愈《柳子厚墓志铭》），朋友死后，一反常态，不哀不痛不相助，见其遗孤如见陌生人，这样的朋友也算是朋友？这样的朋友，只能让死了的人蒙羞，叫活着的人心寒。交友真假，人情冷暖，世态炎凉，也由此昭然若揭。

10.23 【原文】

朋友之馈，虽车马，非祭肉，不拜[①]。

【注释】

①拜：指跪拜礼。

【译文】

朋友馈赠的礼品，虽然是价值昂贵的车马，但只要不是祭肉，孔子在接受的时候也不行跪拜礼。

【评论】

有朋友馈赠，虽是车马，但不是祭肉，孔子也不行跪拜之礼。跪拜礼是最隆重的谢礼，孔子拜受的祭肉，从价格上讲，比车马贱多了，但为什么对值钱的孔子不行跪拜礼，而对不值钱的却要行跪拜礼呢？原来孔子不是从价格上考虑的，而是从赠品的意义上衡量的。车马再昂贵也有个价钱，但祭肉关系到祭祀祖先以及礼制，这就无法用价格来衡量了，从这一角度来认识，祭肉就比车马贵重多了。所以孔子得到朋友馈赠的车马不行叩头礼，只行作揖礼相谢即可，而得到朋友馈赠的祭肉时一定要行跪拜礼。他不计较赠品的价格，重视的是祭祀礼仪。

10.24 【原文】

寝不尸[①],居不容[②]。

【注释】

①尸：指古代祭祀时替死者受祭的人。②居：家居。容：一作“客”。

【译文】

孔子在寝室随意坐卧，不必像个受祭的“尸”矜庄端坐，平日在家闲居，自然放松，不像做客或待客那样拘谨。

【评论】

《公羊传·宣公八年》曰：“祭之明日也”。何休注：“祭必有尸者，节神也。礼，天子以卿为尸，诸侯以大夫为尸，卿大夫以下以孙为尸。”“寝不尸”，即在卧室随意坐卧，不必就像个受祭的“尸”矜庄端坐，如同僵尸一般吓人。“居不容”的“容”,《经典释文》以及唐石经，皆校订作“客”字。此处指孔子平日在家闲居，自然放松，不像做客或待客那样拘谨。孔子在宗庙、朝廷上那样拘谨而守礼，在家却这样闲适自如，啥时严肃，啥时活泼，完全由具体场合所决定。张弛互为补充，不可一味死板。

10.25 【原文】

见齐衰者[①],虽狎[②],必变。见冕者与瞽者[③],虽亵[④],必以貌[⑤]。凶服者式之[⑥],式负版者[⑦]。有盛馔[⑧],必变色而作[⑨]。迅雷风烈必变。

【注释】

①齐衰：一种丧服。②狎（xiá）：亲密。③冕：礼帽。④亵：亲近。⑤貌：礼貌。⑥凶服：死人衣物。式：通“轼”，车前用于扶手的横木。双手伏轼，表

示敬意。⑦版：指国家图籍。⑧盛馔：丰盛的宴会。⑨作：站起来。

【译文】

孔子看见穿丧服的人，虽然关系很亲密，也必定改变平常亲昵的态度，表现出严肃哀伤的感情。看见戴着礼帽和瞎了眼睛的人，虽然亲近并常相见，也必定客气有礼貌。孔子在车中，看见拿着送给死人衣物的人，就用手扶着车前的横木表示同情。看见背负国家图籍的人，也手扶着车前横木表示敬意。凡有丰盛的酒席相邀，一定神色庄重地站立起来表示谢意。遇见雷鸣电闪、狂风暴雨，必定改变平常的神态。

【评论】

孔子看见穿丧服的人，过去虽然关系亲密，常开玩笑，这时也一定变得严肃，表示同情怜悯。看见戴礼帽的人与盲人，过去虽然关系亲近，经常打招呼，这时也一定仍然以礼貌相待。盲人虽看不见，但必能从语调上感觉到对自己的尊重。如果在车上，看见送死人衣物的人，就身体前倾双手伏在横木上，致以哀悼。遇见背负国家图籍的人，也身体前倾双手伏在横木上，以示对国家图籍的珍重。有丰盛的宴会相邀，一定面容变得庄重，并站起来致谢。听到迅雷烈风，一定会改变脸色，显出惊恐的样子。本章写孔子接人待物的各种情态，他推己及人，才把别人的悲痛当作自己的悲痛来对待。他对有益于社会的人或热情款待自己的人，都怀感激尊敬之情。对自然发生的特殊现象，担忧会引起社会变故，必定有惊恐之色。这些情态不是矫揉造作，而是其内心感情的真实显露。

10.26 【原文】

升车，必正立，执绥[①]。车中不内顾[②]，不疾言，不亲指[③]。

【注释】

①绥（suí）：登车时用作拉手的绳子。②内顾：指对车内四下张望。③亲指：指用手指指点点。

【译文】

孔子上车时，一定先端正地站好，手拉着登车用的绳子登上车。坐在车中，不向车内四下张望，不高声地说话，不用手指指点点。

【评论】

孔子上车时，一定先站稳了才拉援引上车的绳子，免得身体摇晃叫车上人伸出援手。上了车，不向车中前后左右张望，免得车中的人有所不安。上车后不高声快语地说话，免得惊扰他人，更不以手指指画画，免得大家厌烦。从上车到乘车，处处为他人着想。小小生活细节反映着孔子伟大的人格人品。没有“己所不欲，勿施于人”的意识，想模仿孔子的这些生活习惯，是不可能的，若硬要装模作样，也只能是东施效颦。

10.27 【原文】

色斯举矣①，翔而后集。曰：“山梁雌雉②，时哉时哉！③”子路共之④，三嗅而作⑤。

【注释】

①色：脸色。举：起来。这里指随着鸟飞神色惊动了一下。②雉（zhì）：野鸡。③时哉：合时宜。④共：通“拱”，拱手。⑤嗅：当是“狊”字，鸟儿张开双翅的样子。

【译文】

孔子在山谷中看见几只野鸡，随着野鸡突然起飞他神色惊动了一下，野鸡飞向天空，盘旋一阵又都落在一块。孔子说：“这些山梁上的野鸡，真合时宜呀，真合时宜呀！”子路向野鸡拱拱手，野鸡又振翅飞走了。

【评论】

此章妙在写得有诗意，孔子喟然长叹的含意深远。孔子看到野鸡悠然自得，见人来了恐有危害，就展翅飞去，又见来人没有伤害恶意，又飞旋一会儿落在一

起。一切顺其势，一切随其意。孔子由此联想自己，一生奔波，知不可为而为之，最终落了个四处碰壁，大道不行，两手空空，不觉老之将至。于是他触景生情，十分羡慕野鸡，赞叹它们知危则飞，知安则息，来去升落恰合时宜。子路大概理解老师的心情，向野鸡多次拱手致意，而野鸡不解人意，又振翅飞去了，带走了孔子无尽的思绪。

先进篇第十一

本篇共二十六章，主要记录孔子对弟子的评述，也涉及孔子选用人才的标准及对生死与鬼神的看法。孔子培养弟子坚持高标准严要求，从培养君子甚至内圣外王的目标出发，常用贤能仁德的标准来比照、评价弟子，如对闵子骞、冉伯牛、仲弓、宰我、子贡、冉有、子游、子夏、南容、子羔、曾参、子张、公西华、曾点等弟子，不仅表扬了他们各自的优点及特长，也批评了他们的缺点与错误。其中尤以评论颜回与子路的居多，因此，在孔子众弟子中，他俩的性格、志向等特点比他人更加鲜明突出。孔子弟子人才济济，是孔子因材施教的结果。孔子与弟子情谊深厚真挚，当颜回死，孔子竟发出"天丧予"的悲痛之声，与弟子情深如同父子。最后"侍坐"章，是《论语》中的唯一"长文"，极富文学性，以简约之笔勾画情趣盎然的生活场景。再现了孔门师生关系融洽、教学相长的氛围。

11.1 **【原文】**

子曰："先进于礼乐①，野人也②；后进于礼乐③，君子也④。如用之⑤，则吾从先进⑥。"

【注释】

①先进：与"后进"对应相称，本指前辈，这里指先学礼乐后做官的人。②野人：本指住在国都郊外的人，属于乡野平民，这里指没有爵禄的人。③后进：与"先进"相对，本指后辈，这里指先当官后学礼乐的人。④君子：此处指有爵禄的贵族世家子弟。⑤用：任用。⑥从：这里作"用""选用"来讲。

【译文】

孔子说："先学习礼乐而后做官的人，一般是乡野中未曾有过爵禄的人，先有了官位而后学习礼乐的人，一般是贵族世家的子弟。如果让我选用人才，我主张选用先学习礼乐的人。"

【评论】

孔子用人的标准是德才兼备，"学而优则仕"的人恰多具备这一素质。由于他们没有爵禄，学习礼乐是实现为官的唯一途径，所以他们学习礼乐的动力十足。在学习的过程中，他们的吃苦精神，明显比贵族世家子弟强得多，他们就是靠自己的勤奋而登上仕途的。而贵族世家子弟靠父兄庇荫，轻易得到了官职，为官不凭自己的才智，学习礼乐也多是应付差事。春秋末期，没有爵禄的士阶层崛起，但纨绔子弟居要政，平民俊杰居下僚的不合理现象还十分普遍，孔子选用人才重德才而不重出身，表现了新兴地主阶级对统治权力的渴望。

11.2 【原文】

子曰："从我于陈、蔡者①，皆不及门也②。"

【注释】

①从：跟随。于：介词，在。陈、蔡：春秋时诸侯国名。孔子在周游列国时，曾在陈、蔡之间遭受困厄。②门：门下，这里指孔子身边。

【译文】

孔子说："当初跟随我在陈国、蔡国之间忍饥受饿的人，现在都不在我身边了。"

【评论】

据江永《乡党图考》，鲁哀公四年，孔子周游列国时在陈、蔡之间受困厄，时孔子61岁，当时随从孔子的弟子有颜回、子路、子贡等。《史记·孔子世家》载："孔子迁于蔡三岁，吴伐陈。楚救陈，军于城父。闻孔子在陈蔡之间，楚使人聘孔子。孔子将往拜礼，陈蔡大夫谋曰：'孔子贤者，所刺讥皆中诸侯之疾。

今者久留陈蔡之间，诸大夫所设行皆非仲尼之意。今楚，大国也，来聘孔子。孔子用于楚，则陈蔡用事大夫危矣。’于是乃相与发徒役围孔子于野。不得行，绝粮。”《卫灵公》篇所记“在陈绝粮”，即指此事。孔子后来每忆起这件事来，十分怀念曾经与自己共患难的弟子，他哀叹他们大多离开自己，有的还离开了人世，于是伤感地说：“当年跟随我在陈、蔡二国之间受难的弟子，现在都不在我的门下了。”事隔多年，孔子还念念不忘昔日的弟子，其师生之间的真挚情谊溢于言表。

11.3 【原文】

德行[①]：颜渊、闵子骞、冉伯牛、仲弓。言语[②]：宰我、子贡。政事[③]：冉有、季路。文学[④]：子游、子夏。

【注释】

①德行：指能实行“忠信”和“仁义”等道德品行。②言语：指擅长辞令，善于外交。③政事：指能按照仁德原则从事政事活动。④文学：这里指通晓《诗》《书》等经典文献。

【译文】

孔子的弟子，德行好的有：颜渊，闵子骞，冉伯牛，仲弓。口才好的有：宰我，子贡。善理政事的有：冉有，季路。熟悉古代文献的有：子游，子夏。

【评论】

孔子培育弟子，普遍地使其“博学于文，约之以礼”，又因材施教，各有侧重，便于其日后用于世，所以其弟子的优长也各不相同。德行修养优秀的有：颜渊（颜回字子渊，又称颜渊）、闵子骞（闵损字子骞）、冉伯牛（冉耕字伯牛）、仲弓（冉雍字仲弓）。娴熟辞令的有：宰我（宰予字子我，又称宰我）、子贡（端木赐字子贡）。精通政务的有：冉有（冉求字子有，又称冉有）、季路（仲由字子路，又称季路）。熟悉文献的有：子游（言偃字子游）、子夏（卜商字子夏）。有人由此认为孔子的教学分为德行、言语、政事、文学四科。孔子的教学是否像现

代教育分科系分专业，这不好断定，但有一点可以肯定，那就是他在向弟子们传授知识时，特别注意发现与培养弟子们某方面的特长，从而使其更好地“学而优则仕”。

11.4 【原文】

子曰：“回也[1]，非助我者也[2]，于吾言无所不说。[3]”

【注释】

①回：颜回。②非助我者：不能帮助我。③说：通“悦”，喜欢。

【译文】

孔子说：“颜回对我没有什么帮助，因为他对我的话无不喜欢而不持异议。”

【评论】

许多人说：看似孔子对颜回提出批评，实际是孔子在赞扬颜回，这种认识恐怕不合孔子原意。颜回确实是孔子最得意的弟子，他安贫乐道，对孔子所言，一闻即悟，并闻一知十。孔子也看重他这些优点，但他对颜回也有不满意的地方，这就是颜回缺少独立思考，很少提出自己的不同见解，从这个角度看，无益于学说的发展。孔子曾说：“吾与回言终日，不违如愚。”与本章孔子的语意相一致。孔子当然希望弟子透彻理解自己的学说，但更欢迎弟子对自己学说提出疑问与商榷，特别喜欢弟子有独特见解能超过自己。他希望弟子对老师的学说不能仅仅做到“不违”“无所不悦”，而是在真理面前，“当仁不让于师”，能青出于蓝而胜于蓝。

11.5 【原文】

子曰：“孝哉，闵子骞[1]！人不间于其父母昆弟之言[2]。”

【注释】

①孝哉，闵子骞：即“闵子骞孝哉！”感叹句谓语前置。②间：异议，非

议。于：介词，用来引出对象。昆弟：兄弟。长者为昆，少者为弟。

【译文】

孔子说："闵子骞真是孝顺呀，对他父母兄弟赞扬他的话，别人提不出一点异议。"

【评论】

《韩诗外传》《说苑》等书记载，闵子骞丧母，父亲再娶，继母偏爱自己生的两个儿子，冬天给他们缝了很暖和的棉衣，给闵子骞穿的却是用芦花絮的衣服，但闵子骞也不声张。一天父亲知道了实情，要休掉他的继母。闵子骞向父亲求情说："母在一子单，母去三子寒。"一番话说得使父亲十分感动。闵子骞不念继母旧恶，仍然孝顺如常，挽救了家庭危机，这种孝行，同时也感动了继母与两个异母弟弟，于是一家人都夸赞闵子骞，邻里也都认为闵子骞是个大孝子。孔子特别赞赏闵子骞的这种品德，把他列入"德行"优秀的行列，并说："闵子骞真是个孝顺人呀！使外人对他父母弟兄们赞扬的话提不出一点异议来。"与闵子骞有同类孝行经历的还有曾参，不知是典籍记载有误，还是现实中确有惊人的类似。

11.6 【原文】

南容三复白圭①，孔子以其兄之子妻之②。

【注释】

①南容：姓南容，名适，字子容，鲁国人，孔子的学生。三复：多次重复，经常反复。白圭：本指用白玉做成的礼器，这里指《诗经·大雅·抑》中的诗句："白圭之玷，尚可磨也；斯言之玷，不可为也。"②子：孩子，这里指女儿。妻：嫁给。

【译文】

南容反复诵读《诗经·大雅·抑》中"白圭之玷，尚可磨也；斯言之玷，不可为也"的句子，孔子便把哥哥孟皮的女儿嫁给他为妻。

【评论】

孔子十分器重他的学生南容，说他能够做到“邦有道，不废；邦无道，免于刑戮”，赞赏他既能积极用于世，又会明哲保身。本章再夸他能反复诵读“白圭”一诗，认定他是个谨言慎行的人。“白圭”一诗的大意是说：白圭上如果有了斑点，还可以磨掉；一个人要是说错了话，那是再也没法挽回了。南容反复朗诵此诗，说明他以此为自己的座右铭，时时检点自己的言行不要有过错，永远保持品德的纯正无瑕。《大戴礼》中曾说南容“独居思仁，公言言义”，也是说他谨言慎行的特点。行思仁，言合义，人品如白璧无瑕，所以孔子才把自己兄长的女儿嫁给这样的仁义君子。

11.7 【原文】

季康子问：“弟子孰为好学[1]？”孔子对曰：“有颜回者好学，不幸短命死矣，今也则亡[2]。”

【注释】

①孰：谁。②亡：同“无”，没有。

【译文】

季康子问孔子：“你的学生中谁最好学？”孔子答道：“有一个叫颜回的学生最好学，不幸短命死了，现在就再没有这样好学的人了。”

【评论】

本章的文字与《雍也》篇第三章基本重复，不过《雍也》篇是哀公问弟子孰为好学，而此章是季康子问弟子孰为好学。《雍也》篇中多出“不迁怒，不贰过”与“未闻好学者也”两句。

11.8 【原文】

颜渊死，颜路请子之车以为之椁[1]。子曰：“才不才，亦各言其子也。

鲤也死[2]，有棺而无椁。吾不徒行以为之椁[3]，以吾从大夫之后[4]，不可徒行也。”

【注释】

①颜路：颜回的父亲，姓颜，名无繇，字路，鲁国人，是孔子早年的学生。椁（guǒ）：古代士人厚葬，所用棺材有两层，内层叫棺，外层套棺叫椁。②鲤：孔子的儿子，姓孔名鲤，字伯鱼。③徒行：步行。④从大夫之后：跟在大夫的后面，这是谦虚的说法，指还有大夫的名义。

【译文】

颜渊死了，他的父亲颜路请求孔子卖了车子给颜渊买个外椁。孔子说：“不管有才干还是没才干，对各人来说都是自己的儿子。我的儿子孔鲤死了，只有内棺而无外椁。我也没有卖掉车子来替孔鲤买椁。因为我还有大夫的名分，大夫是不可以步行的。”

【评论】

颜回死，其父颜路非常痛惜，可谓白发人送黑发人，他想为颜回大办丧事以慰藉爱子之心。但颜路家贫，只好请求孔子，希望孔子卖掉自己的车子给颜回买椁。孔子答复颜路说：“颜回有才，孔鲤之才不及颜回，但说起来是咱们各自的儿子。我的儿子孔鲤死时，有棺无椁，我并没有卖车为他买椁，因我有时要坐车随大夫上朝，不可以步行。”孔子曾做过鲁国的司寇，属大夫的地位。周游列国回国后，虽不再做大夫，但鲁国国君有事咨询，仍需上朝，步行显然有失大夫之礼。有人说，孔子所言，只是一种借口，亲生的儿子死后未用椁，自然也不愿弟子的墓葬搞得比自己的儿子还要好，即使如此，也是合情理的。孔子主张：“礼，与其奢也，宁俭；丧，与其易也，宁戚。”不置椁并不影响对亡者寄托哀思，不置椁也丝毫不违礼。

11.9【原文】

颜渊死。子曰：“噫[1]！天丧予[2]！天丧予！”

【注释】

①噫：叹词，表示哀伤。②丧：灭亡。予：代词，我。

【译文】

颜渊死了，孔子悲痛欲绝地叹息："唉呀！天老爷这不是要我的命呀！天老爷这不是要我的命呀！"

【评论】

颜渊死了，孔子说："唉呀！是上天要我的命呀！是上天要我的命呀！"三个感叹句，两个重复句，把孔子极度伤痛的感情，表达得淋漓尽致。孔子的人生观与价值观，就是一生勤奋地完成自己的历史使命：行道与传道。行道益于当世，实现治国平天下的宏图大志。但道不得行，就退而传道，传道益于后世，造福于千秋万代。传道的最好方式就是整理文献、著书立说与培育英才。据说他培养了三千弟子，其中有七十余位贤能的人，而在这批贤能弟子中，最出类拔萃的就是颜回了。在孔子的心目中，颜回是他的学说的最合适的传承者，颜回一死，对于他的儒学来说，真是莫大的损失。所以他发出了最悲痛的叹息。自古"生死有命"，孔子不仅是叹息颜回英才命短，也在叹息自己的事业将后继无人。

11.10【原文】

颜渊死，子哭之恸[①]。从者曰："子恸矣！"曰："有恸乎？非夫人之为恸而谁为[②]？"

【注释】

①恸（tòng）：极度哀痛。②夫人：这人。"夫人"是介词"为"的前置宾语。谁为：为谁。疑问代词"谁"作介词"为"的前置宾语。

【译文】

颜渊死了，孔子哭得很悲痛。跟随孔子的人说："您过分悲伤了！"孔子说："过分悲伤了？我不为这样的人悲伤，还为谁悲伤呢！"

【评论】

颜渊死后，孔子前去吊唁，他痛哭流涕，悲痛欲绝。连随行的人都觉得他哀伤过度。对孔子说："您哭得太悲伤了！"孔子一向教导学生做事要有个度，不要"过"与"不及"，他又赞《关雎》一诗"哀而不伤"。但他现在这种"太过"的悲痛，完全发自内心而不自知。人们劝他不要太伤心，他反而说："是我太悲伤了吗？不为这样的人悲伤，还为谁悲伤呢？"《论语》中并没有记载孔鲤死后孔子如何悲痛，却多次记载了他痛惜失去颜回，由此可见颜回在孔子心中的分量，此章与前章合起来读，就可以理解孔子极度哀伤的缘故了。

11.11 【原文】

颜渊死，门人欲厚葬之[①]，子曰："不可。"门人厚葬之。子曰："回也视予犹父也[②]，予不得视犹子也。非我也，夫二三子也[③]！"

【注释】

①门人：门生、学生。②视：看待，对待。予：我。犹：像，好像。③二三子：几个人，一帮人。

【译文】

颜渊死了，孔子的学生们想厚葬他。孔子说："不可以这样做。"学生们不听劝阻仍然厚葬了颜渊。孔子说："颜回呀，你待我亲如父亲，我却不能像儿子一样待你。厚葬不是我的主张，是你的那些同学这么做的呀！"

【评论】

颜渊死后，孔子的弟子们想以隆重而丰厚的葬礼来埋葬他。孔子阻止说："不可以这样做。"但同学们还是按自己的想法厚葬了颜渊。孔子知道这件事后说："颜回平日待我如父，而我却在墓葬这个问题上待他不如子，不是我不把他当儿子看待，是那些学生非要这么干呀！"旧注一般解释说：颜回家贫，贫而厚葬不合礼，所以孔子不赞成学生的行为。这样解释似不合实情。礼的等级是以政治地位划分的，并不以贫富为标准。若贫而厚葬不合礼，同学们也不会明知而故意违

礼的。孔子与颜回亲如父子，颜回死了，孔子悲痛欲绝，哀伤道：“天丧予！天丧予！”他视颜回如同自己的儿子孔鲤，哪里还考虑颜回家贫，应按贫贱对待？只是孔子提倡“礼，与其奢也，宁俭；丧，与其易也，宁戚”。主张其葬应与孔鲤一样。颜回厚葬后，孔子又有“我待颜回不如子”的悔叹，这全是一时的过分自责，孔子待颜回哪有一点不如孔鲤呢？现在厚葬，反而淡薄了孔子视颜回如同儿子孔鲤那样的感情？然而孔子这种慈父严师的感情，当时的弟子有几人能理解呢？几千年来又有多少人能理解呢？

11.12 **【原文】**

季路问事鬼神①。子曰：“未能事人②，焉能事鬼③？”曰：“敢问死④。”曰：“未知生，焉知死？”

【注释】

①事：服侍。②未能：还不能。③焉：怎么，疑问代词。④敢：表敬副词，大胆地，斗胆地，相当于“冒昧”。

【译文】

季路问如何侍奉鬼神的问题。孔子回答说：“活人还不能很好地侍奉，怎么能去侍奉鬼神？”季路又问：“我大胆地请问人死后是怎么回事？”孔子说：“活的道理还没有弄明白，怎么能够知道死后的事？”

【评论】

有人把《论语》视为东方的《圣经》，然而二者有本质的区别，《圣经》宣扬的是宗教，而《论语》阐述的是哲理，此章就是有力的证明。在迷信风气弥漫每个角落的春秋时期，有几个人敢“敬鬼神而远之”？孔子提出“先事人”“先知生”的观点，在当时已算唯物主义了。有人以孔子不否定鬼神存在，给孔子戴了一顶“唯心主义”或“宗教迷信”的帽子，这不是以现代标准苛求古人吗？脱离历史条件唱高调，倒正是唯心主义的一种表现。在生产力水平低下，科学技术不发达的条件下，谁能说清神秘难测的鬼神问题？孔子“不知”而“存疑”，正是实事求是的态度。历史上不少人把儒学视为宗教，称儒学为儒教，这显然是错误的。

11.13 【原文】

闵子侍侧[①]，訚訚如也[②]；子路，行行如也[③]；冉有、子贡，侃侃如也[④]，子乐。“若由也，不得其死然[⑤]。”

【注释】

①闵子：指闵子骞。②訚訚：和悦而恭敬。③行行：刚强勇武。④侃侃：温和从容。⑤不得其死然：得不到正常的死，即死于非命，不得善终。然：语气词，表示断定的语气。

【译文】

闵子骞侍立在孔子身旁，和悦而恭敬；子路却表现出一副刚强勇武的样子；而冉有、子贡，依然如同闵子骞一样，温和而快乐。孔子见了很高兴。不过又说：“像仲由（子路）这样，恐怕得不到好死。”

【评论】

闵子骞等四位弟子侍立于孔子的身边，孔子端详他们：闵子骞和颜悦色而态度恭敬；子路一副刚强勇武的样子；冉有与子贡都温和从容，看着弟子们都显露着英才气概，孔子不禁心中高兴。是啊，“得天下英才而教育之”（《孟子·尽心上》），这不也是人生一大乐事吗？看到他们朝气蓬勃的样子，孔子对他们的未来充满了信心。但唯一让他放心不下的是子路。子路有勇无谋，见义勇为却行事鲁莽，而“峣峣者易缺，皦皦者易污”（《后汉书·黄琼传》）。于是孔子说：“像仲由（子路）这样，恐怕不得善终。”果然，子路最终还是死于卫国孔悝之难，应验了孔子的这句话。孔子教导学生“未知生，焉知死”，他当然不会知道子路如何死，但凭他的人生经验，凭“性格决定命运”，可以合乎逻辑地进行推测，这大概就是“知天命”。“知天命”并不是讲迷信，是在掌握事物发展规律的基础上，预测未来可能发生的事。

11.14【原文】

鲁人为长府[①]。闵子骞曰："仍旧贯[②]，如之何？何必改作[③]？"子曰："夫人不言，言必有中[④]。"

【注释】

①鲁人：指鲁国的执政者。长府：国库名。②仍：沿袭。贯：事。③改作：改建，指不按原来的样子重新去建。④中：中肯，切中要害。

【译文】

鲁国的执政者要改建叫长府的国库。闵子骞说："照着老样子翻修一下怎么样？为什么一定要改建呢？"孔子赞同说："闵子骞这个人平时不大说话，一说就一定会深中肯綮。"

【评论】

鲁人是何人？旧注有的说是鲁君，有的说是三桓，总之，是鲁国的执政者。文章不具体指明，而泛指为鲁人，为其讳言，是孔子的春秋笔法。长府在鲁君宫内，如果是鲁君要改建长府，闵子骞主张在原来的基础上翻修一下即可，不需要改建。否则，不符合"节用"的原则。如果是三桓要改建长府，擅自对鲁君的宫室仓库做改动，闵子骞反对这样做，还寓含着反对变动鲁国旧制的意思，反对三桓目无国君的僭越行为。他的想法与孔子不谋而合，所以孔子赞许说："闵子骞这个人平常不爱说话，然而一说就说到了点子上。"

11.15【原文】

子曰："由之瑟[①]，奚为于丘之门[②]？"门人不敬子路。子曰："由也升堂矣[③]，未入于室也[④]。"

【注释】

①瑟：古代一种弦乐器。②奚：疑问代词，这里相当于"为何"。为：这里

指弹奏。丘：孔子自称。门：指家里。③升堂：进入正厅。④入室：进入内室。入门、升堂、入室，比喻做学问循序渐进的三个阶段。

【译文】

孔子说："仲由弹的那瑟技，怎么会出自我的门下？"孔子的学生们因此对子路（仲由）有些不尊敬。孔子见到此情况后说："仲由嘛，其弹瑟的技艺水平可以说已经升堂了，只是还没有精深到入室的程度罢了。"

【评论】

瑟是一种乐器，弹奏乐器能表达感情，音为心声。子路性刚直，重友情，很得孔子的信赖。然而他刚勇好强而无谋，始终为孔子所忧虑。他人弹瑟，能心平气和，合于雅颂之音。而子路弹瑟，欠缺平和之韵，有杀伐之声。所以孔子说："为何在我的门下，仲由竟弹出这样的瑟声？"弟子们不理解孔子的语意，以为孔子这句话代表了他对子路的全部评价，因此再不尊重子路。孔子见门人误解了他的原意，忙作解释："仲由弹瑟的造诣，就像进了正厅，还没有进入内室。"意思是他的成熟有待来日。既解除了弟子们对自己评价子路的误解，又维护了子路的尊严，同时对子路今后进步提出莫大的鼓励与期望。

11.16 【原文】

子贡问："师与商也孰贤[①]？"子曰："师也过[②]，商也不及[③]。"曰："然则师愈与[④]？"子曰："过犹不及[⑤]。"

【注释】

①师：指颛孙师，即子张。商：指卜商，即子夏。孰：疑问代词，相当于"谁"。贤：贤能，这里指处理事务的能力。②过：超过，指超出一定的标准。③不及：没有达到，指没有达到一定的标准。④然则：这样，那么。愈：更强，更好。⑤犹：好像，如同。

【译文】

子贡问孔子："颛孙师和卜商这两个人，谁处理事务的能力更强一些？"孔子回答说："颛孙师做事常有些过头；卜商做事恰常不到位。"子贡说："那么，还是颛孙师更好一些吧？"孔子说："过分和不够都是一样的。"

【评论】

在孔子看来，接人待物都要"适可而止"，这个"适可"常居于"过"与"不及"的中间位置上，达不到"中"与超过"中"，都是没有把握住"适可"，其实质是一样的。旧注有的解释此处的"贤"指贤德，依这种解释，贤德有"过"者，贤德有"不及"者。这样解释就脱离了具体语境。《礼记》载：颛孙师与卜商两人都在除丧时去见孔子，颛孙师已不哀痛，弹琴依旧。而卜商还沉浸在哀痛之中，弹琴不成声调。一个是"过"，一个是"不及"，都不好，但绝不是贤德"过"者与贤德"不及"者的区别。况且，贤德是个很难达到的道德高标准，孔子从未见过贤德有"过"者，更没有批评过贤德有"过"者。

11.17 【原文】

季氏富于周公①，而求也为之聚敛而附益之②。子曰："非吾徒也③，小子鸣鼓而攻之④，可也。"

【注释】

①氏：指季康子。周公：周公旦是鲁国开国之君，这里泛指鲁国国君。②求：冉求，字子有，孔子的学生。聚敛：收集，这里指增加赋税，搜刮民财。附益：增加。③徒：门徒，学生。④小子：老师对学生的称呼。鸣鼓：指大张旗鼓。攻：声讨，谴责。

【译文】

季氏比鲁公还富有，而冉求又为他搜刮民财，增加更多的财富。孔子说："冉求不再是我的学生了，你们这些学生大张旗鼓地来攻击他，是可行的了。"

【评论】

孔子对其学生循循善诱，在生活上也关心备至。但当冉求帮助季氏搜刮民财聚敛财富，使季氏的财产超过了鲁君时，他毅然与冉求断绝师生关系。并号召他的学生说："冉求不再是我的门徒了，你们可以大张旗鼓地去声讨他。"冉求不仅助长了季氏的僭越行为，而且也在加重百姓的赋税负担。"轻徭薄赋"是孔子对统治者提出的为政原则，代表了下层民众的合理要求。推行还是违背这一原则，是一个大是大非问题，即使最亲近的人违背这一原则，孔子也绝不轻饶。这是孔子对其弟子最严厉的批判，由此可见，孔子嫉恶如仇的正义感。

11.18 【原文】

柴也愚①，参也鲁②，师也辟③，由也喭④。

【注释】

①柴：指孔子学生高柴，字子羔。愚：愚笨，不灵活。②鲁：迟钝。③辟：偏激。④喭（yàn）：鲁莽。

【译文】

高柴愚笨，曾参迟钝，颛孙师偏激，仲由鲁莽。

【评论】

高柴愚笨呆板，曾参迟钝不敏捷，颛孙师偏激过当，仲由鲁莽冲动。孔子指出高柴、曾参、颛孙师、仲由四位弟子的弱点，说明孔子对学生的不足了如指掌，只有如此，才能因材施教。清代汪烜《四书诠义》解释说："有其病则有其善。愚者必厚重，鲁者必诚朴，辟者必才高，喭者性必直。此皆圣门气质有偏而未为习染所坏者。愚者充以学问，鲁者励以敏求，辟者敛以忠信，喭者文以礼乐，只因其好处，克去其偏处，便可至于中庸，故语之使知自励也。"汪烜分析孔子的这几句话并不是对弟子的全面评价，这是对的，但也未必"愚者必厚重，鲁者必诚朴，辟者必才高，喭者性必直"，至于高柴、曾参、颛孙师、仲由真正的优点还需要从整部《论语》中认真体会。

11.19 【原文】

子曰："回也其庶乎①，屡空②。赐不受命③，而货殖焉④，亿则屡中⑤。"

【注释】

①其：语气词，表示推测的语气，相当于"大概"。庶：庶几，差不多。②屡：总是，经常。空：贫乏穷困。③赐：端木赐，字子贡。受命：听天由命。④货殖：经营工商业。⑤亿：同"臆"，猜测。

【译文】

孔子说："要说颜回的学问道德，可以说差不多了罢，可是常常穷得没有办法。端木赐不安本分去经商，揣度行情竟每每猜中。"

【评论】

孔子认为君子与小人的重要区别在于："君子喻于义，小人喻于利。"但也不一概反对君子求利，而是主张求之有道。在君子求道与求利上，他仍重道轻利。所以他对一心修道的学生多赞许，对不安于清贫的学生多批评。但孔子善于"执中"而不偏不倚，对求道的学生能看到他的缺点，对求富的学生也能看到他的长处。所以他说："颜回的道德学问修炼得差不多了吧，但是生活上常常穷困得一无所有。颛木赐不安本分去经商，猜测行情却屡屡猜中，很有准头。"每个人都有长处与短处，孔子对每个人的评价也客观、公允。

11.20 【原文】

子张问善人之道①。子曰："不践迹②，亦不入于室。"

【注释】

①善人：指品行善良的人。道：道理。②践：踩。迹：足迹，脚印，这里指圣贤已走过的路径。

【译文】

子张问如何做善人的道理。孔子说："做善人不遵循圣贤的足迹走，他的道德品行也难达到善人'入室'的境界。"

【评论】

孔子在《述而》篇中提出四种品德优秀的人，一为圣人，一为君子，一为善人，一为有恒者。圣人指品德最高尚、智慧最高超的人，这是难以达到的理想人物。君子泛指才德出众的人，善人是指品行善良的人，有恒者则指有固定操守的人。这四种人有联系又有区别。一般人平常也能做些善事，但他不属圣人，也缺乏君子的自觉修养意识，也难称作君子。子张向孔子问如何做善人的道理。孔子答复子张："如果不遵循着圣贤的足迹走，即使做了些善事也难修成善人，如同升堂而没有入室。"孔子认为，要想成为善人，必须以君子、圣人为榜样。在保持善性做善事的过程中，逐渐提高修德的自觉性，这样不仅会成为善人，而且会修炼为君子。

11.21 【原文】

子曰："论笃是与①，君子者乎？色庄者乎②？"

【注释】

①论笃（dǔ）是与：赞同笃实的言论。论笃，言论笃信。与，称赞，赞许。"论笃是与"是宾语倒装，如同"唯利是图""马首是瞻"。②色庄：神色庄重。

【译文】

孔子说："人们总是赞许言论笃实的人，但这种人是真正的君子呢？还是神色上装作庄重的伪君子呢？"

【评论】

君子讷于言敏于行，耻于言过其实，从不说大话。而小人却惯于花言巧语，人前说人话，鬼前说鬼话，慷慨激昂，信誓旦旦，听起来诚恳万分，感动人心，

比君子说得还“笃实”百倍。然而一经实践检验，其言是确凿的谎言，其人是确凿的伪君子。不论政治骗子还是经济骗子，都不是这种形象吗？我们不能“因言而信人”，也不能“以貌而信言”，还是要听其言观其行，实践是检验真理的唯一标准。

11.22【原文】

子路问："闻斯行诸[①]？"子曰："有父兄在，如之何其闻斯行之[②]？"冉有问："闻斯行诸？"子曰："闻斯行之。"公西华曰[③]："由也问闻斯行诸，子曰：'有父兄在'；求也问闻斯行诸，子曰：'闻斯行之'。赤也惑，敢问。"子曰："求也退[④]，故进之[⑤]；由也兼人[⑥]，故退之[⑦]。"

【注释】

①斯：就。行：实行。诸："之""乎"二字的合音。②如之何：怎么，怎么能。其：语气副词，加强反问的语气。③公西华：姓公西，名赤，字子华，孔子的学生，鲁国人。④退：退缩。⑤进：与"退"相对，这里指果敢。⑥兼人：好胜人，这里指勇为。⑦退之：意思是使他慎重一点。

【译文】

子路问孔子："听到一件事或一个道理就立即去做吗？"孔子回答说："有父亲兄长在，怎么不同他们商量一下，听到后就匆忙去做呢？"冉有问孔子："听到一件事或一个道理就立即去做吗？"孔子回答说："听到后就去做吧。"公西华问孔子："仲由（子路）问：'听到一件事或一个道理就立即去做吗？'您说：'有父亲兄长在，不商量不能这样做。'冉求（冉有）问同一问题，您说：'听到后就做。'我公西赤（公西华）对老师的答复感到有些疑惑，大胆地来问问同一问题为何两种答案？"孔子说："冉求平日做事退缩不前，所以我鼓励他大胆去做；仲由他胆大好胜，所以我提醒他要退一步好好与他人商议，切莫盲目蛮干。"

【评论】

孔子教学中因材施教的原则，就是从每个学生的实际出发，给予具有针对性与实效性的指导。子路问："听到一件事或一个道理就马上付诸行动吗？"孔子回答说："父兄还健在，怎么听到就去做，不先去征求他们的意见？"冉有也问同一问题，孔子说："听了后就应马上落实。"公西华知道此事后，大惑不解，孔子解释说："冉求遇事畏缩不前，所以我鼓励他大胆去实践；仲由遇事轻率勇为，所以我教导他三思而后行。"问题虽同，对象不同，答案也不同，这就是因材施教。"因材"首先是"识材"，孔子对子路、冉有的性格、素质了解得十分清楚，所以才能做到"对症下药"的"施教"，给予不同的教育，使他们都达到提高与进步。

11.23 【原文】

子畏于匡①，颜渊后②。子曰："吾以女为死矣③！"曰："子在，回何敢死？"

【注释】

①畏：拘禁，围困。匡：卫国地名。②后：动词，落在后面。③以……为……：以为……是……。女：通"汝"。

【译文】

孔子师生在匡地被围困，逃脱后颜渊最后才聚拢来。孔子说："我以为你已经死了。"颜渊说："您还活着，我怎么敢去死呢？"

【评论】

孔子师生由卫去陈的途中，匡人将他们当作鲁国的阳虎等人围困起来，后经孔子解释才解围。虽脱离险境，却人员走散。孔子不见颜回，以为与匡人格斗而遇难。后来颜回赶到，孔子喜出望外，一见面就说："我以为你死了！"颜回说："老师在，弟子怎敢死？"孔子情急之中，不避讳地说出个"死"字，见出他对颜回的关切。颜回说"何敢死"，含义更多。钱穆在《论语新解》中说："孔子尚在，明道传道之责任大，不敢轻死，一也。弟子事师如事父，父母在，子不敢轻死，二也。颜子虽失在后，然明知孔子之不轻死，故己亦不敢轻身赴死，三也。

曾子曰：‘任重而道远，死而后已。’重其任，故亦重其死。”颜回一句“何敢死”，显示了君子的人生观。

11.24【原文】

季子然问①：“仲由、冉求，可谓大臣与？”子曰：“吾以子为异之问②，曾由与求之问③。所谓大臣者，以道事君，不可则止④。今由与求也，可谓具臣矣⑤。”曰：“然则从之者与⑥？”子曰：“弑父与君⑦，亦不从也。”

【注释】

①季子然：鲁国大夫季氏的子弟。②异：其他，别的。③曾：乃。由与求之问：即“问由与求”，宾语前置。④止：停止，这里指辞职。⑤具臣：充数的臣子。⑥然：代词，这样。则：连词，那么。从：听从，顺从。⑦弑：臣杀君、子杀父叫“弑”。

【译文】

季子然问孔子：“仲由和冉求可以称得上是大臣一类的人物吧？”孔子说：“我还以为你是问别的人，竟然是问仲由和冉求呀！所谓可以称得上是大臣的，应该是用道义来侍奉君主，如果这样行不通就宁肯辞职不干。如今仲由和冉求，凑合算得上吧。”季子然又问：“那么，他们会一切顺从主子（指季氏）吗？”孔子回答说：“杀害父亲和君主的事情，他们当然不会听从的。”

【评论】

鲁国大夫季氏是鲁国很有权势的人，他有许多僭越违礼的行为引起了孔子的不满，但孔子的两个弟子——仲由、冉求却到季氏那里做家臣，对此，孔子也有看法。偏偏这时季子然来夸耀季氏善用人，故意问孔子：“仲由、冉求是否称得上大臣？”孔子故作惊诧，然后说：“仲由和冉求只能算个备位充数的吧。”季子然没想到孔子会如此评价他的学生，就说：“那么他们会一切顺从主子了？”孔子说：“如果其主子弑父弑君，他们也不会顺从的。”孔子所谓的“事上”是有基本原则的，这就是能从道，事君事父必须以从道为前提，甚至从道不从君，从道不从父。连他认为的“具臣”都能坚持从道这一基本原则。这就等于暗示季子然：即使仲由、冉求现在侍奉于季氏，但在重大原则上会坚持道义，而非一切顺从主子，他们与那种人身依附的“愚忠”是有本质区别的。或许季子然故意询问孔子如何评价仲由、冉求，来试探孔子对季氏的看法，而孔子不卑不亢的一席话，既妥当又有原则性。

11.25 **【原文】**

子路使子羔为费宰。子曰：“贼夫人之子①。”子路曰：“有民人焉②，有社稷焉③，何必读书，然后为学④？”子曰：“是故恶夫佞者⑤。”

【注释】

①贼：坑害。夫人：那个人。夫，代词，那，那个。②民人：人民，百姓。③社稷：土神与谷神，这里指土地与庄稼。④为：算作，算是。⑤是故：所以。恶：厌恶，讨厌。佞：巧言强辩。

【译文】

子路叫子羔去做费邑的长官。孔子说：“他还未学成，这样做是害了人家的子弟！”子路说：“费邑那地方有民众，有土地庄稼，都是可学的学问，何必一定要以读书才算是做学问呢？”孔子说：“正因为你这样狡辩，所以我更讨厌那些油嘴滑舌的人。”

【评论】

子路当了季氏的总管，就派子羔去做费邑的邑宰。孔子主张学而优则仕，但子羔年纪还小，学业未成，派他去做费宰，是给他出难题，所以说：“这是坑害人家的孩子。”子路反驳说：“费邑那地方有老百姓，有土地有庄稼，治民理事都是学问，为什么一定要读书，然后才算学问呢？”孔子说：“有你这样的巧辩，所以我才更厌恶花言巧语的人。”做官必须具备做官的各种素质，这需要在做官前学习必要的知识及进行必要的培训，如果不具备这些条件，就去贸然做官，虽说可以边做边学，但实际是拿人民做试验品，一定有损于人民。即使怀着好心，

也会因能力欠缺而出现失误，也一样会贻害人民。老百姓有怨声，自己背上恶名，实际等于自己也是受害者。子路不考虑这一点，而进行强辩，才遭到孔子的严厉批评，谴责虽重，但孔子并不把子路真当作“佞者”。子路敢在孔子面前强词夺理，是其刚直性格的一种体现。

11.26【原文】

子路、曾皙、冉有、公西华侍坐[①]。子曰：“以吾一日长乎尔[②]，毋吾以也[③]。居则曰[④]：‘不吾知也！’如或知尔，则何以哉[⑤]？”

子路率尔而对曰[⑥]：“千乘之国，摄乎大国之间[⑦]，加之以师旅，因之以饥馑。由也为之，比及三年[⑧]，可使有勇，且知方也[⑨]。”夫子哂之[⑩]。

“求！尔何如”对曰：“方六七十[⑪]，如五六十[⑫]，求也为之，比及三年，可使足民。如其礼乐，以俟君子[⑬]。”

“赤！尔何如？”对曰：“非曰能之，愿学焉。宗庙之事[⑭]，如会同[⑮]，端章甫[⑯]，愿为小相焉[⑰]。”

“点！尔何如？”鼓瑟希[⑱]，铿尔[⑲]，舍瑟而作[⑳]，对曰：“异乎三子者之撰[㉑]。”子曰：“何伤乎[㉒]？亦各言其志也。”曰：“莫春者[㉓]，春服既成，冠者五六人[㉔]，童子六七人，浴乎沂[㉕]，风乎舞雩[㉖]，咏而归。”夫子喟然叹曰：“吾与点也[㉗]！”

三子者出，曾皙后[㉘]。曾皙曰：“夫三子者之言何如？”子曰：“亦各言其志也已矣[㉙]。”曰：“夫子何哂由也？”曰：“为国以礼，其言不让[㉚]，是故哂之。”“唯求则非邦也与？”“安见方六七十如五六十而非邦也者？”“唯赤则非邦也与？”“宗庙会同，非诸侯而何？赤也为之小[㉛]，孰能为之大？”

【注释】

①皙（xī）：姓曾，名点，字子皙，曾参父亲，也是孔子的学生。侍坐：陪坐。②一日：形容时间不长。长：年纪大，年长。③毋吾以：意思是不要因我而不敢讲。“毋”同“勿”。④居：平常，平日。⑤则：相当于“那么”。何以：以

何。⑥率尔：轻率地。尔：助词。⑦摄：夹持。⑧比及：等到。⑨方：方向，借指礼义。⑩哂（shěn）：微笑中带有讥讽。⑪方：方圆，指土地面积。⑫如：连词，或者。⑬以，连词。俟：等待。⑭宗庙之事：指宗庙祭祀。⑮会同：诸侯会盟。⑯端章甫：指礼服。端，衣名。章甫，帽名。⑰相：司仪，行赞礼者。⑱希：同，“稀”，稀疏。⑲铿：响声，这里指把琴放下时所发出的响声。⑳作：站立。㉑撰：撰述，说法。㉒伤：妨碍。何伤：即“伤何”，妨碍什么，意思是有什么关系。㉓莫：同“暮”。莫春：即“暮春”，晚春，指农历三月。㉔冠者：戴帽子的人，指成年人。古时二十岁行冠礼，以示成人。㉕沂：河名，也称沂水。源出山东邹城东北，经曲阜与洙水合流，入于泗水。㉖舞雩（yú）：地名，祭天求雨的地方，当在曲阜南。㉗喟：象声词，表示叹气的声音。然：助词。与：赞成。㉘后：动词，意思是走在后面，留在后面。㉙亦：副词，相当于“不过是”，“只是”。言：谈，说。㉚让：谦让。㉛为之小：给他做小相。

【译文】

子路、曾皙、冉有、公西华陪孔子坐着。孔子说：“我比你们年纪都大一些，不要因为这个原因就受拘束而不敢讲真话。你们平常说：‘没人了解我呀！’假若现在有人想了解你们，那你们准备怎样应答呀？”

子路不加思索地轻率答道：“拥有千辆兵车的国家，又挟制于几个大国的中间，外有他国军队侵犯，内有灾荒饥馑。让我仲由（子路）去治理这个国家，等到三年之后，就可以使人人有作战的勇气，而且懂得礼义廉耻大道理。”孔子听了微微地一笑。

孔子又问：“冉求（冉有），你怎么样？”冉求回答说：“方圆六七十里或者五六十里的小地方，让我去治理，等到三年之后，可以使老百姓人人富足。至于礼乐教化之事，那就有待贤人君子去做了。”

孔子又问：“公西赤（公西华），你怎么样？”公西赤回答说：“不敢说我能做多大的事，我只愿意进一步地学习。当有宗庙祭祀的事，或者同外国盟会的事，我愿意穿着礼服，戴着礼帽，做一名主持仪式的小司仪。”

孔子又问：“曾点（曾皙），你怎么样？”这时曾点正轻轻地弹瑟，瑟声稀疏，听到老师唤他，铿的一声把瑟放下，站了起来回答说：“我的志向和他们三

位讲的都不同。”孔子说：“讲讲有什么妨碍呢？都是各自说说自己的志向嘛。”曾皙就说：“暮春时节，春季的衣服都换上了，我带上五六个成年人，六七个小孩子，到沂河里去洗澡，在舞雩台上吹吹风，然后唱着歌走回来。”孔子很有感慨地长叹一声说：“我赞同曾点的主张呀！”

子路、冉有、公西华三人都先出去了，曾皙走有后面。曾皙问孔子：“那三位说的如何？”孔子说：“也不过是都说说自己的志向罢了。”曾皙又问：“那您为什么要笑仲由呢？”孔子说：“治理国家应该讲求礼让，可是他讲的话却一点也不谦让，所以笑他。”曾皙又问：“冉求所讲的是指治理国家吗？”孔子道：“怎见得方圆六七十里或者五六十里的地方就不是一个国家呢？”曾皙又问：“公西赤所讲的是指国家大事吗？”孔子说：“做宗庙祭祀与国家之间盟会的司仪，不是诸侯国的大事又是什么？公西赤认为是小司仪的事，那大司仪又能做什么事呢？”

【评论】

这一章有三百多字，在《论语》中算是一篇难得的“长篇美文”了，写得生动、精彩。文章开篇就写孔子动员陪伴他闲坐的弟子们畅谈志向与抱负。孔子说：“不要因为我的年纪比你们大一些就受拘束，不敢说。你们平常也说‘没有人理解我呀’的话，现在假设有人想了解你们，你们将如何述说自己的理想呢?”语气温和，使用的是启发式提问，马上解除了弟子们的顾虑。刚说完，子路便“率尔而对”，好像不假思索，又好像早已成竹在胸，他回答说：“就像有千辆兵车那样规模的诸侯国，即使挟持于大国之间，有战争的威胁，再连年遇上灾荒，然而由我仲由去治理这危难中的国家，只用三年时间，就可以使国民勇于作战，而且循规蹈矩。”子路勇武，在弟子中是出了名的，这次当仁不让抢先发言，而且出语惊人，一方面表现了他志向非凡、性格耿直；另一方面也显露了他轻率、急躁与自负的特点。听完子路的话后，孔子“哂之”，也就是略带讥诮地微微一笑，就这么一个小小细节，便含无限感慨在言外，把当时孔子复杂微妙的心态全包容进去。孔子赞赏子路坦诚、不俗的心怀，又不喜欢他毫不恭让的态度，二者之间，后者又是主要的，“哂之”二字把孔子的感情写得惟妙惟肖，孔子的形象简直到了一呼即出的地步。

由于孔子“哂之”这一只有熟悉他的弟子们才深刻理解的表情，其他弟子立即警觉而有些顾虑了，不敢再如子路那样贸然“率尔而对”，孔子只好逐个点名让他们来说。冉求说：“方圆六七十里，或者五六十里的地方，让我冉求去治理，三年后，可使那里的人民丰衣足食，至于礼乐教化之事，还得等待修养更高的人去办。”先讲六七十里，马上又改口为五六十里，不是冉求心中无数，恰反映了冉求内心急遽的变化，他想畅谈，话刚出口，又怕老师“哂之”，就尽量说明自己仅能治理一个小地方，而且仅仅能够胜任经济管理一类的工作，至于礼乐大事就无能为力了，极似当时口语的几句话，生动地显现了冉求谨慎、谦虚的品质。

轮到公西华发言，他说得更谦虚：“我不敢说能胜任什么差事，只愿意从任职中得到学习，在诸侯祭祀或诸侯间会盟时，我愿穿上礼服戴上礼帽，当个小小的主持礼仪的人。”冉求与公西华同样谦虚，但表现出的性格特征是有区别的，如果说冉求的谦虚还主要出自内心，而公西华的谦虚则主要出自于遵礼，他所愿做的本是一种很重要的工作，却故意做出一种自卑的姿态。他们细腻的感情与复杂的心态，孔子看得很清楚，然而坐在那里只是静听，不好直面表态。

未发言的曾皙正在轻轻弹瑟，当孔子点到他时，才放下瑟说：“我的志向和他们三位所说不一样。”由于不同于前三人。曾皙颇有顾虑，不想展开细谈，经孔子再次温语相劝，才说：“暮春季节，换上夹衣，与五六个青年，六七个少年，一同到沂水边洗澡，再到舞雩台迎风乘凉，然后一路唱着歌回来。”曾皙向往的悠闲自得的生活，正是孔子所追求的太平社会的缩影，是儒家治国平天下目标的形象化表述。所以孔子情不自禁地只赞赏曾皙的志向：“我赞同曾点的想法。”

述志完毕，子路、冉求、公西华出去了。曾皙带着疑惑留下来请教孔子：“他们三位说得怎么样?”孔子只回答：“不过是各人谈谈自己的志向罢了。”曾皙还要刨根问底求其详细，孔子只好把自己的全部感受说给曾皙听：“治理国家以礼为本，子路言勇不言礼，说话不懂礼让而带狂傲，所以我笑他。”又说：“冉求所讲的六七十里见方或五六十里见方的地方，怎见得就不是一个国家呢?”言外之意是冉求为什么不理直气壮地说管理国家呢？显然，孔子的感受不仅来自弟子的当时语言，也参照了弟子平日的性格，假如把子路的话让给冉求来说，孔子大概就不会“哂之”了。孔子又说：“诸侯祭祀或诸侯间会盟，这不是诸侯国的大事又是什么呢?公西华说主持这些活动的礼节只是诸侯的小相所干的事，那么诸侯

的大相又能做些什么呢?”孔子对其每个弟子的期望都是很高的，鼓励他们树立远大志向与积极进取精神，只是希望他们不要像子路那样缺少谦让，而要学曾皙那样内心怀有济天下的大志，外部表现出的又是从容、和雅而放达。

《论语》大部分章句只有几十个字，文字非常简约，只言片语便可说明一件事或揭示一个深刻的道理，并往往构成生动而隽永的名言警句。而百字以上的章句，同样言简意丰，极富表现力。在本章中，往往点染几笔，就刻画出特别传神的人物形象，像孔子，是一个深明事理、关心弟子、平易近人、循循善诱的长者形象；子路是一个豪爽、率直而略带鲁莽性格的形象；冉有是一个诚实、爽朗、谨慎、虚心的形象；公西华是一个谦恭有余、不轻易吐露真情的形象；曾皙洒脱、闲适，是一个志向高远而性情淡泊的形象。如同《论语》其他章一样，本章写人偏重于人物精神世界的刻画，偏重于人物人格的展现，体现儒家散文普遍的审美情趣。

本章还善于以简约之笔勾画情趣盎然的景致。这里面不仅有师生乐观向上、促膝谈心的平日典型的生活场景，还有师生心照不宣、其乐融融的感情世界，和师生抒抱负、谈理想、憧憬未来的精神世界，甚至还有曾皙述说自己志向时，把抽象的政治理想蓝图描述成一幅令人神往的春游图，含蓄蕴藉，移情入景，以景抒志，把自己的远大抱负融进优美的生活画卷之中。

颜渊篇第十二

本篇共二十四章，主要记述孔子教导弟子如何为人处世从政。不论做人还是做事，说到底，都要行仁守礼。如何行仁？孔子说："克己复礼为仁"，克服只爱自己的私心，胸怀博爱大众的公心，一切言行以礼来约束，就可达到仁的境界。具体地说，就是"主忠信，徙义"，即以忠信为信条，为人处事唯义是从。为政者要博爱大众，首先要富民，这是富国、富君甚至富官的前提。如何富民？要"使民如承大祭。己所不欲，勿施于人"。为官者做到自身正，不贪不欲，知人善任，取信于民，"居之无倦，行之以忠"，对政事勤勉而忠于职守，以君子之德影响民风。如果各种人都遵礼守制，使"君君、臣臣、父父、子子"，人人各守其礼，各司其职，便会稳定封建社会秩序，使人们虽有等级但能和谐相处。

12.1 **【原文】**

颜渊问仁。子曰："克己复礼为仁①。一日克己复礼②，天下归仁焉。为仁由己，而由人乎哉？"颜渊曰："请问其目③？"子曰："非礼勿视④，非礼勿听，非礼勿言，非礼勿动⑤。"颜渊曰："回虽不敏⑥，请事斯语矣⑦。"

【注释】

①克：克制。复：返，归。仁：仁德，这里指具有仁德的仁人。②一日：一旦。③目：具体条目。④非礼：不符合礼。⑤动：做。⑥敏：聪明。⑦请：谦敬副词，相当于"请允许我……"。事：实践，照着做。斯：代词，这，这些。

【译文】

颜渊向孔子询问怎样成为一个仁人。孔子说："克制自己的私欲，使自己的言行都合乎礼的规范就成为仁人了。一旦人人都做到了这一点，天下就都归于仁

了。做到克己复礼的仁德，全靠自己，难道还靠别人吗？”颜渊说：“请问践行仁的具体条目有哪些？”孔子说：“不符合礼的事不看，不符合礼的话不听，不符合礼的话不说，不符合礼的事不做。”颜渊说：“我颜回（颜渊）虽然不聪明，请让我按照您的话去做吧。”

【评论】

传统解释首句的意思是：颜渊问仁是什么？也就是颜渊向孔子询问仁的含义或仁德的概念。如果是询问仁的含义或仁德的概念，孔子答复的内容应该是公认的、标准的、单一的，不容有多种解释。向孔子“问仁”的不仅有颜渊，还有仲弓、司马牛、樊迟等人，孔子针对每个人不同的具体情况，给予了不同的答复，显然他们问的不是仁的含义或仁德的概念，而是如何成为一个有仁德的人。仁是礼的实质，礼是仁的表现，仁是内在信念，礼是外在表现形式。依礼而行是实现仁的根本途径，而行礼的关键在于每个人能克制私欲。行礼的道理简明而易懂，但是为什么推行起来就非常不容易了呢？这就是人的私欲在作祟，一些人为了自己的私欲，便往往去违礼，不仅不能去爱人利人，而且还去损人害人，所以行礼最大的障碍在于私欲。行礼的过程就是一个克制私欲的过程，克制私欲才能行礼，克制私欲就是行礼，放纵私欲就是违礼不合礼。一个人要想行礼。必须战胜自己的私欲，而战胜自己的私欲，全在于自己修德，别人是代替不了的。克制私欲表现在日常生活中，也表现在自己的所有言行中，对不合礼的话不听不说，对不合礼的行为不看不做，一切依礼而行，仁就全面实现了，每个人都成了仁人，这个世界也就回归到了仁的世界。孔子用了“天下归仁”一词，很有深意，他认为我们民族的历史上曾有过仁的世界，那就是“尧天舜日”的太平盛世，他“祖述尧舜，宪章文武”（《礼记·中庸》），就是给人们展示曾经有过的理想社会模式，让我们回归到那个充满仁德的世界去。

12.2 【原文】

仲弓问仁。子曰：“出门如见大宾[①]，使民如承大祭[②]。己所不欲，勿施于人[③]。在邦无怨，在家无怨[④]。”仲弓曰：“雍虽不敏，请事斯语矣。”

【注释】

① 大宾：贵宾。② 使：役使，使唤。承：承担，承办。大祭：重大祭祀。③勿：否定副词，相当于“不要”。施：施加。于：介词，相当于“给”。④在家：指在卿大夫家做事。家，指卿大夫的采地食邑。

【译文】

仲弓向孔子询问怎样成为一个仁人。孔子说：“出门待人好像去接待贵宾一样恭敬，役使百姓好像去承办祭祀大典一样慎重。自己不想承受的，就不要强加于别人。这样在侯国宫廷中做事不会有怨恨，在大夫家里做事也没有怨恨。”仲弓说：“我冉雍（仲弓）虽然不聪明，请让我按照您的话去做吧。”

【评论】

仁是孔子思想的核心，不少学生都向他请教过怎样成为一个仁人的问题，孔子每次回答都各有侧重，很有针对性。孔子回答颜渊问仁人，强调“克己”，回答仲弓，强调“敬人”，这里的“敬人”包含两层意思：一是对上级或平级，一定恭敬尊重；一是对老百姓，役使他们时要慎重，体贴他们的疾苦，爱惜他们的劳动。敬人是推己及人的结果，尊重他人的人权与尊严，常站在他人的位置上做“换位思考”。如果把别人当作自己来考虑，能不关心其忧喜祸福吗？施于别人身上的痛苦如施于自己身上一样，自己还愿意给别人制造痛苦吗？古代圣王，爱民恤民，天下有一寒民，如己受寒；天下有一饥民，如己受饿，人人都有这般心肠，把他人装在自己心里，别人自然也会把你装在他的心里，那么你何愁不受人尊敬？还会有什么怨恨？人人怀有敬人之心，最终必是“天下归仁”。

12.3 【原文】

司马牛问仁。子曰：“仁者，其言也讱[①]。”曰：“其言也讱，斯谓之仁已乎？”子曰：“为之难[②]，言之得无讱乎[③]？”

【注释】

①言，说话。讱（rèn)：语言迟钝，这里指谨慎而不轻易说话。②为：做。

之，代词，指仁德。③得无：能不。

【译文】

司马牛向孔子询问怎样成为一个仁人，孔子说："有仁德的仁人，他谨慎得不轻易说话。"司马牛说："不轻易说话就可以叫作有仁德的人了吗？"孔子说："践行仁德很难，说话能不谨慎吗？"

【评论】

司马牛觉得仁是至高至大的道，于是问孔子怎样才能成为个仁人，孔子回答说："仁人，他的话是不轻易说出的。"司马牛纳闷了，怎么仅凭不轻易说话就能达到如此至高至大的道？如果真如老师所说，这不是太简单又容易做到的事吗？于是他又问："不轻易说话，怎么能成为仁人呢？"孔子说："仁德的事情做起来很难，说话能轻易吗？"孔子弟子多人问过如何成为仁人，孔子回答都有所不同，并不是仁人可以随意解释，而是孔子针对不同对象，指出其具体的达到仁人的途径。据《史记·仲尼弟子列传》载，司马牛"多言而躁"。多言本已容易失言，再加"躁"，往往没有考虑周全就把话说出去了，孔子告诫司马牛不要轻易说话，就是让他改掉"多言而躁"的毛病，此毛病不改，何谈做到仁人？孔子在这里也没有降低仁的标准，他曾说："仁者先难而后获"，"刚毅木讷近仁"，一向认为仁者的重要品质就是说到做到，最终证明自己的不是语言而是行动。但是许多人却是言过其实，不是说得多做得少，就是说得好做得差，与其做不到，还不如谨言为好，以防言行不一致。

12.4 【原文】

司马牛问君子。子曰："君子不忧不惧。"曰："不忧不惧，斯谓之君子已乎？"子曰："内省不疚①，夫何忧何惧？"

【注释】

①内：内心。省：反省，自我检查。疚：愧疚。

【译文】

司马牛向孔子询问怎样成为一个君子，孔子说："君子不忧愁不畏惧。"司马牛又问："不忧愁不畏惧，就可以称作君子了吗？"孔子说："反省自己问心无愧，那还有什么可以忧愁和畏惧的呢？"

【评论】

孔子与学生谈论最多的，除了"行仁"与"守礼"之外，就是"君子"了。孔子回答学生问君子，也是因人而异，体现了他的因材施教的原则。司马牛问怎样才能做个君子？孔子针对他常怀忧愁的情况说："君子不忧愁不畏惧。"司马牛又问："不忧愁不畏惧就叫君子吗？"孔子说："内心自省问心无愧，那还有什么忧愁和畏惧呢？"君子每日"三省吾身"，深刻检查自己是否"为人谋而不忠乎？与朋友交而不信乎？传不习乎？"如果不负他人期望也不亏欠他人，不负自己抱负也不荒废学业事业，便心安理得。至于生死、富贵，虽属人生大事，然而"死生有命，富贵在天"，一切顺其自然，这些尚且不必忧虑，还有什么值得忧虑的事呢？俗话说："没做亏心事，不怕半夜鬼叫门。"君子心胸坦荡荡，为人堂堂正正，理直气壮，就可做到"仁者不忧，勇者不惧"。

12.5 【原文】

司马牛忧曰："人皆有兄弟，我独亡！①"子夏曰："商闻之矣：死生有命②，富贵在天③。君子敬而无失④，与人恭而有礼⑤。四海之内⑥，皆兄弟也，君子何患乎无兄弟也⑦？"

【注释】

①独：副词，却。亡：通"无"，没有。②有：由。命：天命，命运。③天：主宰人的天意。④敬：谨慎。⑤礼：指礼节，礼貌。⑥四海：天下。⑦患：忧愁，担心。

【译文】

司马牛忧愁地说："别人都有兄弟，唯独我没有了。"子夏说："卜商（子夏）

我听说过：人的死生都由命运决定，人的富贵都由上天安排。君子只管严肃认真地做事，不要出差错，待人恭敬而有礼貌。天下这么大，到处都是好兄弟，君子又何必担忧没有兄弟呢？”

【评论】

这章记司马牛与子夏同学间的谈心，所记言语不多，却深刻反映出两种不同的胸襟与性格。司马牛因兄弟过世，而向子夏倾诉忧愁，子夏以“四海之内，皆兄弟也”来宽慰司马牛。子夏在这里不是偷换概念式的狡辩，而是以儒家“泛爱众”的观点来为司马牛解忧释怀。同时发挥了孔子关于君子“不怨天，不尤人”“为仁由己”的思想。对于生死、富贵这些非个人的意志和能力所决定的事，要顺其自然，不必老是牵挂在心。重要的是自己“敬而无失”“恭而有礼”，这完全是自己可以做到的事，自己视天下人为兄弟，恭敬而礼貌待天下人，天下人就真成了自己的兄弟，哪里还有什么孤独寂寞感？

12.6【原文】

子张问明①。子曰：“浸润之谮②，肤受之愬③，不行焉④，可谓明也已矣。浸润之谮，肤受之愬，不行焉，可谓远也已矣。⑤”

【注释】

①明：明智，明察。②浸润：如水一样逐渐渗透。谮（zèn）：谗言。③肤受：如肌肤受到伤痛。愬（sù）：诬告，诽谤。④不行：行不通。⑤远：远见。

【译文】

子张问怎样才能做到明智。孔子说：“如滴水一样逐渐渗透而不易察觉的谗言，如有切肤之痛而伤害至深的诽谤，都在你这里不起作用，那可以说你很明智把事情都看明白了。如滴水一样逐渐渗透而不易察觉的谗言，如有切肤之痛而伤害至深的诽谤，都在你这里不起作用，那可以说你很明智，不仅把事情都看明白了，而且有了一定的远见。”

【评论】

子张请教如何称得上明智，孔子说："谗言与诽谤，在你那里都行不通，你就称得上明智了。"行谗言者，善于察言观色、掌握火候，让你慢慢自动上钩，最后心甘情愿地掉入他的谗言陷阱；行诬告诽谤者，乘你来不及详细调查之际，在情绪极不冷静的情况下，诱你愤怒或害怕而作出错误的判断，干出不理智的蠢事。如何对付这一慢骗一急诈？这就需要想想"偏听则暗，兼听则明"的道理，具有明辨是非与远见能力的人，在谗言与诽谤面前能冷静思考，仔细推敲这些顺耳的谗言与逆耳的诽谤各自怀有什么目的？它们有何根据？是否真有道理？再去广泛听取各种意见，尤其珍贵的是不同的甚至是相反的意见，有时还要亲自到实践中去调查一番，然后分析研究，辨别真伪，心中明白了事情的真相，再动听的谗言与再恫吓的诬告诽谤也失去了兜售的市场。

12.7 【原文】

子贡问政[①]。子曰："足食，足兵[②]，民信之矣。"子贡曰："必不得已而去[③]，于斯三者何先？"曰："去兵。"子贡曰："必不得已而去，于斯二者何先[④]？"曰："去食。自古皆有死，民无信不立[⑤]。"

【注释】

①问政：问政事，问治理国家方面的问题。②足：充足，这里是使动用法，意思是"使……充足"。兵：本指武器，这里泛指军备。③必：连词，表示假设，相当于"如果"。去：去掉。④于：介词，相当于"在"。何先：即"先何"，指先去掉什么。⑤无信：没有信任，不信任。不立：指国家不能成立。

【译文】

子贡向孔子询问怎样治理政事。孔子回答说："备足粮食，充实军备，取信于民。"子贡问："如果迫不得已，在以上三项中去掉一项，先去掉哪项？"孔子说："去掉充实的军备。"子贡又问："如果迫不得已，剩余的两项中再去掉一项，先去掉哪项？"孔子说："去掉备足粮食。自古以来谁都免不了死，如果人民对政府失去了信任，就失去了立国的根本。"

【评论】

在孔子看来，充足的粮食、充实的军备和人民的信任，是国家得以生存的三大基本条件，但当子贡设想只保留二项时，孔子主张舍去充实的军备。子贡又进而设想只保留一项时，孔子主张舍去备足粮食而保留民众信任。孔子并不是主张单纯依靠人民信任就能治国，他是在假设不得已的情况下，来比较三者的重要性，如不得已，宁可“去兵”、“去食”，而保留“民信之”。不过“去兵”，国家失去御敌能力，国家还能存在吗？自古“民以食为天”，“去食”后老百姓都无法生存了，还能信任国家吗？三者互相联系，哪一项也是不可缺少的。这个道理孔子不是不晓的，他只是认为治理政事，要抓三件大事，而这三件大事中，取信于民是更重要的。取信于民，这个政权就能得到人民的认可甚至拥戴，尽管在无法实行民主制的古代还谈不上这个政权存在的合法性，但它因取信于民就有存在的合理性。《荀子·哀公》篇载：“丘闻之：君者，舟也；庶人者，水也。水则载舟，水则覆舟。”孔子把取得老百姓的信任视为保持政权的首要条件。民信服的前提是执政者爱民，即执政者自身先采取惠民政策，然后才能取得民众的信任。民信服，可以实现“足兵”、“足食”，若民不信服，“足兵”也会引起兵乱，“足食”也会引起国乱，历史上常发生的一些动乱甚至失政丧国，其根本原因还在于民众失去了对国家执政者的信任。而兵不足、食不足，只要“民信之”，不会失政丧国的例子也有的是。

12.8 【原文】

棘子成曰[①]：“君子质而已矣[②]，何以文为[③]？”子贡曰：“惜乎，夫子之说君子也[④]。驷不及舌[⑤]。文犹质也[⑥]，质犹文也。虎豹之鞟犹犬羊之鞟[⑦]。”

【注释】

①棘子成：卫国大夫，故子贡以夫子相称。②质：本质，这里指思想品德。③文：文采，这里指礼节仪式。④说：谈论，评价。⑤驷不及舌：与“一言既出，驷马难追”同一意思。及：追上，赶上。舌：指说出的话。⑥犹：如同，和……一样。⑦鞟（kuò）：去毛的兽皮。

【译文】

棘子成说："君子只要本质好就行了，要那些形式上的文采有何用？"子贡说："可惜呀，先生竟然这样谈论君子。一言既出，驷马难追。文采如同本质一样重要，本质如同文采一样重要。假若把虎豹和犬羊各自的毛拔去，那它们的皮就一样了。"

【评论】

在文与质的关系上，向来存在着不同的认识与说法，棘子成的文质观就与孔子不一样。他对子贡说："君子只要本质好就行了，何必讲究礼仪那些文饰呀？"子贡基本坚守的是孔子的文质观，主张"质胜文则野，文胜质则史，文质彬彬，然后君子"。子贡反驳棘子成说："可惜呀，您这样一位君子竟然这样谈论君子，错话既出口，驷马也难追。文采如同本质，本质如同文采，二者都很重要。如同虎豹皮与犬羊皮都去掉毛（文）只剩下皮（质），那虎豹皮与犬羊皮就没差别了。"子贡所谓的"文犹质也，质犹文也"，是强调文与质不可分离。世上没有无文的质，也没有无质的文，文是质的表现形式，如果没有文，质也不存在了。所以子贡关于虎豹皮与犬羊皮与其毛可以分开的比喻，又与自己的主张是相矛盾的。另外，文与质是有区别的，将文、质混为一谈，也是不合适的。对于君子来说，"质"指道德品质，"文"指外在礼仪表现，"文质"指的就是一个人的内在品德及言谈举止。准确的表达，还是孔子的"文质彬彬"说，要求君子"质""文"兼备。

12.9【原文】

哀公问于有若曰："年饥[①]，用不足[②]，如之何[③]？"有若对曰："盍彻乎[④]？"曰："二[⑤]，吾犹不足[⑥]，如之何其彻也[⑦]？"对曰："百姓足，君孰与不足？百姓不足，君孰与足？"

【注释】

①饥：饥荒。②用：费用开支。③如之何：怎么办。④盍：何不，为什么不。彻：西周田税制度。大约收取生产者所得的十分之一。⑤二：指收十分之二

的赋税。⑥犹：副词，尚且，还。⑦如之何：怎么能。

【译文】

鲁哀公向有若问道："年成不好，朝廷费用不够，该怎么办呢？"有若回答说："为什么不实行十分抽一的田税制呢？"哀公说："十分抽二，我还怕不够，怎么能十分抽一呢？"有若回答说："如果百姓的粮食充足了，您的费用怎么会不够？如果百姓的粮食不足维持生活，您的费用又怎么会够？"

【评论】

孔子主张对民要薄赋，反对厚敛，他怒斥冉求为季氏聚敛已说明这一点。能贯彻孔子这一思想的弟子不在少数，有若就是其中的一个。鲁国遇上年馑，哀公首先想到的是多收赋税，有若想到的是少征民税，二者不仅是不同的对待民众的立场问题，也是不同的治国理政的观念问题。有若认为民富而后君主才能富，民富才能国富，如果国富民穷，严重挫伤民众的生产积极性，国富也是暂时的，国穷才是长久的，这是一条客观规律。有若反对国君加重对人民盘剥，主张以民为本，实行周代的"彻法"，有其进步意义，看来孔门的"恢复周礼"也不能一概视为倒退行为。

12.10 【原文】

子张问崇德辨惑①。子曰："主忠信②，徙义③，崇德也。爱之欲其生④，恶之欲其死。既欲其生，又欲其死，是惑也⑤。'诚不以富，亦祇以异⑥。'"

【注释】

①崇德：重德，这里指提高道德修养。②主：崇尚，注重。③徙义：指改变自己思想使之服从义。徙，迁移。④欲：想，想要。生：活。⑤是：代词，相当于"这"。⑥诚不以富，亦祇以异：《诗经·小雅·我行其野》中的诗句，原意是："新欢确实并不比我家富，只是你怀有异心相辜负。"祇，只，仅仅。异，异心。

【译文】

子张问孔子如何提高品德修养和辨别迷惑。孔子说："注重忠诚信实的修养，使自己的言行服从义，就可以提高品德修养。喜爱一个人修养，希望他好好地活着，厌恶起来，又恨不得他马上死去。既想让他活，又想让他死，这就是迷惑了。《诗经·小雅·我行其野》中说：'诚不以富，亦祇以异。'喜怒无常，既缺乏品德修养又存有迷惑。"

【评论】

子张问怎样崇德辨惑，孔子强调首要"崇德"，把握住"主""徙"二字。康有为在其《论语注》中说："盖立心不以己为主，而以忠信为主；行事不以己意为从（徙），而惟义是从（徙）。"也就是以忠信为信条，为人处事、爱憎、进退、取与等，都以义为转移。"崇德"与"辨惑"是因果相关，只有"崇德"才能"辨惑"，没有"崇德"，必不能"辨惑"，乃至必"惑"。如何做到"辨惑"？当然首先要"崇德"，在"崇德"的基础上善于辨私。一切从私利出发，对我有利则爱，对我不利则恨，此时利我则爱，彼时不利我则恨，不管其优劣，不分其是非，一切好恶爱憎全以自己的私利为准则，这不是最大的惑吗？《诗经》中所说的"嫌贫爱富"，是私欲的一种表现，所说的"异心"指喜新厌旧，仍属一种私心杂念，即使不"嫌贫爱富"，但喜新厌旧，仍没脱离私心杂念，人一旦为私心所左右，就失去了正常的是非判断能力，又何谈"辨惑"？

12.11 【原文】

齐景公问政于孔子①。孔子对曰："君君②、臣臣、父父、子子。"公曰："善哉！信如君不君③、臣不臣、父不父、子不子，虽有粟④，吾得而食诸⑤？"

【注释】

①齐景公：齐国的国君，姓姜，名杵臼。于：介词，引出涉及的对象。②君君：君行君道，第二个君字是动词。下三句句式相同。③信：真。④粟：粮食。⑤得：能。

【译文】

齐景公向孔子询问如何理政。孔子回答说："使君主像个君主样，臣子像个臣子样，父亲像个父亲样，儿子像个儿子样。"景公说："说得太好了！如果为君不像个君，为臣不像个臣，为父不像个父，为子不像个子，虽然有粮食，我能吃得到吗？"

【评论】

鲁昭公二十五年，昭公被"三桓"所攻，仓皇逃到齐国避难，孔子也随去了齐国。可是齐国也不安宁，陈氏权势日重，严重威胁着齐景公的政权，所以景公向孔子询问如何治理国家。孔子答道："治理国家不难，使君、臣、父、子各行其道。"景公一听，正合他意，大赞这一主张。孔子从齐鲁的现实，看到伦理道德沦丧，君不行君道，臣不行臣道，父不行父道，子不行子道，必然出现弑君弑父社会秩序混乱的现象。他强调要"正名"，使每个人都安分守己，各司其职，以此作为治理乱源的根本。景公从如何长期稳固自己君位的角度来理解孔子的话，认为为君的不仁，为臣的不忠，为父的不慈，为子的不孝，粮食再多，也将国破身亡。显然他谴责的不是自己的"君不君"，而是齐国的"臣不臣"，虽从这点出发，也足以使他看到若齐国继续礼坏乐崩，僭越犯上，最终必然祸起萧墙，自己的君权，将同鲁昭公一样，难以维持。

12.12 【原文】

子曰："片言可以折狱者[①]，其由也与？"子路无宿诺[②]。

【注释】

①片言：简单几句话。折：判断。狱：讼案。②宿诺：隔夜的诺言，比喻久拖未兑现的诺言。

【译文】

孔子说："单凭一方面的诉讼就可以判决案件的，大概只有仲由能做到吧！"子路（仲由）承诺办的事从不拖拉过夜。

【评论】

审理诉讼案件，要详细地听取原告及被告两方的讼词，甚至还要听取其他各方面的证词，不可以只听三言两语，就来做判决。但子路却与众不同，孔子说："只凭听取原告及被告两方简单的几句话，就可以迅速断案的人，大概只有仲由吧？"为什么子路能既简单又明快地判案？这与他的为人与性格有关。子路为人诚信、胆大，敢打抱不平，断案能出以公心，公则明，公则平，不偏袒，也不以权压人，有公正忠信服人之德。同时，也与案情简单有关，如果案情重大而复杂，为避免出现假错冤案，则需要做详细的调查核实，仅靠"片言"岂可"折狱"？子路性格刚直果断，只要判决，就必须执行，绝不拖拉，本章后一句赞他"没有拖拉一夜之后的诺言"。子路直率、大胆、性急的特征，形成了他判案、执法的雷厉风行的风格。

12.13 【原文】

子曰："听讼[①]，吾犹人也[②]。必也使无讼乎[③]。"

【注释】

①听：审理。②犹：和……一样。③必：一定。

【译文】

孔子说："审理诉讼，我和别人差不多。但不同的是我一定想办法尽量叫人不要有诉讼才好。"

【评论】

此章须与上章联系起来读，孔子与子路都审理过诉讼，他们之间的区别就在于：子路"折狱"以解决讼案为唯一目的，而孔子"听讼"，不仅判断出谁是谁非，还要通过正本清源，进行道德教化，以实现今后"无讼"为最高目的。孔子在鲁国任过大司寇，是专管民事、刑事诉讼的司法官，但孔子更是一个济世救民的政治家、思想家，他不以公正断案为唯一目标，他的最高目标是无诉讼。要想达到这个目标，就必须对全社会的人进行伦理道德的教化，这就是他所说的："道

之以德，齐之以礼”，而不是“道之以政，齐之以刑”。断案再公平，毕竟是以刑治人，堵不了犯罪的源头。以德化人，使人树立犯罪可耻的信念，心中不存犯罪的念头，才能达到杜绝案件的发生。这便是治身不如治心，治末不如治本。

12.14 【原文】

子张问政。子曰："居之无倦①，行之以忠②。"

【注释】

①居：处在……上。之：指所担任的职位，官职。倦：懈怠。②行：执行，处理。忠：忠心，指尽心尽力的精神。

【译文】

子张向孔子询问如何理政。孔子说："身居官位者不要疲倦懈怠，执行政令要尽心尽力。"

【评论】

"居"有居家、居官、居心三种说法，既然子张是询问为政之道，孔子所言之"居"，当然指居官了。孔子说："居于为政的职位上就永远不要懈怠，执行公务要忠于职守。"做官就是管理百姓诸事，哪一件事都关系着百姓的切身利益，岂能因自己的一时懈怠，而给百姓带来莫大的损失。《尚书·无逸》中也说："君子所其无逸。"居官往往厚禄，这都是纳税人的血汗，官吏原本是百姓用自己的劳动所得雇用的"公仆"，岂能领着俸禄而做事懈怠？然而有的人做官久了，逐渐失去了往日的热情，不再勤勤恳恳，而是得过且过，正如《诗经·大雅·荡》中说："靡不有初，鲜克有终。"做到始终无倦确实不易，这就需要时时给自己敲警钟，不忘自己的责任与人民给予的回馈。有的官能做到"居之无倦"，每日忙忙碌碌，然而认真审查，却不是"行之以忠"，而是利用职权便利"行之以贪"，享受着官员俸禄，整日还干着榨取民众血汗钱的营私舞弊勾当。有的或先创造政绩，明里装模作样，骗取信任，捞到资本与权力后就疯狂敛财，大贪特贪。自古以来，这些贪官就是国家的蠹虫，他们就像白蚁，国家的大厦往往就是他们蛀塌的。

12.15 【原文】

子曰："博学于文，约之以礼，亦可以弗畔矣夫！"

【评论】

此章与《雍也》篇第 27 章重复，只是在"博学于文"前少了"君子"两个字。

12.16 【原文】

子曰："君子成人之美①，不成人之恶②。小人反是③。"

【注释】

①成：促成，帮助别人做成。美：好处，善事。②恶：坏处，坏事。③反：相反。是：代词，这。

【译文】

孔子说："君子成全别人的好事，不促成别人的坏事。小人与此恰恰相反。"

【评论】

君子能推己及人，"己欲立而立人，己欲达而达人"，"己所不欲，勿施于人"，自己想得到的善处，自然愿意帮助别人也得到。自己不愿有的坏处，自然不愿意别人也有。小人恰好与君子相反，小人的本质就是损人利己，若成人之美，无益于利己，也与所好相违，更难消心中嫉妒之恨，这是小人所不愿干的。若成人之恶，可以与其互相利用，沆瀣一气，结党营私。即便不能互相勾结，别人作恶，只要没有损害自己利益，还可以增强社会作恶势力，至少使其分担社会对恶行的谴责，减少自己作恶受谴责的压力。看来，成人之美还是成人之恶，确实是区分君子与小人的又一重要原则。

12.17 【原文】

季康子问政于孔子。孔子对曰："政者，正也①。子帅以正②，孰敢不

正？”

【注释】

①正：正道，公正，这里指端正作风或主持公道。②帅：动词，带头。以：连词，相当于“来”。

【译文】

季康子向孔子询问如何理政。孔子说：“理政，就是执政者端正自己的作风。您将自己的作风带头端正了，还有谁敢不端正呢？”

【评论】

为政者，应当心正——公正无私，身正——以身作则，如能这样，则上行下效，其政令老百姓自然响应。当季康子问孔子怎样治理政事时，孔子首先从“政”的音训解字上说起：“什么是‘政’呢？‘政’就是‘正’的意思，你自己带头贯彻正道，谁敢不走正道而走邪路呢？”为政者就是民众的表率，其自身的行为就是无形的命令。孔子又说：“其身正，不令而行，其身不正，虽令不从。”其身不正，就是自毁为政者的形象。上梁不正下梁歪，自己在执政位置上以权谋私、胡作非为，失信于民，自己带头不行“正道”，还想用“正道”的标准来要求民众，实在是办不到的事。社会风气不正，其根本原因在于为政者为政不“正”。

12.18 【原文】

季康子患盗[①]，问于孔子。孔子对曰：“苟子之不欲[②]，虽赏之不窃[③]。”

【注释】

①患：忧虑，苦于。盗：盗贼，小偷。②苟：连词，如果，假如。子：你。欲：贪财。③窃：偷盗。

【译文】

季康子担心盗贼太多，向孔子求教。孔子回答说：“如果你不贪财，就是奖励他们去偷盗，他们也不会干。”

【评论】

季康子苦于盗贼太多而无法制止，他向孔子求教止盗的办法，孔子直言不讳，嘲讽这位“窃国”者竟想制止“窃钩”者，指明若要止盗贼先要止己欲。孔子在这里继续阐释“政者，正也，子帅以正，孰敢不正”的思想。社会风气就是上行下效，居于上层为政的人如果不贪不欲，处于社会下层的民众也会以贪欲为耻辱，谁愿意做一名千人唾骂的盗贼呢？如果贪官大贪，不以此为耻，还想制止他人小偷小摸，这个理实在是说不通的。社会上男盗女娼的猖獗，其源头还是来自为官的贪污腐化、穷奢极侈。孔子的劝诫季康子自然不愿听，然而确是治理世道的金玉良言。

12.19 【原文】

季康子问政于孔子曰：“如杀无道，以就有道①，何如？”孔子对曰：“子为政，焉用杀？子欲善而民善矣。君子之德风②，小人之德草，草上之风③，必偃④。”

【注释】

①就：接近，靠近。②风：指像风一样。③上：一作尚，加的意思。④偃（yǎn）：仆，倒。

【译文】

季康子向孔子询问如何理政，他说：“如果杀掉无道的人来亲近扶持有道的人，这样来理政如何？”孔子回答说：“你治理政事，何必采用杀人的办法？只要你想从善，老百姓也就善了。在上的品德好比风，在下的品德好比草，风吹到草上，草就会顺风倒下。”

【评论】

孔子主张“为政以德”，认为“道之以政，齐之以刑”，不若“道之以德，齐

之以礼”。但也不是一概反对刑，若罪大恶极又不悔改的恶人，该杀的还是要杀。孔子反对季康子的做法，是因为他不重视自己的道德修炼，以自己的“有道”影响民众，而是滥用刑法，以杀为政。孔子将居上位的德比作“风”、将下属的德比作“草”，生动、恰当、有力，说明了上行下效的规律，也说明了居于上位的人影响一般百姓的特效。

12.20【原文】

子张问：“士何如斯可谓之达矣①？”子曰：“何哉，尔所谓达者？”子张对曰：“在邦必闻②，在家必闻。”子曰：“是闻也，非达也。夫达也者，质直而好义，察言而观色，虑以下人③。在邦必达，在家必达。夫闻也者，色取仁而行违④，居之不疑。在邦必闻，在家必闻。”

【注释】

①何如：即如何。斯：连词，相当于“就”。谓：说。达：通达，显达。②邦：国。诸侯的封地叫“邦”或“国”。闻：名声，名气，名望。③虑：考虑，这里指考虑别人的态度。下人：人下，指谦恭待人。④色：外表，表面上。行：指行动上。违：违背。

【译文】

子张问孔子：“读书人要怎样做才可以叫显达？”孔子说：“什么，你所说的显达是什么意思？”子张回答说：“在诸侯国任官时一定有名气，在大夫家任职时一定有名气。”孔子说：“这个叫名气，不叫显达。所谓显达，应该是品质正直而喜好仁义，善于察言观色，甘居别人之下。这种人，在诸侯国任官时一定会显达，在大夫家任职时也一定会显达。至于名气，表面上似乎爱好仁德，而实际行为却在违背仁德，自己还以仁人自居而不加怀疑。这种人，在诸侯国任官时一定会骗取虚名，在大夫家任职时也一定会骗取虚名。”

【评论】

显达与名气表面上看好像差不多，因为显达了必然有名气，实质上却有很大区别。子张向孔子请教士人如何做才能显达？孔子估计他把显达与名气混为一谈了，反问他："你所说的显达是指什么意思？"子张的回答，果然不出孔子所料，他把名气当作显达了。孔子指出："所谓显达，应当是品质正直而爱好礼义，善于考察别人的言论和观察别人的脸色，时常想着谦让，甘心居于人下。这种人的美名与其美德一样，自然会在诸侯国或大夫封地为人传诵。而所谓仅仅有名气，表面上似乎追求仁德而行动上却违背仁德，还以自己有了仁德的名气而自居，而不怀疑自己骗取名气的行为，这种人也只能在诸侯国或大夫封地骗取虚名而已。"君子诚于内而显于外，表里一致，名实相符。显达是其"实"，名气是其"名"，"闻"基于"达"，先"达"而后"闻"。一心求"达"，而无意求"闻"，而"闻"自至。伪君子舍本求末，舍"达"求"闻"，未"达"而先"闻"，若不是沽名钓誉、欺世盗名，至少也是伪饰虚名、名不副实。

12.21 **【原文】**

樊迟从游于舞雩之下①，曰："敢问崇德，修慝②，辨惑。"子曰："善哉问！先事后得③，非崇德与？攻其恶④，勿攻人之恶，非修慝与？一朝之忿⑤，忘其身，以及其亲⑥，非惑与？"

【注释】

①樊迟：孔子的学生，姓樊，名须，字子迟，也称樊迟，鲁国人，一说齐国人。从：随从，跟随。②修慝：改正邪念。修，治，改正。慝，指藏于心中的邪念。③先事后得：先劳作后获取。④攻：责备，批评。恶：错误。⑤一朝：一时。忿：气愤，愤怒。⑥及：牵连。

【译文】

樊迟随从孔子在舞雩台下闲游，他问孔子："请问怎样提高自己的品德修养，怎样消除自己心中的邪念，怎样辨别让人迷惑的事情。"孔子回答说："问得好！先付出再考虑收获，不就提高了自己的品德修养了吗？指责自己的毛病，不去批评别人的过错，不就消除了自己心中的邪念了吗？如果因为一时忿怒，就忘记了自己的身份，甚至干出牵连自己亲人的蠢事，这不就是迷惑吗？"

【评论】

世上万事都先有因后有果，先劳才后得，或劳而不计其功，积德而不自知，其功德自有别人去评说。若想先得或不劳而获，便斤斤计较，损人利己，这种人何谈提高道德修养？一些人责人严，对自己的过错却掩饰宽恕，这怎能改邪归正？不能克制自己的冲动，不考虑后果，凭一时气愤干出蠢事，为自身及亲人招来灾祸，这不是太糊涂吗？子张也曾请教过“崇德”“辨惑”，和樊迟的答案不一样，孔子回答问题，都是有所针对的。显然，樊迟在“先事”上做得不够，在“攻其恶”上做得不专，有时还克制不了“一朝之忿”，所以孔子才这样开导他。

12.22 【原文】

樊迟问仁。子曰:“爱人。”问知[①]。子曰:“知人。[②]”樊迟未达[③]。子曰:“举直错诸枉[④],能使枉者直。”樊迟退,见子夏曰:“乡也吾见于夫子而问知,子曰:‘举直错诸枉,能使枉者直’。何谓也？”子夏曰:“富哉言乎！舜有天下,选于众,举皋陶[⑤],不仁者远矣。汤有天下[⑥],选于众,举伊尹[⑦],不仁者远矣。”

【注释】

①知：同“智”。②知：了解。③未：否定副词，相当于“不”、“没”。达：明白。④举：提拔。直：正直，这里指品行端正的人。错：同“措”，安置。诸：“之于”的合音。枉：不正，引申为不合正道、行为不端的人。⑤皋陶：人名，相传曾任舜的刑官。⑥汤：又称武汤、武王、天乙、成汤，商朝的建立者。⑦伊尹：名伊，尹是官名，商初大臣。

【译文】

樊迟请教如何成为一个仁人，孔子说：“要爱人。”“爱人”是孔子仁的概念最精炼最经典的阐释。仁本是周礼中的善德之一，孔子却把它上升为各种善德的高度概括，成为人生理想、人格追求、待人接物、人伦关系、社会秩序、国家政治等的最高原则，成为判定善恶的最高标准，成为儒学的最最核心的观念，远远超于以往判断个人品质的范畴。樊迟又请教智，孔子说："能了解人。"孔子提倡"爱人"，并非不分善恶地统统去爱，而是"唯仁者能好人，能恶人"。"爱人"还须"知人"，分出善与不善、仁与不仁。"知人"才"能好人，能恶人"，扶正压邪。作为执政者，有知人之明是最大的智。亲君子远小人，小人的恶行也就收敛或改正了，不仅化解了君子与小人的严重对立，还会使部分小人幡然醒悟想做君子，这是政权用人的根本措施。子夏举舜、汤任用贤人远离不仁的人为例子来进一步说明智，对孔子所谓的智有较深的理解。与舜、汤举贤能远不仁相反，有些主政者以亲己驯服的标准来选用人才，只用奴才不用贤才。更恶劣的是将选用人才视为发财的途径，买官卖官，带病提拔，大批不仁之人混入政权，加速了政权的垮台，这样的人就不能仅仅用不明智来评估了，他简直就是作孽犯罪。

【评论】

樊迟请教如何成为一个仁人，孔子说："要爱人。"请教智，孔子说："能了解人。"孔子提倡"爱人"，并非不分善恶地统统去爱，而是"唯仁者能好人，能恶人"。"爱人"还须"知人"，分出善与不善、仁与不仁。"知人"才"能好人，能恶人"，扶正压邪。作为为政者，有知人之明是最大的智。亲君子远小人，小人的恶行也就收敛或改正了，不仅化解了君子与小人的严重对立，还会使部分小人翻然改图想做君子，这是政权建设的根本。子夏举舜、汤任用贤人远离不仁的人为例子来进一步说明智，对孔子所谓的智有较深的理解。与舜、汤举贤远不仁相反，有些主政者以亲己驯服的标准来选用人才，只用奴才不用贤才；更恶劣的是将选用人才视为发财的途径，封官卖官，带病提拔，大批不仁之人混入政权，加速了政权的垮台，这样的人就不能仅仅用不明智来评估了，他简直就是作孽犯罪。

12.23【原文】

子贡问友①。子曰："忠告而善道之②，不可则止，毋自辱焉③。"

【注释】

①友：指交友。②道：通"导"，开导的意思。③毋：否定副词，表示劝阻，

相当于“不要”。自辱：使自己遭受耻辱。

【译文】

子贡问孔子怎样交友，孔子告诉他：“朋友有错，一定要忠实劝告，并注意采用妥善方法来开导他。如果朋友执意不听，就停止劝导，不要自找羞辱。”

【评论】

君子之交是为挚友，朋友有错不能不给予忠告，尽管忠言逆耳，但真正的朋友是不顾及这些的。当然，苦口婆心地开导，有时也不一定奏效，那就暂停劝告，留一段时间让他好好思考，等他觉悟。不要因为反复劝告而引起他的反感，遭来对自己的误解、怨恨，甚至从此疏远朋友的关系。等他有所醒悟，仍要去开导他，是非原则是不能放弃的。否则就不是真朋友，是眼睁睁地看着朋友去犯错误，这与那些狐朋狗友、酒肉朋友就没什么区别了。如果这样的规劝他仍执迷不悟，那就真的没有必要再去开导他了，因为再去开导他，只有一个结果——招致他的憎恨与羞辱。

12.24【原文】

曾子曰：“君子以文会友①，以友辅仁②。”

【注释】

①文：指诗书礼乐文章学问。②以：介词，凭借。辅：帮助。

【译文】

曾子说：“君子用诗书礼乐文章学问来聚合朋友，依靠朋友间的互相帮助来培养仁德”

【评论】

君子“会友”是形式，“辅仁”是内容。君子以共同的兴趣聚合在一起，谈论诗书礼乐文章学问，互相切磋，互相帮助，互相影响，共同确立仁德的品质，共同实现美好的仁德理想。与此相反的则是“以酒会友，以友辅利”，拉拉扯扯，吃吃喝喝，言谈不是互相勾结利用，就是互相吹捧，庸俗下流，就是良家子弟，交上这样的朋友，也是没有不变坏的。有人说：曾子的话带有浓厚的贵族气息，有很大的局限性，平常老百姓如何“以文会友”？曾子寻求的“友”确实限于士人圈，但我们理解他的话不可如此狭隘。前面已述，“会友”只是形式，士人以文会友，平常百姓也可“以艺会友”“以事会友”。关键是“以友辅仁”的内容，在追求仁德上，士人与百姓并无区别，所以曾子的话从原则上讲并没有什么贵族气与很大的局限性。

子路篇第十三

儒家主张积极用于世，提出修身、齐家、治国、平天下的系统理论，本篇有30章，主要记述孔子教导弟子如何从政。他认为从政者首先要做到“其身正”，自己遵礼守制，勤勉无私，以身作则，才有感召力。在处理政务时，必须谨慎细密，集思广益，切忌妄动，权力没有监督与制约，便会“一言而丧邦”。为政既富民，又教民，发展经济与伦理教化不可偏废其一。也不可为图政绩一点“小利”，而“欲速”，损坏了长远“大事”。修己安民不是一朝一夕就能成功的，所以持之以恒是成功的关键。行仁政的结果，使“近者说，远者来”，百姓受惠，必然对为政者产生一种向心力。君子、圣贤治国不会穷兵黩武，不得已卫国御敌时，须先教民习武，以提高战斗力与自我保护、生存的能力，千万不能让百姓白白地去送死。

13.1 **【原文】**

子路问政。子曰：“先之劳之①。”请益②。曰：“无倦③。”

【注释】

①先之：先于下属。先，带头。之，指下属。劳之：让下属劳作。②益：增加。这里指再多说一点。③倦：懈怠。

【译文】

子路向孔子询问如何理政。孔子回答说：“为政者号召大家做的，自己先去带头做，以身作则了，才好叫大家去勤劳。”子路嫌老师讲得少，请求再多讲点，孔子又说：“为政者永远不要懈怠。”

【评论】

孔子为子路讲解为政之道，主要就是强调“先之劳之”的原则要不懈地坚持下去。为政的人都知道勤劳能致富，勤劳能强国，但如何能使百姓勤劳呢？自己必身先士卒，榜样的力量是无穷的，虽然默默无言，但这比下多少命令有效得多。当年大禹治水患，跋山涉水，备尝艰辛，据传治水十三年中，三过家门而不入，国人才与他同心同德，疏通了江河，兴修了沟渠，安定了天下。为政者“先之”，不仅仅具有使老百姓勤奋“劳之”的号召力，而且本身就是促进为政者施行善政的重要途径。因他的“先之”，取得了人民的信任，也在践行中了解了民情，为制定善政提供了依据。为政者“无倦”地“先之”，使他变得勤劳，必也认真处理政事。否则，安逸必生淫心，何暇顾政？周公曾谆谆教导成王，概括起来就两个字：“无逸。”

13.2 【原文】

仲弓为季氏宰①，问政。子曰：“先有司②，赦小过③，举贤才。”曰：“焉知贤才而举之？”曰：“举尔所知，尔所不知，人其舍诸④？”

【注释】

①宰：家臣总管。②有司：具体管事的小吏。所谓“设官分职，各有所司”，故称。③赦：宽恕，原谅。④舍：舍弃，这里指不举荐。

【译文】

仲弓做了季氏家臣中的总管，向孔子询问如何理政。孔子说：“给家臣们起带头作用，不计较人家的小错误，提拔使用贤良人才。”仲弓问：“怎样识别贤良人才而把他们提拔上来呢？”孔子说：“提拔你所了解的，那些你所不了解的，别人难道还会不举荐吗？”

【评论】

担任了季氏家总管的仲弓，向孔子请教如何管理政务。孔子针对仲弓任职后缺乏下属信任及缺少贤能相助的情况，给他讲了为政自律及用人的原则。首先做

到“先有司”，自己处处做表率，使下属信服；“赦小过”，是对下属严要求而不苛求，他们有小过失能赦免，使下属怀恩；“举贤才”，是对下属中的优秀人才敢于提拔任用，使下属“思齐”，形成勤勉向上的风气。下属都忠实地各司其职，就没有办不好的政事。“先有司，赦小过，举贤才”三者中，显然如何“举贤才”难度最大，不过，有一条规律可循，这就是：贤者必引贤，众人定举贤。选拔人才多征求贤能者的意见，多考虑大多数人的反映。

13.3 【原文】

子路曰："卫君待子而为政，子将奚先？[1]"子曰："必也正名乎[2]！"子路曰："有是哉，子之迂也[3]！奚其正？"子曰："野哉[4]，由也！君子于其所不知，盖阙如也[5]。名不正[6]，则言不顺[7]；言不顺，则事不成；事不成，则礼乐不兴；礼乐不兴，则刑罚不中；刑罚不中，则民无所错手足[8]。故君子名之必可言也，言之必可行也。君子于其言，无所苟而已矣[9]。"

【注释】

①奚先：先做什么。奚，什么。②必：一定。正名：端正名分。③“有是哉，子之迂也！”即“子之迂也有是哉！”，感叹句谓语前置。有是：有这样，即达到了某种程度。迂：迂阔，迂腐。④野：粗野，鄙俗。⑤盖：大概。阙：同“缺”，指保留疑惑。⑥正：端正，正当。⑦言：话，说话。不顺：不顺当，不合适。⑧错：通“措”，放置。⑨苟：马虎，随便。

【译文】

子路对孔子说：“卫国君主等着您去治理国政，您准备先做什么？”孔子回答说：“那一定是先端正名分了。”子路说：“有这样做的吗，您有点迂腐了吧！名分还需要端正吗？”孔子说：“粗野呀，仲由（子路）！君子对于自己所不懂的事，应该采取沉默寡言的态度。名分不正当，说话就理不顺；说话理不顺，事情就办不成；事情办不成，礼乐就不能兴盛；礼乐不兴盛，刑罚就不得当；刑罚不得当，百姓就会手足无措。所以君子先端正名分，然后才可以说得出顺理的话；言辞顺理成章才能行得通。君子对于自己说的话，不能有一点马虎随便的。”

【评论】

卫灵公的夫人南子名声不好听，孔子曾见过南子，对此子路还很有意见。卫灵公的儿子蒯聩想杀死有淫乱名声的南子，没有成功，反被卫灵公驱逐出国，后来继承卫灵公君位的是蒯聩的儿子辄，辄拒绝其父蒯聩回国继位。此时，孔子适从楚国返回卫国，卫君辄想任用孔子，于是子路问孔子：“卫君等你去治理政事，你准备先从什么地方抓起？”孔子说：“首先必须要正名吧！”孔子所说的正名，主要指君臣父子各安其名位，各守其名分。比如你本是一位君主，言行却不像个君主，名不副实，就是“名不正”。名分若不端正，说话就理不顺，事情就办不成。一国之君若名分不端正，一国的礼乐势必不能兴盛，刑罚就会不得当，老百姓就不知该不该服从。如像蒯聩想杀母又得罪父，而辄拒绝父亲回国继位，都是“君不君”的乱名分的行为，都会引起社会大乱。所以如果让孔子治理卫国的政事，一切必须从正名开始抓起，以“君君、臣臣、父父、子子”之道，首先解决好当下卫国父子之间争君位的矛盾，这才是卫国政事的第一要务。

13.4【原文】

樊迟请学稼[①]。子曰：“吾不如老农。”请学为圃[②]。曰：“吾不如老圃。”樊迟出。子曰：“小人哉[③]，樊须也！上好礼[④]，则民莫敢不敬；上好义，则民莫敢不服；上好信，则民莫敢不用情[⑤]。夫如是，则四方之民襁负其子而至矣[⑥]，焉用稼？”

【注释】

①请：请求。稼：种庄稼。② 圃：指种蔬菜。③小人：指见识短浅的人。④好：喜欢，喜好。⑤用情：以实情相待。情，情实。⑥襁（qiǎng）：背小孩的宽带子。负：背。

【译文】

樊迟向孔子请教如何种庄稼。孔子说：“我不如老农民。”又请教学种蔬菜。

孔子说："我不如老菜农。"樊迟从厅堂退了出来。孔子向众人说："樊须（樊迟）真是个见识短浅的小人，身居社会上层的人只要喜好礼，老百姓就没有人敢不尊敬；身居社会上层的人只要喜好义，老百姓就没有人敢不服从；身居社会上层的人只要喜好诚信，老百姓就没有人敢不以实情相待。如果能做到这些，那么四面八方的老百姓就会背着小孩子来归顺，哪里还用自己种庄稼呢？"

【评论】

此章比较集中地反映了孔子教育的目的。孔子是为新兴的地主阶级培养治理政事的合格人才，而不是培养有技能的生产者，教学目的决定了他的教学内容，这就是如何培养弟子们具有治国平天下的政务能力。过去有人以此章来证明孔子轻视体力劳动、劳动人民，其实，孔子说樊迟为"小人"，并非指他是与君子相对立的品德恶劣的那种"小人"，只批评他把自己混同于一个农人，而忘了自己君子的责任。孔子当着众弟子的面批评樊迟，为的是勉励弟子们要学修己安人的大学问，致力于治国平天下的大事业，至于种庄稼蔬菜的事，自然有老农老圃去做。孔子强调"劳心"与"劳力"间的社会分工，顺应了当时社会的发展，实际是一种进步思想的体现。

13.5 【原文】

子曰："诵《诗》三百①，授之以政，不达②；使于四方③，不能专对④；虽多，亦奚以为⑤？"

【注释】

①诗三百：指《诗经》，三百篇是计其整数。②达：通达，明白。③使：出使国外。④专对：独立应对。⑤亦：语气副词，相当于"又"。以：用。为：语气词，表疑问。

【译文】

孔子说："诵读《诗经》三百篇，但交给他政务，却办不明白；叫他出使各国，又不能独立应对谈判；虽然《诗经》的篇章读了很多，又有什么用呢？"

【评论】

在孔子的时候,《诗》三百篇已经是社会公认的百科式的经典,人们可以从《诗》中学习到各地的民俗民风、历史的经验教训、社会的人情世故、政事的成败得失、人生的感受体会等,尤其是《诗》中那些被视为从政的至理名言,对于从政人员来说,可以把它广泛地运用于治理政事与外交活动中。孔子强调读《诗》要能“达”、能“专对”,这是检验从政者读《诗》好坏的标准。学习的好坏不在于能背诵多少词句,而在于能灵活应用,培养分析、解决问题的能力,达到安邦利国的目的,这体现了孔子学以致用的教育思想。

13.6 【原文】

子曰:“其身正,不令而行①;其身不正,虽令不从。”

【注释】

①令:发布命令。行:做,指按照为政者的要求去做,服从命令。

【译文】

孔子说:“为政者本身行得正,不发命令事情也行得通。自身行为不端正,虽然发号施令,老百姓也不会服从。”

【评论】

为政者本身作风端正,处理政事合乎规矩,自然社会风气就能好,用不着靠命令来获得民众赞同。为政者自身的风气不正,说得再好听,命令再严厉,颁布的法令再多,老百姓也不会信服。可见为政者身教重于言教,老百姓不看为政者会不会制定法令,也不看为政者下了什么命令,而是看为政者自己是否做表率?老百姓不信服政令的严厉,而信服为政者能带头执行命令?为政者自身品德修养是从政和推行政令的重要前提。

13.7 【原文】

子曰:“鲁、卫之政①,兄弟也。”

【注释】

①政：政治，政局。

【译文】

孔子说："鲁国和卫国的政局，相似得就像亲兄弟一般。"

【评论】

孔子这句话，是在卫国熟悉了卫国的情况而发出的慨叹。西周开国，周公兄弟九人中，周公与康叔最亲密，《左传·定公六年》说："大姒之子，唯周公、康叔为相睦也。"周公的封国在鲁，康叔的封国在卫，最初两国的礼乐风气都贤于他国，这一点博学多才的孔子是了解的。他叹息的是当下，鲁国三桓僭越，卫国父子争权，鲁国是君不君、臣不臣，卫国是父不父、子不子，鲁、卫两国的政权衰乱现象又何其相似。孔子恰又非常关注这两个国家，想在这两个国家现实他拨乱反正的宏伟目标。恐怕这一点也是孔子认为鲁、卫共有的相似之处。

13.8 【原文】

子谓卫公子荆[①]："善居室[②]。始有，曰：'苟合矣[③]。'少有[④]，曰：'苟完矣[⑤]。'富有，曰：'苟美矣。'"

【注释】

①荆：卫献公的儿子，名荆，字南楚。②善：善于。居室：治家。③苟：差不多。合：合适，满足。④少：稍。⑤完：完备。

【译文】

孔子谈到卫国公子荆时说："他善于居家过日子，刚有一点家产，就说：'差不多够了。'稍微增加了一些，就说：'差不多完备了。'当家产富足了，他就说：'差不多达到富丽堂皇的程度了。'"

【评论】

诸侯王的嫡长子因有继承王位权而称世子，其余儿子都称公子，公子也都是有权有势的卿大夫。卫献公的公子荆，曾任宰相，精明强干，孔子只从其善于治家这一点来评论他的高尚品德，从善治家想见其善治政。何为善治家？由于人生追求不一样，“善”的标准自然也不同，有的人以为善治家就是善聚财，置豪宅，摆阔气，而孔子的善治家标准却是俭朴不奢侈，公子荆恰符合孔子这一标准，他“善治家，刚开始有了点家业，就说：‘差不多都合适了。’稍微再增加一些，就说：‘几乎都齐全了。’等到财产多了，就说：‘已经足够富丽堂皇的了。’”如果以俭朴为美德，随时都有满足感。如果以追求豪华为时尚，永远没有满足的时候。君子永远不能满足的应该是对精神的追求，力求做一个精神大富翁，对物质的追求应适可而止。在物质享受方面，应该“知足常乐”，千万别受物欲的诱惑，乃至不择手段地攫取，最后带着耻辱和罪恶走向不归之路。

13.9【原文】

子适卫①，冉有仆②。子曰：“庶矣哉③！”冉有曰：“既庶矣，又何加焉④？”曰：“富之。⑤”曰：“既富矣，又何加焉？”曰：“教之。”

【注释】

①适：往，去。②仆：驾车。③庶：众多，这里指人口众多。④何加：即“加何”，增加什么。⑤富：富裕，这里是使动用法，使……富起来。

【译文】

孔子到卫国，冉有替他驾车子。孔子说：“这里的人口好多呀！”冉有问：“人口既然多了，下一步又该怎么办呢？”孔子说：“使这些人富裕起来。”冉有又问：“如果已经富裕了，下一步又该怎么办呢？”孔子说：“那就对他们施予教育。”

【评论】

春秋时，许多诸侯国执政者只关心强军，认为这是治国的根本，因为靠武力

才能进行兼并或防御。而孔子却把富民、教民作为治国的根本措施，他坚信如此治国，一年就见眉目，三年必有成效。他提出的庶、富、教的思想，主张先富而后教，比较辩证地看待了物质与精神的关系。如何达到庶、富、教，孔子这里没有说，但我们从孔子的其他论述中知道，轻徭薄赋，使“近者说，远者来”，给予老百姓生养休息的条件，人口自然会繁殖。实行仁政，使民以时，因地制宜，民便逐渐富起来。至于教民，则以人伦教化为根本，以友爱和谐为目的，整部《论语》主要讲的就是这些道理。

13.10 【原文】

子曰：“苟有用我者[①]，期月而已可也[②]，三年有成。”

【注释】

①苟：如果。用：任用。②期月：即一周年。可：可以，指可以看出效果。

【译文】

孔子说：“假若有人用我治理政事，一年就可以看出眉目，三年就会有很大的成效。”

【评论】

孔子不仅有治国平天下之志，也具备治国平天下之才，可悲的是他空有济世之才志，而无施展的机会。据《史记·孔子世家》记载，孔子居卫时，卫灵公已衰老，懈怠于政事，国内衰乱不安定，但卫君不能用孔子，孔子于是喟叹说：“如果有人用我治国的话，一年就可以初见成效，三年就能治理好。”孔子并不是说大话，如果真能按照他的庶、富、教的政策去做，治理国家又有何难呢？孔子在世时，他的壮志难酬，孔子逝世后，被人奉若神明，就因为他的治国理念，太珍贵了，成为后世治国安民的座右铭。

13.11 【原文】

子曰：“‘善人为邦百年[①]，亦可以胜残去杀矣[②]。’诚哉是言也[③]。”

【注释】

①为邦：治国。②胜：克服。去：废除。③诚：真实。是：代词，这。

【译文】

孔子说："有人说：'善人治理国家连续一百年，就可以克服残暴废除极刑了。'这话说得确实对呀！"

【评论】

孔子生于乱世长于乱世，对乱世的残暴杀戮现象痛恨至极。他多么希望有圣人出现，力挽狂澜，拨乱反正，变乱世为治世，可是这仅是一个幻想而已。从平王东迁以来，社会非但没有安定，反而越来越混乱，弑父弑君，屡见不鲜，攻城野战，司空见惯，各国都卷入长年的混战，百姓受战争之苦已二百多年，残暴现象积重难返。圣人不出，百姓盼望哪怕出现善人治国，善人虽无圣人的圣明，但他毕竟怀有不忍的恻隐之心，自然会不忍心残杀的现象继续下去。但彻底扭转世风，看来非一人一世所能实现。所以人们说："善人来治理国家，经营一百多年，也就可以克服残暴废止杀戮了。"孔子非常赞同这种说法。可是现在治国者既非圣人也非善人，要消除残暴、废止杀戮，就不知等到何年何月了。这不是孔子对未来悲观估量，而是对历史发展的冷静思考。

13.12【原文】

子曰："如有王者①，必世而后仁②。"

【注释】

①王者：圣明的君主。②世：古代三十年为一世。而后：然后。仁：指实行仁政。

【译文】

孔子说："如有圣明的君王在位，也需三十年才可实现仁德社会。"

【评论】

前章说善人治国，百年可胜残去杀，此章说圣人治国，一世可达仁。这里所说的圣人，是指行王道治天下的圣明“王者”。实现仁是孔子的最高理想，这一历史任务也只能由“王者”来完成。“王者”执政，为什么还需三十年才实现仁？这是因为王者治世，有个拨乱反正的过程。一要富国，使百姓有个不愁温饱的生活条件。一要教化，使百姓有个道德伦理的精神家园。改造旧社会，创立仁政新社会，需要时间；改造旧思想，树立仁义新观念，也需要时间。物质文明与精神文明建设，都要达到仁的标准，绝非短时期就能实现。孔子所言，确实是治国的经验之谈，不同治国者，所达到的治国目标不同，所需要的时间也不同。

13.13 【原文】

子曰：“苟正其身矣①，于从政乎何有②？不能正其身，如正人何③？”

【注释】

①苟：连词，表假设，如果。正：品行端正。②于：对于，对于……来说。何有：指有什么难处。③如……何：把……怎样。

【译文】

孔子说：“执政者如果自身作风端正了，对于治理国家有什么难处呢？如果自身不能端正作风，又怎么能去端正他人的作风？”

【评论】

此章记述孔子自身正才能正人的言论，《颜渊》篇第17章中也记有孔子这类的话：“政者，正也。子帅以正，孰敢不正？”俗话说：“打铁还需自身硬”，孔子反复强调执政者自身的作风，可见执政者的表率作用是执政的先决条件。

13.14 【原文】

冉子退朝①。子曰：“何晏也②？”对曰：“有政。”子曰：“其事也③，如有政，虽不吾以[④]，吾其与闻之[⑤]。”

【注释】

①朝：这里指季氏的私朝，非鲁君公朝。②晏：晚。③事：事务。④虽，虽然。以：用。⑤与闻：参与了解。

【译文】

冉有从季氏办公的地方回来。孔子问：“为什么回来得这样晚呢？”冉有回答说：“有政务。”孔子说：“那只是事务罢了。若是有政务，虽然不用我了，我也会知道的。”

【评论】

冉有为季氏的家宰，他在季氏那里办完事回到孔子身边，孔子见冉有回来得较晚，便问其原因。冉有回答说：“有政务缠身。”孔子认为冉有忙碌的是事务，不能称作政务。为什么孔子一定要分辨“政务”与“事务”的区别，并对冉有的说法加以更正呢？原来“君之教令为政，臣之教令为事”，鲁君公朝议事为政，即议政；大夫私朝议事为事，即议事，这里存在着一个正名定分的意思，也暗含着孔子对季氏僭越行为的讥讽意思。

13.15 【原文】

定公问：“一言而可以兴邦，有诸[①]？”孔子对曰：“言不可以若是，其几也[②]。人之言曰：‘为君难，为臣不易。’如知为君之难也，不几乎一言而兴邦乎？”曰：“一言而丧邦[③]，有诸？”孔子对曰：“言不可以若是，其几也。人之言曰：‘予无乐乎为君，唯其言而莫予违也[④]。’如其善而莫之违也[⑤]，不亦善乎[⑥]？如不善而莫之违也，不几乎一言而丧邦乎？”

【注释】

①诸：之乎，吗。②若是：像这样。几：接近。③丧：衰亡。这里是使动用

法，意思是“使……衰亡。”④唯：唯一。莫予违：没人敢违抗我。莫，没有谁。予，我。⑤善：正确。⑥善：这里是“好”的意思。

【译文】

鲁定公问孔子：“一句话就可以使国家兴盛，有这事吗？”孔子回答说：“哪里可以用一句话来简单地表述，不过也有近似的话，人们说：‘做国君难，做臣子也不容易。’如果国君知道做国君的艰难，不就近于一句话就会使国家兴盛吗？”定公又问：“一句话就可以丧失国家，有这回事吗？”孔子回答说：“哪里可以用一句话来简单地表述，不过也有近似的话，有人说：‘我做国君也没有什么快乐，只是希望我说的话没有人敢违抗。’如果国君说的话正确而没有人违抗，不也是好事吗？如果国君说的话不正确又没有人敢违抗，不就近于一句话就会丧失国家吗？”

【评论】

鲁定公想叫孔子提供一句话，他牢记了便可以使国家兴旺发达。再提供一句话，他牢记了便可避免国家衰亡。孔子认为如此重大的问题，那里能用一句话来概括，但却可以找到差不多相似的话来表述，这就是：为君者要知“为君难”。若知“为君难”，自然不能随心所欲，就要兢兢业业，谨言慎行，举贤能远邪佞，国家就会兴盛。为君者若求“唯其言而莫予违”，便独断拒谏，大搞“一言堂”，国丧身亡就为期不远了。当年周厉王，对指责他的国人一律“杀之”，国人“莫敢言”，然而三年之后国人就把他赶下台，并放逐到彘地，这就是“唯其言而莫予违”的最终结果。在君权至高无上的社会，君王的命令、指示都关系着整个国家、整个民族的兴衰安危，为了避免君王一个人的意念给整个国家、民族带来灾难，历来对臣下提倡广开言路、直言不讳，对君上提倡虚心纳諫、从善如流，来阻止、消除君王个人的错误判断。孔子当然难以提出以政治制度来限制君王滥用权力、随意发号施令，但他通过反正两方面的历史经验教训，说明君王的意志言论紧系着国家安危，若不顾众人反对，一意孤行地推行自己的错误主张，毁掉的不仅是君王自身，毁掉的还有整个国家。

13.16 【原文】

叶公问政。子曰:“近者说①,远者来②。”

【注释】

①近者：指国内民众。说：同“悦”。②远者：指外国民众。来：前来，特指归附，归顺。

【译文】

叶公向孔子询问如何理政的问题。孔子说道：“使近处的人感到高兴，使远处的人前来投奔。”

【评论】

叶公问孔子为政之道，孔子回答说：“叫国内的民众喜悦，让国外的民众来归。”孔子只说了一个现象，但这现象却说明行仁政的结果。国内民众何以喜悦？国外民众为何来归？还不因为为政者得民心。为政者何以得民心？还不因为为政者实施了仁政。行仁政，百姓受惠，必然对为政者产生一种向心力，拥护这样的为政者，也愿做这样的为政者的子民。为政者造福一方，必然会影响四方，远处域外的民众无不向往这幸福之地，必然扶老携幼前来归顺。

13.17 【原文】

子夏为莒父宰①,问政。子曰:“无欲速②,无见小利。欲速,则不达③;见小利,则大事不成。”

【注释】

①莒（jǔ）父：鲁国邑名，《山东通志》认为在今山东高密东南。宰：行政长官。②无：同“勿”，不要。欲速：图快，求快。③不达：指达不到目的。

【译文】

子夏做了莒父邑的长官，向孔子请教如何理政。孔子说：“别图快，别贪图小利。一心求速成反而达不到目的，顾及小利就办不成大事。”

【评论】

孔子对子夏的这番话具有普遍的指导意义。事物发展有其自身的规律，其过程或快或慢，主要由事物本身的性质所决定的。若违背事物发展规律，不顾条件是否成熟，便急于求成，如拔苗助长一样，不仅达不到目的，还会受到规律的惩罚。事情有大有小，随之利益也有大有小，如果只图谋小事，就会忘掉大事业，贪图眼前小利，就会失去长远根本利益。“欲速”反而更慢，“见小利”反而损失更大的利益。这些捡了芝麻丢了西瓜的蠢事，都是由于为政者在政治上近视、短视造成的。

13.18 【原文】

叶公语孔子曰：“吾党有直躬者[①]，其父攘羊[②]，而子证之[③]。”孔子曰：“吾党之直者异于是[④]，父为子隐[⑤]，子为父隐。直在其中矣。”

【注释】

①党：乡党，家乡。直躬：直身而行，这里指坦率正直。②攘（rǎng）：偷。③证：告发，检举。④异：不同。⑤隐：隐瞒。

【译文】

叶公告诉孔子：“我的家乡有个坦率正直的人，他的父亲偷了别人的羊，他就告发此事。”孔子说：“我的家乡那里坦率正直的人和他有所不同，父亲为儿子隐瞒，儿子为父亲隐瞒，坦率正直就在其中了。”

【评论】

叶公与孔子这段谈话，历来看法不一。有人说，儿子告发父亲偷羊，事情虽属正直，但违背人伦常理，助长不孝之风。而父为子隐，子为父隐，看似不正直，但维护了慈、孝人伦常道，合乎人伦常道就是直道。孔子主张取以义，父亲偷羊显然不义；又主张与人信，儿子说实情显然属信。但孔子认为不慈、不孝之恶大于父子相隐之恶，二者之间，宁取后者不取前者。孔子不否认子告父罪属正直，但认为子为父隐罪也是正直，这是一时话赶话，为维系父子人伦常道而口不择词。不过，他的这种主张显然是宣扬人情大于法。在法治社会里，这种徇情枉法的做法是不足取的，包庇亲友犯罪行为甚至为罪犯作伪证也是要受法律制裁的。我总感觉这段话，与孔子一贯的仁德思想不一致，是否抄录有误？致使有些人肯定孔子这句话，从而认为孝顺高于一切，即使父母狗苟蝇营、贪赃枉法，儿子也应“孝顺”地认同。孝只是局限于家庭、家族之间的“仁爱”，它最高的境界是提升到对民族、国家、人类的“大忠”“大爱”上，大爱即大道，在“道”与父之间，要从道不从父。至少应遵守这个提前：对父母损害他人正当利益的行为，应该示以“己所不欲，勿施于人”的真谛，规劝其改邪归正，挽救其堕落，这才是真正的更高境界的“孝行”。如果为满足父母的私欲或欢心，任其危害他人的正当利益，这种孝顺只能说是愚孝，是一种变相的自私自利，其结果不是孝敬了父母，而是害了父母。

13.19 **【原文】**

樊迟问仁。子曰：“居处恭[1]，执事敬[2]，与人忠。虽之夷狄[3]，不可弃也[4]。”

【注释】

①居：家居，闲居。恭：恭顺，恭敬。②执事：做事。敬：认真。③之：到。夷狄：指少数民族地区。夷，古代对东部各少数民族的统称。狄，古代对北部少数民族的统称。④弃：丢弃，丢掉。

【译文】

樊迟向孔子询问如何成为仁人。孔子说：“日常在家要恭顺，办事要认真谨慎，对人要忠诚老实。即使到了边远的夷狄地区，也不能丢掉这些品德。”

【评论】

孔子回答学生如何做一个仁人，其内容因人而不同。有时也根据不同语境，

做不同的回答。樊迟曾问过一次如何成为仁人的问题，孔子以“爱人”二字做了非常简明扼要的解释。这次樊迟又问如何成为仁人，孔子指出：仁人必须对家人要恭顺，在社会上做事要认真，对他人要忠诚老实。不论走到哪里，永远保持这些品德。对家人、社会事务及他人的态度，概括了人的基本社会实践。在这三种具体的环境中，孔子提出只要具备“恭”“敬”“忠”三种品德，就可以立于世，走遍天下。这三种品德，有外在表现，又有内在修养，都合乎礼的要求，孔子既阐述了仁的主旨，又为樊迟指出符合其个人实际的奋斗目标。

13.20 **【原文】**

子贡问曰："何如斯可谓之士矣？"子曰："行己有耻①，使于四方②，不辱君命③，可谓士矣。"曰："敢问其次④。"曰："宗族称孝焉⑤，乡党称弟焉。⑥"曰："敢问其次。"曰："言必信，行必果⑦，硁硁然小人哉⑧！抑亦可以为次矣⑨。"曰："今之从政者何如？"子曰："噫！斗筲之人⑩，何足算也！"

【注释】

①行己：自己行事，指为人处世。耻：指羞耻心。②使：出使。四方：四面八方，指各诸侯国。③辱：辜负。④敢问：冒昧地问。其次：指次一等的。⑤称：称赞。孝：指孝顺父母。⑥弟：同“悌”。⑦果：结局，结果。⑧硁硁（kēng）：浅陋固执的样子。⑨抑：连词，不过。⑩斗筲（shāo）：比喻度量狭窄、见识浅薄。斗，古代量器。筲，古代饭篮子。二者容量都不大。

【译文】

子贡问孔子："怎样做才可以称之为‘士’？"孔子回答说："自己的为人处世要知羞耻，出使外国，不玷辱国君交给的使命，这样就可以称之为‘士’了。"子贡又问："请问如何成为次一等的‘士’。"孔子说："同宗族的人称赞他孝顺父母，乡里的人称赞他恭敬长者。"子贡又问："请问如何成为再次一等的‘士’。"孔子说："说话一定守信用，做事一定有结果，虽然是个浅陋固执的小人，但也可以算是再次一等的‘士’了。"子贡问："现在的从政者属于哪类‘士’？"孔子说："咳！这些度量狭窄、见识浅薄的人怎能算得上‘士’？"

【评论】

君子主要以人格来确定，士主要以职业来确定，士包括从政为官者，也包括未仕的读书人，所以士的人格比较复杂。子贡询问孔子如何才算个士？孔子给他讲了三个层次的士：“一等士，自己为人做事有知耻之心，出使外国，不辜负君主的使命。次等士，宗族称赞他对父母孝顺，老乡称赞他对人恭敬。最次的士，是那些说话诚实，办事果断，但识量小、才不足又固执而不知变通的人。”一等士，有德有才，能以羞耻心来约束自己，又能担当国家大任。次等士，有德才不足，只以孝悌之德称誉于宗族乡里。最次的士，遵守诺言，做事坚决却固执偏见，识量浅狭。子贡问士的本意，是想试探一下孔子对现在执政者的态度，于是问：“现在那些执政者属于士的哪个层次？”孔子说：“唉！这些器量小的人，还凑不上士的数呢！”现在的执政者连最次的士都达不到，可见他们在孔子心目中的地位。孔子对当时统治者德才浅薄的不满，已溢于言表。

13.21 【原文】

子曰：“不得中行而与之[①]，必也狂狷乎[②]。狂者进取，狷者有所不为也[③]。”

【注释】

①不得：遇不到，找不到。中行：指行为合乎中庸之道。与：交往，结交。② 必：一定。狂：指志大才疏的人。狷（juàn）：指洁身自好而无所作为的人。③有所不为：指不去做坏事。

【译文】

孔子说：“交朋友如果遇不到言行合乎中庸之道的人，也一定要找狂与狷的人交往，因为狂者勇于进取，狷者则不去干坏事。”

【评论】

狂者的长处是志向远大，自负自信，短处是才气不足，头脑简单，想法不切实际。狷者的长处是忠实可靠，安分守己，不做不善之事，短处是甘于平庸，缺

少上进之心。交朋友，交合乎中庸之道的人是最理想的，如果没有，只好求其次。求其次，并不是说要学着做一个“其次”的人，而是只取“其次”者的长处而舍弃他的“过”与“不及”处。在不可求得最“中”的条件下，再求其相对的“中”，如吸取狂者的志向远大，吸取狷者的洁身自好，这本身就合乎中庸之道。

13.22【原文】

子曰：“南人有言曰[①]：‘人而无恒[②]，不可以作巫医[③]。’善夫！”“不恒其德，或承之羞[④]。”子曰：“不占而已矣[⑤]。”

【注释】

①南人：指南方人。②而：连词。恒：恒心。③巫医：以禳祷之术为人除邪治病的人。④不恒其德，或承之羞：《易经·恒卦》中的爻辞，意思是人无持之以恒之德，常会承受羞辱。⑤占：占卜，卜卦。

【译文】

孔子说：“南方人有句话说，‘人假若没有恒心，是不可以做巫医的。’这话说得多好呀！”《易经·恒卦》的爻辞说：“无持之以恒的德行，常会因此承受它所带来的羞辱。”孔子又说：“《易经》此话的意思是：无恒德的人不必占卜了，占卜也没用。”

【评论】

不论修己还是安民，都不是一朝一夕就能成功的，所以持之以恒的精神是成功的关键，本章阐述的就是干任何事都要有恒心的重要性。孔子非常赞成南方人常说的这句话：“人如果没有恒心，是不可以做巫医的。”巫医是以禳祷加医疗之术为人除邪治病的人，有高深复杂的学问，没有恒心怎能掌握这些知识？不能掌握巫医之术而行巫医，这是要误人害人。接着孔子又引用《周易·恒卦》九三爻辞，从反面来阐述恒心的重要性，爻辞说：“如果一个人没有持之以恒的德行，将一事无成，并一定会招来羞辱。”对于这种无恒心的人，孔子认为“没有必要去占卜了”，占卜是求测某事吉凶，探问如何应对，但没有持之以恒德行的人，意无所定，变化无常，做事往往半途而废，占卜对他来说又有何用呢？

13.23 【原文】

子曰："君子和而不同[①]，小人同而不和。"

【注释】

①和：和谐。同：苟同，附和。

【译文】

孔子说："君子能与人和谐相处，但在原则问题上不盲目苟同他人，小人放弃原则只盲从附和，却不能与他人和谐相处。"

【评论】

君子与小人有许多区别，此章孔子从"和"与"同"的角度，对君子与小人又作了一番分析。君子交往，虽各持己见，然而因志同道合，互相之间和谐相处，虽然观点有时不一，却能协调不同意见，但不放弃原则而盲目附和，此谓和而不同。小人所见平庸，缺少真知灼见，常无原则地盲目追随大流，随风附和，与流俗相同。但小人共同的特点是擅长争权夺利，他们所持观点即使一致，互相之间也不能长久和谐相处。即便相处也不讲道义原则，只是利同则合，利不同则分，并且在同流合污中还时时钩心斗角，此谓同而不和。

13.24 【原文】

子贡问曰："乡人皆好之，何如？"子曰："未可也[①]。""乡人皆恶之[②]，何如？"子曰："未可也。不如乡人之善者好之[③]，其不善者恶之。"

【注释】

①可：肯定。②恶：讨厌，憎恶。③乡人之善者：一乡中的好人。

【译文】

子贡问孔子："乡里的人都喜欢他，此人怎么样？"孔子说："不怎么样。"

子贡又问："乡里的人都厌恶他，此人怎么样？"孔子说："还不行。不如乡里的好人都喜欢他，乡里的坏人都厌恶他。"

【评论】

对一乡人都喜欢的人，孔子还不能给他下个好人的结论。对一乡人都讨厌的人，孔子还不能给他下坏人的结论。他的好人的标准是：一乡中的好人都喜欢他，一乡中的坏人都讨厌他。孔子评价一个人，依据的是善恶标准，并不以毁誉者的多寡为标尺。他反对没有是非、八面玲珑、"乡人皆好"的"老好人"，赞成那些爱憎分明、使"善者好""不善者恶"的正人君子。正人君子之所以为"善者好之"，是因为其有仁德，敢于得罪"不善者"，甚至敢于与"不善者"进行斗争，所以他也就为"不善者恶之"。如果"乡人皆好之"，那他一定是既无仁德原则又四面讨好的"和事佬"，讨好"不善者"实际就是一种与"不善者"同流合污的恶行，"善者"喜欢他也是一时受蒙蔽。

13.25 **【原文】**

子曰："君子易事而难说也[①]。说之不以道[②]，不说也；及其使人也[③]，器之[④]。小人难事而易说也。说之虽不以道，说也；及其使人也，求备焉[⑤]。"

【注释】

①易事：容易共事，容易服事。说：同"悦"，喜欢，高兴。②道：指正道，正当的方式。③及：等到。使：使用。④器：才能，这里指量才使用。⑤求备：求全责备。

【译文】

孔子说："在君子手下工作容易，而讨他喜欢难。不按正道去讨他喜欢，他是不会喜欢的。但等到他用人的时候，却能做到量才使用。在小人手下工作困难，而讨好他却容易。只要能取悦于他，尽管采取歪门邪道的手段，他也会喜欢，但等到他用人时，却求全责备。"

【评论】

此章又阐明了一条区分君子与小人的原则。君子重道，以道为最高原则，不以道取悦君子，君子不会喜欢，而人们行道却是一件难事。小人重利，以自己获利为最佳目的，所以以利取悦小人容易，不过施展些阿谀行贿一类的招数。君子用人，用之以道，量其才而尽其用，所以在君子手下工作容易。小人自己虽属庸才，却怀苛刻之心，很会苛求别人，不管人的能力大小，随心所欲地求全责备，所以在小人手下工作难。与君子共事，有“难”有“易”，与小人共事也有“难”有“易”，然而二者的“难”“易”各不相同，甚至恰好相反，这也是区分君子与小人的一条重要标准。

13.26 【原文】

子曰：“君子泰而不骄[①]，小人骄而不泰。”

【注释】

①泰：安详坦然。骄：傲慢，骄傲凌人。

【译文】

孔子说：“君子安详坦然而不骄傲凌人，小人盛气凌人而不安详坦然。”

【评论】

孔子虽然讲的是两种人神态的区别，却是君子与小人诚于内、形于外的德行的自然表露。君子胸襟坦荡，自省不疚，问心无愧，自然安详坦然。他以仁为己任，而任重道远，修己安人唯恐不及，己立立人，己达达人的远大理想远未完成，有何可骄傲的？君子“出门如见大宾，使民如承大祭。己所不欲，勿施于人”，能推己及人，笃信“四海之内皆兄弟”，有何可凌人的？小人胸无大志，目光短浅，苟得个人名利就沾沾自喜，自吹自擂，目空一切。又嫉妒贤能，患得患失，斤斤计较，心中常戚戚，自然难以安详坦然。

13.27 【原文】

子曰："刚、毅、木、讷近仁[①]。"

【注释】

①刚：刚强。毅：坚毅。木：质朴。讷：说话迟钝，这里指说话谨慎。

【译文】

孔子说："刚强不屈、坚毅果敢、质朴无华、言谈谨慎，做到这四点就接近仁了。"

【评论】

俗话说："无欲则刚"，刚者坚强无欲，一身正气，近于仁；毅者果敢，能见义勇为，舍生取义，近于仁；木者质朴不尚华饰，无令色，讷者谨言，不会花言巧语，也都近于仁，与此相反，"巧言令色，鲜矣仁"。仁德是至高的德行，不易达到，那么就从近仁的刚、毅、木、讷四点做起，逐渐完善最高的德行——仁德。

13.28 【原文】

子路问曰："何如斯可谓之士矣？"子曰："切切偲偲[①]，怡怡如也[②]，可谓士矣。朋友切切偲偲，兄弟怡怡。"

【注释】

①切切偲偲（sī）：切磋勉励。②怡怡：和睦，愉快。如：形容词后缀，相当于"……的样子。"

【译文】

子路问孔子："怎么样才可以称作'士'？"孔子回答说："互相切磋勉励，和睦相处，就可以称作'士'了。朋友之间要切磋勉励，兄弟之间要和睦相处。"

【评论】

朋友是以义聚合，往往因为志同道合才成为朋友，所以就应当互相切磋勉励，共同进步。兄弟是以情聚合，手足亲情属于天伦，应当兄友弟恭，永远保持和睦。这是从一般朋友、兄弟组合的原因说的，但也不必过于拘泥。有的朋友，经过患难考验，成为莫逆之交，其和睦胜似兄弟手足之亲。兄弟之间，若志同道合，也未尝不可互相切磋勉励。不论朋友以义聚合，还是兄弟以情聚合，若要建立、巩固、加深朋友、兄弟的真正情谊，还在于有仁德之道，“朋友道缺，则面朋而匿怨；兄弟道缺，则阋墙而外侮”（梁·皇侃《论语集解义疏》）。仁德之道是朋友、兄弟长久和睦友好、相勉共进的基础。

13.29 【原文】

子曰：“善人教民七年，亦可以即戎矣①。”

【注释】

①即：就，从事。戎：军队，战争。

【译文】

孔子说：“有善德的执政者教导人民长达七年之久，才可以叫他们去作战。“

【评论】

孔子多次提出善人治国，如他说：“善人为邦百年，亦可以胜残去杀矣。”这是因为客观现实告诉他，他所处的时代，丝毫没有圣人治国的迹象，连贤人、君子治国都难达到，于是就寄希望于善人。善人即指生性善良的君主，善人治国因其本性善良而能善待国民。所以善人治国不会穷兵黩武，不会掠夺他国财产，不会杀戮他国人民。但善人所治之国，并不能因其行善而避免他国的侵略，这就得靠国人自卫抵御。善人教民习武作战，只是备战卫国，并不是为了扩张称霸，在教战中还辅之以孝悌忠信等道德伦理的教育，国防教育与思想教育合而为一，并成为国民的长期教育。所以孔子才说：“善人教育人民七年，才可以让他们去战场上作战。”“七年”并不一定是个实数，只是强调教民攻守战事之术与熟知礼义

廉耻所需时间较长。

13.30 【原文】

子曰："以不教民战①，是谓弃之②。"

【注释】

①不教：指没受到教育。②是谓：这叫作。

【译文】

孔子说："让没有受过军事教育与训练的老百姓去作战，这叫作抛弃他们，让他们白白地去送死。"

【评论】

这里孔子主要指责的是那些总想掠夺他国、征服他国而称霸诸侯的执政者，他们为了尽快实现其贪婪的梦想，把大批没有经过习武的老百姓驱赶于战场，为他们去当炮灰，孔子称其做法是"弃民"。那些受到战争威胁的国家，君主不得不动员其国民去进行保家卫国战争，但也应对作战人员进行军事训练，更为重要的是，不仅使人民学到作战技能，还应让他们受到爱国道德教育，明白作战的正义目的，从而提高必胜的信念及战斗力。否则，尽管是自卫战争，把毫无战斗力的民众驱使上战场，同样是在"弃民"。

宪问篇第十四

本篇共四十四章，主要评论人物，从中引出修身做人的道理。所论及的人物有：羿、奡、禹、稷、僎、裨谌、世叔、行人子羽、东里子产、子产、子西、管仲、孟公绰、臧武仲、卞庄子、公叔文子、仲叔圉、祝鮀、王孙贾、陈成子、蘧伯玉、晋文公、齐桓公、卫灵公、殷高宗、公伯寮、子服景伯、季孙氏、原壤等历史与现实人物，也包括孔子自己及弟子。从不同的侧面揭示每个人的品德、才干、性格及功过。孔子评价人物，常引述其行事，来赞其有德或斥其缺德，褒其君子之行而贬其小人之过，显示了孔子的是非观、处世观。孔子生在乱世，以仁义正道疗治世病为己任，虽大道难行，但他不怨天尤人，为正义而奋斗不息的精神光耀千古。

14.1 **【原文】**

宪问耻①。子曰："邦有道，谷②；邦无道，谷，耻也。""克、伐、怨、欲不行焉③，可以为仁矣？"子曰："可以为难矣④，仁则吾不知也。"

【注释】

①宪：孔子的学生，姓原，名宪，字子思，也称原思、原思仲，鲁国人。问耻：问什么是可耻。②谷：指俸禄。③克：好胜。伐：自夸。怨：怨恨。欲：贪欲。不行：不做。④难：难能可贵。

【译文】

原宪问孔子什么叫耻辱。孔子说："国家政治清明有道义，就做官领薪酬；国家政治黑暗无道义，仍然做官领薪酬，这就是耻辱。"原宪又问："好胜、自夸、怨恨、贪欲四种劣迹都没有，这可以说是仁人了吧？"孔子说："没有这四

种毛病可以说是难能可贵的，至于说达到仁人的标准没有，我就不知道了。”

【评论】

孔子曾说过：“邦有道，贫且贱焉，耻也；邦无道，富且贵焉，耻也。”在本章里回答原宪问耻，仍重复着原来的意思：“国家政治清明，做官领俸禄；国家政治黑暗，还做官领俸禄，那就可耻了。”为什么？道理很简单，领无道国的俸禄，必为无道国服务，尽干卖身投靠、为虎作伥的事，那还不可耻？原宪又问：“没有好胜、自夸、怨恨、贪欲的行为，可以说成为仁人了吧！”孔子说：“只能说做到这些是难能可贵的，至于是不是仁人，我就不知道了。”孔子嘴上说不知道，但他心中非常清楚，仁是完美人格的体现，具体几种优秀品德，离完美人格还有差距，不能随便以仁相许。鼓励弟子不以具备几种优秀品德为满足，要不断加强修养，努力达到仁的境界。

14.2 【原文】

子曰：“士而怀居①，不足以为士矣②。”

【注释】

①怀：怀念，留恋。居：居处，这里指安逸的家庭生活。②足以：值得。为：成为。

【译文】

孔子说：“士人如果留恋家庭安逸，就不值得称其为士了。”

【评论】

士本是贵族中最低的阶层，但由于春秋以来，社会大改组，士阶层发生了很大的变化，许多士失去自己的那份特权，同时也摆脱了对卿大夫的人身依附，士阶层中的那些知识分子，担负起推动历史发展的理论先导的使命，于是士的概念由阶层逐渐改变为社会精英。俗话说：“花盆里栽不出万年松”，“好男儿志在四方”。真正的士是有自己的志向、任务、忧乐、兴趣的。他的志向是以仁为己任，任重而道远；有自己的具体任务，即格物致知诚意正心，修身齐家治国平天下，造福人民；有自己的忧乐，先天下之忧而忧，后天下之乐而乐；有自己的兴趣，读尽天下书，领悟天下理；怎肯将宝贵而有限的生命耗磨于家庭安乐窝？士应当以四海为家，励志为世所用，雄心壮志干一番大事业。

14.3 【原文】

子曰："邦有道，危言危行①；邦无道，危行言孙②。"

【注释】

①危：正，正直。行：行事，做事。②孙：同"逊"，谦逊，这里有顺从、谨慎的意思。

【译文】

孔子说："国家政治清明有道义，言语要正直，行为要正直；国家政治黑暗无道义，行为要正直，言语却要谨慎。"

【评论】

孔子主张国家政治清明时，士应该积极有为，国家政治黑暗时，士应该隐退而独善其身。但不论进退出处，保持正直的品质是一贯的。正直是士的基本做人原则，正直是士立于世的根本，这是在任何条件下都不可放弃的。国家政治清明，士的正直行为是世人的表率。国家政治黑暗，士不与恶势力同流合污，消极无为同样是坚持正直。其言谈因时局的不同，可灵活调整。在国家政治清平有道时，说话自然要直，在国家政治昏暗无道时，说话就要讲究点"曲"了，言谈要谨慎，不可与当政的小人坦言，避免遭祸受辱。

14.4 【原文】

子曰："有德者必有言①，有言者不必有德。仁者必有勇②，勇者不必有仁。"

【注释】

①有德：有高尚的品德。必：一定。有言：立言，指有良言或著述。②仁者：有仁德的人。

【译文】

孔子说："有高尚品德的人一定有于人于世有益的言语，而会说于人于世有益言语的人却不一定是品德高尚的人。具有仁德的人一定勇敢，而勇敢的人就不一定有仁德了。"

【评论】

有高尚道德的人，心怀济世救民的志向，其言表达的是他的心声，思想本质已决定他决不会说出危世害民的话，一定在言论上表现其人生观道德观，这种言论是发自肺腑的，是内在修养的必然外化。而能说好话的人却不一定有道德，有时故意说些违心的但却是漂亮的话，这些漂亮话从其内心来讲，连他本人都不相信，只用来骗人。也有的是言过其实，言不由衷，说话的巨人，行动的矮子。话虽慷慨激昂，但并不真正去履行，因为他不具备履行的高尚德行。有仁德的人一定勇敢，因为他的勇源于德，故能舍生取义、见义勇为。勇敢的人却不一定有仁德，有的人没有信仰、没有理想，遇有小忿，便敢拼斗，甚至为了私利争斗不要命。其勇没有德作根基，不过属于匹夫之勇，鲁莽愚蠢。

14.5 【原文】

南宫适问于孔子曰："羿善射[①]，奡荡舟[②]，俱不得其死然[③]。禹、稷躬稼而有天下[④]。"夫子不答。南宫适出，子曰："君子哉若人[⑤]！尚德哉若人！"

【注释】

①羿：传说中有穷国的国君，善于射箭，一度夺了夏的政权，后被寒浞（zhuó）杀害。②奡（ào）：寒浞的儿子，力大无比，后被夏王少康杀死。荡：摇动、飘荡、动荡，这里指掀动。③俱：都。其死：指正常的死亡。④禹：因治水

有功而成为夏国的开创者。稷：尧的农官，舜时封于郜（gào），号称后稷，姓姬，是周朝的祖先。躬稼：亲自种庄稼。躬，亲身。⑤若人：这个人。

【译文】

南宫适问孔子："羿擅长射箭，奡力大能掀翻船，但都不得好死。为何禹和稷亲自下田耕种，却拥有了天下？"孔子没有回答。南宫适退了出来，孔子说："这人是个君子啊！这人的道德多么崇高啊！"

【评论】

传说羿凭其臂力超群善射箭，夺夏天子相的君位而自立，然而羿荒淫喜猎，反被他所重用的寒浞所杀。羿死后，寒浞娶羿的妻子，生了两个儿子，其中一个就是奡。奡力大无比，在水战时竟把敌战船掀翻，但最终还是被夏王相的儿子少康所杀，羿与奡都不得好死。禹与舜，其射技没有羿好，其力气没有奡大，但一个因治水患为水利，一个因亲身教民种植五谷，都得到民众拥护而成为新朝的开创者。南宫适以此四个历史人物为例，向孔子询问这种历史现象的缘由。孔子没有回答他，因为他清楚南宫适已经明白：禹、舜得天下，靠的是躬亲为民而得民心。而后羿、奡仅靠武力，一时掌握了政权，却因不得民心而没有善终。孔子虽没有回答南宫适的提问，但当南宫适退出后，孔子对其他人说："南宫适可算是个君子了，他可算是一个崇尚高尚道德的人了。"这实际就是对南宫适所问的回答：崇尚道德而得天下，崇尚武力而不得好死，这是一条不以人的意志为转移的客观规律。

14.6【原文】

子曰："君子而不仁者有矣夫[①]，未有小人而仁者也。"

【注释】

①而：连词，表示转折关系。不仁：不遵守仁道、没有仁德。

【译文】

孔子说："君子在行仁中或许时有违仁之处，但没有小人会行仁的。"

【评论】

仁德是最高的精神境界，仁者是精神境界最高的人，孔子从不轻易以仁来赞许他人，因为即使是君子也难做到一以贯之的行仁。君子不是天生的，有时会在一些事情上违仁，像颜回"三月不违仁"的君子是少见的。君子是在修养的过程中不断完善自己的仁德的，在自我完善的过程中，不免有时违仁，所以君子才每日"三省"，检讨自己哪些地方违仁了，与人接触，见贤思齐，见不贤内省，在不断克服违仁的漫长过程中，逐渐成为真正的君子。而小人狗苟蝇营，每日唯利是图，时常违仁而无自省的意识与觉悟。有时可能装出一副行仁的样子，实际是用来骗人。一心谋私，就谈不上行仁，他也不愿意行仁，孔子说小人不会行仁，更不会成为仁者，是千真万确的事实。

14.7【原文】

子曰："爱之，能勿劳乎①？忠焉②，能勿诲乎③？"

【注释】

①劳：勤劳，这里指使他劳苦。②忠焉：忠于他。③悔：教诲，教导，劝诫。

【译文】

孔子说："爱他，能不叫他勤劳吗？忠实于他，能不对他进行劝诫吗？"

【评论】

孔子学说的核心就是提倡爱人，其爱人的内涵十分丰富，如对学生、子女、下属、民众的爱，体现为慈爱；对上级或君主的爱，即体现为忠。孔子所说的慈爱与忠是有前提的，这就是使所慈爱与所忠的对象能更好地行仁。符合这一前提才是真慈爱真忠，否则爱就变成溺爱，忠就变成愚忠，实际害了所爱所忠的对象。爱下辈、爱群众、爱下级，就要考虑他们的长远，勉励他们勤劳走正路，成才成人健康发展，这是大爱至深的体现。忠于上级或君主，是忠于上级、君主的正确指示与政策，而不是他们的过错。对于他们的过错，应当规劝，希望他们改正，这是大忠的体现。如果见他们有过，因怕他们疏远自己，甚至怕他们打击报复自己，而不规劝，就不是真正的忠，也没有履行下级的职责与义务。理解了这些道理，就好理解孔子上面说的那句话了。

14.8 **【原文】**

子曰："为命①，裨谌草创之②，世叔讨论之③，行人子羽修饰之④，东里子产润色之⑤。"

【注释】

①命：指政令文件。②裨（pí）谌（chén）：姓裨名谌，与世叔、子羽、子产均为郑国大夫。草创：起草。③世叔：名游吉，《左传》称子大叔。讨论：这里指论证提意见。④行人：官名，即古代外交官。子羽：公孙挥字子羽。修饰：指修改。⑤东里：地名，在今郑州，当时为子产住的地方。润色：指对文件语言进行修饰，使之有文采。

【译文】

孔子说："郑国制定政令文件，先由裨谌写出草稿，世叔进一步推敲论证提意见，外交官子羽再进行修改，最后由东里居住的子产润色成正式稿本。"

【评论】

孔子对郑国执政者子产理政多有褒奖之词，本章孔子详细地叙述了郑国政令文件形成的过程。从政令文件形成的过程看，郑国对政令文件极度重视，每个字每句话都关系着国家的利益，不能草率，而要一丝不苟，从这件事可看出郑国在子产执政时期的用人政策及对政事的认真态度。《左传·襄公三十一年》记北宫文子的一段话："子产之从政也，择能而使之。冯简子能断大事，子大叔美秀而文，公孙挥能知四国之为，而辨于其大夫之族姓、班位、贵贱、能否，而又善为辞令，裨谌能谋，谋于野则获，谋于邑则否。郑国将有诸侯之事，子产乃问四国

之为于子羽，且使多为辞令。与裨谌乘以适野，使谋可否而告冯简子，使断之。事成，乃授子大叔使行之，以应对宾客。是以鲜有败事。”郑国的强盛，人才济济，与子产知人善任、认真从政很有关系。

14.9【原文】

或问子产①。子曰：“惠人也②。”问子西③。曰：“彼哉④！彼哉！”问管仲。曰：“人也⑤。夺伯氏骈邑三百⑥，饭疏食⑦，没齿无怨言⑧。”

【注释】

①或：有人。②惠人：宽厚慈惠的人。③子西：应指郑国大夫公孙夏。④彼哉：他呀。表示不值得一提。⑤ 人：此处指慈惠的人，也可指善于理政的人。⑥伯氏：名偃，齐国大夫。骈邑：地名，指伯氏的采邑，在今山东临朐境内。三百：指采邑户数。⑦饭：吃。疏食：粗食。⑧没齿：老的没了牙齿，指终生。

【译文】

有人向孔子询问郑国子产是怎样一个人？孔子说：“他是一个慈惠的人。”又问郑国子西怎么样？孔子说：“他呀，他呀！”那人又问齐国管仲如何？孔子回答说：“他是个善于理政又慈惠的人。虽然剥夺了伯氏骈邑三百户的采地，使得伯氏穷困到只能吃粗粮，但伯氏到死没有怨恨的话。”

【评论】

有人询问孔子对郑国执政者子产的看法，孔子一贯对子产评价极高。那人又问对子西的评价，春秋时期有三个子西：即郑国的公孙夏，楚国的鬬宜申和公子申，鬬宜申相去孔子时太远，公子申又与孔子同时，此子西当是公孙夏。公孙夏是子产的前任，与子产正好可做比较。公孙夏在他执政期间，政绩平平，不可与子产同日而语，不值得一提。所以孔子想避而不谈，只说道：“他呀，他呀！”不置可否。不过，从搪塞的语气中已让人体察出轻蔑之意。那人又问孔子对管仲的评价，孔子认为管仲依法治国，既善于理政又慈惠。孔子举例为证：“齐大夫伯氏有罪，管仲依法剥夺了他采地的三百户税源，造成伯氏家庭生活困难，使得其一家人只能吃一些粗茶淡饭度日，伯氏受罚，心服口服，所以终生对子产没有一句怨言。”一般注文说“人也”指仁人，所以孔子评价管仲是“仁人”。前面已说，孔子对人不会轻易以仁人相许，从问者所问三位执政者来看，问的是同一个标准——是否是惠及国人的人。子产有惠于郑人，称其惠人好理解，管仲秉公执法为何也称惠人？仔细想想，给予老百姓惠顾是惠，给予犯罪者公正判决同样是惠。管仲并不因为伯氏是大夫，就徇情枉法，从轻发落。也不因其犯罪而落井下石，而是出于公心，判决得合情合理，所以才使伯氏虽受惩罚而对管仲由衷地佩服，感动得终生没有怨言。

14.10 **【原文】**

子曰：“贫而无怨难①，富而无骄易②。”

【注释】

①怨：埋怨，抱怨。②骄：傲慢，骄横。

【译文】

孔子说：“贫穷而无抱怨，是难以做到的；富足而无骄横是容易办到的。”

【评论】

贫穷者不仅忧愁温饱问题，并因贫穷而社会地位低下让人鄙夷，“且负下未易居，下流多谤议”（司马迁《报任安书》），每日为生计烦恼与不公正待遇的怨恨所纠缠，让他们无怨实不容易。富足者至少不愁温饱，只要学礼谦让便可去骄，这是容易办到的。贫与富，本是经济上的差别，却带来政治地位上的差别，但绝不是人格上的差别。只要安贫乐道，即使清贫如洗，活得也令人尊敬。如是为富不仁，即使腰缠万贯，也招致嫉恨，活得没有价值与意义。贫而乐道，可以成为一个精神财产富足者，为富不仁，只是一个精神财富贫乏者。人的一生应该追求什么？儒家认为宁愿做前者，也不要做后者，因为前者给别人带来幸福，后者给别人带来的是痛苦。

14.11 【原文】

子曰："孟公绰为赵、魏老则优[①]，不可以为滕、薛大夫[②]。"

【注释】

①孟公绰：鲁国大夫。赵、魏老：晋国贵族赵氏、魏氏的家臣之长。大夫家的家臣之长称"老"或"室老"。优：胜任。②滕、薛：春秋时两个小国，在鲁国附近。

【译文】

孔子说："孟公绰，如果叫他做晋国贵族赵氏、魏氏的家臣之长，那是能够胜任的；但却没有能力来做滕、薛这样小国的大夫。"

【评论】

知人者智。孔子根据鲁大夫孟公绰廉洁奉公但非全才的特点，认为他适合做大国卿大夫的家臣，如可以胜任晋国赵氏、魏氏家臣之长，却不适合做小国的大夫，如滕国、薛国大夫。晋国的赵氏、魏氏权大势强，其家臣位高而事不烦，孟公绰做他们的家臣，所管理的事务，本着不贪图私利的原则，虽非全才也犯不了大错。滕、薛虽是小国，但处于内忧外患、兼并纷争的时代，要想生存发展，其执政大夫需要有子产那样的才干与胆识，而这些恰是孟公绰所缺少的。如果让他做滕国或薛国的大夫，显然勉为其难，再费力也是做不好的。人的能力有大小，人的长短处也不同，孟公绰擅长做大国贵族家臣，不一定能胜任小国大夫，用人要量才使用，扬长避短，尽其所能。孔子言孟公绰不适宜做滕、薛小国大夫，言外之意，他做鲁国的大夫更不合适，委婉的"微言"中寓有"大义"。

14.12 【原文】

子路问成人[①]。子曰："若臧武仲之知[②]，公绰之不欲，卞庄子之勇[③]，冉求之艺[④]，文之以礼乐[⑤]，亦可以为成人矣。"曰："今之成人者何必然？见利思义，见危授命，久要不忘平生之言[⑥]，亦可以为成人矣。"

【注释】

①成人：十全十美的人，完人。②臧武仲之知：鲁国大夫臧武仲因得罪逃到齐国避祸，齐庄公想赠田给武仲，武仲预料其将败，受田会生后患，谢绝赠田，所以孔子说："臧武仲之知。"知即智。③卞庄子：鲁国的勇士。曾独力与虎格斗，作战英勇，死于战场。④艺：技能，才能，这里指多才多艺。⑤文：文饰，修饰。⑥要：同"约"，穷困的意思。平生：平日。

【译文】

子路问孔子怎样才算十全十美的人。孔子回答说："像臧武仲那样有智慧，像孟公绰那样没贪欲，像卞庄子那样勇敢，像冉求那样多才多艺，再以礼乐修养增加文采，就可以算一个十全十美的完人了。"等了一会，孔子又说："现在的完人何必要这样呢？见到利能想到义，见到危险敢献出生命，长久处于穷困也不忘平日洁身自好的诺言，也可以算是一个完人了。"

【评论】

孔子不倦地教诲弟子，目的使弟子成才、成人，然而严格意义的"成人"，即成十全十美的完人，是何其艰难！俗话说："金无足赤，人无完人。"然而子路偏要问怎样才可以成为完人。孔子就把许多人的优点集中起来，说明完人的特点，理论上说得通，现实上却不可能，哪有集众人所有长处的完人？孔子也知自己说得太理想化了，不利于子路效仿，于是就退一步说："现在的完人何必要这样呢？见到利益能想到义，想想这利益该得不该得，遇到国家有危难，敢献出生命去拯救，长久处于穷困也不违规犯法，不忘平日洁身自好的诺言，也就可以算是一个完人了。"孔子把完人的标准说得现实了一些，但要达到这个标准仍不容易，在有利益可取时以义为先，不义则不取。在处于危险时以义为先，做到舍生取义。在长久穷困时，仍不忘义，"造次必于是，颠沛必于是"，做到这些，大体上可以达到完人的标准了。孔子把完人的标准降得实际一些，子路就有了为之奋斗的信心。

14.13 【原文】

子问公叔文子于公明贾曰[①]:“信乎[②],夫子不言[③],不笑,不取乎[④]?”公明贾对曰:“以告者过也[⑤]。夫子时然后言[⑥],人不厌其言[⑦];乐然后笑,人不厌其笑;义然后取,人不厌其取。”子曰:“其然[⑧]?岂其然乎?”

【注释】

①公叔文子:卫国大夫公孙拔,亦作公孙发,卫献公之孙,文是谥号,故称公叔文子。公明贾:卫国人,姓公明,名贾。②信:真,确实。③夫子:对公叔文子的尊称。④取:索取。⑤过:错。⑥时:适时。⑦厌:讨厌,厌恶。⑧然:如此,这样。

【译文】

孔子向公明贾了解公叔文子的为人,他问:“真有这事吗?他老人家不说、不笑、不索取?”公明贾答道:“告诉你这话的人说的有过错。他老人家到该说时才说,别人就不讨厌他的话;高兴了才笑,别人不讨厌他的笑;合乎道义才索取,别人不讨厌他的索取。”孔子说:“是这样?难道真是这样的吗?”

【评论】

孔子听到卫国大夫公叔文子的一些传闻,说公叔文子不说、不笑、不取钱财,是否真实,他决定向公明贾打听一下,公明贾告诉孔子,公叔文子并非“不言、不笑、不取”,而是适时言、乐而笑、以义取。言、笑、取都适时、适中、适宜,恰如其分。一件事情传来传去,竟能与实际大相径庭。可见,多方面听取意见,才能明辨是非;单听信某方面的话,就愚昧不明。《管子·君臣上》说得好:“夫民别而听之则愚,合而听之则圣。”

14.14 【原文】

子曰:“臧武仲以防求为后于鲁[①],虽曰不要君[②],吾不信也。”

【注释】

①臧武仲：姓臧孙，名纥，鲁国大夫。防：臧武仲的封地。为后：立后，立后嗣。②要：要挟。

【译文】

孔子说："臧武仲凭借防邑请求鲁君立臧氏后人，虽然有人说不是要挟，但我是不相信的。"

【评论】

臧武仲的采邑在防地，在今山东费县东北六十里处。鲁襄公二十三年（公元前550年），臧武仲因得罪了孟氏，遭到诋毁诬陷，戴罪逃到邻国邾国，后又返回防邑，请求鲁襄公姑念他祖先的功勋，为臧氏立后于防。臧武仲戴罪出奔他国，鲁君本可收回其采邑，但他凭借占据防地而要挟鲁君把防地再封给臧氏。有人说这不是要挟？一方面出于同情臧武仲的遭遇，另外加上臧武仲的智慧，他把请求说得十分谦卑，好像只是为了守其先人之祀。但孔子注意到他占据防邑再请求鲁君赐封防邑，鲁君若不答应他的请求，便可据防邑而反叛。鲁君最终封了臧武仲的异母兄臧为，臧武仲把防邑交给臧为，便投奔到齐国。臧武仲离鲁奔齐，免去一场鲁国内战，臧武仲于公于私都处置得十分妥帖。孔子认为鲁君虽答应了臧武仲的请求，但臧武仲却构成了要挟国君之罪，而要挟国君之罪是不容宽恕的，他不同意臧武仲所为不是要挟的说法。孔子评价人，功是功，过是过，智是智，蠢是蠢，十分公正、公允。

14.15 【原文】

子曰："晋文公谲而不正①，齐桓公正而不谲②。"

【注释】

①晋文公：姓姬，名重耳，晋国国君，春秋五霸之一。谲（jué）：诡诈，奸诈，这里指玩弄权术、诈术。正：正派。②齐桓公：姓姜，名小白，齐国国君，春秋五霸之一。

【译文】

孔子说："晋文公行事诡诈，心术不正，齐桓公处事公正不耍手段。"

【评论】

孔子反对兼并争霸，希望各诸侯能服从周天子，恢复西周时的大一统。但也清楚名存实亡的周天子无恢复一统的实力，有时也赞许齐桓公在管仲的辅佐下，统领众诸侯，尊重周天子，一匡天下的霸业，思想常处于矛盾之中。而左丘明则把希望寄托在新的霸主身上，希望由他们来实现新的大一统，在《左传》中，晋文公与齐桓公同样受到称道，一再提到晋文公得到"天助"，充分肯定晋文公开创的霸业。而孔子认为："晋文公玩弄权术而不正派，齐桓公正派而不奸诈。"由于孔子这样说了，旧注者就尽量寻找一些晋文公在军事上用了哪些诈术，齐桓公在军事上不用诈术的例子，来证实孔子所说有根有据。如康有为在其《论语注》中说："晋文挟天子以令诸侯，伐卫以致楚，处处用术，故孔子恶其谲而不正。齐桓以衣冠会，而不以兵车会，问楚罪而拜王命，葵丘五禁，皆得公理，故孔子美其正而不谲也。"其实，齐桓、晋文在争霸上没有什么区别，至于在争霸手段上，谈不上有什么谲正之分，兵者诡道也，在军事上采用诈术，怎么能成品质问题？孔子扬齐桓贬晋文，有其深层原因，恐怕是因为齐与鲁在保持周朝礼乐方面有相似之处，故感情上也偏爱于齐桓公了。

14.16 【原文】

子路曰："桓公杀公子纠①，召忽死之②，管仲不死。"曰："未仁乎③？"子曰："桓公九合诸侯④，不以兵车⑤，管仲之力也。如其仁⑥！如其仁！"

【注释】

①公子纠：齐桓公（小白）的哥哥。二人都是齐襄公的弟弟，齐襄公无道，小白由鲍叔牙侍奉逃到莒国，公子纠由管仲与召忽两人侍奉逃到鲁国。襄公被杀后，小白先继位，逼迫鲁国杀死公子纠。②召忽：公子纠的谋士。公子纠死后，他自杀殉节。③未仁乎：不算仁义吧。④九合诸侯：多次主持诸侯国的会盟。九，虚数，泛指多。⑤以：介词，凭借。兵车：战车，指武力。⑥如：副词，相当于

“乃”，可译为“就是”。

【译文】

子路说：“齐桓公杀了公子纠，召忽因此而自杀，管仲却不为此而死。”接着又说：“管仲没有仁德了吧？”孔子说：“齐桓公多次主持诸侯会盟，不付诸武力，都靠管仲出的力。这就是管仲的仁德！这就是管仲的仁德！”

【评论】

公子小白和公子纠都是齐襄公的异母弟，襄公无道，齐国将乱，鲍叔牙侍奉小白出奔到莒国。管仲、召忽二人辅佐公子纠逃到鲁国。后来襄公被他的从弟无知杀死，不久，无知又被齐大夫雍廪所杀。小白与公子纠都想抢先回国继位，管仲路遇小白，用箭射中小白的带钩，小白佯死脱身，先入齐，立为桓公。他立即发兵迎战护送公子纠的鲁军，鲁军兵败，乃逼鲁国杀公子纠，召忽殉节自刎，管仲因鲍叔牙帮助，反被桓公任为齐相。子路认为召忽为主而死，可谓杀身成仁，管仲贪生失义，忘主事仇，是个不讲仁义的人。孔子反驳说：“齐桓公多次主持诸侯会盟，不用武力，而使天下安定，这都得力于管仲的辅佐。这就是管仲的仁呀！”管仲的仁，就是重其死，而以其才济时济世。先利齐国，而后济天下，所以孔子以仁赞许他，赞许他宁可舍弃个人小名小节，而成就匡正天下大功业的大仁大德。

14.17 **【原文】**

子贡曰：“管仲非仁者与？桓公杀公子纠，不能死①，又相之②。”子曰：“管仲相桓公，霸诸侯，一匡天下③，民到于今受其赐④。微管仲⑤，吾其被发左衽矣⑥。岂若匹夫匹妇之为谅也⑦，自经于沟渎而莫之知也⑧。”

【注释】

①不能死：不能为他而死。“死”的后面省略了宾语“之”。②相：辅佐。③匡：正，纠正、拯救。④赐：恩赐，好处。⑤ 微：无。⑥ 被发左衽（rèn）：头发散乱，衣襟向左敞开。借指当时夷狄习俗落后、不开化。被，同“披”。衽，衣

襟。⑦谅：小信用，指不分大是大非一味死守信用。⑧自经：自缢。沟渎（dú）：沟渠。

【译文】

子贡说："管仲不是仁人吧？齐桓公杀了公子纠，他不但不为主上尽忠而死，反去辅佐了齐桓公。"孔子说："管仲辅佐齐桓公，称霸诸侯，匡正天下，人民直到今天还享受着他的恩赐。假如没有管仲，我们大概都会披散着头发，向左敞开着衣襟，沦为如同夷狄一样的落后人了。难道要让管仲像普通愚民那样死守着小节小信，自杀后填于沟壑之中，而不为人所知吗？"

【评论】

子贡与子路一样死守君臣之义，认为："用君臣之义来衡量管仲，他就够不上个有仁德的人，因为桓公杀了公子纠，他作为公子纠的辅臣不仅不像召忽那样为公子纠去殉死，还做了仇敌桓公的相。"孔子给他解释说："管仲辅佐齐桓公，称霸诸侯，拯救天下于混乱，老百姓到现在还能享受到他的好处。如果没有管仲，我们也像边远落后地区的人一样披散着头发，衣襟向左敞开着了。难道让管仲也像普通男女那样讲究小节小信，自杀后填入沟渠中而无人知晓其丰功伟绩？"孔子多次指出礼、义必须服从仁，管仲不拘君臣之义，不去殉节，但能维护天下的安定，保护中华主流文化，客观上做到了泛爱众。一些人认为他苟活事敌属于"不义"，但正是他甘于背负这种"不义"的污名，才取得了"一匡天下，民到于今受其赐"的大仁大义。孔子肯定管仲谋大仁而不拘小节，是从大公出发的，着眼于天下人民受惠，从历史发展的重大节点上评价人物的功过，实为高瞻远瞩。

14.18 **【原文】**

公叔文子之臣大夫僎与文子同升诸公①。子闻之，曰："可以为'文'矣②！"

【注释】

①臣：指大夫的家臣。僎（zhuàn）：人名。同：一起。升：提升。公：诸

侯的朝廷。②为：这里指称为。文：公叔文子的谥号。

【译文】

公叔文子的家臣大夫僎和公叔文子一同提升为卫国公室大臣。孔子听说此事后说："仅凭此事公叔文子也可以称得起谥号'文'了。"

【评论】

僎是卫国大夫公叔文子的家臣，由于公叔文子向朝廷推荐，把他提升为朝廷之臣，与公叔文子一样能进入卫国的朝廷中议政，在朝廷中与公叔文子列于相等的地位。孔子听说这件事后，说："公叔文子仅凭此事也足可无愧于谥号'文'了。"从此事可看出，公叔文子知人善任，不以僎为自己的家臣而专用，推荐给国家使他发挥更大的作用。也不以家臣与自己同列而感到羞耻，一切以国家利益为重。所以孔子认为这一件事反映了公叔文子克己奉公的基本品质。周代谥法，"文"有六类：经天纬地、道德博厚、学勤好问、慈惠爱民、愍民惠礼、锡民爵位。有人说：公叔文子推荐他的家臣僎，即合"锡民爵位"一条。其实，没有"道德博厚"的人格，怎肯心甘情愿地让家臣与自己同列？没有"慈惠爱民"的心肠，怎能以国家的利益为重？

14.19【原文】

子言卫灵公之无道也①，康子曰②："夫如是，奚而不丧？③"孔子曰："仲叔圉治宾客④，祝鮀治宗庙⑤，王孙贾治军旅⑥。夫如是，奚其丧？"

【注释】

①卫灵公：春秋时卫国国君，姓姬，名元，谥号灵。②康子：指季康子。③奚：疑问代词，相当于"为什么"。丧：丧失，这里指丧失君位。④仲叔圉（yǔ）：卫国大夫，即孔文子。⑤祝鮀（tuó）：卫国大夫。⑥王孙贾：卫国的权臣。军旅：军队。

【译文】

孔子谈论卫灵公无道义，季康子问孔子："既然如此，他的君位为什么不丧失？"孔子回答说："他有仲叔圉接待外宾管外交，祝鮀主持宗庙祭祀，王孙贾指挥军队，像这样有贤能辅佐，他的君位怎么会丧失？"

【评论】

孔子在卫国多年，对卫国君臣的情况了如指掌，卫灵公虽然昏庸无道，但卫灵公的君位仍很牢固，这是为什么呢？正如刘邦有"三杰"，卫灵公也有"三杰"，他虽宠信南子，但把外交、宗庙祭祀与军队这三件关系到国家命运的重任，交给可靠的人去担当，他便可高枕无忧了。孔子曾称赞仲叔圉"敏而好学，不耻下问"，赞赏祝鮀好口才，王孙贾请教过孔子"媚于奥"还是"媚于灶"的问题。对此三人，孔子有赞许也有批评的地方，但他们在各司其职方面，忠诚有才干。孔子论人，公平公正，卫灵公虽无道，但在知人善任方面也有可取之处。君无道，臣贤明，也可维持社稷，最怕的是君无道又重用小人，那就离丧失君位不远了。

14.20 【原文】

子曰："其言之不怍[①]，则为之也难[②]。"

【注释】

①怍：惭愧。②为：做。

【译文】

孔子说："一个人说话如果大言不惭，那么要落实这些话就难了。"

【评论】

孔子的这句话，张鼎在《春晖楼四书说略》中解释说："言不怍所以为难，其故有三：一是欺人，一是躁妄，一是不自知能否。欺人者无志，不自知能否者无识，躁妄者无养，皆非能为之人。"大话人人会说，但听其言还要观其行，看能否兑现了所说的话。作为君子，就应该对自己说的话负责，羞愧自己的那些落实不了的大话。有惭愧之心，就能知过必改，今后最好“先行其言而后从之”。而小人在说大话时，就没想到要落实，甚至是专门为了一时的骗人，原本就无羞耻之心。说到做到，是对每个具有诚信品质的人的基本要求，因为一般士人都能做到“言必信，行必果”，何况君子呢？说老实话，干老实事，做老实人，切莫做说话的巨人，行动的矮子。君子要靠诚实立于世，不靠大话吹牛来欺世盗名。

14.21 **【原文】**

陈成子弑简公①。孔子沐浴而朝，告于哀公曰：“陈恒弑其君，请讨之②。”公曰：“告夫三子③。”孔子曰：“以吾从大夫之后④，不敢不告也。君曰‘告夫三子’者。”之三子告⑤，不可⑥。孔子曰：“以吾从大夫之告，不敢不告也。”

【注释】

①陈成子：齐国大夫陈恒，又名田成子，成是其谥号。简公：姓姜，名壬，齐国国君。②讨：讨伐。③三子：指鲁国孟孙、叔孙、季孙三卿。④从大夫之后：曾做过大夫。⑤之：到……去。⑥可：同意。

【译文】

陈恒杀了齐简公。孔子斋戒沐浴后上朝，向鲁哀公报告说：“陈恒杀了他的国君，请出兵讨伐他。”哀公说：“你去向季孙、仲孙、孟孙三人报告吧！”孔子退出朝廷后说：“因为我曾忝列为大夫，不敢不来报告。可是国君却对我说，‘向那三人报告吧！’”孔子只好又去三位大臣那里报告，他们都不主张出兵。孔子向他们解释说：“因为我曾忝列为大夫，所以不敢不来报告。”

【评论】

齐国大夫陈恒在鲁哀公十四年（公元前 481 年）杀了其国君齐简公。孔子向来反对臣弑君的行为，加之齐国是鲁国的邻国，认为鲁国应该出兵讨伐逆臣。因此沐浴斋戒后，郑重其事地去拜见鲁哀公，请求他出兵讨伐陈恒。然而鲁国的兵

权操纵在孟孙、叔孙、季孙三桓手中，哀公作不了主，就叫孔子去请示三桓。是否出兵讨伐，本应由鲁君决定，现在鲁君却要孔子去请示三桓，孔子很不满意地说："因我曾做过大夫，所以这样的大事不敢不来报告。国君却说'去请示三位卿大夫吧！'"由于一是君命，二是重大国事，孔子不得不去三桓处请示，可是三桓都认为鲁国不能出兵讨伐齐国大夫陈恒，孔子只好对三桓重复刚才说过的话："因我曾做过大夫，所以这样的大事不敢不来报告。"说明前来请示是自己的职责所在。孔子请求出兵，并非仅出于道义，他度德量力，对讨伐做过慎重考虑，他知道齐国有一半人反对陈恒弑君，鲁国出兵有制胜的把握。然而三桓与陈恒一样，早有僭越之心，岂肯讨伐同类？哀公无实权而不能任用孔子，三桓想用孔子，孔子又不肯同流合污。孔子既遭鲁哀公"踢皮球"式的推诿，又遭三桓断然拒绝，但为了伸张自己认定的正义，他真的"知其不可而为之"了。

14.22 **【原文】**

子路问事君。子曰："勿欺也，而犯之[①]。"

【注释】

①犯：冒犯，犯颜直谏。

【译文】

子路问如何侍奉君主。孔子答复："事君不可以欺骗君主，如果君主有错，倒可以犯颜直谏。"

【评论】

孔子特别强调侍奉君主，不仅不能说谎欺骗他，而且敢于向他犯颜直谏。在一般情况下，不欺骗君主是容易做到的，但当君主有错误，又不愿意接受批评时，是否敢讲逆耳忠言，这是考验为臣能否真正坚持"勿欺"的试金石。犯颜直谏就是"勿欺"，而且这种"勿欺"还要付出"犯颜"的代价，所以许多臣子在这方面就不敢"越界"了。孔子认为作为臣子应当谏君过失，即使他不愿听取正确意见，甚至发怒，也不惜犯颜劝诫，以阻止君主继续失误。当然，孔子也主张："信而后谏，未信，则以为谤己也。"犯颜直谏也需看清对象。如果面对的是以为谤己的君主，则没有必要去冒死谏争，像历史上的比干谏商纣王，不仅劝诫不了暴君，反而给自己招来杀身之祸。

14.23【原文】

子曰："君子上达①，小人下达②。"

【注释】

①上达：向上通达。②下达：向下沉沦。

【译文】

孔子说："君子向上通达于仁义，小人向下沉溺于私欲。"

【评论】

君子志向高远，清楚事物的是非本末，做人注意从根本做起，根本就是"欲立""欲达"，即为人要有所建树，有所通达。君子时时考虑的是提高自身修养，追求仁义理想，所以能天天向上，最终成为仁人志士。小人目光短浅，是非本末不分，凡事都舍本逐末，唯利是图，损人利己，一生人格卑下。

14.24【原文】

子曰："古之学者为己①，今之学者为人②。"

【注释】

①为己：指为了修养自己。②为人：指为了给人看。

【译文】

孔子说："古人求学是为了以学问来充实自己，如今的人求学是为了以学问向别人炫耀自己。"

【评论】

学习对于人们来说是件非常重要的事，但学习的目的不同，其效果也不同。孔子说："古代的学者，学习是为了修养自己，如今的学者，学习是为了给别人看。"当然，"古之学者"并非全是"为己"，"今之学者"也并非全是"为人"，是不是孔子的话说得有点绝对了？综观孔子多次以古今作比，方知此处也以古今不同，只为显示两种不同类型的学者而已。再则，孔子常说的"古"是指三代圣王治世时，与当下乱世的"今"相比，确实人心不古了。在学者方面，自然明显地显示出以学问炫耀自己的风气日益严重了。学习的目的如果是为了改造自己，使自己成为有道德修养、有知识才干的人，自然注意学以致用、身体力行，努力提高自己改造主、客观世界的能力，从而担当起治国平天下的历史重任。而如果将学习视作可以炫耀自己的资本，必是抱着沽名钓誉的目的，只注意如何令人钦佩，让人知道自己多有学问，把学问当作市名市利的手段，其结果只会夸夸其谈。既然没有把修己安民作为学习的目的，不修道德，不履行所学的真理，那么让他治国必误国，让他安民必害民。

14.25 【原文】

蘧伯玉使人于孔子[①]，孔子与之坐而问焉，曰："夫子何为[②]？"对曰："夫子欲寡其过而未能也[③]。"使者出。子曰："使乎[④]！使乎！"

【注释】

①蘧（qú）伯玉：姓蘧，名瑗，字伯玉，卫国大夫。孔子及弟子到卫国时曾住他家。②夫子：指蘧伯玉。何为：即"为何"，做什么。③寡：减少。未能：还没能做到。④使乎：好个使者。

【译文】

蘧伯玉派一位使者来拜访孔子。孔子给他让座后问道："蘧伯玉他老人家在干什么？"使者回答说："他老人家想减少过错却还没能做到。"使者退出后。孔子说："好使者！好使者！"

【评论】

蘧伯玉是深受孔子敬佩的老朋友，孔子曾赞扬他说："君子哉蘧伯玉！邦有道，则仕；邦无道，则可卷而怀之。"孔子与其弟子初到卫国时，曾住在他家。一天，蘧伯玉派使者来看望孔子，孔子让他坐下向他问话："你家先生近来做些什么？"使者回答说："先生想减少自己的过错，但还没有做到。"在一般人听来，蘧伯玉在家无所事事，每日思过，还未能改正。但朱熹对使者的话这样理解："使者之言愈自卑约，而其主之贤益彰，亦可谓深知君子之心，而善于辞令者矣。"（《四书章句集注》）孔子当时就很欣赏使者的回答，在谦卑的言辞中，彰显的是主人蘧伯玉严于律己、勇于改过又十分谦虚的品质。于是在使者退出之后，孔子说："好一位使者呀，好一位使者呀！"蘧伯玉对自己的要求异常严格，其修养道德的自觉性在历史上是出了名的，《淮南子·原道训》中说："蘧伯玉年五十而知四十九年非。"使者回答孔子问话，真实地反映了蘧伯玉为人做事的特点，孔子赞叹使者，是因为使者有知人之明，所说的话恰如其分，同时也说明蘧伯玉知人善任，能用如此理解自己的人做使者。

14.26 【原文】

子曰："不在其位①，不谋其政②。"曾子曰："君子思不出其位③。"

【注释】

①其：代词，那个。位：职位。②谋：谋划，这里指干预。政：政务，政事。③思：思考，考虑问题。出：超出。

【译文】

孔子说："不在那个职位上，就不去干预那个职位的政务。"曾子说："君子思虑的问题不超出自己的职权范围。"

【评论】

前句孔子所说的话，已见于《泰伯》篇第十四章，而下句曾子的话，是引《周易·艮卦·象辞》中的"君子以思不出其位"。朱熹注本把上下两段分为两

章，其它注本合为一章，认为曾子引《象辞》中语来解释孔子的话。孔子说的“位”是指职位，所说的“谋其政”是指谋划政务。而曾子说的“思”是指对问题的思索，所说的“位”是指君子的身份权限，他认为君子所考虑的问题，不可以超越君子的身份权限，要安分守己。孔子与曾子所讲的不是一回事，孔子指不在其位，行动上不干预其政。曾子指不在其位，不去思考其政之事。如果真是曾子解释孔子的话，那就歪曲了孔子话的本义。孔子主张“不谋其政”，并不等于“不思其政”，因为“若士无位，则天地之大，万物之夥，皆宜穷极其理。故好学深思，无所不思，思用其极”（康有为《论语注》）。孔子为天下第一学人，他虽为布衣，却心怀天下，思忧天下，以天下为己任。作为孔子贤弟子的曾子，不会不知这一点，所以他的话大概不是解释孔子的话，朱注把上下两段分为两章，是有其道理的。

14.27 **【原文】**

子曰：“君子耻其言而过其行①。”

【注释】

①耻：以……为可耻。过：超过。行：行为，做事。

【译文】

孔子说“君子以说到做不到或说得多做得少为可耻。”

【评论】

言为“心”声，而“心”离不开“物”，有“物”才有“心”，无“物”即无“心”，无“心”也无言。这“物”中就包含着人们的行为、做事，言最终反映客观“物”（包括人的行为）的存在。但是人们有时所讲的言，并不反映行为的存在，这叫言行不一。或言超过了行为的存在，这叫言过其实。孔子连“言而过其行”都认为是可耻的，就不用说言行不一了。君子的特征之一就是诚信，其标准就是言行一致。言必行，行必果。若其言过其行，行为没有兑现自己的诺言，就属于失信。君子言过其行的性质虽与骗子或伪君子惯用的行骗不同，但也属可耻的事情。君子知耻，才能产生一种剖析自己、反省自己的强大精神动力，才能自觉地抛弃自己错误的言论与丑恶的行为，以贤能的高标准严格要求自己，不断完善自己。

14.28 【原文】

子曰："君子道者三①，我无能焉②：仁者不忧，知者不惑，勇者不惧。"子贡曰："夫子自道也③。"

【注释】

①道：德行。②能：动词，能做到。③自道：自述。

【译文】

孔子说："君子的德行体现在三个方面，但我还没有做到：有仁德的人不忧虑，有智慧的人不迷惑，勇敢的人不畏惧。"子贡说："三个方面的德行正是他老人家的自我表述。"

【评论】

"仁者不忧，知者不惑，勇者不惧"，孔子说这是君子应该具备的三种美德，但在子贡看来，他人难以具备不忧、不惑、不惧的美德，可孔子却全具备了。先生之所以那样谦虚地说三种美德自己都没做到，是为了勉励弟子们不可自满，认真地修炼此三美德。子贡担心他人不解孔子此话的意思，于是说："先生说的三种人正是说他自己呢。"仁者爱人，做事力求利于人，不计个人名利得失，内省不疚，心地坦然，所以心中不存忧虑之事。智者深明事理，分得清是非本末，具有正确判断问题的能力，所以不被任何事情所迷惑。勇者有奋不顾身的精神，勇于作为，所以不惧怕任何艰难困苦。君子立世处事，离不开这三种德行。三种德行以仁为核心又互相关联，无仁而智，智不过是耍小聪明。无仁而勇，不仅不会为真理正义去奋斗去牺牲，甚至还被邪恶所利用。勇而无智，只能鲁莽蛮干。智而无勇，也会瞻前顾后，痛失良机。三德兼备，方可称为君子。

14.29 【原文】

子贡方人[①]。子曰："赐也，贤乎哉？夫我则不暇[②]。"

【注释】

①方：比方，这里指议论人的长短处。②暇：闲暇。

【译文】

子贡爱评议别人。孔子对他说："端木赐（子贡）呀，你难道就比别人贤明吗？我可没有闲工夫去对别人评头论足。"

【评论】

子贡喜欢评论别人的短长，孔子对他把很大精力投入到评论别人的做法，不以为然，于是对子贡提出了批评。孔子并不一概反对评议别人，但评议别人主要是为了对照自己，而不是以背后议论他人为乐事。如有一次他要子贡评议一下自己与颜回，看看谁对问题的理解力更强一些。君子的主要精力应放在自身的进德修业上，对他人则"见贤思齐焉，见不贤而内自省也"，君子任重而道远，为实现这一理想，自身的道德修养唯恐不及，哪有闲工夫专去津津乐道别人的家长里短呢？

14.30 【原文】

子曰："不患人之不己知[①]，患其不能也[②]。"

【注释】

①患：忧患，担忧。不己知：不知己。②能：才能，能力。

【译文】

孔子说："不怕别人不了解自己，就怕自己没能力。"

【评论】

孔子的“不患”与“患”，恰与一些人相反，一些人是“只患人之不己知，不患其不能也”。知不知己由人，能不能在己。若“患人之不己知”，本来能力不及，却想叫别人认为自己能力高强，只好做表面文章、虚假政绩，吹牛造假也不时用上。若患自己无能，则一定发愤钻研，不计较别人的评价，只求自己能力的提高。牢记“人不知而不愠，不亦君子乎”，“君子病无能焉，不病人之不己知也”。是金子在什么地方都发光，是千里马总会遇相马的伯乐。可悲的是，自己本来是块铜，还非要冒充金子；自己本来是匹驽马，还说没有伯乐来相识；自己没能力，还埋怨别人不了解自己，这岂不太没有自知之明了？

14.31 **【原文】**

子曰：“不逆诈[①]，不亿不信[②]，抑亦先觉者[③]，是贤乎！”

【注释】

①逆：逆料，预料。诈：欺诈，欺骗。②亿：同“臆”，揣测，猜测。信：诚信，诚实。③抑：连词，相当于“不过”、“却”等。先觉：事先觉察。

【译文】

孔子说：“不可以预先就怀疑别人会欺诈自己，不可以在事前就揣测他人对自己不诚信，但对欺诈或不守信的人，在事前就能觉察到，这才是贤者！”

【评论】

孔子的话是否前后有矛盾呢？都是在事前，为什么有的人是无根据的“怀疑”“揣测”，而先觉者就有预知的“觉察”呢？原来区别是：之所以说是“怀疑”“揣测”，是因为他没有“觉察”的能力，光凭自己的主观臆想，或者以自己之心度他人之腹。我待人以诈，就推想别人待我必诈，我待人不诚，就推想别人待我也必不诚。这样推理，十有八九会出错冤枉人。而贤者之所以在事前能有所觉察，是通过对此人事前其它情况的了解分析。凡事都有内在联系，知其以往所作所为，可以预测此人在将要发生的事件中的表现，这样的觉察是有一定依据

的，与毫无依据的“怀疑”“揣测”是不同的。

14.32【原文】

微生亩谓孔子曰[①]:“丘何为是栖栖者与[②]? 无乃为佞乎[③]? ”孔子曰:“非敢为佞也,疾固也[④]。”

【注释】

①微生亩：姓微生，名亩。谓……曰：对……说。②是：代词，如此，这样。栖栖（xī）：忙碌不安。③无乃：语气副词，表示推测，相当于“莫非”、“不是”。佞：能言善辩。④疾：痛恨。固：固陋，顽固。

【译文】

微生亩对孔子说：“孔丘你为什么这样忙忙碌碌地到处游说呢？莫不是要显示你的口才？”孔子回答说：“我哪里敢炫耀口才，实在是憎恶那些思想顽固不化的人罢了。”

【评论】

孔子周游列国，四处奔波游说，惶惶不可终日，班固在《答宾戏》中形容说：“栖栖遑遑，孔席不暖。”孔子历经千辛万苦与各种磨难，为的是拨乱反正，推行仁义大道于天下。但他的济世救民的做法，引起许多人的怀疑，其中微生亩就是一个。从他直呼孔子的名就可看出他对孔子的轻蔑态度。微生亩对孔子说：“孔丘，你为何如此忙碌地到处奔波游说呢？莫非是要四处施展你的口才吗？”孔子回答说：“我怎敢以口才炫耀，只是痛恨一些人思想固陋，想开导开导他们罢了。”孔子所指的思想固陋者，就是他遇到的拒不接受仁义大道的各国君主。孔子既然到处碰壁，为何还要四处奔波呢？只因天下大乱，礼崩乐坏，各国君臣大都不奉行仁德，世人信仰混乱，才使孔子不遑宁息，以疗世病为己任，多年艰辛，无怨无悔，在微生亩一类人看来，也是一种不可理解的固执吧！

14.33 【原文】

子曰："骥不称其力①，称其德也②！"

【注释】

①骥：千里马。称：称赞。②德：品德，品格。

【译文】

孔子说："人们对于骥，不是称赞它有日行千里的气力，而是称赞它具有驯服的品德。"

【评论】

孔子盛赞骥之德，骥之德指什么？郑玄注说："德者，调良之谓。"（邢昺《论语注疏》引）调良之德指驯服易控的品质。孔子此语以马喻人，有德之人，就像驯服听话的良马，无德之人，就如"害群之马"，越有气力危害越大。春秋末期，由于兼并成为社会的重要现象，重力而轻德的意识颇为流行。所以孔子以马喻世，欲以扭转这种世风。他培养弟子，注重德才兼备，并将道德修养放在首位。就像驯养骥，不仅重视练就其超群气力，更重视培育其为世所用的驯服之德。

14.34 【原文】

或曰："以德报怨①，何如②？"子曰："何以报德？以直报怨③，以德报德。"

【注释】

①德：指恩德。报：报答，回报。怨：怨恨，仇恨。②何如：即"如何"，怎么样。③直：正直，直道。

【译文】

有人问孔子："用恩德来回报怨恨，你看如何？"孔子回答说："如果那样，又以什么来报答恩德呢？应该用正直来回报怨恨，用恩德来报答恩德。"

【评论】

按照逻辑来说，以德报德，以怨报怨，即以其人之道还治其人之身最公平，然而怨怨相报何时了？但若以德报怨，再以德报德，将德、怨一样看待，没有了是非，岂能做到公平？“以德报怨”是道家的做法，在生与死、是与非之间几乎画等号的道家那里，不念旧恶，以德报怨，正是其一种以柔胜刚之法。而在主张明辨是非的孔子那里，以德报怨是行不通的。以怨报怨固然出自于“以牙还牙”式的私情，以德报怨未尝不含私意，为了讨好对方，采取卑躬屈节的方式匿怨而不报。正确的态度应是以至公无私的正直之道，明辨是非，宽宏大度，解决好以前的仇怨。不因有旧怨而改变自己的公平正直原则。也不应心怀怨恨，恃强报复。

14.35 【原文】

子曰：“莫我知也夫[①]！”子贡曰：“何为其莫知子也？”子曰：“不怨天[②]，不尤人[③]，下学而上达[④]。知我者其天乎！”

【注释】

①莫我知：即莫知我，宾语“我”前置。②怨：怨恨，怪罪。③尤：责怪。④下学：指学习具体的人事学问。上达：通达天命。

【译文】

孔子叹道：“没有人了解我呀！”子贡问：“怎么会没有人了解您呢？”孔子说：“我不怨恨天，不责怪人，通过学习具体的人事知识，来领悟高深的天道。了解我的，恐怕只有天罢！”

【评论】

《史记·孔子世家》载，鲁哀公十四年春，西狩获麟，孔子见麟，以为不祥，联想到自己年老体衰，一生追求的仁义大道难以推行，有才世莫能用，有志知音难觅，于是发出了哀伤的慨叹：“没有人了解我呀！”他的弟子子贡记得老师平日教导他“人不知而不愠”，今日为何先生这样喟然长叹？于是奇怪地问：“为什么会没有人了解您呢？”孔子说：“我不怨恨天，也不责怪人，学习人事各种知识，领悟天命变幻的高深道理，了解我的大概只有天了吧！”孔子这种无怨无尤的思想，是在其晚年才明显起来。他最得意的弟子颜渊早死，他痛哭道：“天丧予！”岂能不怨天？他率领弟子周游列国，到处碰壁，在陈国绝粮，以及遭遇桓魋一类的恶人，岂无怨人之心？然而到晚年时，才悟出了一个道理：生死穷达不以人的意志为转移，冥冥之中有个客观规律在支配，孔子只好把它归于天，人事否泰原本决定于天。他一生勤奋学习，掌握治国平天下的本领，孜孜以求仁义大道实现，然而奋斗终生还是不能实现自己的理想，天意如此，有何怨尤？

14.36 【原文】

公伯寮愬子路于季孙①。子服景伯以告②，曰：“夫子固有惑志③，于公伯寮，吾力犹能肆诸市朝④。”子曰：“道之将行也与，命也；道之将废也与，命也。公伯寮其如命何⑤！”

【注释】

①公伯寮（liáo）：姓公伯，名寮，字子周，又作公伯僚，曾任鲁国季氏家臣。愬：同“诉”，告发，诋毁，诽谤。②子服景伯：姓子服，名何，字伯，景是其谥号，鲁国大夫。③ 夫子：此处指季孙氏。固：本来、已经。惑：迷惑。④力：能力。肆：陈尸示众。市朝：街市。⑤如……何：把……怎么样。

【译文】

公伯寮在季孙氏面前诋毁子路。子服景伯把此事告诉了孔子，并说：“季孙氏他老人家已经被谗言迷惑了，不过凭我现在的能力还能杀了公伯寮，并陈列其尸体在街市上示众。”孔子说：“我们主张的仁义大道能够推行，这是天命所决定的，如果被废弃，那也是天命所决定的。公伯寮他能把天命怎么样了？”

【评论】

子路与公伯寮同为季氏的家臣，公伯寮在季氏面前诋毁子路。子服景伯把此事告诉了孔子，孔子对公伯寮这种卑鄙无耻的行为嗤之以鼻。公伯寮心术不正，他见孔子屡次批评季氏僭越行为，季氏自然也对孔子心怀反感之意，他乘机找机

会在季氏面前说子路的坏话，间接诋毁孔子主张的道义。身为鲁国大夫的子服景伯对公伯寮的行为也十分不满，他向孔子表示：他有能力为子路辩诬，并使季氏清楚公伯寮的谗言属于诬告，进而将公伯寮斩首示众。孔子当然要阻止子服景伯这种过火的行为，他解释道：仁义大道若在鲁国推行，公伯寮的诬告谗言起不了什么阻挡作用，仁义大道若在鲁国推行不了，也不是公伯寮进谗言的结果。一切都取决于自然，孔子并不把小人的谗言放在眼里。

14.37 【原文】

子曰："贤者辟世[①]，其次辟地，其次辟色[②]，其次辟言。"子曰："作者七人矣[③]。"

【注释】

①辟：同"避"，避开。②色：脸色。③作：站起，这里指离去。七人：指伯夷、叔齐、虞仲、夷逸、朱张、柳下惠、少连。一说指长沮、桀溺、接舆、晨门、荷蓧丈人、荷蒉者、仪封。

【译文】

孔子说："有贤能的人最好避开乱世，不行就避开动乱的地方，再不行就避开权贵们的难看脸色，实在不行就避开权贵们的恶言恶语。"孔子又说："像这样逃避险恶而隐居的人已经有七位了。"

【评论】

旧注中，宋代邢昺对此章的注较准确："此章言自古隐逸贤者之行也。子曰：'贤者辟世'者，谓天地闭则贤人隐，高蹈尘外，枕流漱石，天子诸侯莫得而臣也。'其次辟地'者，未能高栖绝世，但择地而处，去乱国，适治邦者也。'其次辟色'者，不能豫择治乱，但观君之颜色，若有厌己之色，于斯举而去之也。'其次辟言'者，不能观色斯举矣，有恶言乃去之也。"（《论语注疏》）孔子主张天下有道则现，无道则隐。天下有道积极入世，经世致用，是贤者所为；天下无道急流勇退，隐匿避祸，也是贤者所为。对于贤者如何隐，孔子指出："贤者避开乱世，其次避开动乱的地方，其次避开权贵们的难看脸色，其次避开权贵们的恶言恶语。”旧注将“其次”解释成“次一等”，其实，贤者隐逸因时因地因势而异，方式不可强求一律，也无等次之分。如避不开乱世，就避开是非之地，连是非之地也无条件离去，只好“辟色”“辟言”了。孔子又说：“古来有名的隐逸者有七人。”究竟哪七人？不必详考，总之，都是隐逸的贤者，而且他们隐逸的方式也各有不同。有的“大隐隐朝市”，有的“小隐隐林薮”，有的甚至身在江湖，仍心系社稷。孔子隐逸的方式与众不同，他是退而返国，整理古籍文献、教育弟子，将大有作为寄托于未来。

14.38 **【原文】**

子路宿于石门①。晨门曰②：“奚自③？”子路曰：“自孔氏④。”曰：“是知其不可而为之者与⑤？”

【注释】

①石门：曲阜附近一地名。②晨门：掌管早晨开城门的人。③奚自：自何处来。④孔氏：指孔子家。⑤不可而为之：即“不可为而为之”。

【译文】

子路在石门住了一宿，离开石门时，负责早晨开城门的人盘问他：“你是从那里来石门的？”子路回答说：“我是鲁国都城孔氏的门人，是从那里来的。”把守城门的人说：“是那位明知不可为却非要做的孔氏吗？”

【评论】

子路外出，在石门这个地方住了一宿，当清晨离开石门时，负责早晨开城门的人对他进行了盘问，子路说明自己是孔子的弟子，那位把守城门的人似乎对孔子十分了解，对子路说：“是那位明知不可为却非要做的孔氏吗？”从把守城门人的这句话，推测他应是一位高人隐士，他的隐法就是隐名不仕，藏身于把守城门这一鄙职中，虽处偏僻之地，仍对孔子的行事非常熟知。他给孔子下了一个著名的结论：“知其不可而为之者”。从隐者的角度看，孔子栖栖遑遑，奔走呼号，

是徒劳无益的，所以话中多有讥讽之意。但从仁者的角度看，孔子不畏艰辛险恶，不畏流言蜚语，孜孜不倦地奔走各国，就是希望获得行道的机缘，以拯救危乱之世。历史责任、天下苍生的期望，都促使他“为之”。孔子耗尽一生的心血，不计一切代价，明知大道难行，仍为此奋斗不息，其精神价值比事业成功还要珍贵。孔子的所作所为，正是“为天地立心，为生民立命，为往圣继绝学，为万世开太平”（张载《张子全书》）。

14.39 **【原文】**

子击磬于卫[①]，有荷蒉而过孔氏之门者[②]，曰：“有心哉，击磬乎！”既而曰[③]：“鄙哉[④]，硁硁乎[⑤]，莫己知也，斯己而已矣[⑥]。深则厉，浅则揭[⑦]。”子曰：“果哉[⑧]！末之难矣[⑨]。”

【注释】

①磬（qìng）：石制打击乐器，形如曲尺。②荷：担着，挑着。蒉：草筐。③既而：不久，过了一会儿。④鄙：鄙陋，鄙薄。⑤硁硁：象声词，形容磬声铿锵。⑥斯己：安分守己的意思。⑦深则厉，浅则揭：《诗经·邶风·匏有苦叶》中的诗句，意思是：水深连衣过河，水浅把衣裳兜起过河。厉，以衣涉水。揭，撩起。二句诗可比喻审时度势，采取不同措施。⑧果：果断，干脆。⑨末：没有……的。

【译文】

孔子在卫国时，一天在家中正击磬，有一位挑着草筐的人从门前经过，他听了磬声后说：“这位击磬的人有心事，才这样击磬呀！”听了一会儿又说：“鄙薄呀，磬声如此铿锵，反映出击磬人坚强固执又怨没人了解自己，既然无人理解就安分守己算了。就如《诗》中所说：‘水深就连衣过河，水浅就兜起衣裳过河。’”孔子听到挑草筐人的话后说：“他说得倒挺干脆，真像他所言那就没什么难的了。”

【评论】

这位挑着草筐的乡下人，实际是一位极有学问又有丰富阅历的隐士，他从孔子的居所门前经过，听了孔子敲打的磬声后，就基本了解了孔子的心思。他于是引诗想告诫孔子：过河，须先知水深浅，然后采取不同的过河方法。经世，先清楚世道是清明还是黑暗，然后决定是仕还是隐。现在世道黑暗，没有人了解支持你，你还要固执地奔走，岂不是鄙薄吗？如果照这位挑着草筐的人的话去做，出处进退由己，当然不难了。孔子口头上也赞成"天下有道则见，无道则隐"，但是在实际行动上，孔子不以世道的盛衰决定自己的行止，他生活在乱世，偏要拨乱反正，尽管大道难行，但他决不避乱归隐。孔子与挑着草筐的人道不同，所以他们之间也就不能相谋了。

14.40 **【原文】**

子张曰："《书》云，'高宗谅阴[①]，三年不言。'何谓也？"子曰："何必高宗，古之人皆然。君薨[②]，百官总己以听于冢宰三年[③]。"

【注释】

①高宗：殷王武丁，商朝第十一世君主，著名贤王。谅阴：又作梁暗、亮阴，也称凶庐，守孝时住的房子。② 薨（hōng）：古代君王或诸侯死叫"薨"。③总己：总管好自己的工作。冢宰：相当于后世的宰相。

【译文】

子张问孔子："《尚书》说：'殷高宗守孝，三年不言政事。'这是什么意思？"孔子回答说："不仅是高宗，古人都是这样。父王死了，继王位者居丧，三年之内不过问政事，文武百官各自管好自己的工作，并听从宰相的指挥。"

【评论】

春秋末期，各诸侯国的国君早已不行古代三年居丧守孝之礼，因此子张对《尚书·无逸》篇中记载殷高宗"作其即位，乃或亮阴，三年不言"，很不理解。殷高宗即位三年，住在居丧专设的凶庐中守孝，不言不语，不处理政事。《尚书》的这段记载表述了什么意思？如果那样，殷高宗为什么还号称中兴的贤王呢？他于是来请教孔子。依照古礼，殷高宗武丁的父王小乙死了，武丁守丧三年，住在

凶庐里，专心守孝，不议政事，一切由宰相代理操办。武丁虽不听政，但其孝名誉满天下，这是其政权稳定的重要原因。另外他有一个好宰相傅说，又有以甘盘为首的官员尽职尽责，治理国家井然有序，不劳武丁亲政。孔子痛惜古礼废弃，忧虑没有三年之丧，便不会常思父母之恩，孝道沦丧，人道亦尽。但是，春秋时期，臣子僭越现象日益频繁，国君听政有时还权力下移，甚至君位难保，如鲁国三桓时的鲁公，何况为君三年不问政事？

14.41 【原文】

子曰："上好礼[①]，则民易使也[②]。"

【注释】

①上：居于上位者，指统治者。好：崇尚，讲究。②使：役使，使唤。

【译文】

孔子说："居于上位者若好礼，老百姓就容易役使了。"

【评论】

孔子政治思想的核心是主张社会和谐，而社会和谐的关键，就是统治者与老百姓之间的和谐，而统治者与老百姓之间和谐的关键，就在于统治者与老百姓之间能互相以礼相待。在统治者与老百姓这对矛盾体中，统治者是矛盾的主要方面，若统治者好礼，以礼对待老百姓，老百姓也必随之好礼，以礼对待统治者，听从统治者的政令，听从统治者的使唤。所以孔子说："居于上位者若好礼，老百姓就容易役使了。"礼以敬为本，统治者好礼，对老百姓以敬相待，老百姓不会不相敬统治者，这就是孔子说的："上好礼，则民莫敢不敬。"如果统治者不好礼，为政不以礼，治民不以敬，其政老百姓不拥护，其令也行不通。老百姓有怨恨，动乱就随之而来。有人将统治者与老百姓比作舟与水，水可载舟，水亦可覆舟。要想让水载舟，统治者必须要好礼。

14.42 【原文】

子路问君子。子曰："修己以敬[①]。"曰："如斯而已乎[②]？"曰："修己以安人[③]。"曰："如斯而已乎？"曰："修己以安百姓。修己以安百姓，尧、舜其犹病诸[④]。"

【注释】

①敬：指敬人敬业，尊敬他人，并为之认真工作。②斯：代词，这，这样。而已乎：就够了吗。③安：安乐，这里是使动用法，使……安乐。人：指身边亲近的人，与下文"百姓"含意略有不同。④病：缺陷，不足。

【译文】

子路问孔子："怎样做才能算个君子？"孔子说："修养自己，使自己能敬人敬业。"子路说："这就够了吗？"孔子说："修养自己，使自己有能力叫身边亲近的人安乐。"子路说："像这样就够了吗？"孔子说："修养自己，使自己有能力叫天下老百姓得到安乐。不过，做到这一点极不容易，连尧、舜这样的圣王大概都难做到吧！"

【评论】

子路问："怎样做才能算个君子？"孔子把成为君子的因果关系及君子所敬对象的层次顺序讲得十分清楚，先有自身的修养，使自己成为君子，然后才有敬人之心，有了敬人之心，才有敬业的功绩。最初先使身边的人受惠，如果不断地修养自身，使自己具备"内圣"的道德精神，就可能获得"外王"的业绩，使天下百姓受惠。"修己"是思想境界不断深化的过程，"安人"的范围随之是不断扩大的过程。范围小一点的"安人"，就是齐家，范围至大的"安百姓"则是治国平天下。修己是敬的基础，敬是安人、安百姓的主要内容。孟子说："天下之本在国，国之本在家，家之本在身。"（《孟子·离娄上》）儒家标榜"修身齐家治国平天下"，其前提还是"修身"。"欲治其国者，先齐其家，欲齐其家者，先修其身。"（《礼记·大学》）

14.43 【原文】

原壤夷俟[①]。子曰："幼而不孙弟[②]，长而无述焉[③]，老而不死，是为贼[④]。"以杖叩其胫[⑤]。

【注释】

①原壤：姓原名壤，鲁国人，孔子的朋友。夷：双腿叉开坐着，是一种无礼的表现。②幼：年纪小的时候。孙：同"逊"。弟：同"悌"。③长：年纪大了。无述：没有让人称道的地方。④贼：伤害，这里指祸害人的人。⑤杖：手杖。叩：敲打。胫（jìng）：小腿。

【译文】

原壤两腿叉开像八字一样坐在地上，等着孔子。孔子见后骂道："你幼年时不敬重兄长，长大后没有让人称道的地方，老了还不死，简直是个害人精。"说完，用拐杖敲了敲他的小腿。

【评论】

原壤是孔子的老朋友，一天孔子前去拜访他。依照礼节，原壤应该出门迎接，但他想和老朋友开个玩笑，不但不出迎，还在家里摆出一个轻慢无礼的坐姿来等待孔子。古人坐姿与跪相似，只是臀部坐于两足上，而原壤坐在席上，双腿叉开，这种坐姿又称箕踞，是不合乎礼的，对人极不礼貌，荆轲刺秦王不成，就倚柱而笑，箕踞以骂。孔子见原壤如此放肆，当面就训斥他。一边说，还一边用手杖敲打原壤的小腿。原壤箕踞本属戏谑行为，孔子谴责也属戏言，一些旧注有的把此事解释得非常严肃，认定原壤是个违礼的小人，有的以为原壤属于狂士或庄子一类不拘礼节或蔑视礼节的人，都把原壤开玩笑以严重违礼来分析，这就没有必要了。两位老朋友的戏谑，正反映了老朋友之间情感的真挚。如果原壤真心以违礼来接待孔子，孔子也必然会严肃对待此事，或愤怒拂袖而去，或义正词严地对原壤进行批评，决不会还之以骂人的脏话，更不会用手杖去敲打原壤的小腿，以违礼来对待违礼。

14.44 **【原文】**

阙党童子将命[①]。或问之曰:“益者与[②]? ”子曰:“吾见其居于位也[③],见其与先生并行也[④],非求益者也,欲速成者也[⑤]。”

【注释】

①阙党：即阙里，曲阜城内孔子居住的街巷。将命：传达话语。②益者：上进者。益，增益。③居于位：坐在大人的席位上。依礼，小孩不能坐在大人的席位上。④先生：长辈。并行：并肩行走。⑤速成：急于求成。

【译文】

阙里老乡有个小孩前来孔子处传达主人的话。有人问孔子：“这是个要求上进的孩子吗？”孔子说：“我见他坐在大人的座位上，又见他与长辈并肩而行，由此看来，他不是追求上进，而是个急于求成的人。”

【评论】

孔子的居地阙里有个小孩挺聪明，很会传达主人的话语。有人见那小孩口齿伶俐，就问孔子这个孩子怎么样？孔子仅从他坐在大人的座位上，见他与长辈并肩而行，就断定他是个急于求成的人。古礼少长有序，尊卑有别，童子学礼，尤重少长之礼。依礼，小孩不能与成年人并列而坐，只能坐在旁边一个角落里，与成年人同行，也不能同列并行，只能随行在后。而阙里童子不守少长之礼，不懂得谦虚谨慎，如何上进？孔子不是吹毛求疵，而是见微知著。

卫灵公篇第十五

本篇共四十二章，主要记述孔子与部分弟子周游列国时的言论，孔子的言论大致包括两方面，一是回答列国诸侯问政，阐述仁德治国的道理。一是向弟子传授“一以贯之”的理想追求与修养之道，提高他们的人生境界及从政能力。孔子反对诸侯武力征战，主张治国行仁施礼，治民重在仁德的感化。又主张任用贤能，来达到天下大治，不赞同国君事事亲自操劳。为了培育英才，孔子还提出有教无类、学思结合、重实践、谋道不谋食、当仁不让于师等教育理念。他教导弟子，做一名“言忠信，行笃敬”“无求生以害仁，有杀身以成仁”的志士仁人，还要具备安贫乐道之志、事君待民之仪、谦虚好学之态、察知忠奸之识、去乱就治之才等，担当起治国安民的重任。

15.1【原文】

卫灵公问陈于孔子①。孔子对曰：“俎豆之事②，则尝闻之矣③；军旅之事，未之学也④。”明日遂行⑤。

【注释】

①陈：同“阵”，军事上排兵布阵。②俎（zǔ）豆：指礼仪之事。俎，古代祭祀、宴飨时盛放牲肉或其他食物的礼器。豆：古代食器，亦用作装酒肉的祭器。③尝：副词，曾经。④未之学：即“未学之”，没学习过。⑤明日：第二天。遂：副词，就。行：走，离开。

【译文】

卫灵公向孔子询问关于军队列阵作战法。孔子回答说：“礼仪方面的事情，我还曾听说过；关于军队作战的事，从来没有学习过。”第二天就离开卫国。

【评论】

卫灵公向孔子求教战争中排兵布阵的作战方法，孔子以“军旅之事，未之学也”为托词，拒绝答复。与卫灵公谈话后的第二天，孔子便马上离开了卫国。孔子与随从弟子刚到卫国时，受到卫灵公非常友善的接待，孔子原以为能够在卫国行道，但卫灵公昏庸，重兵贱礼，现在又求教孔子用兵之法，孔子只好装作不懂军事以敷衍。其实，孔子何尝不知军旅之事？他教弟子的课目中就有军事的内容。《史记·孔子世家》载：“冉有为季氏将师，与齐战于郎，克之。季康子曰：‘子之于军旅，学之乎？性之乎？’冉有曰：‘学之于孔子。’”但孔子认为治国以礼义为本，现卫灵公舍本逐末，如果与之谈论军旅，反而助其贻误卫国。道不合则去，孔子的原则性是很强的。再则，孔子自感任重道远，行道刻不容缓，卫国行道无望，就到他国去实现此政治理想，第二天就离开卫国，显示出孔子完成历史使命的急迫心情。

15.2 【原文】

在陈绝粮，从者病[①]，莫能兴[②]。子路愠见曰[③]：“君子亦有穷乎？”子曰：“君子固穷[④]，小人穷斯滥矣[⑤]。”

【注释】

①从：随从，跟随。病：指饿得够呛。②莫：否定副词，相当于“不”。兴：起来，站起来。③愠：脸有怒色。④固：固守，坚守。⑤滥：本义为水漫溢横流，这里指胡来。

【译文】

孔子师生在陈国断绝了粮食，跟随孔子的学生都饿病了，饿得都站不起来。子路很不高兴地来见孔子，说：“君子也有受困而没有办法的时候？”孔子说：“君子遭受穷困时能固守道义约束自己，而小人穷困时就不能约束自己要做越轨的事了。”

【评论】

孔子带领他的部分弟子周游列国，途中遇到许多艰辛。一次，当孔子师生准备前往楚国时，在陈地遭到陈、蔡二国大夫的围困，既不能前行，粮食又没有了，随从们饿得都站不起来。子路性格豪爽，以往见孔子关心陈、蔡政事，现在陈、蔡大夫反而发动徒役围困孔子于旷野，不由地带着满脸怒气来见孔子，说："君子也有受困没有办法的时候？"他以为孔子身陷困境一定会后悔自己曾为陈、蔡二国出过力。不料孔子却说："是啊，但君子遭受穷困时能固守道义约束自己，而小人穷困时就不能约束自己要胡作非为。"孔子面对困境还回答得如此平心静气，根本没把这一困厄当作一回事。据《史记·孔子世家》载，孔子在陈绝粮时，处之泰然，还"讲诵弦歌不衰"，真有仁者不忧、勇者不惧的气度。

15.3 【原文】

子曰："赐也，女以予为多学而识之者与①？"对曰："然，非与？"曰："非也，予一以贯之②。"

【注释】

①识：记住。②一以贯之：一个基本思想贯穿着。以，用。贯，贯穿，贯通。

【译文】

孔子对端木赐说："端木赐啊，你以为我是个博学而强记的人吗？"端木赐说："对呀，难道不是这样吗？"孔子说："不是你认为的那样，我只是用一个基本思想贯穿所有的知识罢了。"

【评论】

子贡（端木赐）认为孔子是个博学强记的人，但不知孔子在博学的基础上，能用一个基本思想把所有知识都融会贯通起来。子贡这一误解，孔子有所觉察，所以他唤来子贡，对他说："端木赐啊，你以为我是个博学而强记的人吗？"子贡当然是这样认为的，但又听老师话中有话，就说："对呀，难道不是这样吗？"孔子说："不是你认为的那样，我只是用一个基本思想贯穿所有知识罢了。"孔子常以好学自许，他重视学习各方面的知识，并努力“默而识之”，但他更重视用一种基本思想将这些知识统摄起来，否则，知识再多，都是零散的，没有个系统的认识。记得再牢，也只记住了各种事物的现象，而没有掌握它的本质。这个基本思想却能把各种知识提升为能揭示事物本质的系统知识，那么这种基本思想如何称呼呢？孔子没有对子贡说，但我们通过孔子平时的阐述，知道这一基本思想，就是以仁为指导，以礼为规范的思想。这种思想用两个字概括，就是“忠恕”，若用一个字概括，就是“仁”或“道”。

15.4 【原文】

子曰：“由，知德者鲜矣①。”

【注释】

①鲜：少。

【译文】

孔子对仲由（子路）说：“仲由呀，真正懂德的人太少了。”

【评论】

有人认为孔子直呼仲由其名而告之，是告诫仲由不要以勇气强力自恃，而要勉力进德。但真正理解孔子的这句话，也不必拘于只针对一人一时。孔子慨叹世人少德，确实反映了当时的现实。德的概念在《论语》中已很宽泛，有时指道德、品德，如《述而》篇：“德之不修，学之不讲，闻义不能徙，不善不能改，是吾忧也。”有时指有德行的人。如《子张》篇：“大德不踰闲，小德出入可也。”有时指善行、仁爱、仁政。如《为政》篇：“为政以德，譬如北辰，居其所而众星共之。”有时指恩惠、恩德。如《宪问》篇：“以直报怨，以德报德。”等等。孔子讲的德包括多种德行，说明世人少德也是多方面的。若要知德必须修己，不修己不能知德。知德还必须行善，不行善不能知德。也就是不仅知德，还要行德，否则就不是真正知德。有的人说起德来头头是道，干的却尽是缺德的事，这根本不叫知德。知德不是一件容易的事，不是仅仅懂得一些道理或能说几句在理

的话就算知德，真正知德要做有德的人，做有德的事，所以孔子才有知德者少的感叹。

15.5 【原文】

子曰："无为而治者，其舜也与？夫何为哉？恭己正南面而已矣[①]。"

【注释】

①恭己：自己恭敬郑重。正：坐端正。南面：面朝南。古代国君听政时都面朝南。

【译文】

孔子说："不用事事亲为地治理国家的，大概是舜了吧！那他干了些什么呢？自己恭敬庄严地端坐在面南的君位上就行了。"

【评论】

孔子多次赞颂舜之道与舜之治，如他曾说："巍巍乎，舜、禹之有天下也而不与焉！""舜有臣五人而天下治。"本章又赞舜能无为治国。偌大的国家，政事千头万绪，天子日理万机都应付不完，为何无为就能达到治？原来舜治国有三法：一是遵循前王尧的章法。二是知人善任，据《尚书·舜典》记载，舜命禹作司空，平水土；命弃为后稷，播种百谷；命契作司徒，办教育；命皋陶作士，掌法律；命益作虞官，管山泽鸟兽，这些人都是胜任其职的优秀官员。三是凭自身的孝行感化天下人，"其身正，不令而行"。舜的无为而治，与道家的自然无为有很大的不同，舜的无为仅指国事不必事事亲自操劳，这样做势必劳而无功。但强调国君对人对事存有恭敬之心，靠继承先王的善政，靠仁德的感化，靠贤能的任用，达到天下大治，最终实现大同社会的理想。而道家却主张无所作为，一切顺其自然，最终实现小国寡民的社会状态。

15.6 【原文】

子张问行[①]。子曰："言忠信，行笃敬[②]，虽蛮貊之邦行矣[③]。言不忠信，行不笃敬，虽州里行乎哉[4]？立，则见其参于前也[5]；在舆[6]，则见其倚于衡也[7]，夫然后行。”子张书诸绅[8]。

【注释】

①行：行得通，通达。②行：做事。笃敬：忠厚认真。③虽：即使。蛮貊（mò）：古代对少数民族的贱称。蛮，南方的少数民族。貊，东北地区的少数民族。④州里：指居家近处。五家为邻，五邻为里，一百家为族，五族为党，五党为州。⑤ 其：代词，指“言忠信，行笃敬”几个字。参：耸立的样子。⑥ 舆：车厢。⑦倚：靠，这里指写在，呈现在。衡：车辕前端的横木。⑦书：写。绅：古代士大夫腰间系的大带子。

【译文】

子张向孔子询问为人处世怎样才能行得通，孔子说：“说话诚实，办事认真，即使到了蛮貊地区，也能行得通。反之，说话不诚实，办事不牢靠，就是在本乡本土，能行得通吗？站着，“言忠信，行笃敬”几个字就好像耸立在面前，坐在车上，这几个字就好像写在车辕的横木上，达到这个程度就到处行得通了。”子张于是把孔子的这些话写到自己的衣带上。

【评论】

子张问为人处世怎样才能行得通，孔子从说话与办事两方面开导他。子张于是把孔子教导的话写到自己的衣带上，来时时鞭策自己，念念不忘“言忠信，行笃敬”六个字，时时使自己的言行合于此道。“身不行道，不行于妻子”（《孟子·尽心下》），不讲忠信笃敬之道，在自己家里都行不通，何谈在本乡本土甚至边远地区？俗话说得好：“有理走遍天下，无理寸步难行。”现在有些人崇拜金钱，迷信“关系”，认为有钱能使鬼推磨，有“关系”可过任何关，此现象可能有时候会得逞，但都是暗箱操作，见不得人的损人利己的勾当，毒化了社会风气，在阳光之下如何行得通？

15.7 【原文】

子曰："直哉史鱼[①]！邦有道，如矢[②]；邦无道，如矢。君子哉蘧伯玉！邦有道，则仕[③]；邦无道，则可卷而怀之[④]。"

【注释】

① 史鱼：卫国大夫，姓史，名鰌（qiū），字子鱼。② 如矢：如箭一般直。③仕：做官。④卷而怀之：把才华像画一样卷起来收藏着。指归隐不仕。

【译文】

孔子说："为人正直的史鱼啊，国家政治清明有道，他正直得就像一支箭。国家政治黑暗无道，他正直得还像一支箭。蘧伯玉真是个君子啊，国家政治清明有道，他就出来做官从政，国家政治黑暗无道，他就把自己的才华隐藏起来，就像把一张画卷捆收藏起来一样。"

【评论】

据史料载：卫国大夫史鱼临死有遗言：生前若不能谏君进用贤人蘧伯玉，退弃不肖之臣弥子瑕，死后不应在正堂治丧。史鱼死后，他的儿子遵照父亲的遗言，不在正堂治丧事。卫灵公前往吊唁知其故，立即进用蘧伯玉，斥退弥子瑕，移殡史鱼于正堂。后人称赞史鱼"生以身谏，死以尸谏，可谓直矣。"（《韩诗外传》）孔子钦佩史鱼的正直，但认为这种不论国有道无道都采取直的态度不足取，所以只称史鱼直。他更赞成蘧伯玉知权变，他有道则仕，尽其聪明才智。无道则隐，韬光养晦。所以给蘧伯玉冠以君子的嘉名。

15.8 【原文】

子曰："可与言而不与言[①]，失人[②]；不可与言而与之言，失言[③]。知者不失人[④]，亦不失言。"

【注释】

①言：说话，交谈。②失人：错过人，疏远人，失去人。③失言：浪费语

言，白费口舌。④知：通“智”，聪明。

【译文】

孔子说：“值得同他谈话却不谈，就失掉了这个人的切磋相助；不值得同他谈话却与他谈，就是白费口舌。聪明的人既不错过人，也不浪费语言。”

【评论】

孔子的这段话告诉我们：说话要看对象，要知人。然后确定该讲还是不该讲，该讲什么还是不该讲什么。俗话说的“逢人只说三分话，莫可全抛一片心”，则是不分对象，对诚信的人不讲心里话，怎能以心换心、赤诚相待？对可靠的人，说话遮遮掩掩，怎能给人以信任感，又怎能办成事？对有道德学问的人，不向他请教、切磋，哪里有进步？当面错过良师益友，这不就是“失人”吗？对品质恶劣、惯使阴谋诡计、翻手为云覆手为雨的人，不加防范，把不该说的话说给他听，给他提供了为非作歹的信息，当时向他说的话，不仅是多余无益的，甚至真正成了“祸从口出”，这不就是“失言”吗？知人者就是智者，智者才能该说则说，不该说则不说，既不失人也不失言。

15.9【原文】

子曰：“志士仁人，无求生以害仁①，有杀身以成仁②。”

【注释】

①害：损害。②杀身：牺牲。

【译文】

孔子说：“志士仁人，不会贪生苟活而损害仁德，只有勇于牺牲自身来成全仁德。”

【评论】

生命是可贵的，但还有比生命更可贵的东西，那就是仁德。仁德属于维护全

社会、全人类利益的道义，其价值远远超乎个体生命的价值。在生命与仁德发生不可共存的情况下，孔子主张："有志于行善爱人的人士，不要贪生怕死去损害仁德，要有牺牲自己来成全仁德的精神。"维护道义，就是维护社会的最高利益、最高价值，以牺牲个体生命的代价去维护这一最高利益、最高价值，便是死得其所，这样的人生就是最完美、最崇高的人生。因为虽然失去了个人的生命，但可能保护了千千万万个其他人的生命。孔子为追求完美、崇高的人生提出了明确的生死观与人们终生信奉的价值取向。孔子常讲"克己复礼为仁"，牺牲自己是最大的克己，以此形式所成就的仁也是最大的仁。志士仁人依照仁德来行事，为了捍卫仁德，虽死而不辞。"杀身成仁"这一人生格言具有强烈的感召力，成为古往今来无数先烈的座右铭。如夏明翰烈士的《就义诗》："砍头不要紧，只要主义真。"表现了现代革命战士为革命献身的英勇精神，弘扬了中华民族志士仁人传统的崇高气节。

15.10 **【原文】**

子贡问为仁。子曰："工欲善其事①，必先利其器②。居是邦也③，事其大夫之贤者④，友其士之仁者⑤。"

【注释】

①工：工匠。善：形容词活用为动词，做好。事：工作。②利：锐利，此处指修理好。器：指工具。③居是邦：居住在这个国家。④事：侍奉。⑤友：友好，此处指交往。

【译文】

子贡请教孔子如何修养仁德。孔子说："工匠想干好他的工作，必须先修理好他的工具。住在这个国家里要想修养仁德，就要服侍好卿大夫中贤明的人，交结士人中有仁德的人。"

【评论】

子贡问怎样才能修养仁德？孔子从人际交往方面给他阐述修养仁德的方法。

想修养仁德的君子，应注意依赖两种人的帮助：一是通过服侍好卿大夫中贤明的人，从而得到贤大夫的相助，来完成自己修养仁德的功业；一是通过交结士人中有仁德的人，使士人中有仁德的人成为自己的良师益友，帮助自己成就道德学问。修养仁德要依靠有仁德的贤人道友来帮助，就像工匠依靠良好的工具一样。孔子的这段话使用了比兴手法，既生动又准确，显然是针对子贡实际情况而讲的。

15.11 **【原文】**

颜渊问为邦①。子曰："行夏之时②，乘殷之辂③，服周之冕④，乐则《韶》《舞》⑤。放郑声⑥，远佞人⑦，郑声淫⑧，佞人殆⑨。"

【注释】

①为邦：治理国家。②行：实行，采用。夏：夏朝。时：历法。③殷：商朝的别名。辂（lù）：天子乘坐的车，泛指车。④服：戴。冕：礼帽。⑤《韶》：指韶乐，是舜时的舞乐。《舞》：同"武"，是周武王时的音乐。⑥放：禁绝的意思。郑声：郑国的音乐。⑦远：疏远。佞人：善于花言巧语的小人。⑧淫：淫秽，放荡。⑨殆：危险。

【译文】

颜渊询问孔子怎样治理国家。孔子说："推行夏朝的历法，乘坐殷商朝时那种车子，戴周朝时的礼帽，音乐则用舜时的《韶》与武王时的《武》。放弃郑国的乐曲，疏远花言巧语的小人。因为郑国的乐曲淫荡，花言巧语的小人有危险。"

【评论】

颜渊问治国之道，孔子认为：应采用夏代的历法，因为夏历合乎春生夏长秋收冬藏的自然时序，有利于指导农业生产；应提倡乘坐殷商时的车子，因为这种车子比较质朴，有尚俭之意；提倡戴周代的礼帽，因为这种礼帽华美，戴上更显得庄重；主张采用《韶》《武》之乐，因为前者尽善尽美，后者虽未尽善也达到尽美；又主张禁绝郑国的音乐和不任用花言巧语的小人，因为郑国的音乐浮靡淫秽，花言巧语的小人对国家存有危害。孔子说得很具体，容易操作，但好像有点

局限性，没有从治国大政方面着眼。实际上，孔子所述皆有象征性。他主张博采历代之优长，对历史遗产有扬有弃，即使他主张恢复周礼，也并非是事事依照周礼，在具体治理国家中，对周礼在继承中有所损益。孔子治国平天下的方法，正是在传承旧有的文化传统中，根据现实有扬有弃，并重在创新发展。

15.12 **【原文】**

子曰："人无远虑，必有近忧[①]。"

【注释】

①忧：忧患，祸害。

【译文】

孔子说："一个人没有长远的考虑，一定会有眼前不可预料的忧患。"

【评论】

对事物能深谋远虑，能防患于未然，就有预防突发性事变的能力。《周易·系辞下》中说："是故君子安而不忘危，存而不忘亡，治而不忘乱，是以身安而国家可保也。"如果没有长远打算，没有远大周密的计划，而是当一天和尚撞一天钟，缺乏预见性，缺少预防能力，麻烦事就会接踵而来。"故虑不在千里之外，则患在几席之下矣。"（朱熹《四书章句集注》）以无长远思虑的意识执政，会给国家招来灾难，以无长远考量的意识持家，会给家庭带来祸害。具有忧患意识，反而减少忧患，没有忧患意识，忧患反而不断，这是实践证明了的一条客观规律。

15.13 **【原文】**

子曰："已矣乎[①]！吾未见好德如好色者也[②]。"

【注释】

①已矣乎：罢了，算了，完了。②好：喜好。色：美色，这里指女色。

【译文】

孔子说："真是完了！我还没有见到过喜好仁德就像喜好女色那样的人。"

【评论】

本章内容与《子罕》篇第十八章相同，只是句首多了"已矣乎"三字。在前面的《子罕》篇中已对这部分内容作了评述，下面联系《史记·孔子世家》所载，再说一说。孔子被卫灵公的夫人南子召见一个多月后，卫灵公与南子及宦官雍渠同车，叫孔子乘后面的车同行，招摇过市。孔子感到羞辱，联想到当年鲁国执政季氏接纳齐国女乐，因而自己愤然离鲁出国事，慨叹道："真是完了！我还没有见到过喜好仁德就像喜好女色那样的人。"此话是否太"过"了？千万别误解孔子的语意，孔子见过不少喜好仁德的人，他这话只针对卫灵公一类的国君，或鲁国季氏一类的卿大夫。春秋时，好色的君王、大夫比比皆是，而好德的君王、大夫确实少有难见。喜好美色是一个人与生俱来的天性，但好色须有礼的节制，限制在不淫的限度内，如"国风好色而不淫"（《史记·屈原贾生列传》）。无礼节制的好色，本身就违礼，何谈好德？越沉溺于女色，离德越远，又何能齐家治国平天下？

15.14 【原文】

子曰："臧文仲其窃位者与①，知柳下惠之贤而不与立也②。"

【注释】

①窃位：窃居官位。②柳下惠：姓展，名获，字禽，又名展季，鲁孝公五世孙，其封地在柳下，私谥为"惠"，故又称柳下惠。与：给与。立：立于朝，指同朝共事。

【译文】

孔子说："臧文仲大概是个窃居官位的人吧，明知柳下惠贤能却不推荐他同朝共事。"

【评论】

孔子十分崇拜鲁国的贤者柳下惠，也为鲁大夫臧文仲不举荐柳下惠而愤愤不平。臧文仲曾在鲁庄公、闵公、僖公、文公四朝任大司寇兼司空，位显权重。柳下惠正是臧文仲的下属，是个管刑狱的小官。柳下惠当时就以贤能而出名，但臧文仲知贤不举，恐怕举荐了，使柳下惠与自己同立公朝，甚至官位超过自己。孔子认为其未尽举贤之责，属于居官不称职的行为，故称之为“窃位者”。这与公叔文子举荐家臣大夫僎，使其与自己同立于卫国的朝廷，获得与自己相等政治地位的做法，恰形成鲜明的对比。为官从政，就有为国着想而举贤的责任，知贤而不举，妒贤嫉能，就是私心作怪，就是严重失职。

15.15 【原文】

子曰：“躬自厚而薄责于人①，则远怨矣②。”

【注释】

①躬自厚：责备自己要重。躬，自身。薄：少。责：责备。②远：疏远，避免。

【译文】

孔子说：“君子从重责备自己，从轻责备别人，这样就可以避免他人的怨恨了。”

【评论】

严于律己，宽以待人，是君子的优良品质。而小人反是，严于律人，宽以待己。故君子能避免与他人有怨，而小人与人有怨则是避免不了的。韩愈在《原毁》中说：“古之君子，其责己也重以周，其待人也轻以约。重以周，故不怠；轻以约，故人乐为善。闻古之人有舜者，其为人也，仁义人也。求其所以为舜者，责于己曰：‘彼人也，予人也；彼能是，而我乃不能是！’早夜以思，去其不如舜者，就其如舜者。闻古之人有周公者，其为人也，多才与艺人也。求其所以为周公者，责于己曰：‘彼人也，予人也；彼能是，而我乃不能是！’早夜以思，去其不如周公者，就其如周公者。舜，大圣人也，后世无及焉；周公，大圣人也，后世无及焉。是人也，乃曰：‘不如舜，不如周公，吾之病也。’是不亦责于身者重以周乎！其于人也，曰：‘彼人也，能有是，是足为良人矣；能善是，是足为艺人矣。’取其一不责其二，即其新不究其旧，恐恐然惟惧其人之不得为善之利。一善易修也，一艺易能也，其于人也，乃曰：‘能有是，是亦足矣。’曰：‘能善是，是亦足矣。’不亦待于人者轻以约乎！”韩愈对孔子责己厚责人薄的话，理解得很深透，才有以上如此精辟的阐述。

15.16 **【原文】**

子曰：“不曰‘如之何[1]，如之何’者，吾末如之何也已矣[2]！”

【注释】

①如之何：怎么办，如何办。②末如之何：不知怎么办，没办法。也已矣：语气词连用，表示非常强的断定语气。

【译文】

孔子说：“不说‘如何办，如何办’的人，我对他也不知如何办了！”

【评论】

朱熹对孔子这句话解释说：“‘如之何，如之何’者，熟思而审处之辞也。不如是而妄行，虽圣人亦无如之何矣。”（《四书章句集注》）一个人来到这个世上，就面临着许多复杂的问题，需要你去认真地分析，并在深思熟虑之后，拿出解决问题的办法，做出“如何办”的决定，人类就是在不断实践、完成这些“如何办”的过程中向前发展着。《礼记·中庸》说：“博学之，审问之，慎思之，明辨之，笃行之。”明代王守仁的《传习录》卷上也说：“博学、审问、慎思、明辨、笃行者，皆所以唯精而求唯一也。”能做到以上五点的君子，可谓遇事知道“如何办”的人了，就不会面临问题而束手无策，就不会说不出“如何办”的“熟思而审处之辞”。甚至在问题还处于萌芽状态时，就未雨绸缪，有了解决的预案。有的人遇事不用心思考，所以也提不出“如何办”的意见。或者脑袋长在他人的头上，嘴巴只是别人的传声筒，人云亦云，盲目从事，反正成败的责任由他人承担。实际上，他还是不知“如何办”，这种人如不是弱智，肯定就是思想的懒汉。

15.17 【原文】

子曰："群居终日[1]，言不及义[2]，好行小慧[3]，难矣哉[4]！"

【注释】

①群居：大家在一起。②言：谈论，说话。及：涉及。③小慧：小聪明。④难：指难有作为。

【译文】

孔子说："有的人整天与众人在一起，谈论的内容一点也不涉及道义，还喜欢卖弄点小聪明，这种人，是难有作为的了。"

【评论】

《礼记·学记》中说："独学而无友，则孤陋而寡闻。"所以与他人接触，正是互相学习、切磋、商讨道义的好机会，孔子说："三人行，必有我师焉：择其善者而从之，其不善者而改之。"君子善于从别人身上吸取有益的经验或教训，这是君子完善人格的重要途径。但有的人却相反，虽然广泛地接触人，但毫无收获，这是什么缘故呢？孔子指出这种人整天言不及义，说明整天就没有想过道义的事，也没有自觉干过合乎道义的事。这种人，没有为道义奋斗的远大人生目标，整天浑浑噩噩，与人见面后就家长里短，还自以为聪明，这样地虚度年华，他能有什么上进？能有什么作为？

15.18 【原文】

子曰："君子义以为质[1]，礼以行之，孙以出之[2]，信以成之[3]。君子哉！"

【注释】

①质：本质，根本，原则。②孙：同"逊"，谦虚。出：出言，表达。③信：诚信。

【译文】

孔子说："君子行事要以义为根本，依礼的规范去践行它，用谦虚的语言来表述它，靠诚信的态度来完成它。这才是真正的君子啊！"

【评论】

君子者，是有德之人，其特征就是义是其信仰，也是其内在本质。义以合宜为原则，是符合真理和正义及道德规范的称谓，与仁、德意思相近。《论语·述而》曰："不义而富且贵，于我如浮云。"礼是体现义的本质的外在形式，接人待物，处处行礼才能体现义。礼又要求谦虚谨慎，出言谦逊，不能骄横而盛气凌人，最终要凭诚信取得事业的成功。义、礼、逊、信的德行，是君子获得成功的必备条件。

15.19 【原文】

子曰："君子病无能焉[①]，不病人之不己知也[②]。"

【注释】

①病：忧虑。②不己知：不知己。

【译文】

孔子说："君子只愁自己没有才能，不愁他人不知道自己。"

【评论】

孔子这句话，与他所说的"不患人之不己知，患其不能也"，是同一意思。知与不知，涉及一个名实的问题，"名之与实，犹形之与影也"（《颜氏家训·名实》）。实至则名归，名就是大家知道你，实就是你有真才实学。如果求名而不求实，则是本末倒置，即使浪得虚名，也会让人指指点点，指责你名不副实，其尴尬处境是十分难受的。"一个人真想求名，只有一途——对社会真有贡献。"（南怀瑾《论语别裁》下）如果求实而不求名，名反而自然随之来，万里之远也有相知你的人，"莫愁前路无知己，天下谁人不识君"（高适《别董大》）。何况君子具

备才干，是为了济世救民，为天下人谋福利，而不是为图个人成名，有了这个信念，他还去一心计较他人知还是不知吗？社会上的人们更尊敬那些默默奉献的人，因为他们不为名不为利，他们是动机更纯粹的人。

15.20 【原文】

子曰："君子疾没世而名不称焉①。"

【注释】

①疾：忧患，忧虑，痛恨。没世：死亡。名：名字。称：称颂。

【译文】

孔子说："君子忧虑死后名字还不为人们称颂。"

【评论】

孔子主张积极有为，谨慎生前事，重视身后名。前章他讲："只忧虑自己没有才能，不埋怨他人不知道自己。"本章又说："君子忧虑死后名字不为人们称颂。"孔子并不主张专求知名，但没世而无人称颂，说明一生行事无称颂的地方。君子并不是不重视名声，只是鄙薄无实的虚名。君子不仅重名声，而且以荣名为宝，以名不立为耻。名为人称颂，标志着功成，标志着仁德的完备，为了"了却君王天下事，赢得生前身后名"（辛弃疾《破阵子・为陈同甫赋壮语以寄》），君子一生不屈不挠地奋斗着，谨记"君子去仁，恶乎成名！"君子忧虑没世无名，就是忧虑自己没有善行可被后人称颂，这既是仁的思想的一种体现，又是其人生观的一种表述。有价值的人生应该是活着为大众的人生，应该是终生奋斗、立功建业的人生，应该是永远活在人们心中的人生。这种人生观激励了多少后人！如司马迁能隐忍苟活、发愤著书，就是"恨私心有所不尽，鄙陋没世而文采不表于后世也"（《报任安书》）。"人生自古谁无死，留取丹心照汗青"（文天祥《指南后录一・过零丁洋》）。古代君子的人生观是相同的。

15.21 【原文】

子曰："君子求诸己①，小人求诸人。"

【注释】

①诸："之于"的合音。

【译文】

孔子说："君子求之于自己，小人求之于别人。"

【评论】

孔子此话一点不假。君子爱人，乐于奉献，实现奉献的具体途径是立德、立功、立言，建立三不朽的事业。而这一切主要靠对自己提出高标准严要求，主要靠自己的辛勤奋斗，使自己具备建立三不朽事业的智慧与才干。小人爱己，处心积虑索取别人的利益为己有，所以求人无所不至。一个"求"字，两种不同的所求对象，"君子求诸己，小人求诸人"，表现出两种截然不同的人生观，"求诸己"，最终为了他人，"求诸人"，最终为了自己。"求诸己"与"求诸人"，一字之差，君子与小人已泾渭分明。

15.22 【原文】

子曰："君子矜而不争①，群而不党②。"

【注释】

①矜（jīn）：庄重，矜持。争：争胜，比高低。②群：合群。党：指结党营私。

【译文】

孔子说："君子庄重矜持但不与人争胜，谦和合群却不结党营私。"

【评论】

君子庄重矜持，就是外表端庄严肃，内心清高，虽有使人敬畏的威严，却不

与人争名争利争权，见贤思齐，无妒贤嫉能之心。君子又是谦虚随和的人，与人交，以信相处，以利相让，处处能忍让，能换位思考他人，“己所不欲，勿施于人”，“己欲立而立人，己欲达而达人”，故君子所到之处，必有众多仰慕者围绕在身边，形成一个向义相助的群体。但君子奉行“周而不比”“和而不同”的原则，虽团结一群人，但不拉帮结派，不结党营私，只图互相激励，互相学习切磋，实现共同进德修业的目的。

15.23 【原文】

子曰：“君子不以言举人[①]，不以人废言。”

【注释】

①以：因为。举：荐举，提拔。

【译文】

孔子说：“君子不能凭一个人会说好听的话就来荐举他，也不因为一个人品质不好而废弃他正确的话。”

【评论】

孔子曾说：“有言者不必有德”，客观上存在着一些人言行不一或言过其实的现象，会说漂亮话，不一定反映他人格就美好，还是要听其言观其行，这才是正确的用人之道。虽不以言举人，但并不等于不重视其言，即使是品质不好的人，他们的话也并非句句都错，他所说的，也会有正确的、有价值的和可取之处，只要说得对，我们就听取、采纳甚至照办，俗话说“对事不对人”，这里也可说：对言不对人。只有这样，才能集思广益，听取各方面的意见，最后形成正确的判断。举人的标准是贤能而不是其言，采言的标准是正确而不是言者，两个标准互不妨碍。

15.24 【原文】

子贡问曰：“有一言而可以终身行之者乎[①]？”子曰：“其恕乎！己所

不欲，勿施于人[②]。”

【注释】

①言：字。终身：终生，一生。行：奉行。②施：施加，给。

【译文】

子贡问孔子：“有一个可以终身奉行的字吗？”孔子回答说：“大概就是‘恕’了！其含意就是：自己所不想要的，就不要强加给别人。”

【评论】

子贡问有没有一个字可以终身把它奉为行动的指南，孔子先回答说：“那就是‘恕’字吧！”紧接着又解释“恕”字的含义：“自己所不想要的，不要强加给别人。”仁是孔子“一以贯之”的道，是关于人事、人伦、人生理想、做人的最高准则。而“忠”与“恕”则是推行仁的具体措施，“忠”是积极意义上的行仁，即“己欲立而立人，己欲达而达人”，待人要将心比心，自己希望得到温饱，切莫忘了别人还有饥寒；自己喜欢安逸，切莫忘了别人还在劳苦；自己追求富贵，切莫忘了他人也都想如此。“恕”是消极意义上的行仁，即“己所不欲，勿施于人”，自己的利益不想受到侵犯，就不要去侵犯别人的利益；自己不想人权、尊严受到伤害，就不要将这种伤害强加于他人；自己的身心不想受到摧残，就不要将这种暴行施予他人。忠、恕相互为用，能积极地行仁就能做到消极的行仁，反之亦然，能消极的行仁就做到积极的行仁。讲恕可以包容忠，讲忠可以包容恕，行恕就是贯彻孔子一以贯之的仁道，这需要志士仁人终身来奉行。

15.25【原文】

子曰：“吾之于人也，谁毁谁誉[①]？如有所誉者，其有所试矣[②]。斯民也，三代之所以直道而行也[③]。”

【注释】

①谁毁：毁谁，宾语前置，“谁誉”也如此。毁，诋毁，这里指谴责。誉：

赞誉，称赞。②试：试验，验证，考察，这里指验证依据。③三代：指夏、商、周三代。

【译文】

孔子说："我对于别人，谴责过谁呢？赞誉过谁呢？如对谁有所赞誉的话，那一定是有事实依据的。夏、商、周三代的民众对人的毁誉都能这样做，所以三代能够推行正直之道。"

【评论】

孔子认为对人是毁是誉，全以事实为据。三代圣王，如夏禹、商汤、文、武、周公，三代人对他们莫不赞誉；三代暴君，如夏桀、商纣、周幽、厉王，三代人对他们莫不谴责。所以三代人心公平，善恶分明，扬善抑恶，直道自行于民。孔子著《春秋》，"别嫌疑，明是非，定犹豫，善善恶恶，贤贤贱不肖"（《史记·太史公自序》），司马迁著《史记》，"其文直，其事核，不虚美，不隐恶"（《汉书·司马迁传》），奉行的就是直道，该毁则毁，该誉则誉，谁毁谁誉，全以被毁誉者自身的行事为据。

15.26 【原文】

子曰："吾犹及史之阙文也[①]。有马者借人乘之[②]，今亡矣夫[③]。"

【注释】

①犹：还。及：赶上，能够。阙文：文章中有存疑而空缺的地方。阙同"缺"。②借：借给。③亡：通"无"，没有。

【译文】

孔子说："我还曾经看到过现在的史书中所空缺的文字，如本来有'有马人将马借给别人骑'这句话，现在的版本没有了。"

【评论】

这是孔子对史料文献在流传过程中出现残缺所发出的感叹，他在遗憾中还庆幸自己曾看到过现在存疑空缺的东西，可是以后的学者恐怕连这个也看不到了。孔子治学非常严谨，对于史料更是“于其所不知，盖阙如也”，存疑则阙，“不知为不知”，不敢随意穿凿，决不能以存疑的史料当作信史来贻误后人。这是中国良史的史德，也是孔子著《春秋》的一个基本原则。

15.27 **【原文】**

子曰:“巧言乱德①。小不忍②,则乱大谋③。”

【注释】

①巧言：花言巧语。乱：败坏。②忍：忍耐。③大谋：大计谋，重大打算、计划。

【译文】

孔子说：“花言巧语能败坏道德，在小事上不忍耐，就会败坏大事的谋划。”

【评论】

孔子一直提倡谨言慎行，反对花言巧语。鄙夷见小利斤斤计较，事关重大处却胸无谋略，从而因小失大。花言巧语属于骗人的不实之辞，不实之辞混淆是非，颠倒黑白，当然有害于道德。原本就无远大理想，无长远打算，无宽阔胸襟的人，往往见小利则不忍舍，见小惠则不能弃，有小忿则不能忍，拒绝不了物色的诱惑，当然成就不了大事业。即使有长远打算，但在小事情上不能容忍，暂时受点委屈，就感情冲动，失去理智，施以匹夫之勇，其结果必然是坏了大事情。

15.28 **【原文】**

子曰:“众恶之①,必察焉②;众好之,必察焉。”

【注释】

①恶：厌恶，讨厌，与“好”相反。②察：考察。

【译文】

孔子说："大家都厌恶他，一定要认真考察他；大家都喜好他，也一定要认真考察他。"

【评论】

孔子一向认为智者善知人，如何知人？主要靠的是听其言观其行，即使是听到众人反映的意见，也需观其行，本章所说的"察"就是"观"。孔子说："众人厌恶某人，某人就一定可恶吗？必须认真考察其是否真的可恶；众人喜好某人，某人就一定好吗？必须认真考察其是否真的好。"有的人有主见，独立特行，有时属于掌握真理的少数派，但大伙一时看不惯，甚至厌恶他，不认真考察，就以多数人厌恶而否定他，岂不是颠倒了是非？有的人四面讨好，八面玲珑，拉拉扯扯，使用不正当的手段获得众人的好感，甚至拉帮结派，为狐朋狗友所拥戴，不能因为他拥有多数人的拥护，就不加考察肯定他。众人的毁誉不是判定善恶的唯一标准，判定其善恶的唯一标准还是其人的实际行为。

15.29 【原文】

子曰："人能弘道①，非道弘人。"

【注释】

①弘：弘扬，光大。

【译文】

孔子说"人能使道得到发扬光大，却不能用道来发扬光大人。"

【评论】

道有各种解释，一般来说，道是指事物发展的规律，《韩非子·解老》曰："道者，万物之所然者，万理之所稽也。"《周易·说卦》曰："是以立天之道曰阴与阳，立地之道曰柔与刚，立人之道曰仁与义。"《周易》把道分为天道、地道和人道，儒家所谓的道，往往指"立人之道"，即以仁与义为核心的人道。与仁义相联系的政治，即为有道之政，孔子说：“国有道，穀。国无道，穀，耻也。”与仁义相联系的人，即为得道之人，孟子说：“得道者多助，失道者寡助。”（《孟子·公孙丑下》）不论道与什么联系或体现在何处，都是经过人的推行才发扬光大的。如果没有人来弘扬道，尽管事物发展规律存在着，以仁义为核心的“道”存在着，但却在人的身上一点也体现不出来，这就是道不能弘扬人。

15.30 **【原文】**

子曰：“过而不改[①]，是谓过矣[②]。”

【注释】

①过：动词，犯错误。②过，名词，错误。

【译文】

孔子说：“有了过错不改正，那才叫真正的过错了。”

【评论】

俗话说：“知过改过不为过”，人非圣贤，谁能无过？有时主观上想做好，客观上出了差错，这种“过”大家一般是能谅解的。关键是知道错了能改，下不为例。过而改之，还比别人多了教训，提高了“不贰过”的能力。糟糕的是有过而不改，这可真叫过错了。在现实生活中，一些人不是不知错，而是明明知道那样做是错误的，却非要明知故犯，甚至以身试法。或对自己的过错不能正视，遮遮掩掩，文过饰非。可能原本是小错，现在也变成了大过。甚至开始时思想动机还是好的，只是客观上出了错，但不做深刻反省，反而抓住一点理由强词夺理地狡辩，事情发展至这个程度，那就不仅是客观上铸成错，主观上也犯了护短之错。

15.31 **【原文】**

子曰：“吾尝终日不食[①]，终夜不寝，以思[②]，无益[③]，不如学也。”

【注释】

①尝：曾经。②以：连词，表示目的。③益：用处，益处。

【译文】

孔子说："我曾经整天不吃饭，整夜不睡觉，用来苦思冥想，但无所获益，还不如去学习能解决问题。"

【评论】

孔子劝人加强学习，但并不反对思考，他反对的是无学之思，一己之思，而不是以博学集圣贤之见、天下众理后的思索。关于学与思的关系，孔子曾说过："学而不思则罔，思而不学则殆。"主张学与思并重，不能只学不思，也不能只思不学。思是在学的基础上进行的，没有学习，思就成了无源之水，无本之木。没有博学，思就肤浅狭隘。书越读得多，越感到要读的书还很多，越觉得自己的知识有限得很，这正是求知阶段的真切感受。一些人读的书少，却常常舍弃书而专心思考一个问题，一旦有所心得，便以为自己得到了一个新见，但再去看书，原来前人早已论述，比自己说得还透彻。如果早点学习前人的论述，几分钟就获得这一认识，何必苦苦思索好长时间。要想站在巨人的肩上，必须首先掌握巨人所创造的全部精神财富。思是将所学的前人知识融会贯通起来，思是在前人知识的基础上有所创新发展，而这一切，又必须以尽可能掌握前人这方面的全部知识为前提。

15.32 【原文】

子曰："君子谋道不谋食①。耕也②，馁在其中矣③；学也，禄在其中矣④。君子忧道不忧贫⑤。"

【注释】

①谋：谋求。②耕：种田。③馁（něi）：饥饿。④禄：俸禄。⑤忧：担忧，忧虑。

【译文】

孔子说："君子只谋求道义而不谋求衣食。耕种田地，也常常会饿肚皮；读书学习，却常常可得俸禄。君子担忧学习了还掌握不了道，不忧虑生活贫困。"

【评论】

春秋时期，生产力有了很大发展，社会分工进一步明确，当时有四民：士、农、工、商，四民各有其业。士之中专门有一种是学道传道的人，由于他们本身有远大的理想、高尚的人格、丰富的知识，孔子又常把这类士称作"君子"。孔子说："君子只谋求道行于世，不谋求自身能否获得衣食。耕田种地的人，有时也有挨饿的时候；学道求道的君子，有的也可得到俸禄，衣食自然在学道求道的过程中获得，君子忧虑的是学不到道，学到了道而行不通道，而不是忧虑自己生活的贫困。"孔子并不是说谋道必有禄，耕者必饥饿。他是想强调耕者谋食可以解决一己乃至一家人的温饱，而君子谋道，志于治国平天下，首先要解决天下人的温饱。如此重大的责任，要求君子应当全身心地追求道义，不可分心去谋食。耕耘者，遇到自然灾害也不免饥饿，谋道者，反而有的可能获得俸禄。即使得不到俸禄，学道求道的信念也不能动摇。要做到"君子谋道不谋食"、"君子忧道不忧贫"，就如颜回，"一箪食，一瓢饮，在陋巷，人不堪其忧，回也不改其乐"。士不能安贫乐道，就不能称其为君子。

15.33 【原文】

子曰："知及之[①]，仁不能守之[②]，虽得之，必失之。知及之，仁能守之，不庄以莅之[③]，则民不敬。知及之，仁能守之，庄以莅之，动之不以礼[④]，未善也。"

【注释】

①知：通"智"，才智。之：指职位。②守：保持。③莅（lì）之：对待老百姓。莅，临，面对。④动之：指动用老百姓。

【译文】

孔子说："一个人的才智能胜任某一职务，但他的仁德不能保持这一职位，虽然暂时得到了职位，最终一定会丧失掉。才智达到了要求，其仁德也足以保持职位，但不能以庄重的态度对待老百姓，那么老百姓也不会尊敬他。才智达到了要求，其仁德也能保持职位，也能用庄重的态度来对待老百姓，但不按礼的规定去动用老百姓，那么他的理政也不是完善的。"

【评论】

孔子论述为政治民，强调仁德，否则，光有才智，这个职位非丧失不可。但仅有德有才还不够，没有庄重的态度，老百姓不会有恭敬之心。若有德有才又有庄重态度，但使用老百姓不合礼，没有做到"使民以时"，"使民如承大祭"，也不算善政。孔子对执政者的素质要求是全面的，智、仁、庄、礼四德缺一不可。仅仅得以保持职位是不够的，理想的是能治理出一个善政来，这才是真正的为官治民之道。

15.34【原文】

子曰："君子不可小知而可大受也①，小人不可大受而可小知也②。"

【注释】

①小知：知小，小处被知。知，了解，判定，考验。②大受：授予大任，接受重大任务。

【译文】

孔子说："君子不可以通过小事来判定他，却可以委以重任；小人不可以委以重任，却可以在小事上考验他。"

【评论】

用人首先需知人，分清谁是君子谁是小人，这对于执政者来说是非常重要的大事。君子与小人在大的方面而不是在细小方面有区别，考查他们时应该采取不同的标准与方法，这关系到如何正确对待、使用他们。君子怀有大志向，能担当治国平天下的大任，但有时“大行不顾细谨，大礼不辞小让”（《史记·项羽本纪》），在细小方面就不必对他们求全责备。小人虽无大志，但未必无一长处可取，若观小节小技，小人有时反胜君子。所以仅从小节小技着眼，就会失君子而进小人。若委人以重任，就必须从大节上进行考查，不必看重细枝末节。《淮南子·主术训》中说：“是故有大略者，不可责以捷巧；有小智者，不可任以大功。人有其才，物有其形，有任一而太重，或任百而尚轻。是故审毫厘计者，必遗天下之大数；不失小物之选者，惑于大数之举。譬犹狸之不可使搏牛，虎之不可使捕鼠也。”在位者用人，要量才使用，大才者不可小用，小才者不可大用。

15.35 **【原文】**

子曰：“民之于仁也，甚于水火[①]。水火，吾见蹈而死者矣[②]，未见蹈仁而死者也[③]！

【注释】

①甚：胜过。水火：这里泛指生活必需品。②蹈：踩踏。③蹈：这里指实践，追求，践行。

【译文】

孔子说：“仁德对于老百姓来说，其重要性超过了水与火之类的生活必需品。对于水与火，我曾见有人踩踏水火而淹死烧死的，却从没见过践行仁德而死的！”

【评论】

水与火是人们一日都不可离开的东西，没有水火，真不知人类怎样生存。所以为了得到水、火一类的生活必需品，人们不惜卖力甚至献出生命。孔子如此强调水、火，是为仁德的重要性做铺垫，还有比水、火更宝贵更重要的吗？孔子认为有，这就是仁德。没有仁德，就没有和谐的人伦，也等于没有了维系社会秩序的法宝。孔子把维系社会的伦理道德看得比什么都重要，甚至主张在不得已的情况下，去兵去食也要存信。一般人把获得个人或家庭的衣食住行，视为奋斗目

标，“人为财死，鸟为食亡”的俗语，反映了这一现实。孔子作为一名济世者，把实现仁德当作奋斗的目标，因为实现了仁德，就等于拯救了整个社会，解决了所有人的衣食住行。他痛惜许多人肯为自己的私利卖命，而不愿为仁而献身，于是发出以上的叹息。孔子把水火比作人所必需的物质，把仁德视为人所必需的精神，人是需要精神信仰的，但赖以生存的物质条件也不可忽视，所以孔子去兵去食存信、仁道大于水火的观点，不免有些偏颇。不过，孔子本意在劝人行仁道，才如此强调仁德的异常重要性，并不是不知物质条件对人类生存的重要性，其出发点是可以理解的。

15.36 【原文】

子曰：“当仁[①]，不让于师[②]。”

【注释】

①当：面对，面临，遇到。②让：谦让。师：老师。

【译文】

孔子说：“面临着仁义担当，就是老师，也不能谦让。”

【评论】

在儒家看来，最尊敬的是天地君亲师，天地是养育自己的自然，君是管理自己的人，父母双亲是生养自己的人，老师是培养自己的人，都有恩于自己。而最尊崇的理，就是仁，仁是人类最高的思想境界，是从精神上塑造自己成为真正的人的道德规范，仁就是人之道。天地载此道，君亲行此道，老师传此道。所尊敬的人物与仁比起来，仁更崇高而更应崇拜，君子应以行仁为己任。因此孔子说：“当面临推行仁德的事时，就是对所尊敬的老师也不谦让。”行仁应当争先恐后，连老师都无所谦让了，何况他人？勇于承当行仁之大任，即使赴汤蹈火，也在所不辞。古希腊的亚里士多德说过：“吾爱吾师，但我更爱真理。”中外哲人的心是相通的。为捍卫真理，不仅不必后于师，而且应该超过师。必要时，不惜与师争辩，毫不妥协、寸步不让地捍卫真理。“当仁，不让于师”的人，不是对老师不尊敬，反而是对老师更尊敬，因为他更好地推行了老师传授的道。

15.37 **【原文】**

子曰："君子贞而不谅①。"

【注释】

①贞：坚贞，贞操。谅：守信，这里指固执于小信用。

【译文】

孔子说："君子坚守仁义大道，不必拘泥于小信用。"

【评论】

宋人张栻解释说："贞者，贞于义也。谅者，执小信也。贞于义则信在其中，若但执其小信而于义有蔽，则失其正而反害于信矣。盖贞于义者公理所存，而执小信者私意之守而已。"（《南轩论语解》）孔子重视信，曾说："人而无信，不知其可也。""民无信不立"，甚至说可去兵去食不可去信。但是他讲的信，是有前提的，这就是信必须符合道义。我们可以把这种信与小信比较而称之为大信，而坚守仁义之道，大信也包含在其中。如果信与仁义正道无关，就属于"匹夫匹妇之为谅"，即小信，就不必固执地去遵守，孔子还把这种不问是非的拘泥小信的人，称为："硁硁然小人哉！"如果这种小信有害于道义，更是他反对的，如他说："好信不好学，其蔽也贼。"孔子反对固执小信而不知变通，当卫灵公向他询问布阵作战之事，孔子本来熟知军事知识，但他答以"未学"，宁肯"不守信"，也不助纣为虐，"贞而不谅"正是君子守信的一个原则。

15.38 **【原文】**

子曰："事君，敬其事而后其食①。"

【注释】

①食：食俸禄，领薪水。

【译文】

孔子说："侍奉君主，首先要敬业，把享受俸禄的事放在其后。"

【评论】

先敬其事而后食其禄，与先食其禄而后敬其事，看上去只是个先后次序的不同，实际上它们之间有质的区别。侍奉君主，把敬业放在首位，说明对君主忠诚，这种忠诚是自觉的，是不讲任何条件的，俸禄是君主考虑的事。如果把享受俸禄放在首位，这种食禄要求是由自己提出来的，说明与君主有二心，至少其忠诚是有条件的。与君主讨价还价，在待遇上斤斤计较，因为达不到自己利益要求而怨恨、反叛君主的，大有人在。敬事与食禄，谁先谁后，是检验真假忠臣的一块试金石。真正的忠臣以事业为重，必能做到鞠躬尽瘁、死而后已。假忠臣以禄为重，还会在俸禄之外，巧取豪夺，危害事业。

15.39【原文】

子曰："有教无类①。"

【注释】

①类：类别。

【译文】

孔子说："任何人都有受教育的权利，而没有类别的限制。"

【评论】

孔子是我国历史上最伟大的教育家，他提出"有教无类"的原则，其意义十分重大，影响深远。在孔子之前，学在官府，实行"教有类"，即教育仅限于贵族阶层一类人士。孔子提出"有教无类"，是中国教育史上的一次伟大变革，它打破了贵族对教育的垄断，给出身贫贱者以受教育的权利。孔子接纳学生，不分尊卑，不分贫富、不分地域、不分智愚、不分老幼，都给予谆谆教诲。有人说孔子收徒，没有做到"不分男女"，他的弟子中没有一位是女子。没有女弟子这不是孔子的问题，而是历史时代的限制，不能拿现代的标准去苛求古人。也有人说孔子接纳弟子是有条件的。是的，条件就是诚心向学。凡是诚意从学上进的，孔子一概不拒绝。至于有人提出所谓的收“学费”问题，在任何文献资料中都查检不到孔子收“学费”的记载。如果把拜师见面礼也视作是学费或入学“条件”的话，那是非常荒唐的。孔子说：“自行束修以上，吾未尝无诲焉。”只拿十多条干肉做初次拜见老师的礼物，这礼物的价格不论在古代还是现代，都是非常微薄的，只不过用来履行一下拜师礼，显示一下学生求学的诚意罢了，这怎么能成为是学费或入学的“条件”呢？

15.40 **【原文】**

子曰：“道不同①，不相为谋②。”

【注释】

①道：信仰，思想。②谋：谋议。

【译文】

孔子说：“所持的思想观点不同，就不能在一起商议大事。”

【评论】

由于人们看问题的立场、方法、角度以及出发点、目的诸方面不同，形成的认识也不同，如果思想、信仰、抱负、根本主张基本相同，那是可以互相在一起探讨、切磋、商议的，至少还可以求大同存小异。如果思想、信仰、抱负、根本主张不相同，你认为善的，他认为是恶，你所拥护的，他反对，圆凿方枘，就不可能在一起协商，共同谋大事。不过，不能共同谋议大事，并不等于不能互相学习对方的优长，不能取对方之长补自己之短，如“世之学老子者则绌儒学，儒学亦绌老子”（《史记·老庄申韩列传》），儒、道二派虽“道不同，不相为谋”，但不影响儒、道互补。

15.41 【原文】

子曰："辞达而已矣[①]。"

【注释】

①辞：言辞，文辞。

【译文】

孔子说："言辞能表达意思就行了。"

【评论】

言为心声，辞为表言的文字，言辞就是表达心意的工具，所以孔子认为言辞以达意为用，并不以富丽为宗。有人以此认为孔子对言辞的文采不重视，实际上，"辞达"的要求是很高的。首先心中明白事理，然后了然于口和手，用文辞准确、生动地表达出来，这不是一般人所能轻易办到的。孔子称赞郑国对辞令"草创之""讨论之""修饰之""润色之"，就是为了实现辞达的效果。真正做到"辞达"，也就达到了"言以足志，文以足言"（《左传·襄公二十五年》）。辞达需要讲究文采，也不排斥言辞的富丽，但如果只追求文辞的富丽艳美，使文胜于质，使言辞华而不实，不能畅快明了地表意，甚至害了意，这样的言辞再华丽也实现不了"辞达"。

15.42 【原文】

师冕见[①]，及阶[②]，子曰："阶也。"及席[③]，子曰："席也。"皆坐，子告之曰："某在斯[④]，某在斯。"师冕出，子张问曰："与师言之道与[⑤]？"子曰："然，固相师之道也[⑥]。"

【注释】

①师冕：乐师。冕是乐师的名。②及阶：走至台阶。及，到，至。③席：座席。④某在斯：某人在这里。斯：代词，这里。⑤道：方式，礼节。⑥固：固然。相：帮助，扶持，这里指接待。

【译文】

乐师冕来见孔子，孔子忙出门迎接。乐师走到台阶前，孔子告诉他："前面是台阶"。引他走近座席旁，又告诉他："这是坐座席。"大家都坐定后，孔子又给乐师介绍："某人坐在这，某人坐在哪。"乐师走后，子张问孔子："您不厌其烦地介绍，这是接待乐师的礼节吗？"孔子回答说："对呀，接待乐师本来就该用这种向导式的方式。"

【评论】

古代的乐师多数是盲人，由于眼瞎，看不到五彩缤纷的外部世界，但这使他的耳朵对声响更加敏感，比其他人获得了更多的音乐素养，因为他"生不睹天地之体势，暗于白、黑之貌形，寡所舒其思虑兮，专发愤乎音声"（王褒《洞箫赋》）。乐师以自己的音乐才艺成为礼乐文化的重要官员，孔子因此与他们经常来往。一天，乐师冕来见孔子，孔子怕乐师行坐有失，一一告之，又一一介绍宾客，免得他说话时因看不见而有所失礼，处处从乐师角度考虑问题，这正是主人接待盲人应该做的事。从这一生活小细节，可见孔子待客以礼，待人以诚，并对残疾人充满了人道主义的怜悯与同情。

季氏篇第十六

本篇共二十七章，称谓由以往的“子曰”一律改为“孔子曰”，有的很像孔子的话，但未加“孔子曰”，推测本篇是由后学而非孔子弟子所记，主要记述孔子礼法治国之道与如何修身向道。春秋末期，周天子名存实亡，权力下移，僭越现象司空见惯，战争频仍，天下大乱。孔子反对犯上作乱，提倡恢复尊天子、卑诸侯、弱大夫、抑陪臣的大一统的周礼。另一方面也谴责“居上位者”，正是由于他们的无德才使国家衰微。针对混乱的现实，他提出对内要实行“均无贫，和无寡，安无倾”的国策，即合理分配财物，减少贫困，上下团结一致，社会安定，国家自然不会倾覆。对外则反对武力扩张，主张“远人不服，则修文德以来之；既来之，则安之”。这一理念形成了中华民族崇尚和平的优秀传统，自古以来，中华民族很少有以武力征伐周边国家的现象。孔子主张人治，圣贤君子执政是国家安定的关键，他认为世上并无天生的圣贤君子，圣贤君子都是经后天学习、修养而造就，因此他提出要交益者三友、好益者三乐、戒三愆，还要有三戒、有三畏、有九思，孔子对成就圣贤君子提出了具体的要求。

16.1 **【原文】**

季氏将伐颛臾①。冉有、季路见于孔子曰：“季氏将有事于颛臾②。”

孔子曰：“求，无乃尔是过与③？夫颛臾，昔者先王以为东蒙主④，且在邦域之中矣⑤，是社稷之臣也⑥。何以伐为⑦？”

冉有曰：“夫子欲之⑧，吾二臣者皆不欲也。”

孔子曰：“求，周任有言曰⑨：‘陈力就列⑩，不能者止⑪。’危而不持⑫，颠而不扶⑬，则将焉用彼相矣⑭？且尔言过矣⑮，虎兕出于柙⑯，龟玉毁于椟中⑰，是谁之过与？”

冉有曰："今夫颛臾，固而近于费[18]。今不取，后世必为子孙忧。"

孔子曰："求，君子疾夫舍曰欲之而必为之辞[19]。丘也闻有国有家者，不患寡（贫）而患不均，不患贫（寡）而患不安[20]。盖均无贫，和无寡[21]，安无倾[22]。夫如是[23]，故远人不服[24]，则修文德以来之[25]；既来之，则安之。今由与求也，相夫子，远人不服，而不能来也；邦分崩离析，而不能守也；而谋动干戈于邦内。吾恐季氏之忧，不在颛臾，而在萧墙之内也[26]。"

【注释】

①伐：攻打。颛臾（yú）：鲁国的附庸国。②有事：指用兵。③无乃：莫非，恐怕是，表示委婉测度的语气。④东蒙：即蒙山，在今山东蒙阴南，与费县接界。主：主持祭祀的人。⑤邦：国。域：疆域。⑥社稷：国家。⑦何以：即"以何"，为什么。⑧夫子：这里指季氏。欲：动词，想要做。⑨周任：古代一位史官。⑩陈力就列：拿出自己的才力来担任适当的官职。陈，排列，摆出来。列，位置。⑪止：停止，这里指辞职。⑫持：扶持。⑬颠：跌倒，倾覆。⑭焉用：哪里用得着。相：辅助。⑮尔：你。过：错。⑯兕（sì）：雌犀牛。柙（xiá）：古代关猛兽的木笼。⑰椟：柜子，匣子。⑱费：鲁国季氏的采邑，今山东费县西南有费城。⑲疾：痛恨，讨厌。辞：托词，借口。⑳"不患"两句，应是"不患贫而患不均，不患寡而患不安"。方可与下文"均无贫，和无寡，安无倾"相照应。㉑无寡：不会人少。㉒无倾：不会有倾覆的危险。㉓如是：像这样。㉔故：如果。远人：远方的人，指外国人。服：归顺。㉕修：修治，实行。㉖萧墙：古代当门的小墙，常用来比喻内部。

【译文】

季孙氏准备攻打颛臾。冉有（冉求）、季路（仲由）因此事去见孔子，先告诉孔子说："季氏将要对颛臾用兵。"

孔子说："冉求，这恐怕就是你的过错了吧？那颛臾，从前的国君授权让他主持蒙山的祭祀，而且他们的地盘在鲁国疆域之内，他们又是鲁国的臣属，为什么要攻打他呢？"

冉有说："季孙氏大夫想这么做，我与季路二人都不想这样做呀！"

孔子说："冉求，古代周任曾说过：'使出自己的才力去担任适当职务，如果不能发挥自己的才力就辞职不干。'现在国家有了危险不去解救，国家将要倾覆也不去扶持，那么还要你们这种辅臣干什么用？而且你刚才说得也不对，就像老虎、犀牛这样的猛兽从笼子里跑出来，龟甲、玉器这样的国宝在匣子里毁坏，这是谁的过错？那不是看守者的过失，难道怨老虎、犀牛、龟甲、玉器吗？"

冉有说："现在颛臾城墙坚固，接近季氏采地费邑，现在不夺取它，一定给后代的子孙们留下后患。"

孔子说："冉求，君子最讨厌那些明明贪心却偏说自己不贪，寻找借口掩饰贪欲的人。我听说诸侯有国、大夫有家，不怕国家贫穷，就怕财富分配不均匀。不怕国家人口少，就怕国家不安定，因为财产均匀就显不出谁贫，国人和睦就不觉得人口稀少，国家安定就没有倾覆的危险。做到这些，如果远方的人还不归服，就用修治仁义礼乐来招徕他们。他们来了，就帮助他们安心住下来。现在仲由和冉求你俩辅助季氏，远方的人不归服，你们又不能招徕，国家四分五裂，你们无固守保全之策，却策划在国内大动干戈，我担心季孙氏的忧患，不在于颛臾，而在于鲁国上层的内斗。"

【评论】

鲁国的季孙氏勾结孟孙氏、叔孙氏不断削弱公室权力，僭越行为路人皆知，迫使鲁公下决心想除掉季氏。鲁国上层矛盾重重，国家危机四伏，在此背景下，季康子又想谋划攻取颛臾。颛臾本为鲁国的附庸，当时臣属于鲁，季康子想灭掉颛臾，使其土地并入自己的领域费邑，进一步增强自己的实力。冉有（冉求）、季路（仲由、子路）都是季氏家臣，清楚此事，他们去见孔子，本来是想得到孔子的支持，甚至希望孔子能为此出谋划策。不料孔子坚决反对季孙氏攻取颛臾。季孙氏想攻打颛臾，冉求、仲由也必定参与谋划，仲由有勇寡谋，冉求却足智多谋，冉求虽拉着仲由一同向孔子汇报此事，孔子知冉求在此事中的重要角色，所以单独向他提出指责。冉求先是说自己并不想攻打颛臾，继而又替季孙氏攻伐颛臾进行辩解，孔子清楚冉求没有悔改之意，于是从治国的根本上说明季孙氏攻伐颛臾的严重危害。

孔子指出：国家贫（即财物困乏）、寡（即人口稀少）并不可怕，怕的是“不均”“不和”“不安”，不均则生怨恨，不和则引内斗，不安则起动乱，这正是鲁国当时国情的真实写照。做到“均”，则国虽贫而分配公，人人各得其分，政事无偏；做到“和”，则人口虽少，上下一心，内部不钩心斗角，国人不离心离德，就会众志成城；有了“安”，则人心安定，社会稳定，国家就不会有颠覆的危险。要做到“财均”“人和”“国安”，就要“修文德”。修文德会使近者喜悦，远者来归服。否则，人心不顺，远近不服，政局分崩离析。鲁国的忧患在于孟孙氏、叔孙氏、季孙氏三家贵族势力日益强大，鲁国公室渐弱，无力对付日益激烈的列国兼并，国家危亡在即。季孙氏作为辅国大臣，对鲁国，“危而不持，颠而不扶”，还想大动干戈，扩张现有的领地，全然看不到自身的危险。季氏的危险不是来自于颛臾，而是来自鲁君与大夫之间内部矛盾的激化，来自他手下的家臣对其政权的觊觎，祸起“萧墙”一句，正点出季氏处险境而全然不知的要害。孔子对鲁国及季氏状况分析得深刻而透彻，很有政治预见性。

16.2 **【原文】**

孔子曰：“天下有道，则礼乐征伐自天子出[①]；天下无道，则礼乐征伐自诸侯出。自诸侯出，盖十世希不失矣[②]；自大夫出，五世希不失矣；陪臣执国命[③]，三世希不失矣。天下有道，则政不在大夫；天下有道，则庶人不议[④]。”

【注释】

①自……出：由……决定和发出。②希：通“稀”，稀少。不失：指不失政权。③陪臣：卿大夫的家臣。执：掌握。④庶人：平民百姓。议：非议。

【译文】

孔子说：“天下安定有道义，则制礼作乐、征战讨伐，都由天子决定而发命令。天下混乱无道义，则制礼作乐、征战讨伐，由诸侯决定而发命令。天子之权由诸侯擅行，这种政权大概传到十代就要丧失，不丧失是稀少的；诸侯之权由大夫擅行，这种政权大概传到五代就要丧失，不丧失是稀少的；大夫家臣掌握大夫

的政权，这种政权大概传到三代就要丧失，不丧失是稀少的。天下安定有道义，政权不会落在大夫手里。天下安定有道义，老百姓也不会非议朝政了。"

【评论】

制礼作乐、征战讨伐，这是关系国家命运的大事，必须由天子决定，如果由他人决定，就是僭越，就是"君不君，臣不臣"。为何僭越所得的政权是短命的呢？因为僭越会造成社会秩序混乱，天下分崩离析，战乱频仍，遭殃的自然是老百姓，破坏大一统这是最大的不仁，最不得民心，民心是政权的基础，民怨沸腾了，这个政权还能长久吗？孔子说："天下有道，则庶人不议"，反之亦然，政权下移，天下无道，庶民不仅非议，而且还会抗命，动乱就难制止了。孔子反对僭越犯上，反对天子的权势下移，反对天下无道，反对天下大乱，但他偏生于一个天下动乱无道义的社会，不得不面对权力层层下移的现实。但他认为这种现象从历史发展的长河来看，毕竟是短命的，坚信国家终归要结束混乱现象，实现大一统终归是历史发展的趋势与历史发展的必然。

16.3 【原文】

孔子曰："禄之去公室五世矣①，政逮于大夫四世矣②，故夫三桓之子孙微矣③。"

【注释】

①禄：指爵禄任命。去：离开。公室：指鲁国朝廷。②逮：到。③故：连词，相当于"所以"。微：衰微。

【译文】

孔子说："诸侯国封爵授禄的权力没有掌握在国君手中已经五代了，政权落到大夫手中已经四代了，所以鲁桓公的三房子孙现在也该衰微了。"

【评论】

春秋时期，天下共主的周天子已名存实亡，一些诸侯国君的权力也旁落于大夫。鲁国从鲁文公死后，公子遂杀文公的嫡长子，立妃子敬嬴的儿子为宣公，公子遂便依势专权。这样的君权由大夫执掌的情况，又经历了鲁成公、襄公、昭公与定公共五代之久。国君失权的重要体现，就是选官任官颁爵赏禄之权的丧失，也就是属下的爵禄任命不由国君作主，全由大夫说了算。所以孔子叹息说："鲁国国君授禄的权力已经丧失有五代了。"宣公和公子遂死后，政权便落在三桓手里。三桓指鲁国的三卿仲孙氏、叔孙氏和季孙氏，他们都是鲁桓公的后代，所以称为"三桓"，三桓之中的仲孙氏后来改称孟孙氏。以季孙氏为例，至孔子时，季氏已经历了文子、武子、平子、桓子四代，所以孔子说："政权下移于大夫已经有四代了。"联系前章孔子断定"自大夫出，五世希不失矣"，三桓子孙把持国政既然已经过了四代，孔子预见："三桓的子孙后代也该衰微了。"孔子的预见是有一定依据的，依据就是历史的发展规律。历史发展的事实是：周天子制止不了诸侯侵权，诸侯制止不了大夫侵权，同样，大夫也制止不了家臣侵权，阳虎执掌季孙氏权力就是有力的证明。然而历史总要归于大一统，只有大一统才是长久的，因为它顺应历史的潮流，符合人民大众的要求。

16.4 **【原文】**

孔子曰："益者三友，损者三友①。友直②，友谅③，友多闻④，益矣。友便辟⑤，友善柔⑥，友便佞⑦，损矣。"

【注释】

①损：有害处的。②直：指正直的人。③谅：这里指守信，诚实。④多闻：见多识广。⑤便：惯于，善于。辟：逢迎谄媚。⑥柔：和颜悦色。⑦佞：花言巧语。

【译文】

孔子说："有益的朋友有三种，有害的朋友也有三种。同正直的人交朋友，同诚实守信的人交朋友，同见多识广的人交朋友，就有益处。同阿谀奉承的人交朋友，同惯于以和颜悦色迷惑人的人交朋友，同善于花言巧语的人交朋友，就有害了。"

【评论】

人是各种社会关系的总和，人在社会中，谁还没有交往？谁还没有朋友？但有的人因交友而上进，有的人却因交友而出错甚至犯罪。为什么呢？因为正直的朋友，能直言极谏，向你说真话，帮你改正自己的缺点过错；诚实守信的朋友，对你忠信不欺，向你说实话，帮你办实事，什么时候都让你信得过；见闻广博的朋友，帮你解答疑难，助你增加智慧。这些益友还会影响你自己也具有正直、诚实、见多识广的品质与特点。善于阿谀的朋友，只能使你飘飘然忘乎所以；善于表面上和颜悦色的朋友，只能使你陷入伪善的圈套；惯于花言巧语的朋友，只能使你上当受骗。而且这些损友会影响你自己沾染上那些坏品质，俗话说“近朱者赤，近墨者黑”，交友是人生大事，不能不慎重！有的人不分益友还是损友，总认为朋友多好办事，多一个朋友多一条路。岂不知益友多多益善，损友多多益恶。多一个益友多一条正道，多一个损友多一个陷阱。也有的人不愿听益友的逆耳忠言，想听损友的甜言蜜语，岂不知逆耳忠言有益，甜言蜜语有损，等到自己被损友害惨时，后悔莫及了。

16.5 【原文】

孔子曰：“益者三乐，损者三乐。乐节礼乐①，乐道人之善②，乐多贤友，益矣。乐骄乐，乐佚游③，乐宴乐④，损矣。”

【注释】

①乐节礼乐：喜好以礼节制的快乐。前“乐”是喜好的意思，后“乐”是快乐的意思。句中“乐骄乐”“乐宴乐”也是此类句式。儒家主张“发乎情”，“止乎礼义”（《毛诗序》），人的感情，包括快乐的感情，用礼来节制，才能达到中和的要求。②道：这里指称道。③佚：同“逸”。④宴：用酒饭招待客人。

【译文】

孔子说：“有益的快乐有三种，有害的快乐也有三种。喜好以礼节制自己的言行为快乐，喜好称道别人好处为快乐，喜好以广交贤友为快乐，这都是有益的快乐。以骄纵不羁为快乐，以无节制地游荡为快乐，以花天酒地大吃大喝为快乐，这都是有害的快乐。”

【评论】

人有七情六欲，谁不喜欢快乐？然而你是否知道，快乐也有有益的快乐与有害的快乐？孔子举例说出三种有益的快乐与三种有害的快乐，其实，关于有益的快乐与有害的快乐，还能举出许多表现形式来，区分其有益还是有害，主要看其快乐的目的与效果。有益的快乐偏重追求高雅精神的陶冶，有害的快乐偏重追求庸俗物质的享受。有益的快乐符合道德规范，促进事业有成，有益身心健康。有害的快乐图一时的逸乐放纵，导致违犯道德规范，影响事业发展，有害身心健康。有害的快乐，往往乐极生悲，快乐很快转变成了痛苦。如有的人为了一时快感刺激，嫖娼吸毒，或为了追求一时灯红酒绿穷奢极欲，于是巧取豪夺，贪污受贿，坑蒙诡骗，到头来，锒铛入狱，损人误国又害己。而以此寻求“快乐”，无疑是饮鸩止渴，自取灭亡。

16.6【原文】

孔子曰：“侍于君子有三愆[①]：言未及之而言谓之躁[②]，言及之而不言谓之隐[③]，未见颜色而言谓之瞽[④]。”

【注释】

①侍：陪侍，侍奉。君子：这里指长官、长辈、老师等。愆（qiān）：罪过，过失。②及：到，这里指轮到。躁：急躁。③隐：隐瞒。④颜色：脸色。瞽（gǔ）：瞎子。

【译文】

孔子说：“侍奉长官、长辈、老师等尊敬的人时，容易犯三种过失：还没有轮着你说话的时候，你就抢先说，这种过失叫急躁。轮到你说的时候你却不说，这种过失叫隐瞒。不看他们的脸色而贸然发言，这种过失叫瞎了眼。”

【评论】

孔子告诫人们：侍奉师长说话时要适时看场合，警惕犯“三愆”，其实，就是对所有的人，都应注意说话的方式。接人待物，说话很重要，说话时，除了要求说话的内容准确、明了、生动，还要求说话人注意说话的场合，观察听话者的表情变化，把握说话的时机。如没问你，你不要急着说，不要自以为是而当他人不知。如问了你，你不要一言不发，或吞吞吐吐说半截子话，或言不及义，所问非所答。如你所说的已引起人家不高兴了，你还要“哪壶不开提哪壶”。应当作到该说则说，该止则止，并根据变化了的情况，及时调整说话的内容与语调。不然，说话的内容可能没问题，其效果却不遂人意。可见说话也是一门艺术，必须认真对待。

16.7【原文】

孔子曰："君子有三戒①：少之时，血气未定②，戒之在色③；及其壮也④，血气方刚，戒之在斗⑤；及其老也，血气既衰⑥，戒之在得⑦。"

【注释】

①戒：警戒。②血气：血脉气息。定：固定，稳定，成熟。③色：女色，美色。④及：等到。壮：壮年。⑤斗：争斗。⑥既：已经。衰：衰弱。⑦得：贪得。

【译文】

孔子说："君子一生有三件事需要警戒：年轻时，血气还未健全，要警戒贪恋女色；等到壮年时，血气方刚，要警戒与人争斗；到了老年，血气已衰，要警戒贪得无厌。"

【评论】

有人说儒家主治国，佛家主治心，道家主养身。这大概是从主体上讲的，实际上，儒家除讲治国外，也讲治心养身。本章孔子讲的“三戒”，就是很好的养身之道。除了早夭者外，每个人都要经过少年、壮年和老年三个时期，每个年龄段都有所戒之事。孔子好像在给人看病，给每一个时期的人，都开出了有益于身心健康的药方。人要靠血脉贯通气息流畅才能维持生存，少年时，身体内的血气尚未充实，发育不全，而色欲最损血气，所以重在戒色。到了壮年时，血气刚强，精力充沛，正是创业的黄金时期，也是争强好胜的时期，此时要切戒争斗，否则，一来招惹祸患，二来贻误事业。到了老年，体力不支，精力不济，又怕来日不多，急于贪求事功，希望多得名誉、地位、财富，孜孜以求必损健康长寿，所以要戒贪得。孔子讲的每个年龄段所戒之事，是从一般人的角度讲的，但事物是复杂的，并非是年少者就不存在戒斗、戒得的问题，乳臭未干的少年因群殴而致死人命者有之，六七十岁的老色鬼包养二十多岁的“二奶”者有之，所以“三戒”适于所有的人。再则，年老戒得，并非意味着老年人不再追求进步，每日只以吃喝玩乐虚度余生，要老有所为，量力而行，以自己丰富的人生阅历和知识关心好下一代的成长。孔子的“三戒”，虽说养身，实际也包含着修德。没有德的修养，没有君子的志气与节操，是经不住“色、斗、得”的诱惑。

16.8 【原文】

孔子曰：“君子有三畏①：畏天命，畏大人②，畏圣人之言。小人不知天命而不畏也③，狎大人④，侮圣人之言⑤。”

【注释】

①畏：敬畏。②大人：对长辈和居高位者的称呼。③天命：指人力所不能支配的规律。④狎（xiá）：轻蔑，不尊重。⑤侮：轻侮，戏侮。

【译文】

孔子说：“君子崇敬与服膺的有三个方面：天命、长辈或身居高位者、圣人的言语。小人不知天命从而不敬畏，甚至还不尊重长辈或身居高位者，戏侮圣人的言论。”

【评论】

孔子所说的“三畏”，核心是畏天命，其它“畏”都与天命有关。大人者执行天命，圣人之言阐释天命，所以君子的“三畏”中，尤其重在畏天命。天命，

古人常解释为天所赋的道理，如清代黄式三说："天有扬善遏恶之道，立命者不敢懈；天有穷通得失之数，安命者不敢违；天有仁礼义信智之性，承命者不敢弃。"（《论语后案》）今人理解天命为反映社会、自然的客观规律。既如此，天命是不可抗拒的，顺之则昌，逆之则亡，君子只能顺应，岂敢违背？岂敢不敬畏？从敬老的角度讲，长辈不可不敬畏；居于高位者，他们权大势重，执法护法，维持朝野安定，决定着众人进退祸福，不可不敬畏；圣人之言，具体点就是尧、舜、禹、汤、文、武、周公等人的遗文，即五经典籍，明天道，阐仁义，意旨深远，必须牢记心中，遵照执行，违之则伤天害理，必有灾殃，所以亦当敬畏。小人不知天命也不敬畏天命，其余更无所敬畏了。对身居高位者，有求于他时，则阿谀奉承，无求于他时，则对他出以轻蔑、非议、诋毁之言。小人不读圣人的经籍遗文，不知圣人所说的话都是真理，反以自己的浅薄来嘲笑、戏侮圣人的言语。君子有"三畏"，而小人恰相反，他们有"三不畏"，"三畏"与"三不畏"是区分君子与小人的重要标准。

16.9 【原文】

孔子曰："生而知之者上也[①]，学而知之者次也；困而学之[②]，又其次也；困而不学，民斯为下矣。"

【注释】

①知：知道，懂得，指知道事理。上：上等。②困：困惑。

【译文】

孔子说："生下来不用学习就知道事理的是上等，学习以后才知道事理的是次一等，遇到困惑才被迫学习而知道事理的是再次一等，即使遇到困惑也不学习也不知道事理的，这种人是最下等。"

【评论】

学习是人们获得知识的唯一途径，从对待学习的态度以及如何获得知识来分析，孔子把人分成多个等级。从具有知识的角度看，有生而知、学而知、困然后学而知三种；从学习的角度看，有主动学、困而学两种；从不学的角度看，有生而不学、困而不学两种。不能否认人有“天赋”，但天赋是学习中焕发出来的灵感，不学习何来天赋？世界上从来没有“生而知之者”，孔子却把“生而知之者”列为上等，使人难以理解，因为他从未见过“生而知之者”，他也从未承认自己甚至是他所崇拜的圣贤是“生而知之者”。他说：“我非生而知之，好古敏以求之者也。”“好古敏以求之者”，就是“学而知之者”，这是一种自觉、勤奋地通过学习获得知识的人。而那种遇到困惑才学的人，是被动的、不自觉的，尽管他们掌握知识与“学而知之者”不在同一层次上，但同样可以获得知识。并在不断学习、解决困惑中，由被动、不自觉转到主动、自觉，由第三等级提升为第二等级。至于遇到困惑也不学的人，甘于无知，那就永远处于愚昧落后的状态了。在“困而不学”的行列里，孔子还特别提到“民”，民就是一般的老百姓。古代“学在官府”，统治者剥夺了一般老百姓受教育的权利，老百姓本无学习的条件，加上一些人又不肯自学典籍，所以属于“困而不学”的下等了。不论是自觉的还是被动的，只要学就可达到知，切莫把自己视为“生而知之者”，放弃了学习。天赋有助于学，但从来没有人仅靠天赋而成为“智者”。也莫把自己视为天生愚笨而拒绝了学，除了智障脑残者外，从来就没有天生愚笨者，他人是人，我也是人，他人能知，我为何不能知？只要坚持勤奋学习，人人都可达到知。至于一般老百姓，他可能没有去学习文献典籍，但他要学习所从事的生产知识，生产知识也是知。孔子也承认自己在种田种菜方面不如老农、老圃，孔子从儒家学士的角度讲学与知，视域还是小了点。

16.10 **【原文】**

孔子曰：“君子有九思[①]：视思明，听思聪[②]，色思温[③]，貌思恭，言思忠[④]，事思敬[⑤]，疑思问，忿思难[⑥]，见得思义[⑦]。”

【注释】

①思：思考，考虑。②聪：清楚。③色：脸色。④忠：诚实。⑤敬：认真。⑥难：患难，此处指后患。⑦得：利益。

【译文】

孔子说："君子常有九种要考虑的事情：观察事物的时候要考虑看明白；倾听意见的时候要考虑听清楚；自己的脸色要考虑保持温和；容貌态度要考虑做到谦恭；言语交谈要考虑诚实；做事要考虑谨慎认真；遇到疑惑要考虑向人请教；发怒时要考虑会有后患；见到利益时要考虑是否该得，合不合道义？"

【评论】

孔子常要求他的弟子接人待物要"三思而后行"，这种"三思"不仅仅指对一个方面的问题多次重复的思考，而是具有丰富的内涵，细化一点讲就是：要想看明白，就得从多个角度观察，才能看清事物的全貌与本质；要想听清楚，就得听取各方面的意见，才能分辨出正确的真话来；要想和颜悦色，就得有品德修养，内心善良、平和，容止自然温和谦恭；要想言谈诚实办事认真，就得讲信用，只有老实人才说老实话，办老实事；要想请教人，就得不耻下问，别人才肯为你释疑解惑；要想止怒消患，就得克制自己的感情冲动，牢记"小不忍则乱大谋"的训诫；要想得利又符合道义，就得公私分明，不贪不占，取之有道。孔子阐述君子考虑的问题，极有逻辑顺序，先言近后言远，先言易后言难，先言视听，次言色貌，后言言行，层次分明，逐层深入。总而言之，君子做到"九思"，其行为可能就不会有什么过错了。

16.11 【原文】

孔子曰："见善如不及①，见不善如探汤②。吾见其人矣③。吾闻其语矣。隐居以求其志，行义以达其道④。吾闻其语矣，未见其人也。"

【注释】

①及：赶上。② 探：探测，这里指伸入。汤：沸水。③ 其人：这样的人。④达：达到。道：主张。

【译文】

孔子说："看见好的人便感觉自己好像不如他，不努力就赶不上他。看见不好的人就赶快躲开他，接触他就好像把手伸进沸水里会烫伤一样。我见过照此道理而行的人，也听过这类的话。以避世隐居来修炼自己的志向，以入世推行仁义来实现自己济天下的政治主张。我也听过这样的话，却没见过履行这话的人。”

【评论】

怀着见贤思齐的理念，就有虚心好学的心态，总觉得与贤者比自己有不小的差距，“见善如不及”，急切想弥补自己的不足。“见不善如探汤”，这是明白事理者的起码觉悟，与不善者交往，不是受其害就是受其沾染，如探汤必伤手一样，必须急速远离这个祸害。大家都懂这个道理，都说这类的话，履行这个道理的人也有。隐居是不得志而为之，但是，不得志却不可失其志，利用隐居也可修养其志，奉行“穷则独善其身，达则兼善天下”（《孟子・尽心上》），蓄积将来施展志向的才干，等到出仕做事时，就可实现推行仁义大道的志向。要做到隐居蓄其志，出仕展其才，非有仁人之心不可。但这话说起来容易，做起来比较难，孔子说：听说有人说这类的话，却没见过履行这话的人。可见不是太难的事，一般能做到言行一致，而关系到一生重大的事，就言易而行难了。

16.12 【原文】

齐景公有马千驷①，死之日，民无德而称焉②。伯夷叔齐饿于首阳之下③，民到于今称之。其斯之谓与④？

【注释】

①驷（sì）：意同“乘”，即古代四匹马拉一辆战车。②德：德行。称：称颂。③首阳：山名，一称雷首山，相传为伯夷、叔齐采薇隐居处。首阳山在今何地，旧说不一。《论语》何晏集解引汉马融曰：“首阳山在河东蒲坂，华山之北，河曲之中。”蒲坂故城，在今山西省永济县南。④其斯之谓与：大概就说这种现象吧。有人认为此处有乱简现象，《颜渊》篇第十章的“诚不以富，亦只以异”两句，当移此句前，方知“其斯之谓与”所指是何。

【译文】

齐景公很富足，仅马就有四千匹，可是他死时，民众都觉得他没有什么好的德行可称颂。伯夷、叔齐穷困至极，饿死在首阳山下，民众却至今还在称颂他们。大概就说这种现象吧！

【评论】

此章没有“子曰”，但似孔子所言。末句“其斯之谓与”，有人认为此处是乱简造成，当移《颜渊》篇第十章的“诚不以富，亦只以异”两句于此句前，若把移后的这段话放在本章末尾，这段可译为：“不是因为穷富的原因，只是因为他们的品德各异。大概说的就是这种现象吧。”这样的话，全章的意思就连贯了。人生不过百年，最终都要变为一堆朽骨，不朽的唯有他的德、功、言，并不是他当年的权势与富有。所以古人重立德、立功、立言，把它们称作“三不朽”，司马迁把立有“三不朽”事业的人称作“倜傥非常之人”，他说：“古者富贵而名摩灭，不可胜记，唯倜傥非常之人称焉。”（司马迁《报任安书》）“齐景公有马千驷”，这仅是个象征，其实，齐景公拥有齐国的一切，然而只是缺少德行，所以他活着的时候，权大势重，一言九鼎，耀武扬威，然而当时就有许多人从内心并不敬佩他，死后更无人称颂他。伯夷、叔齐是殷朝孤竹君的两个儿子，在骨肉相残，争权夺利的时代，他俩却互相让位，双双隐居首阳山。周武王伐纣，他俩认为属于臣伐君的行为，并以食周粟为耻，在首阳山采薇而食。后有人说此薇也是周天子所有，伯夷、叔齐于是连薇也不食，七日饿死。后人称颂伯夷、叔齐，是他们让国的德行，伯夷、叔齐可谓是立德之人，虽早已作古，但他们的德行永远令人怀念与敬仰。一个人活得有无价值，是否值得称赞，并不靠权势、财富说了算，而是由历史说了算，由人民说了算，由他们自己的功过说了算。

16.13 **【原文】**

陈亢问于伯鱼曰[①]：“子亦有异闻乎[②]？”对曰：“未也。尝独立[③]，鲤趋而过庭[④]，曰：‘学《诗》乎？’对曰：‘未也。’‘不学《诗》，无以言。’鲤退而学《诗》。他日又独立，鲤趋而过庭，曰：‘学《礼》乎？’对曰：‘未也。’‘不学《礼》，无以立[⑤]。’鲤退而学《礼》。闻斯二者[⑥]。”陈亢退而喜曰：“问一得三，闻《诗》、闻《礼》，又闻君子之远其子也⑦。”

【注释】

①陈亢：字子禽，陈国人，《孔子家语·弟子解》、郑玄注《论语》和《檀弓》中都说他是孔子的学生，但《史记·仲尼弟子列传》中没有他的名字。伯鱼：孔子儿子孔鲤的字。②异闻：指不同的教诲。③尝：曾经。独立：一个人站着。④趋：快步。⑤立：立身处世。⑥斯：代词，这。⑦远：不亲近，不偏爱。

【译文】

陈亢向孔子的儿子伯鱼打听：“你在父亲那里得到过特殊的教诲吗？”伯鱼回答说：“没有呀！曾有一次父亲他独自站在堂前，我恰好快步从庭院中走过，他问我学《诗》没有？我说没有。他说不学《诗》，就不善于讲话。我于是回去就学《诗》。又有一天，他一个人又站在堂前，我快步走过庭院，他问我学《礼》没有？我说没有。他说不学《礼》就不懂得如何立身处世。我于是回去就学《礼》。单独教诲就听到过这两次。”陈亢回去高兴地说：“我原想问一件事，结果得到三点收获：听到了学《诗》的意义，听到了学《礼》的意义，又知道了君子是不偏爱自己子女的。”

【评论】

孔子提倡“有教无类”，这个“无类”，不仅指孔子所收学生无身份的区别，同时指对他们教学指导上也无亲疏的区别，就连自己的儿子、侄女婿等都同其他学生一样看待，此章记陈亢与孔鲤的一段对话，就反映了这一现实。陈亢以为伯鱼既是孔子的儿子，孔子一定对他有特别的传授，于是询问伯鱼在父亲那里得到过特殊的教诲没有？伯鱼如实回答。从孔子对其儿子孔鲤的教导，我们体会到他对儿子与学生没有厚此薄彼，甚至对其学生们更为关怀。从《论语》记载的文字看，孔子教诲弟子的次数比教诲儿子的次数要多得多，他“诲人不倦”，其不倦的精力主要奉献给了他的弟子们。在生活上他对弟子们也关怀备至，如他把颜回当儿子看待，给公西赤母亲粮食救济，关心冉耕病情等，这是多么崇高的精神，这种精神以至后来成为中国教师的一种职业道德。有人把教师比作蜡烛，照亮别

人，烧损自己；有人把教师比作铺路石，甘愿让学生踏着自己到达理想的境地。因此有人说教师是天底下最伟大的职业，其伟大就体现在无私的奉献精神。孔子是“万世师表”，他为教师树立了光辉的榜样。

16.14【原文】

邦君之妻[①]，君称之曰夫人，夫人自称曰小童；邦人称之曰君夫人[②]，称诸异邦曰寡小君[③]；异邦人称之亦曰君夫人。

【注释】

①邦：国。②邦人：国人，指本国人。③诸：之于。异邦：别国。

【译文】

国君的妻子，国君称其为“夫人”，夫人对国君自称为“小童”；国内的人称国君之妻为“君夫人”，君夫人对别国则自称为“寡小君”；外国人称她也为“君夫人”。

【评论】

春秋时，名不副实、称谓不正的现象很严重，孔子针对这一现象提出正名分、审称谓的主张，以维护等级制与社会安定。本章借说明国君之妻的称谓，以申古制之礼，符合孔子的思想，所以本章开头虽缺“子曰”二字，但似孔子所言：“国君的妻，国君称之为‘夫人’，夫人对国君自称为‘小童’。‘小童’像是小孩称呼，是夫人的自谦之词。本国人称国君之妻为君夫人，意思是国君的夫人。君夫人对别国则自称为‘寡小君’，因为国君自谦为‘寡人’，夫人也随之自谦为‘寡小君’，而别国人仍尊称为‘君夫人’。”一个国君的夫人有如此多的称谓，这里有内部和外部的称呼，也有自谦的称呼，不论任何称呼，都必须合乎礼的要求，失礼是不行的。称谓不紊乱看似小事，实际上是正名分的重要内容，而正名分又是维护等级、保持社会和谐的头等大事。

阳货篇第十七

本篇共二十六章，有的章尊称孔子为“子”，有的直呼“孔子”，不仅记述者不同，而且内容也较庞杂。有几章记载了孔子对当时一些重大事件的态度，如大夫阳货欲篡鲁国大权，想让孔子相助，被孔子辞却。公山弗扰叛季氏，召孔子，孔子准备前往。晋国佛肸“以中牟畔”，召孔子，孔子也想前去。同是“叛”，或拒绝或应允，孔子自有其拒绝与应允的原则，这原则就是看能否推行仁义之道，并不考虑自己的仕途如何，也不趋炎附势，或惧怕那巍巍然的权势者。孔子无“性善”或“性恶”的意识，他认为人们“性相近也，习相远也”，善人与恶人并非天生，只要能行恭、宽、信、敏、惠于天下，就能具备仁德。他十分重视学习，尤其提倡学习诗书礼乐，强调学习对仁、知、信、直、勇、刚等美德的形成有重要的规范作用，从而提高君子的素养。

17.1 **【原文】**

阳货欲见孔子①，孔子不见，归孔子豚②。孔子时其亡也③，而往拜之。遇诸涂④。谓孔子曰：“来⑤！予与尔言⑥。”曰：“怀其宝而迷其邦⑦，可谓仁乎？曰：‘不可！’好从事而亟失时⑧，可谓知乎⑨？曰：‘不可！’日月逝矣，岁不我与⑩。”孔子曰：“诺⑪，吾将仕矣⑫。”

【注释】

①阳货：又叫阳虎，季氏的家臣，当时把持着季氏的实权。见孔子：让孔子拜见，见，使动用法。②归：通“馈”，馈赠。豚（tún）：小猪，这里指熟小猪。③时：通“伺”，等待。亡：指不在家。④涂：同“途”，道路。⑤来：过来。⑥予：代词，我。尔：代词，你。言：说话。⑦宝：比喻高超的才干。迷：迷乱。邦：国家。⑧亟（qì）：屡屡。失时：失去时机。⑨知：通“智”，明智，

聪明。⑩岁：岁月，时光。与：等待。⑪诺：叹词，表示同意。⑫仕：做官。

【译文】

阳货想让孔子来拜见他，孔子不去见，他就给孔子送来一个熟小猪。孔子故意等阳货不在家时，前去拜谢。不料两人竟在路上相遇了。阳货对孔子说："过来，我有话对你说。"又说："你身怀宝贵的治国本领，而任国家迷惑混乱下去，这样做可以叫仁吗？"孔子没吭声，阳货又说："肯定是不可以的。你喜好从政却屡屡失去时机，这样做可以叫智吗？"孔子还是没吭声，阳货又说："仍然是不可以的。时光一天天地逝去，岁月不等待我们呀！"孔子只好回答说："好吧，我准备出来当官做事。"

【评论】

阳货是季氏的家臣，他曾囚禁季桓子，掌握了季氏的大权，实际上也等于掌握了鲁国的大权。他想让孔子出来帮助自己掌权，于是派人召见孔子，孔子厌恶"陪臣执国命"，当然不去拜见他。阳货见请不动孔子，就派人馈赠给孔子一个熟小猪，逼孔子在回拜时来见。但孔子暗中打听阳货不在家时，才去回拜，不料在半路上竟遇到了阳货。阳货对孔子说："过来，我有话对你说。"从这个"过来"的招呼声中，可体会到阳货盛气凌人的态度。接着，阳货肯定孔子有治国之才，而目前鲁国政局混乱，急需治国之才来扭转，逼迫孔子出来协助他理政。孔子不想当面严辞拒绝阳货，为了摆脱其纠缠，只好说："好吧，我准备出来当官做事。"先以顺耳之辞免去眼前的麻烦。有人说：孔子本不想仕于阳货，却说"吾将仕"，这不是出尔反尔、阳奉阴违吗？孔子敷衍应答与说假话有本质的区别，"大人之所以言不必信者，惟其为学而知义所在也"（管同《四书纪闻》）。再则，孔子说的"将仕"也未必仕于阳货，他要仕的是能够信奉仁义之道的"上位者"。他曾反对弟子冉求仕于季氏而为其敛财，他自己一定不会去仕阳货而为虎作伥。

17.2 **【原文】**

子曰："性相近也①，习相远也②。"

【注释】

①性：人性，本性。②习：习染。远，远离，此处指差距甚远。

【译文】

孔子说："人的本性最初是相近的，只是因为后来习染不同才相互差距甚远了。"

【评论】

对人性的解释，历来就众说纷纭，仅在儒家学派中就有不少不同的说法，但不论孟子主张的"性本善"，还是荀子主张的"性本恶"，都是不科学的，汉代扬雄在其《法言·修身》篇里又提出性善恶混合说，不过是孟、荀学说的综合罢了。人性善恶都是后天实践形成的，哪里有生来就具有善恶？还是孔子讲得比较符合客观实际："人的本性最初是相近的，只是因为后来习染不同才相互差距甚远了。"人性为何最初是相近的呢？梁朝皇侃解释说："性者，人所禀以生也……人俱禀天地之气以生，虽复厚薄有殊，而同是禀气，故曰相近也。"（《论语集解义疏》）人最初相近的本性，究竟是善还是恶？孔子没有说，正体现了孔子"知之为知之，不知为不知"的实事求是的精神，也许人最初的本性就是无所谓善也无所谓恶吧，孔子只强调人们不同的人性来自于后天的环境习染，后天"习于善则善，习于恶则恶"（朱熹《四书章句集注》），孔子只重视后天人们的教育和提高。《三字经》开头写道："人之初，性本善，性相近，习相远。"想把孔子和孟子的人性论调和在一起，实际上抹煞了孔子对人性的正确阐述。孔子强调后天的习染，注意生存的环境、慎重交友、严格的自我反省等等，而孟子、荀子也强调这些，最终在后天的修养方面，三位儒学大师的观点又取得了一致。

17.3 【原文】

子曰："唯上知与下愚不移①。"

【注释】

①唯：只有。上知：上等的智者，绝顶聪明的人。下愚：下等愚笨的人。移：改变。

【译文】

孔子说："只有上等的聪明人与下等的愚笨人，才是不可改变的。"

【评论】

本章承上章而来，上章讲人的本性，本章讲人的智慧，但涉及的问题是有联系的。改变人的本性在于后天的习染，改变人的智商，在于后天的学习与实践。但也不能不说，在相似甚至相同的后天习染、学习、实践的条件下，有的人智商高一些，有的人智商低一些，极个别的甚至表现出特别高的智商，这种特高智商的人是智中之智，故称为"上知"。也有极个别的甚至表现出特别低的智商，这种特低智商的人是愚中之愚，故称为"下愚"。他们都属生活中的特殊者，也就是说，这些极个别特殊者——"上知与下愚"，后天的习染、学习、实践并不能改变他们智商的差距，所以孔子才说："只有上等的聪明人与下等的愚笨人，才是不可改变的。"孔子所说的"上知"，并不是指"生而知之，上也"，"下愚"也不是指"困而不学，民斯为下矣"。他说"唯上知与下愚不移"，正是想进一步证实"习相远也"。因为"上知"与"下愚"是极个别的特殊现象，说明不了普遍规律，"习相远"虽不能说是绝对的正确，但是这是绝大多数人的情况的总结概括。世上没有不通过学习和实践，天生就是智者的，但确实有勤奋再加上天赋而成为少有的绝顶聪明的人。同样，除了大脑残疾外，也有极个别虽也参与学习、实践但仍智商低又愚笨的人。而绝大多数的人，通过学习实践，必然能不断提高智商。如果原来的智商低一些，勤能补拙，别人学一遍可以学会的，他自己学它多遍，别人干一次成功的，他自己干它多次。平日多向别人学习，多思考，多总结经验教训，天道酬勤，熟能生巧，不信自己就比别人差。许多人，幼年时愚笨，但立志苦学，勇于实践，最终做出骄人成就的，数不胜数，甚至成为著名科学家、学者的也不在少数。孔子举出一个特殊的例子，是为了昭示一个普遍的真理：除了极少数人之外，绝大多数人是"性相近也，习相远也"。

17.4 【原文】

子之武城[①]，闻弦歌之声。夫子莞尔而笑[②]，曰："割鸡焉用牛刀[③]？"子游对曰[④]："昔者偃也闻诸夫子曰[⑤]：'君子学道则爱人，小人学道则易使也[6]。'"子曰："二三子！偃之言是也[7]。前言戏之耳[8]。"

【注释】

①武城：山东省一地名，当时孔子学生子游任武城宰。②莞（wǎn）尔：微笑的样子。③割：杀，宰杀。④子游：姓言名偃，字子游，鲁国人，一说吴国人。⑤昔者：从前。⑥小人：这里指老百姓。⑦是：对，正确。⑧戏：开玩笑。

【译文】

孔子来到子游做长官的武城，听到到处有弹琴瑟唱歌诗的声音。孔子微笑地说："杀鸡哪里用得着宰牛的刀呀！"子游回答说："以前我言偃（子游）听老师讲过：君子学了礼乐之道就能爱人，老百姓学了礼乐之道就容易服从役使。"孔子对其他学生说："你们几个人听着，言偃刚才说的话是对的，我刚才说的是开玩笑的话。"

【评论】

孔子到子游任职的武城参观，老远就听到城内弹琴瑟唱歌诗的声音不绝于耳，说明子游做了武城宰后，实施礼乐教化，使武城习礼蔚然成风。孔子觉得武城这个小地方，子游竟以隆重的礼乐教化来治理，十分高兴，同时也惋惜子游有治国之才，在武城任职有点大材小用了。便微笑地对陪着他的子游说了一句逗乐的话："杀鸡哪里用得着宰牛的刀呀！"子游听了很不理解，他认为为政之道，礼乐教化十分重要，即使像武城这样的小邑，为政也要实施礼乐教化，不能因为地方小就舍弃，于是就对孔子说："以前我听老师讲过：君子学了礼乐之道就能爱人，老百姓学了礼乐之道就容易服从役使。"孔子听后，知道子游对他那句幽默的话已经误解，但他不便再作解释，就对其他学生讲："你们几个人听着，言偃（子游）刚才说的话是对的，我刚才说的是开玩笑的话。"孔子教育学生为政之道，主要是贯彻仁、体现礼，"弦歌"正是歌咏先王之道以礼乐化民的一种体现。子游谨遵师教，并用老师往日的话来反驳老师现在的话。孔子只好以开玩笑为托辞，承认自己失言，既虚心，又大度，表现了孔子坦荡的性格。

17.5 【原文】

公山弗扰以费畔[①]，召，子欲往。子路不说[②]，曰："末之也已[③]，何必公山氏之之也[④]？"子曰："夫召我者，而岂徒哉[⑤]？如有用我者，吾其为东周乎[⑥]？"

【注释】

①公山弗扰：季氏的家臣，为季氏的费邑宰，他与阳虎共囚季桓子，占据费邑以反叛。《左传》里作公山不狃，字子泄。以：介词，凭借。畔：通"叛"，背叛。②说：同"悦"，高兴。③末之也已：没有地方可去就算了。末，没有。之，去。已，止，算了。④句中前面的"之"是助词，起着把宾语"公山氏"前置的作用。后面的"之"是动词，去的意思。⑤徒：徒然，平白无故。⑥东周：在东方复兴周公的德政。东，活用为动词，使东方……的意思。

【译文】

公山弗扰凭借占据费邑而背叛季氏，使人请孔子来辅佐，孔子准备前往。子路听说后很不高兴，对孔子说："没有地方可去就算了，何必去公山氏那里呢？"孔子说："召我去的人，难道是平白无故的吗？如果有人任用我，我要使周公的德政在东方复兴。"

【评论】

季氏的家臣公山弗扰占据费邑而背叛季氏，使人请孔子前去辅佐，孔子准备前往。子路听说此事后很不高兴。子路为何不满意老师应召呢？因为他认为公山弗扰与阳货都属叛主"陪臣"，既然老师拒绝阳货之召，为什么却想去帮助公山弗扰呢？但孔子认为公山弗扰的为人与阳货不同，后来公山弗扰失败后逃往吴国，仍表现出自己的正义感与爱国心，这些在《左传》里都有记载，说明孔子当时就对公山弗扰有一个正确的评价。何况，孔子并不是去帮助公山弗扰"占山为王"，而是想利用这一机会，去复兴周公之道，去建立一个能实现自己理想的礼乐之邦。孔子的想法当然是天真的，但正是他这种"知其不可而为之"的执着，才体现出他坚定的信仰。为了实现这一信仰，他不放弃任何机会，虽然这种机会一直没有到来，但他的信仰从来没有动摇过。在大道不行的情况下，以至于让他发了许多牢骚话，如“欲居九夷”“道不行，乘桴浮于海”等，这些都是信仰难以实现的愤慨语，他欲去公山弗扰处，大概也属这类的牢骚，因为他终归没有去，在实现自己理想的征途上可谓荆棘丛生。

17.6 **【原文】**

子张问仁于孔子。孔子曰：“能行五者于天下，为仁矣。”“请问之。”曰：“恭、宽、信、敏、惠。恭则不侮①，宽则得众②，信则人任焉③，敏则有功④，惠则足以使人⑤。”

【注释】

①侮：侮辱，轻视。这里是被动用法，被侮辱，被轻视。②得众：得到众人的拥护，得到民心。③任：任用。④功：成功，功绩。⑤足以：完全可以，能够。使：使唤。

【译文】

子张向孔子询问如何才能成为仁人，孔子说：“能在世上实行五种美德，就是仁人了。”子张说：“请问哪五种美德？”孔子回答说：“是恭敬、宽厚、诚信、勤敏、慈惠。恭敬别人就不会招来侮辱，宽厚待人就能得到众人的拥护，对他人诚信就能得到他人的任用，做事勤敏就能取得功绩，给别人慈惠就可以使唤别人。”

【评论】

孔子解释如何才能成为仁人，对不同的弟子有不同的说法，但万变不离其宗，那就是一以贯之的爱人，只有爱人的人才是仁人。而且这种爱是自觉的爱，发自内心的爱，是推己及人的爱。孔子所说的恭、宽、信、敏、惠五种美德，不过是这种爱心的外在各种表现罢了，既可作为从政的必备素养，也可当作接人待物的原则。这种原则就是：只要时时想着爱人，就会处处有相应的爱的方式。

17.7【原文】

佛肸召[①]，子欲往。子路曰："昔者由也闻诸夫子曰：'亲于其身为不善者[②]，君子不入也。'佛肸以中牟畔[③]，子之往也，如之何？"子曰："然，有是言也。不曰坚乎，磨而不磷[④]；不曰白乎，涅而不缁[⑤]。吾岂匏瓜也哉[⑥]？焉能系而不食[⑦]？"

【注释】

①佛肸（xī）：晋国大夫范氏、中行氏的家臣，任中牟邑宰。②亲：亲自。不善：不好，这里指不好的事，坏事。③中牟（mù）：晋国地名，在今河北邯郸附近。④磷：薄石，这里指薄。⑤涅而不缁：用涅染也染不黑。涅，黑泥或黑矾石，可作黑颜料。缁，黑色。⑥匏瓜：葫芦的一种。⑦系：悬挂。

【译文】

晋国大夫佛肸召孔子，孔子打算去。子路说："以前我听老师说过：'亲自做坏事的人，君子是不会去他那里的。'如今佛肸占据中牟叛乱，您要前往那里，这怎么说得过去呢？"孔子说："是的，这话我说过。但是，不也说本质坚硬的东西磨也磨不薄吗？不也说本质洁白的东西染也染不黑吗？我难道能像个瓠瓜，只闲挂在蔓上，却不能供人食用？"

【评论】

本篇第五章记孔子在鲁国欲应公山弗扰之召，本章又记孔子欲应晋国佛肸之召，都反映了孔子急于入仕，欲借用一些独立力量，施展自己的雄才大略，从而实现自己的政治理想。孔子想去的晋国，乱象比鲁国还严重，国家的政权已由韩、赵、魏、范、中行、智氏六卿执掌，六卿又互相攻伐。先是赵、韩、魏、智氏四卿灭了范氏及中行氏。不久赵、韩、魏又灭智氏，尽分其地。当年，赵简子攻范氏、中行氏时，佛肸为中牟宰，据守中牟对赵氏进行了抵抗。说佛肸"畔"，是因为赵简子挟晋侯之令以攻中牟，对于赵简子来说就是反叛，而对于范、中行氏来说，就是忠。孔子周游列国，就是想找一个能推行仁义之道的地方，所以佛肸召他，又一次点燃了他心中的希望之火。别人说佛肸反叛，但孔子深知晋国的国情，那些剿灭“反叛”的人，只不过是打着晋侯的旗号自己进行土地扩张罢了，他们何尝不是对晋侯的反叛？再说，孔子应佛肸之召，是去实现自己的仁道理想，他的目的与征召者的想法可能不同，但他坚信自己的道德境界已达至高至纯，“磨而不磷”，“涅而不缁”，不论所去的环境多么浊乱，都丝毫不会污染他。他渴望能用于世，而不愿虚度光阴，对社会毫无贡献。

17.8 【原文】

子曰：“由也，女闻六言六蔽矣乎①？”对曰：“未也。”“居②！吾语女。好仁不好学③，其蔽也愚④；好知不好学⑤，其蔽也荡⑥；好信不好学⑦，其蔽也贼⑧；好直不好学⑨，其蔽也绞⑩；好勇不好学，其蔽也乱⑪；好刚不好学，其蔽也狂⑫。”

【注释】

①女：同“汝”，你。言：字，这里指方面。蔽：弊病。②居：坐。③好：爱好，喜欢。④愚：指受人愚弄。⑤知：通“智”，明智，聪明。⑥荡：指知识基础不稳，动摇不定。⑦信：诚信。⑧贼：伤害。⑨直：正直，直率。⑩绞：说话尖酸刻薄。⑪乱：小指捣乱闯祸，大指犯上作乱。⑫狂：狂妄自大。

【译文】

孔子说：“仲由，你听说过仁、知、信、直、勇、刚这六个方面的品德，还会产生六种弊病吗？”仲由回答说：“没听说过。”孔子说：“坐下！我来告诉你。好仁德但不爱学习，其弊病是容易受人愚弄；喜好显示聪明但不爱学习，其弊病是根底不实没有主心骨；好诚信但不爱学习，其弊病是容易被人利用而受伤害；好直率但不爱学习，其弊病是说话尖刻伤人；好勇敢但不爱学习，其弊病是容易出乱子；好刚强但不爱学习，其弊病是容易狂妄。”

【评论】

仁、知、信、直、勇、刚，都是人的美德，然而不以好学来明其理，做到

“知其所以然”，使感性的认识上升到理性的认识，则这六种美德又会产生弊端，孔子把这个道理讲给仲由听。为什么六种美德若无好学，会走向自己的反面呢？因为好仁爱而不好学，爱人没有等差，爱人不分良莠，把小人当好人，便是愚昧之举，而不是真仁；有智慧而不好学，根基浅薄，自以为是，只知逞能，不顾道德规范，便是放荡无操守，而不是真智；诚信而不好学，不明事理，不知变通，重然诺守死理，被人利用，不是真信而是受伤害；正直而不好学，不知屈伸，不懂策略，不讲方式方法，不是真直而是偏激刻薄；勇敢而不好学，任凭意气，鲁莽蛮干，有勇无义，不是真勇而是作乱；刚烈而不好学，刚愎自用，一意孤行，不得中和之道，不是真刚而是狂妄。不好学，六种美德可转变成六种弊病，好学则可去弊端。任何事物都有双重性，不以中庸之道来调控它，任何美好的事物都会走向它的反面。

17.9 **【原文】**

子曰：“小子何莫学夫《诗》[①]？《诗》，可以兴[②]，可以观[③]，可以群[④]，可以怨[⑤]。迩之事父[⑥]，远之事君。多识于鸟兽草木之名[⑦]。”

【注释】

①何莫：为什么不。②兴：引譬连类，联想、感发。③观：观察力。④群：合群。⑤怨：怨刺，批评。⑥迩：近。事：侍奉。⑦识：了解，认识。

【译文】

孔子说：“学生们！为什么不学《诗》？《诗》可以激发联想，可以提高观察力，可以增强群体凝聚力，可以学会讽刺批评的方法。近则可用诗中的道理侍奉父母，远则可用诗中的道理侍奉君主，还可以从诗中多多地认识鸟兽草木的名称。”

【评论】

孔子鼓励他的学生努力去学《诗》，因为通过学《诗》，激发联想，可以影响读者的感情、意志，培养读者的志趣；提高观察力，可以帮助读者认识天地万物、人情世态，以及风俗的盛衰和政治的得失；增强群体凝聚力，可以帮助人们沟通思想，增进互相友爱团结；学会讽刺批评的方法，可以批评为政的失误，抒发对苛政的怨愤。学《诗》，既可以兴、观、群、怨，又可了解事父事君的道理，还可增加有关动植物的知识。此章孔子虽说《诗》，却比较简要地论述了儒家的文艺思想。他的“兴观群怨”说，指出了文艺所具有的美感作用、认识作用和教育作用。他的“事父”“事君”说，论述了文艺的社会功能与作用。而《诗》多载鸟兽草木之名，说明《诗》又是一部百科全书，那里有许多知识需要去掌握。

17.10 **【原文】**

子谓伯鱼曰：“女为《周南》《召南》矣乎[①]？人而不为《周南》《召南》，其犹正墙面而立也与[②]！”

【注释】

①为：学习研究。《周南》《召南》：《诗经》中有十五国风，《周南》《召南》各是其一。②犹：像……一样。墙面：是面墙的倒装语，即面朝墙。

【译文】

孔子对伯鱼说：“你学了《周南》《召南》了吗？一个人如果不学《周南》《召南》，就好像面对着墙壁站着啊！”

【评论】

《诗经》中有十五国风，首为《周南》，次为《召南》，合称“二南”。据《毛诗序》及其他注疏说，周是周公旦，召是召公奭，南是南国，因成周（今河南洛阳）以南有周公、召公的采邑，故称周南、召南。周南大致在今陕西、河南之间，召南大致在今河南、湖北之间。二公分治，必将文王的教化自北方施行到南方，在这些地域采集的诗，也体现了这一特点。“二南”中讲夫妇之德的诗篇最多，《周南》首篇《关雎》就是典型的代表作。家庭是社会组织的基本单元，其和谐稳定影响着整个社会的安定。正夫妇，是三纲之首，是人伦教化之本，不能齐家，焉能治国平天下？所以孔子告诉儿子伯鱼，不学《周南》《召南》，就好像

面朝墙而立，眼光被墙所挡，“一物无所见，一步不可行”（朱熹《四书章句集注》）。

17.11 【原文】

子曰：“礼云礼云[1]，玉帛云乎哉[2]？乐云乐云，钟鼓云乎哉？”

【注释】

①云：语气词，呀。②玉帛：玉器和锦帛等行礼、祭祀时所用的物品。

【译文】

孔子说：“礼呀，礼呀，难道仅指贡献玉帛而言吗？乐呀，乐呀，难道仅指打击钟鼓而言吗？”

【评论】

周公制礼作乐，礼教人以恭敬，乐教人以和气，所以礼乐能移风易俗、安民治国。当然，礼乐也需要形式，行礼献玉帛，奏乐击钟鼓。但是春秋末期的一些国君，只崇尚礼乐的形式，而不看重礼乐的实质，贵玉帛、钟鼓而薄恭敬、和气。针对这种风气，孔子提出了质疑与批评。朱熹在《论语集注》中说：“敬而将之以玉帛，则为礼；和而发之以钟鼓，则为乐。遗其本而专事其末，则岂礼乐之谓哉？”只从事礼乐的形式，不重视礼乐的本质，这实际不叫真正的礼乐。献上的玉帛只是贡品，打击的钟鼓只是乐器而已。如果没有恭敬之心、平和之气，玉帛、钟鼓不过就是摆设的物件。如果不得已，玉帛、钟鼓都可因陋就简，同样能达到教人恭敬、和气的目的。孔子曾说：“礼，与其奢也，宁俭。”没有恭敬心、平和气，玉帛、钟鼓再华丽珍贵，也是徒然没有意义的。礼乐不在外表，而在行礼作乐的至真至诚的感情。

17.12 【原文】

子曰：“色厉而内荏[1]，譬诸小人[2]，其犹穿窬之盗也与[3]？”

【注释】

①色厉：脸色威严厉害。内荏（rěn）：内心怯懦虚弱。②譬：比喻，打比方。③犹：好像。穿窬（yú）：钻墙洞，这里指翻墙头穿墙洞。窬，门边小洞。盗：盗贼，小偷。

【译文】

孔子说："脸色严厉而内心怯懦，如果给这种小人打个比方，大概就像翻墙穿洞的小偷吧！"

【评论】

君子言行一致，表里如一，外表堂堂正正，正是他内心正直淳厚的自然外露。而小人言行不一，"色取仁而行违"，表面上道貌岸然像个正人君子，内心却阴暗虚弱得很。孔子形容这种小人像"色厉而内荏"的小偷，这个比喻十分恰当，小偷明里是人，暗里是窃贼，白天讲仁义道德，黑夜尽干伤天害理的罪恶。平常一副神圣不可侵犯的样子，强硬气壮如牛，行窃时生怕别人发现而怯懦紧张胆小如鼠。孔子以小偷为喻，抨击的是那些假圣贤、假贤能、伪君子，他们不是圣贤却要装成圣贤的模样，无贤无能却要装扮成贤能者，没有君子的品行却要冒充君子，于是不免就专在外表上骗人唬人了。三国时的袁绍就是这类人，《三国志·魏志·武帝纪》中说他："志大而智小，色厉而胆薄，忌克而少威。"《三国演义》第二十一回记载："袁绍色厉胆薄，为谋无断；干大事而惜身，见小利而忘命：非英雄也。"假圣贤、假贤能、伪君子当然不等于小偷，但他们都具有"色厉而内荏"的特点。

17.13 **【原文】**

子曰："乡原[①]，德之贼也[②]。"

【注释】

①乡原：指乡里貌似谨厚，而实与流俗合污的伪善者。原，同"愿"，表面老实实则狡黠。②贼：损害，伤害，这里指败坏风气的人。

【译文】

孔子说："乡里貌似谨厚，而实与流俗合污的伪善者是败坏道德风气的人。"

【评论】

《孟子·尽心下》中载："孔子曰：'过我门而不入我室，我不憾焉者，其唯乡原乎！乡原，德之贼也。'"为何比本章多出前三句？资料缺乏，难究其原因。乡原，历来歧解众多，清人俞樾的解说可参考，他说："原当为傆。《说文·人部》：'傆，黠也。'乡傆者，一乡中傆黠之人也。孟子说乡原曰：'非之无举也，刺之无刺也，同乎流俗，合乎污世，居之似忠信，行之似廉洁。'则其人之巧黠可知。"（《群经平议》）乡原就是一种惯于花言巧语的伪善人，他没有原则，是非不分，逢人就讨好，其实都是虚情假意，人前说人话，鬼前说鬼话，对人牢牢地掩盖着自己的真性情。"毁人者失其直，誉人者失其实，近于乡原之人哉。"（皮日休《鹿门隐书》）乡原谁也不得罪，以谨厚的外表媚于世，乡人一般都称赞他是好人，孟子揭露这种人的特点是：你要指责他又举不出他太大的过错，你要讥刺他又找不出他太大的毛病，这种人与世俗同流合污，做起事来好像廉洁方正，所以赢得大众的好感，实际上他与尧舜圣王之道格格不入。孔子讨厌花言巧语混淆了义，似信非信混淆了信，特别讨厌无德而伪装成有德的人，唯恐这种人乱德惑众，所以他认为："乡原是戕害道德的贼人。"

17.14 【原文】

子曰："道听而涂说[①]，德之弃也[②]。"

【注释】

①道听而涂说：从道路上听到，在道路上传说。泛指没有根据的传闻。涂，通"途"，路途。②弃，抛弃，唾弃。

【译文】

孔子说："在路上听说或传播没有根据的传闻，这是有德的人所应抛弃的行为。"

【评论】

孔子反对在路上听说或传播没有根据的传闻，因为道路之上，人来人往，三教九流，无所不有。说者不负责，听者任其听，说的无须必有根据，传的无须核实其真，所以小道消息有之，以讹传讹有之。无德之人，热衷于道听途说，以编造与传播奇闻逸事为乐趣，以侃大山为正业，以家长里短、搬弄是非为消遣。而有德之人，为了探究真理，必须“博学之，审问之，慎思之，明辨之，笃行之”(《礼记·中庸》)。对事对人的评说及传述，都要有根有据，这既是有德者读书学习、观察万事万物人情世故的原则，也是修德的原则。如果说相信无根据之事，传播无来由之言，就会害人害己，对于这种恶习，有德人应该坚决唾弃。然而从小说家的角度看，街谈巷议、道听途说，虽不属正论属小道，但刍荛狂夫之议，作为小说的素材，也有可采的价值。但对人生目标是治国平天下的君子而言，应该对道听途说做到勿听、勿信、勿传，所以孔子又说：“虽小道，必有可观者焉，致远恐泥，是以君子弗为也。”（班固《汉书·艺文志》）

17.15 【原文】

子曰：“鄙夫可与事君也与哉[①]？其未得之也，患得之[②]；既得之[③]，患失之。苟患失之[④]，无所不至矣[⑤]。”

【注释】

①鄙夫：鄙薄的人。也与哉：三个疑问语气词连用，表示很强烈的疑问语气。②患得之，思虑得到它。患，担心，顾虑。③既：副词，相当于“已经”、“……之后”。④苟：如果。⑤无所不至：无所不用其极。至，极度。

【译文】

孔子说：“鄙薄的小人，难道能同他一起侍奉国君吗？他在没有得到官位时，总处心积虑想得到它；已经得到后，又总怕失去它；如果担心失去官位，那就什么卑鄙无耻的手段都能施展出来。”

【评论】

孔子所说的“鄙夫”，不是指乡下可鄙的庸夫俗子，因为他们没有“事君”的可能，而是指用卑鄙的手段获取官位的人。孔子曾说“君子喻于义，小人喻于利”，官场上小人“喻于利”的表现就是蝇营狗苟贪恋官位，因为有了官位，就有了权力，其利就随之而来。这种只图私利而不为民的小人，为了谋权什么勾当都可以干出来。历史上就有采取极端手段捞官夺权的人，如有献出妻女求官者，有吮痈舐痔求官者，有谋害同僚、上司篡位者，甚至有弑父弑君攫取政权者。孔子两千多年前所说的“鄙夫”，至今在现实生活中还有他的影子。有的人，在没有得到官职时，跑官要官甚至行贿上司买官。得到官职后，为了保住官职，大搞形式主义、欺上瞒下，虚报成绩，伪造政绩。古称“鄙夫”今称腐败分子，他非捞回高于他付出的几倍几十倍甚至几百倍的代价才行，他所以担心丢掉官职，就是担心失去敛财的条件。

17.16 【原文】

子曰：“古者民有三疾①，今也或是之亡也②。古之狂也肆③，今之狂也荡④；古之矜也廉⑤，今之矜也忿戾⑥；古之愚也直⑦，今之愚也诈而已矣⑧。”

【注释】

①疾：病，这里指毛病、缺点。②亡：同“无”，没有。③狂：狂妄自大，这里指狂妄的人。肆：肆意行事。④荡：放荡不羁。⑤矜：矜持，骄傲自负，这里指骄傲自负的人。廉：“谓棱角峭厉。”（朱熹《四书章句集注》）这里比喻人的禀性方正，刚直。⑥忿戾（lì）：忿怨好争，蛮不讲理。⑦愚：愚蠢，愚笨，这里指愚笨的人。直：直率，正直。⑧诈：欺诈，欺骗。

【译文】

孔子说：“古代的人有三种毛病，而今人的这三种毛病连古人毛病附带的优点也没有了。古代狂妄的人还率直，现在的狂妄者却放荡不羁恣意妄为；古代矜持自负的人还刚直，现在矜持自负者却刚愎好争而蛮不讲理；古代愚笨的人还直来直去，现在愚笨者却学会欺诈耍花招了。”

【评论】

孔子向往西周盛世，深感如今世风日下，人心不古，常发今不如昔的感慨。为了警世醒人，他没有排比古今的优劣，而是以古人的三种毛病，与今人相比较，这样能更深一层地显示出今古人的差异。古今人都有狂、矜、愚三种毛病，但古人在其毛病之中，还存在着“直”的特点，也就是说，古人对这三种毛病不伪饰，容易让人识别。而今人在同样的三种毛病中，还存在着另外的毛病，即既放纵又蛮横狡诈。从毛病上相比，今人都比古人更差劲，就可以想见其他了。这说明当今的民俗世风已不像古代那样淳朴,就是体现在不良风气上也有这个特点。

17.17 【原文】

子曰:“巧言令色,鲜矣仁。”

【评论】

本章与《学而》篇第三章完全重复。证明《论语》由众多孔子弟子及后学所编，重复不止此一处。

17.18 【原文】

子曰:“恶紫之夺朱也[1],恶郑声之乱雅乐也[2],恶利口之覆邦家者[3]。”

【注释】

①恶：厌恶。紫之夺朱：紫色夺去了朱色的正色地位。周代尚朱色，为正色，紫为杂色。春秋时期，紫色受到尊重，紫色取代朱色而成了正色。②郑声：郑国的音乐，孔子认为其乐淫靡。乱：扰乱，破坏，干扰。雅乐：典雅的正乐。雅，正。③利口：伶牙俐齿。覆：颠覆。

【译文】

孔子说：“我厌恶紫色夺取了朱色的正色地位，厌恶郑国的音乐干扰了典雅音乐的传播，厌恶以伶牙俐齿来颠覆国家的人。”

【评论】

在孔子看来，他所处的时代是个乱世，礼坏乐崩，是非颠倒，社会秩序混乱，君不君、臣不臣、父不父、子不子，所以他要拨乱反正、要“正名”。本章所记他的话，就体现了他的这一思想。他从日常最易理解的现象说起：古代以青、赤、白、黑、黄五色为正色，其它色均为二种或几种正色相配而成，如黑色加赤色而成紫色，所以称作间色或杂色。如果间色或杂色取代了正色的地位，就成了以邪夺正，这是孔子所反对的。孔子认为郑国的音乐淫靡，雅乐中正和平，但当时有很多人喜好郑国的靡靡之音，反而不知有雅乐，这种现象就是以淫乱雅。伶牙俐齿者，能言善辩，能将对的说成错，能将贤的说成愚，若凭口才取悦于人君，那就可以轻松地以口才倾覆了国家。从孔子的三个“恶”，可以看出他与危害正道、危害国家的邪恶行为不共戴天的理念，也可看出他决心以正压邪的大无畏的气魄。

17.19 【原文】

子曰：“予欲无言。”子贡曰：“子如不言，则小子何述焉①？”子曰：“天何言哉？四时行焉②，百物生焉③，天何言哉？”

【注释】

①述：传述。②四时：四季。行：运行。③百物：也说“万物”，指各种生物。

【译文】

孔子说：“我不想再说什么了。”子贡说：“老师如果不说，那我们弟子用什么来传述仁道呢？”孔子说：“天说了些什么呢？四季照样运行，万物照样生生不息，天又说了什么呢？”

【评论】

孔子为了推行仁道，到处奔波，结果到处碰壁，仁义大道不得行，不免心灰意冷，有一次发牢骚说：“予欲无言。”其实在“无言”中包含着千言万语。他曾说：“志有之，言以足志，文以足言，不言谁知其志？”（《左传·襄公二十五年》）

他以“四科”教学生，言语是其一。但他又非常慎言，教导学生说：“君子耻其言而过其行。”“可与言而不与言，失人；不可与言而与之言，失言。”回顾自己一生，周游列国时提出过多少行仁复礼的措施，到头来没有落实一件，向各国执政者费了多少口舌，结果个个都置若罔闻，这岂不就是“失言”？而且是长期的“失言”。孔子随便说了一句“不想再说什么”的牢骚话，子贡便误以为真，孔子也不想和他做详细解释，就以天来说事，言外之意是，一切顺其自然吧，我虽不说，也无损于天，天岂能徒以言语而存在？孔子把“天”理解为自然界、自然秩序、自然规律，甚至等同于“道”，并不把“天”视为人格化的神，说明他的思想基本倾向于无神论，有人把孔子的思想称为“孔教”，显然是错误的，孔子的思想与宗教有着本质的区别。

17.20 **【原文】**

孺悲欲见孔子①，孔子辞以疾②。将命者出户③，取瑟而歌，使之闻之。

【注释】

①孺悲：鲁国人，鲁哀公曾派孺悲向孔子请教过士丧礼。②辞：推辞，拒绝。③将命者：传话的人。将，传达。

【译文】

孺悲想拜见孔子，孔子推辞说自己有病不能见。但是传话人刚走出房门，孔子就拿过瑟来又弹又唱，故意让传话人听到。

【评论】

孺悲想拜见孔子，先派传话人前来传话，孔子推辞说自己有病不能见。但是传话人刚走出房门，孔子就拿过瑟来又弹又唱，故意叫传话人听到这些声音而知道自己没病。孔子这样做，就是让传话者回去告诉孺悲，自己不是真有病，而是不想与孺悲交往。孔子为何如此“失礼”，肯定有其原因。我们知道他不愿与阳货来往，但阳货偏馈赠他一个小熟猪，按礼节，孔子必须回谢的，孔子只好打听阳货不在家时前去回谢，想敷衍了事。这次孔子却连敷衍也不想敷衍了，对着传

话人的面以病推辞，又让对方明知无病，而是有意拒绝，好让孺悲好好反省一下，他想拜见的人为何给了他这样一个大羞辱？有人说这是孔子对孺悲所施行的一种特殊的教育方式，也有的人认为这是孔子对孺悲为人所不得不采取的态度，因为不明具体情况，对此就不好断言了。

17.21 **【原文】**

宰我问[①]："三年之丧，期已久矣[②]。君子三年不为礼[③]，礼必坏[④]；三年不为乐，乐必崩[⑤]。旧谷既没[⑥]，新谷既升[⑦]，钻燧改火[⑧]，期可已矣[⑨]。"子曰："食夫稻，衣夫锦[⑩]，于女安乎[⑪]？"曰："安。""女安，则为之！夫君子之居丧[⑫]，食旨不甘[⑬]，闻乐不乐[⑭]，居处不安，故不为也。今女安，则为之！"宰我出。子曰："予之不仁也！子生三年，然后免于父母之怀。夫三年之丧，天下之通丧也[⑮]。予也有三年之爱于其父母乎？"

【注释】

①宰我：姓宰名予，字子我，又称宰我，孔子弟子，鲁国人。②期：日期。已：副词，相当于"太"。③为：动词，从事。为礼，即讲习礼仪。同样，下句的"为乐"，即演奏音乐。④坏：废弃，荒废。⑤崩：崩溃，这里指荒废。⑥旧谷：陈粮。既：已经。⑦ 新谷：新粮。升：上来，这里指登场。⑧钻燧：指古代钻木取火。改火：古代钻木取火所用的木材，因四季不同而不同，称为改火。⑨期：一周年。已：停止，结束。⑩衣：这里是动词，穿（衣服）。⑪安：心安。⑫ 居丧：守孝。⑬ 旨：美味。⑭ 前一个"乐"指音乐，后一个"乐"指快乐。⑮通丧：通行的丧期。

【译文】

宰我向孔子请教："子女为父母守孝三年，为期也太长了。君子要是在这三年中不讲习礼仪，礼仪就荒废了；三年中不演习音乐，音乐也要荒废。陈粮已吃完，新粮登场接上来，钻木取火的四种木材也已轮回了一遍，守孝一年足够了。"孔子说："三年丧期未满就吃大米饭，穿锦缎衣裳，你心里安然吗？"宰我说：

“安然。”孔子说：“你觉得安然，你就那样去做吧。君子三年守孝，吃美味不觉得香甜，听音乐不觉得快乐，在家起居不觉得安逸，所以不去吃美味、赏音乐、求安逸，现在你觉得安然你就去做吧。”宰我出去后，孔子说：“宰予（宰我）真不仁义呀！孩子生下三年后，才能离开父母的怀抱。为父母守孝三年，这是天下通行的服丧礼节，宰予他也得到过父母三年怀抱中的爱吧！”

【评论】

为了提倡孝道，古礼规定父母的服丧期为三年，但到春秋时期时，人们对此古礼已不完全遵守。宰我也以为为父母守孝三年太久，于是前来咨询孔子。孔子还是主张固守古礼，但也说服不了宰我。孔子教学中立四科，宰我为言语科之首，可见他能言善辩。他又是那个“昼寝”者，孔子曾严厉呵斥他是“朽木不可雕也，粪土之墙，不可圬也”。可见他是个不大尊师守规的人，这次又敢顶撞老师，所以孔子对其批评之严厉，超过其他一般弟子。

不过这次师生间辩论，宰我也有他的道理。他反对居丧三年，其理由是三年守孝，荒废修礼习乐。孔子则从报答父母养育恩情的角度进行反驳，他先从守孝者的吃穿说起：“如丧期未满，你能安然吃大米饭，穿锦缎衣裳吗？”古时北方以稻为贵，居丧者吃谷不吃稻。衣裳以锦缎为贵，居丧者不穿锦衣穿麻衣。宰我竟然说“安然”，当面顶撞老师，足见其桀骜不驯的性格。孔子很生气，但还是又从守孝者的感觉来开导他：“君子在他居丧期间，无时不思亲，无心享受美食，欣赏音乐，即使吃了美味，也不觉美，听了优美的音乐，也不觉乐，即使居住安逸，也不觉得安逸，所以君子不去追求这些。你宰我如果安心追求这些，那么你就去追求吧。”孔子这话等于说我与你宰我无话可谈了，下了逐客令。

宰我出去后，孔子才大骂宰我不仁，这是孔子少有的用“不仁”来怒斥学生，接着向其他弟子说明自己对宰我不满的理由：孩子在父母怀中三年才可脱离，所以守孝三年，是天下通行之礼。其实，母亲怀胎十月，双亲又将子女养育成人，父母之恩何止三年？父母的恩德应永怀不忘。尽管如此，也不能作为三年守孝的理由，生老病死，是自然规律，守孝仅是孝的一种形式。“孝始于事亲，中于事君，终于立身。扬名于后世，以显父母，此孝之大者。”（《史记·太史公自序》）从行仁于天下的角度讲，为父母守孝是小孝，为天下人、祖国、民族尽

忠才是大孝，不能因为长期守孝而影响了正常的事业。

一个人的生命是有限的，君子任重而道远，需要做的事又何其多？三年丧期在春秋时已普遍难行，说明它不合实际，宰我提出“改制”，不无道理。孔子反对改变三年丧期，虽意在维护孝道，但就现实而讲，确实有点不合时宜了。

17.22 **【原文】**

子曰：“饱食终日[①]，无所用心[②]，难矣哉[③]！不有博弈者乎[④]？为之[⑤]，犹贤乎已[⑥]。”

【注释】

①终日：整天。②无所用心：没有用心的地方，也就是什么也不想，什么也不做。③难：不好办。④博：指博戏，又叫局戏，为古代的一种游戏，六箸十二棋。弈：围棋。⑤为：做。⑥犹：副词，相当于“也”。贤：好，胜过。已：停止，这里指什么都不做。

【译文】

孔子说：“一个人吃饱了饭，整天没事干，不动一点脑子，希望他有所作为太难了！不是有博戏、围棋吗？玩一玩这些，也比什么都不干强吧。”

【评论】

孔子主张每个人都应积极入世建功立业，最轻蔑那些浑浑噩噩混日子的人。人们的人生观不同，对生活、事业的态度就不同，有的人追求经世济民，一心想为社会多作贡献，以奉献为幸福。而有的人却以为饱食终日，无所事事，才是最幸福的。这种追求，与猪狗的生活有何区别？孟子说：“饱食暖衣，逸居而无教，则近于禽兽。”（《孟子·滕文公上》）以消费为快乐，但又无所事事，这消费资源从何而来？必是靠索取他人而来，有的“啃祖先”，有的“啃父母”，皆属“啃老派”，老的无可啃了，只能对众人进行坑蒙诡骗了。为了维持他的饱食终日，他不能无所用心了，他要有所用心，只不过这个用心是挖空心思地想如何非法取得消费资源。饱暖思淫欲，无事要生非，总之，他们最后的结局，必然是犯罪与腐败。所以孔子建议这种人去玩局戏与围棋，毕竟是有益的体育活动，远离淫欲，远离犯罪，对这些人再提修业进德就无的放矢了。

17.23 【原文】

子路曰："君子尚勇乎①？"子曰："君子义以为上。君子有勇而无义为乱②；小人有勇而无义为盗③。"

【注释】

①尚：崇尚。②君子：此"君子"与前面的"君子"含义不同，是指有职位的人。③小人：指无权势的老百姓。

【译文】

子路问孔子："君子崇尚勇吗？"孔子说："君子以义为最高的崇尚，假如有职位的人光有勇而没有义的话，就会不安本分而作乱。如果老百姓光有勇而没有义的话，就会为了钱财而去当盗贼。"

【评论】

有人说，这段对话，是子路与孔子初见时说的。子路初见孔子的情况，《史记·仲尼弟子列传》中有记载："子路性鄙，好勇力，志伉直，冠雄鸡，佩豭豚，陵暴孔子。"《孔子家语·好生》中记载：子路初见孔子，拔剑而舞，问孔子："古之君子，以剑自卫乎？"孔子说："古之君子，忠以为质，仁以为卫，不出环堵之室，而知千里之外。有不善，则以忠化之；侵暴则以仁固之，何持剑乎？"从子路为人豪爽，好武功，常以勇敢自负来看。如果不是孔子收他为徒，慢慢引导他，让他修德习礼，让他生活在一群君子相互切磋上进的环境中，子路也许就是个"有勇而无义为乱"的人。勇本是一种美德，若不用仁义来指导，这种美德也会转化为恶，看来一切美德，必须有仁义作其灵魂，否则就会产生流弊。

17.24 【原文】

子贡曰："君子亦有恶乎①？"子曰："有恶。恶称人之恶者②，恶居下流

而讪上者[③]，恶勇而无礼者，恶果敢而窒者[④]。”曰：“赐也，亦有恶乎？”“恶徼以为知者[⑤]，恶不孙以为勇者[⑥]，恶讦以为直者[⑦]。”

【注释】

① 恶：厌恶。② 称 ：宣扬，讲述。恶：此句后一“恶”，指坏处，坏事。③下流：卑下的地位。讪（shàn）：诋毁，诽谤。④果敢：果断勇敢。窒（zhì）：不通，指固执，顽固不化。⑤徼（jiào）：抄袭，剽窃。知：通“智”。⑥孙：通“逊”，谦逊。⑦讦（jié）：揭发、攻击他人的隐私、过错或短处。

【译文】

子贡问孔子：“君子也有厌恶的吗？”孔子回答说：“有呀！厌恶喜欢宣扬他人坏处，厌恶身居下位而毁谤上级，厌恶有勇而不懂礼节，厌恶果敢而固执不通事理。”孔子反过来问：“端木赐（子贡），你也有厌恶的吧？”子贡回答：“厌恶剽窃他人成果还自作聪明，厌恶不懂谦让还自以为是勇敢，厌恶把揭发他人的隐私当作率直。”

【评论】

孔子曾说：“唯仁人能好人，能恶人。”为什么这里他又“恶称人之恶”？原来这二者之间有原则的区别，能恶人，即痛恨恶人之恶，而称人之恶者，即喜好宣扬非恶人之恶，目的不是促其改恶从善，而是以贬损其过失为快乐，从而在宣扬中不免夸大其词或添油加醋。居于下属，见上级有过失，应该规谏其改正，在背后毁谤，有悖忠厚。有勇而无礼的人，容易作乱。果敢而不通事理，往往成事不足，败事有余。所以孔子都很厌恶。子贡厌恶的，与孔子相仿，不过他厌恶的需要认真甄别，透过似是而非的现象，分辨出所应该厌恶的恶行。如都表现出聪明，但可恶的是他的聪明是抄袭他人的。都表现出勇武，但可恶的是他凭此而骄横凌人不懂礼。都表现出率直，但可恶的是他只在揭发别人隐私时才“率直”而不留情面。孔子所言“四恶”与子贡所言“三恶”，都应该成为君子修身的箴言。

17.25 **【原文】**

子曰："唯女子与小人为难养也[①]，近之则不孙[②]，远之则怨[③]。"

【注释】

①唯：副词，只有。养：供养，侍候，相处。②近：亲近。孙：通"逊"，谦逊。③远：疏远。怨：怨恨。

【译文】

孔子说："只有女子和小人最难相处，和他们亲近了，他们就不知谦逊而无礼了；疏远了他们，他们就有了怨恨情绪。"

【评论】

对这一章的理解，历来分歧很大，尤其是近代以来，随着妇女解放运动的深入，许多人认为孔子将女子与小人等而视之，是对妇女的侮辱，是孔子思想中的糟粕。于是有人出来为孔子辩护，如钱穆在《论语新解》中说："此章女子小人指家中仆妾言。妾视仆尤近，故女子在小人前。因其指仆妾，故称养。待之近，则狎而不逊。远，则怨恨必作。善御仆妾，亦齐家之一事。"也有的人认为孔子所说的女子，不是泛指一切女人，而是指女子中品格低下者，还有人认为"女子"本作"竖子"，指仆隶之类的人，更有甚者，说"女子"是"初生婴儿"。总之，将孔子所说的女子解释为特定的对象，而不是泛指妇女，孔子就和"重男轻女"不牵扯了。实际上，历史人物不需要今人赐予神圣的光环，不需要牵强附会地偏袒，当然也不要用近、现代人的标准去苛求与指责。从父系社会代替了母系社会后，重男轻女的思想就成为一种正常的意识。社会的存在决定社会的意识，南怀瑾在《论语别裁》下册中说："在上古时代，以男权为中心的社会结构，女性大多数没有受过教育，对外界事物的陌生，知识的隐蔽，不是现代人——尤其是我们今天社会所能想象的。"妇女被剥夺了受教育权、政治参与权，本身的素质及社会地位更加重了人们的重男轻女意识。包括孔子在内，他虽倡导"有教无类"，但没见他招过一名女弟子。直到现在也不能说重男轻女的意识就全消除了，重男轻女意识的彻底消除，还有待于男女真正平等的"社会存在"的全面实现。

一些人之所以认为孔子这句话是糟粕，是把此章的“小人”理解成道德品质恶劣的人。小人本指社会地位低贱的人，后引申为道德品质恶劣或低下的人。如孔子说：“未有小人而仁者也”，“小人有勇而无义为盗”。也引申为见识浅薄不谙事理的人，如孔子告诫其弟子子夏：“无为小人儒”，其弟子樊迟请求学习农业技艺，孔子指责曰：“小人哉，樊迟也！”此章所谓的小人就是指社会地位及本身的素质等同女子者，由于缺少接人待物的礼仪和修养方面的训练，女子与小人“近之则不孙，远之则怨”是常见的现象。当然，此现象也不是绝对一律的，孔子只是与彬彬有礼的君子相对而言的，孔子客观地看到了女子与小人本身素养的差距。但造成女子与小人在接人待物或社交素养方面的差距，并非是因其性别或职业，而是因其历史渊源及社会环境，尤其是社会制度所造成，可惜孔子并没有提及。

17.26 【原文】

子曰：“年四十而见恶焉①，其终也已②。”

【注释】

①见恶：被讨厌。见，表示被动，相当于“被”。②终：终生，一辈子。已：完结，结束。

【译文】

孔子说“人到四十岁还被人讨厌，他这一生就算完了。”

【评论】

“三十而立，四十而不惑。”人到四十岁左右，正是世界观成熟定型与创业有成的时期，但有的人到了四十多岁还没有一点让人称道的善行，说明他三十没立，四十仍惑，既无安身立命之本，又分不清外界事物的是非。德不修、业不进，令人讨厌的缺德事始终不断，最终也没一点改进。如果年龄小些，还有不少受教育及改邪归正的机会，现在他的错误的世界观已经形成，坏毛病太多，习惯已成自然，扭转过来太不容易了。所以孔子说“人到四十岁还被人讨厌，他这一生就算完了”。但我们理解：这是孔子恨铁不成钢的愤激语，不能当作指导一切的绝对定论。《淮南子·原道训》中说：“蘧伯玉年五十而知四十九年非。”俗话中更有“浪子回头金不换”，“浪子”并不排斥四十岁左右的人，现实生活中，确有一些四五十岁后才痛改前非、重新做人的人，只不过这种人与相同年龄者相比，所占比例较小，所以孔子的话基本上是对的。

微子篇第十八

本篇共十一章，记述了历史上一些贤士事迹，如殷之三仁：微子、箕子、比干，古逸民：伯夷、叔齐、虞仲、夷逸、朱张、柳下惠、少连，周之八士：伯达、伯适、仲突、仲忽、叔夜、叔夏、季随、季騧，以反衬春秋乱世人才的衰微。也通过与隐士做比较，显示孔子积极的人生观与处世态度。孔子赞同世有道则仕，世无道则隐，也赞同达则兼济天下，穷则独善其身的主张，所以他钦佩隐者躲避乱世、不与无道者同流合污的高蹈气节。但当楚狂接舆、长沮、桀溺嘲讽他不识时务、避人不避世时，孔子不为所动。他的态度是"无可无不可"，在进与仕的方面，他佩服的是柳下惠，在退与隐的方面，他赞同的是微子。进与仕还是退与隐，孔子都以推行道义为前提。他不能为了自身洁好而隐逸，他要济世救众，所以明知不可为而为之，即使奉献自己的一切，也在所不惜，表现出强烈的以天下为己任的社会责任感。

18.1 【原文】

微子去之①，箕子为之奴②，比干谏而死③。孔子曰："殷有三仁焉④。"

【注释】

①微子：名启，殷纣王的庶兄，封于微地。因见纣王淫乱将亡，数谏不听，于是出走。周武王灭商，恢复其官。周公镇压武庚叛乱后，封微子于宋，命其统率殷族，成为周代宋国的始祖。②箕（jī）子：名胥余，采邑在箕地，又称箕伯、箕仁。商纣王的叔父（司马贞索隐说是商纣的庶兄），任太师官，见纣王淫乱暴虐，屡谏不听，乃披发装疯为奴，又被纣王囚禁。周武王灭商后，被释放。③比干：商纣王的叔父，任官少师，因屡次劝谏而惹恼纣王，被剖心而死。周武王灭商后，封比干之墓。④殷：商朝的别名。仁：指仁人。

【译文】

商纣王昏庸残暴，其兄微子因此而出走，其叔父箕子因此而装疯为奴，其另一叔父比干因进谏而被纣王杀害。孔子说："殷朝有三个高尚的仁义之人。"

【评论】

殷纣王是中国历史上有名的暴君，他不仅拒绝他的兄长微子、叔父箕子、比干的谏诤，还残酷地迫害他们，连亲人都遭此毒手，其他人就更不用说了。据《吕氏春秋·仲冬纪》载：纣的兄长微子，与他是同母所生，其母为帝乙的妾时，生微子及仲衍，后其母升为帝乙妻，生纣。帝乙初想立微子为太子，太史据法而争，说："有妻之子，不可立妾之子。"于是立纣，纣称微子与仲衍为庶兄。微子与箕子、比干见纣王暴虐淫乱，国家将倾，几番谏诤不成，各自采取了不同的态度。微子认为纣王不听劝告，殉死也无益于国，于是出国逃亡，希冀殷亡后自己能担负起宗庙祭祀之责。箕子认为做人臣因谏诤不听而离去，是显扬君王过失，取悦于百姓，于是装疯卖傻去当奴隶，隐匿不出。比干却认为不拼死谏诤，对不起遭罪的百姓，还坚持直言极谏，结果被纣王剖腹取心而死。此三人行迹不同，或去国，或为奴，或直谏而死，但都是殷商忧国忧民的人，所以孔子说："这三位是殷商的仁人。"并非说偌大的殷商只有三位仁人，然而此三人足以称得上是殷商仁人的代表。

18.2 【原文】

柳下惠为士师[①]，三黜[②]。人曰："子未可以去乎[③]？"曰："直道而事人[④]，焉往而不三黜[⑤]？枉道而事人[⑥]，何必去父母之邦[⑦]？"

【注释】

①士师：掌管司法刑狱的官员。②三黜：多次罢免，三，表示多数。黜，免除。③未：不。去：离开。④直道：直路，表示正直的原则。事人：侍奉别人。⑤焉：哪里。往：到……去。⑥枉道：邪曲之道，违背正道。⑦去：离开。父母之邦：指祖国。

【译文】

柳下惠做法官，多次被撤职。有人对他说："你不可以离开鲁国吗？"柳下惠回答说："以正直的原则去侍奉别人，到哪里不被多次罢免呢？以歪门邪道侍奉别人，又何必要离开祖国？"

【评论】

柳下惠是鲁国出名的贤者，是个掌管司法刑狱的小官，他的顶头上司是臧文仲。臧文仲妒贤嫉能，明知柳下惠贤能而不荐举，害怕柳下惠官位居于自己之上，柳下惠被多次无罪而罢官，恐怕与臧文仲陷害有关。柳下惠周围的人们看到世道黑暗，不容正直，贤者蒙冤被黜，奸猾却弹冠相庆，气愤不过，就劝柳下惠离开鲁国，去他国谋事。柳下惠非常了解世道的黑暗，也了解自己被免官的原因，他清楚其他国家的执政者同鲁国一样，也是些邪曲之徒，他们都厌恶正道而喜欢阿谀奉承。柳下惠明知行正道不讨上司喜欢，但他恪守直道，宁肯罢官也不迎合。明知以歪门邪道去侍奉上司可以保官甚至还会提升，但他死也不肯这样去做。只坚守自己的正直之志，保持自己的爱国节操，任黜任留，心中坦然。

18.3 【原文】

齐景公待孔子曰[①]："若季氏[②]，则吾不能[③]；以季、孟之间待之[④]。"曰："吾老矣，不能用也。"孔子行。

【注释】

①待：对待，安置。②若：像，如。季氏：指鲁国对待季孙氏。③不能：做不到。④季、孟之间：指待遇在季孙氏与孟孙氏的上下之间。

【译文】

齐景公讲到如何待遇孔子时说："像鲁君给予季孙氏上卿那样待遇给予你，我是办不到的，但给予的待遇可以在季孙氏之下与孟孙氏之上。"不久，齐景公又对孔子说："我老了，不能任用你了。"孔子听后就离开了齐国。

【评论】

鲁昭公时季孙氏当了鲁国司徒，叔孙氏当了鲁国司马，孟孙氏当了鲁国司空，三桓逐渐掌控了鲁国的政权。鲁昭公二十五年（公元前 517 年），三桓联合反对鲁昭公，逼迫昭公逃奔到齐国。不久，孔子也到了齐国，齐景公多次问政于孔子，很赏识孔子，想聘请孔子来辅政，并想将尼溪田封给孔子。一天，景公又说起孔子待遇的事。他提出的承诺是很诱人的。后来齐国的大夫纷纷出来反对重用孔子，并扬言要害孔子，景公在臣子要挟下妥协了，又改口对孔子说："我老了，不能任用你了。"孔子听后马上离开了齐国。孔子到齐国，志在行道，并不是来谋求官位。他原以为景公是个贤君，给他讲了许多治国之道，著名的"君君、臣臣、父父、子子"的论点，就是对景公讲的，景公听后还大加赞赏说："善哉！"但景公虽喜悦孔子的主张，却最终屈服于内部压力，借口年老不能任用孔子。孔子明知齐景公所说纯是托词，实际上是他为臣下所掣肘，没有推行仁道的实力与气魄。仁道既然在齐国不能推行，孔子便立即离去，根本不屑于所谓的优厚待遇。

18.4 【原文】

齐人归女乐①，季桓子受之②，三日不朝③，孔子行④。

【注释】

①归：通"馈"，馈赠。女乐，表演歌舞的女子。②季桓子：鲁国贵族，姓季孙，名斯，从鲁定公至鲁哀公初年，一直掌控着鲁国政权。受：接受，收下。③朝：上朝，在朝廷上处理政务。④行：离开。

【译文】

齐国送给鲁国许多歌舞女子，季桓子接受了，三天不上朝理政，孔子见此状就辞官离开了鲁国。

【评论】

据《史记·孔子世家》载，鲁定公十四年（公元前 496 年），孔子由大司寇

代理丞相职务，参政三个月，使鲁国的社会风气焕然一新，商人不敢哄抬物价，路人不敢捡拾遗物，四方来鲁的旅客不必向官员送礼也一样受到接待，鲁国正朝着大治的目标发展着。齐国听说后，深恐鲁国强大对齐国形成威胁，于是想用女乐来腐蚀鲁国君臣，使鲁国君臣沉溺于声色中，丧失其有为之志，并用离间之计，阻止孔子继续为政。他们选了八十名能歌善舞的美女，以及带有花纹的良马三十驷，一齐赠送给鲁国。孔子主张拒绝接受，但执政的季桓子欣然接受了齐国的馈赠，他把女乐和纹马先安置在鲁城南边的高门外，自己穿着便服再三去观赏，连国家政事都懒得管了，甚至一连三天不理朝政。孔子知道季桓子已中齐国的圈套，鲁国的政务已不足与其相谋，便辞官离开了鲁国，前往卫国。孔子在身居高位时急流勇退，并不考虑所谓的“个人前途”，完全从国家局势考量，本国无道则退，而去他国谋道，孔子爱的是天下，而不仅仅是他的宗主国。

18.5 **【原文】**

楚狂接舆歌而过孔子曰①：“凤兮凤兮②，何德之衰？往者不可谏③，来者犹可追④。已而⑤，已而！今之从政者殆而！⑥”孔子下，欲与之言，趋而辟之⑦，不得与之言。

【注释】

①狂：狂放的人。接舆：楚国的隐士。钱穆《论语新解》解释说：“楚狂接舆：楚之贤人，佯狂避世，失其姓名，以其接孔子之车而歌，故称之曰接舆，犹晨门、荷蓧丈人、长沮、桀溺之例。”梁朝皇侃在《论语集解义疏》中解释说：“接舆，楚人也，姓陆名通，字接舆。昭王时，政令无常，乃被发佯狂，不仕，时人谓之为楚狂也。”皇侃何知按舆姓名，无据可证，仅备一说。②凤：凤凰，传说中的神鸟，世有道则现，无道则隐。③往者：过去，这里指过去的事情。谏：匡正，挽回。④来者：未来，这里指未来的事情。追：赶得上，来得及。⑤已而：算了吧。已，停止。而，语气词，相当“矣”。⑥殆：危险。而：语气词，表示断定的语气。⑦趋：快行。辟：通“避”，躲开。

【译文】

有一位装狂的楚国隐士接舆唱着歌经过孔子的车旁。其歌辞是："凤凰呀，凤凰，你的道德主张为何这样衰微？过去了的已经不可挽回了，未来的事情还来得及补救。算了吧，算了吧，现在从政的人都危险而靠不住啊！"孔子听后急忙下车，想和他说说话，他却快步前行避开了，孔子没能和他攀谈上。

【评论】

据《史记·孔子世家》载，孔子周游列国，在陈蔡之间被困绝粮，孔子派子贡去楚国求援，楚昭王派兵来迎孔子，孔子师生才从窘境中解脱出来。孔子在前往楚国的途中，遇到一位装狂的楚国隐士唱着歌向他有所暗示。这位隐士叫接舆，他之所以装狂，是为了避世免祸。《楚辞·章句》有"接舆髡首兮"一句，王逸《楚辞章句》注："接舆，楚狂接舆也。髡，剔也。首，头也。自刑身体，避世不仕也。"接舆深知楚国昭王昏庸，政令无常，才佯狂不仕。他也知孔子很有贤德，所以把孔子比作凤凰。然而凤凰待圣王出才出，而现今天下无道、社会混浊，此时凤凰出现就是不择时了。于是他以歌暗示孔子：其他国遇不到明君，难道楚王就是圣王？现在的执政者个个昏庸，国家危机四伏而不可救治，现在出仕不也危险吗？以前白白奔波也就算了，如今归隐还来得及。孔子虽抱定"知其不可而为之"的志向，但也欣赏隐士洞悉世道的高见，从他急于想见接舆的一个小细节，便可想见他对隐士高蹈气节的钦佩。

18.6【原文】

长沮、桀溺耦而耕[①]，孔子过之[②]，使子路问津焉[③]。长沮曰："夫执舆者为谁[④]？"子路曰："为孔丘。"曰："是鲁孔丘与[⑤]？"曰："是也。"曰："是知津矣。"问于桀溺。桀溺曰："子为谁？"曰："为仲由。"曰："是鲁孔丘之徒与？"对曰："然。"曰："滔滔者天下皆是也[⑥]，而谁以易之[⑦]？且而与其从辟人之士也[⑧]，岂若从辟世之士哉！[⑨]"耰而不辍[⑩]。子路行以告[⑪]。夫子怃然曰[⑫]："鸟兽不可与同群，吾非斯人之徒与而谁与[⑬]？天下有道，丘不与易也[⑭]。"

【注释】

①长沮（jǔ）、桀溺：二位隐士。耦（ǒu）：两人并耕。②过：从……经过。③津：渡口。④执舆：指执辔（pèi），即驾车。⑤是：代词，这个人。⑥滔滔：水势浩大，这里形容时局动荡不安。皆是：都是这样。⑦ 以：与。易：改易。⑧从：跟随。辟：同“避”。⑨岂若：哪里比得上。若：如。⑩耰（yōu）：用土覆盖种子。辍：停止。⑪以告：“以之告”的省略。以，介词，相当于“把”。之，代词。⑫怃（wǔ）然：惆怅的样子。⑬斯：这些。⑭与：参与。

【译文】

长沮、桀溺两人一同耕田，孔子从田边路过，孔子叫子路过去向他们打听一下渡口在哪？长沮问子路：“那个驾车的是谁？”子路说：“是孔丘。”长沮说：“他就是鲁国的孔丘吗？”子路回答说：“是的。”长沮说：“那他应该知道渡口在那里了。”子路只好又问桀溺，桀溺反问：“你是谁？”子路回答：“我是仲由（子路）。”桀溺又问：“你是孔丘的学生吗？”子路说：“是的。”桀溺说：“天下纷乱就像滔滔洪水泛滥，谁能去改变它呢？你与其跟随逃避无道者的人，为何不跟随逃避无道社会的人呢？”说完，继续不停地用土覆盖垄沟里的种子。子路回来把此情况报告了孔子。孔子怅然说：“我们不可能去和鸟兽相处，我不与有道者在一起又能和谁在一起呢？如果天下政治清明，我也不会参与改变这世道了。”

【评论】

孔子为推行仁道，奔走于列国之间，在一次行途中，见路旁田地里有二位在一起耕种的人，孔子派子路去向他们打听一下渡口的位置。其中一位叫做长沮的人反说孔子应该知道。长沮的话有寓意，故意将“问津”曲解成“询问人生路径”，并以这种托词拒答。桀溺接着长沮的话继续发挥，嘲讽孔子避人不避世，即离开此国无道之君，又去彼国游说，总是对实现天下有道抱有幻想。孔子听到这些嘲讽之后，不为所动，反增强了与黑暗现实抗争的信心。他明知无道之君比比皆是，也明知邪恶势力异常强大，但他不绝望、不后退，明知不可为而为之。孔子之所以有这种坚定的信念与坚毅的态度，全在于他心中怀有强烈的社会责任感。在孔子看来，正因为世上大道难行，不合理的太多，才需要志士仁人去弘扬大道，去改变它的现状。要改变，就会有斗争有牺牲。为了实现仁德世界，他不逃避斗争，不怕牺牲，体现了积极的救世济民的精神。长沮、桀溺等隐士，乱世隐逸，是为了保全个人性命。孔子身处乱世，以仁义解救天下大众，千回百折而矢志不渝，为了能“博施于民而能济众”，他不惜奉献自己的一切。

18.7【原文】

子路从而后①，遇丈人②，以杖荷蓧③。子路问曰：“子见夫子乎？”丈人曰：“四体不勤④，五谷不分⑤，孰为夫子？”植其杖而芸⑥。子路拱而立⑦。止子路宿⑧，杀鸡为黍而食之⑨，见其二子焉⑩。明日，子路行，以告。子曰：“隐者也。”使子路反见之⑪。至，则行矣。子路曰：“不仕无义。长幼之节⑫，不可废也⑬；君臣之义，如之何其废之？欲洁其身⑭，而乱大伦⑮。君子之仕也，行其义也⑯。道之不行，已知之矣。”

【注释】

①从：随从。后：落在后边。②丈人：古时对老人的尊称。③杖：木杖。荷：扛，挑。蓧（diào）：古代耘田用的竹器。④四体：四肢。⑤五谷：黍、稷、麦、稻、菽。分：分辨，辨别。⑥植：插。指插在土中。芸：通“耘”，除草。⑦拱：拱手。表示尊敬。⑧止：挽留；收留。⑨食：给……吃。⑩见：引见。⑪反：同“返”，返回，回去。⑫节：礼节。⑬废：废弃，抛弃。⑭洁：使动用法，使……清白。⑮乱：扰乱。大伦：重要的伦理关系。为人讲究五大伦理关系：父子有亲，君臣有义，夫妇有别，长幼有序，朋友有信。这里指君臣关系。⑯行：履行，完成。

【译文】

子路本来随从孔子而行，不知什么缘故落在后边，追赶途中遇到一位老人，用木杖挑着个除草的农具。子路问老人：“您见到我的老师没有？”老人说：“我手脚不灵活，老眼花昏连五谷都分辨不清，怎么能看清楚谁是你的老师？”老人说罢，就把木杖插在土里去除地里的草。子路拱着手站在旁边等着。老人收留子路在家里住宿，杀鸡、做黍米糕给他吃，又叫两个儿子来见子路。第二天，子路

追上孔子后把此事作了汇报。孔子说："这位老人是个隐士。"让子路返回去再看看老人。子路到了那里，老人已经出去了。子路对其儿子说："有才智的人不从政是不合道义的，长幼间的礼节不能废除；君臣间的义理，又怎么能废弃呢？只想洁身自好不出仕，却废弃了君臣间的重要伦理。君子出仕为官，是行其为臣之义，至于道义难以推行，君子心里是清楚的。"

【评论】

一些旧注把老人所说的"四体不勤，五谷不分"，解释为讥讽子路或孔子。子路勇武，体格健壮，怎会给人"四体不勤"的感觉？"四体不勤"既不是指子路，那么"五谷不分"也不会说子路，老人不认得子路，有何凭据说子路"五谷不分"呢？说孔子"四体不勤，五谷不分"也不妥。一是与实际不符，孔子是鲁国大力士的儿子，其"长人"的体魄是其家庭的基因遗传。孔子善射箭会驾车，并以射、御之艺来教学生，身体棒得很。他自幼就从事过许多体力的活，熟知《诗》中的鸟兽草木名，分辨黍、稷、麦、稻、菽更不在话下，何来的"五谷不分"呢？二是与当时的语境不符，子路很有礼貌地问老人见过他的老师没有？老人未见孔子，就来一通讥讽，指责孔子是个"四体不勤，五谷不分"的人，于情于理都说不过去。再则，依子路直率鲁莽的性格，老人若如此轻蔑自己或自己老师的话，他岂能忍受，岂能不怒，还会毕恭毕敬地在旁边静候老人？所以"四体不勤，五谷不分"，是老人自谦语，或是回答没见"夫子"的托词罢了。有的旧注说荷蓧丈人就是长沮、桀溺一类的隐士。从老人有家有口，与人和善、好客喜交往，对子路一类汲汲争取入仕从政的儒生不仅没有冷嘲热讽，反而热情接待来看，老人就是一位纯朴的农民。孔子因老人款待子路而感动，说老人是隐者，只是一种猜测。子路返回去拜见老人未果，对老人的儿子说了一番话，劝隐者出来从政行为臣之义，实际上反映了孔子及其弟子渴望入仕行道的愿望，老人若是听到这些劝诫的话也未必能理解。

18.8 **【原文】**

逸民[①]：伯夷、叔齐、虞仲、夷逸、朱张、柳下惠、少连。子曰："不降其志[②]，不辱其身[③]，伯夷、叔齐与！"谓："柳下惠、少连，降志辱身矣。言中伦[4]，行中虑[5]，其斯而已矣。”谓：“虞仲、夷逸，隐居放言[6]，身中清[7]，废中权[8]。我则异于是[9]，无可无不可[10]。”

【注释】

①逸民：遁世隐居的人，这里指品行超逸的人。②志：志向。③辱：辱没。身：身份。④ 中伦：符合伦理。中，合乎。⑤ 虑：思虑。⑥ 放言：肆意直言。⑦清：清白。⑧废：废弃，放弃。权：权变，权宜。⑨异：不同，不一样。是：代词，指这些人。⑩无可：没有一定的可以，无不可：没有一定的不可以。

【译文】

品行超逸的人有伯夷、叔齐、虞仲、夷逸、朱张、柳下惠、少连。孔子说：“不肯屈降自己的意志，不使自己清白之身蒙受玷辱，是伯夷、叔齐吧！”又说，“柳下惠、少连虽然屈降其志向辱没其身份，但他们所说的话合乎伦理，所做的事经过自己的思虑，那也可以了。”又说：“虞仲、夷逸避世归隐，肆意直言不受拘束，但他们合乎清白的原则，合乎避乱远害的权宜要求。我与他们这些人不一样，不一定非进与仕，也不一定非退与隐。”

【评论】

历史上有七位著名的逸民，他们是：伯夷、叔齐、虞仲、夷逸、朱张、柳下惠、少连。何谓逸民？旧注一般认为是指遁世隐居不做官的人，或被遗弃的前朝遗老遗少。本章所说的逸民，不合文中所表述的概念，还是魏国何晏解释得较为合适，他说：“逸民者，节行超逸也。”（《论语注疏》）这七位逸民，事迹现在难以详考，孔子把他们分成三类，结果少了朱张，说明朱张之名虽在逸民之列，但他的大致事迹连孔子也不清楚了。三类逸民中，第一等是伯夷、叔齐，孔子评价他们是：“不肯屈降自己的意志，不使自己清白之身蒙受玷辱。”伯夷、叔齐宁愿隐居饿死不食周粟，不肯屈从周朝，这是不降志。他俩不仕于周朝，这是不辱身。其次是柳下惠、少连，孔子评价他们是：“虽然仕于乱世，属于降志辱身了，但他们所说的话合乎伦理，所做的事经过自己的思虑，这已经可以了。”这是身不超逸而心超逸。第三等是虞仲、夷逸，孔子评价他们是：“虽避世归隐，但肆

意直言不受拘束，他们自身的行为合乎清白的原则，弃官废事的行为合乎避乱远害的权宜要求。”他们达到了心身皆超逸。孔子钦佩这些逸民的高蹈节操，但他说：“我与这些逸民不一样，不一定非进与仕，也不一定非退与隐。”能进与仕则进与仕，需要退与隐则退与隐，一切以能否推行道义为前提。

18.9【原文】

大师挚适齐①，亚饭干适楚②，三饭缭适蔡，四饭缺适秦，鼓方叔入于河③，播鼗武入于汉④，少师阳、击磬襄入于海⑤。

【注释】

①大师：即太师，鲁国乐官之长。适：去。②亚饭：周礼规定天子一日四餐、诸侯三餐，吃饭时要奏乐，亚饭是第二次吃饭时奏乐的乐师。“三饭”“四饭”依此类推。③鼓：鼓师。河：黄河，这里指黄河地区。④播：摇。鼗（táo）：小鼓，两旁系有小槌，俗称拨浪鼓。汉：汉水，这里指汉水地区。⑤少师：地位次于太师的乐官。击磬：这里指打击磬的乐师。

【译文】

鲁国乐官之长挚逃到了齐国，第二餐时奏乐的乐师干逃到了楚国，第三餐时奏乐的乐师缭逃到了蔡国，第四餐时奏乐的乐师缺逃到了秦国，鼓师方叔逃到了黄河之滨，摇小鼓的武逃到了汉水流域，地位次于太师的乐官阳和击磬的襄逃到了海边。

【评论】

本章没有交待时代背景，有的旧注称时为商纣时，有的称为周平王时，汉代孔安国认为是春秋末鲁哀公时，他说：“鲁哀公时，礼坏乐崩，乐人皆去。”（邢昺《论语注疏》）我们从本章提到的“始饭”大师挚，再联系《泰伯》篇第十五章所载：“师挚之始，《关雎》之乱，洋洋乎盈耳哉！”可知挚是鲁国的乐师，所以与太师挚同时的乐人都是鲁公室的乐师，孔安国的判断是对的。由于鲁国政治混乱，三桓专权，公室衰微，连宫内的乐师都各奔东西了。太师挚，是乐官之长，他带头去了齐国。第二餐的奏乐人叫干，他去了楚国。第三餐的奏乐人叫缭，他去了蔡国。第四餐的奏乐人叫缺，他去了秦国。鲁公为周公之后，可行天子一日四餐之礼，然而僭越的意识还是其主导的思想。击大鼓的叫方叔，他离走后入居到黄河之滨，摇拨浪小鼓的叫武，他离走后入居到汉水之滨。少师叫阳的与击磬师叫襄的，他俩离走后入居到海滨。国家有道，远方的人扶老携幼齐来归；国家无道，国君身边的人都众叛亲离。

18.10 【原文】

周公谓鲁公曰①："君子不施其亲②，不使大臣怨乎不以③。故旧无大过④，则不弃也。无求备于一人⑤。"

【注释】

①周公：姓姬，名旦，武王弟，佐武王伐纣，商灭，封于曲阜，成为鲁国始封的国君。周公让儿子伯禽去封地，自己留下辅佐武王，武王死又辅佐成王。孔子称周公为圣人。鲁公：这里指周公旦的儿子伯禽，伯禽承袭父位，为鲁公。②施：通"弛"，"施""弛"二字古多通用，意为松弛，这里指疏远，怠慢。亲：亲属，亲族。③怨：抱怨，埋怨。以：用，任用。④大过：指严重的过错。⑤无：否定副词，不要。求备：求全责备。

【译文】

周公对鲁公说："君子不疏远他的亲族，不让大臣们抱怨没受到重用；旧交老友如无大的过错，就不要遗弃他们；不要对一个人求全责备。"

【评论】

此章记周公对其儿子伯禽的训示语。周公的训示语，是指导鲁国君主施政的金玉良言，五百年来鲁人代代传诵，到孔子时仍为人所知，所以孔子弟子能将它记载下来。近代以来，一些注家不辨通假，将"施"解释成"施惠"，本章第一句的意思就成了："周公告诫：'君子不会施恩惠于自己的家族'。"没有认真地思考在以血缘为纽带的西周宗法社会里，维护血亲的和谐，是维持政权稳固的根

本，也是施政的首要条件，周公岂能不关注施惠于亲族？西周末期及春秋时期，天下大乱，其原因首先就是萧墙之祸，姬姓侯国混战，血亲关系破裂，导致君不君，臣不臣，父不父，子不子，使原本和谐的社会秩序出现紊乱。周公告诫鲁公不要疏远亲族，确实具有超前的意识。其次是虽无血缘关系，但属于一直相伴创业的大臣，以及多年来交往的朋友，不要使他们有受冷落、受遗弃的抱怨与感觉，《尚书·盘庚上》说："人唯求旧，器非求旧，唯新。"大臣、故旧都是久经考验的人，对他们比较了解，不能因为他们有些小毛病就轻易抛弃他们。一个人的能力是有限的，要用其长避其短，不要对他们吹毛求疵，不要苛求他们。只要无大过，就宽容相待，这是为政、用人的重要原则。

18.11 **【原文】**

周有八士[①]：伯达、伯适、仲突、仲忽、叔夜、叔夏、季随、季騧。

【注释】

①士：贤士，有才德的人。

【译文】

西周有八位贤士：伯达、伯适、仲突、仲忽、叔夜、叔夏、季随、季騧（guā）。

【评论】

《春秋繁露》等经籍认为此八士是周初人，又说是一母所生，而且是四对双胞胎，所以八人以伯、仲、叔、季排行命名。一家中就集中了如此多的俊杰，可见周朝初期人才济济，国运亨通。国家强盛统一，给人才的成长提供了良好的环境，而人才的兴盛，又推动了盛世的繁荣。钱穆在《论语新解》中说："人才之兴起，亦贵乎在上者有以作育之，必能通其情而合乎义，庶乎人思自竭，而无离散违叛之心。《论语》编者续附此章于本篇之末，亦所以深致慨于鲁之衰微。"可见人才兴则国兴，人才衰则国衰，人才亡则国亡，人才的兴衰，是世道兴衰的一个"晴雨表"。

什么是人才？按理说，人才只能指那些具有强国富民才干的人。然而现实中有的人的认识却不尽然，在许多人看来，执政者喜欢的人，就是人才，这些人待遇优渥，成为下一代人羡慕的偶像，甚至形成了一代人的“追星”风气。如果执政者喜欢的是真正的强国富民人才，那就是国家民族的大幸了，如果执政者喜欢的是其他另类，其后患就无穷了。《战国策》楚一《威王问于莫敖子华》篇记载楚威王听了莫敖子华对过去五位楚国名臣事迹的介绍，羡慕不已，慨叹道，“当今哪里能找得到这样的杰出人物呀！”于是莫敖子华给他讲了“楚王好细腰”的故事。这个故事启示我们：上有所好，下必甚焉。如果执政者真心诚意喜欢强国富民的贤能人才，引导大家都争当贤能之人，国家就不难出现贤能之才。如果执政者追求腐化享乐，喜欢犬马声色，下面有的人便趋之若鹜，以迎合执政者享乐、喜好为能事，久而久之渐成风气，强国富民的人才不仅得不到，国家的危险却到了。强国富民的人才就像是支撑国家大厦的支柱，支柱一根根抽去了，大厦能不倒塌吗？

子张篇第十九

本篇为孔子弟子言论专篇，共二十五章，阐述了孔子弟子对孔子思想的理解，表达了对乃师的崇拜之情。前三章是子张的言论，认为忠、义、敬、孝是士的四种操行，弘德才算执德，笃道才算信道，交友要尊敬贤人包容常人。三至十一章及十三章是子夏的言论，谈进德修业的体会，主张“博学而笃志，切问而近思”，重大节操不越轨，小节方面可变通。十二、十四、十五章是子游言论，阐述自己教学重视传授礼乐大义，丧礼尽到哀痛则止。十六至十九章是曾子言论，主要讲孝道，提出不改父制，不彰父过，维护父亲生前的声誉。最后六章是子贡言论，主要赞颂孔子，他认为孔子思想博大精美，好比富丽堂皇的宗庙宫殿，贤德可比日月，道德学问高不可及。子贡对孔子的评价，证明子贡也是一个知识广博、思想深刻、人品卓越的学者，否则不会对孔子道德学问的价值及其对于中国文化的伟大贡献认识得如此到位。

19.1 **【原文】**

子张曰：“士见危致命①，见得思义②，祭思敬，丧思哀③，其可已矣。”

【注释】

①危：危急，危难。致命：舍弃性命，献身。②得：得到，指可以得到的利益。③丧：服丧，守孝。

【译文】

子张说：“士人遇到国家有危难，应该舍命去挽救，见到利益时，首先要思考得此利益是否合乎道义？祭祀时想的是恭敬，服丧时想的是哀戚，士人能做到这些就可以了。”

【评论】

本篇所记都是孔子弟子的言论，首先记的是子张的语录。根据《论语》及其他资料所载，可知子张（公元前 503—？）姓颛孙，名师，子张是其字，陈国人。他性格开朗，为人豁达，善于广交朋友，有忠有义且有勇，汉代祭祀仲尼七十二弟子中就有他。唐代追封为“陈伯”，宋朝加封为“宛邱侯”“陈公”，可见其历史影响力。子张认为士要具备以上四种操行，这四种操行实际就是忠、义、敬、孝。能为国家献出生命，这是士人的大忠。能见利思义，取利合乎道，不合则不能取，士人有此义则无大过了。祭祀实际是培养自己的诚敬精神，士人如果在庄严的慎终追远的祭祀时还不能诚敬，平日对人对事如何能做到诚敬？父母之丧，是每个人一生中最痛心的哀戚，若没有此感情，可想其父母在世时他能有什么孝情？子张对士人提出四种操行，其中的“祭思敬，丧思哀”，是最起码的道德要求。

19.2 【原文】

子张曰：“执德不弘①，信道不笃②，焉能为有？焉能为亡③？”

【注释】

①执：修持，保持。弘：弘扬，扩充。②笃：坚定，坚实。③亡：通“无”，没有。

【译文】

子张说：“修持道德却不能弘扬，信仰道义却不坚定，他真的能修持道德、信仰道义？还是不能修持道德、信仰道义？”

【评论】

修持道德而不能弘扬道德，修持道德的目的何在？信仰道义却不坚定，是否真的信仰道义？子张是在批评那些似贤非贤的人，他们虽想修养道德，但又不能为弘扬道德而牺牲个人的利益。虽想信仰道义，却又为个人名利所诱惑，老在这二者之间犹豫徘徊。这些人平时很像是有道德有信仰的人，在一些小事情上也能显示出一个仁人志士的样子，但是在大是大非面前、甚至是生死攸关之际，就抛

弃了道德、动摇了信仰。不弘扬道德何算修持道德？不笃信道义何算信仰道义？子张虽对“执德不弘，信道不笃”者提出疑问，但对他们的行为持有否定的态度已溢于言表。执德、信道必须真执真信，做到全力以赴、一以贯之。

19.3 【原文】

子夏之门人问交于子张[①]。子张曰：“子夏云何[②]？”对曰：“子夏曰：‘可者与之[③]，其不可者拒之。’”子张曰：“异乎吾所闻[④]：君子尊贤而容众[⑤]，嘉善而矜不能[⑥]。我之大贤与[⑦]，于人何所不容[⑧]？我之不贤与，人将拒我，如之何其拒人也[⑨]？”

【注释】

①门人：学生。交：交友。②云：说。③与：指交往。④异乎：异于，跟……不同。⑤容：包容，宽容。⑥嘉善：赞美善人。矜：怜惜，同情。⑦与：语气词。同下句“我之不贤与”的“与”。⑧何所：有什么。⑨如之何：怎么，怎么能。

【译文】

子夏的学生向子张请教怎样交友。子张问：“子夏对此是怎么说的？”回答道：“子夏主张可以交的就和他交，不可交的就拒绝和他来往。”子张说：“我所听到的和这却不一样，君子尊敬贤人而能包容平常人，赞美好人而哀惜能力差的人。我如果是大贤人，对别人有什么不能包容的？我如果不贤明，人家就会与我绝交，我怎么还会拒绝别人呢？”

【评论】

子夏教门人交友之道，重在对友的甄别与选择，重点在他人。子张论交友重在要求自己有宽容之心，重点在自己。二人都学自孔子，子夏虽遵循了孔子“无友不如己者”的遗训，但没有将“见贤思齐焉，见不贤而内自省也”及“三人行，必有我师焉”等教导结合起来融会贯通。比较起来，子张比较全面贯彻了孔子的交友之道，更有心胸阔大的大家气度。子夏主张不可交者拒绝与他来往，但如何鉴别可交与不可交？这中间可能有只因能力差而被排除在可交范围之外，也可能有因主观好恶而把可交者排除在外的，所以子夏的交友观有些狭隘。“水至清则无鱼，人至察则无徒。”（《汉书·东方朔传》）君子交友，见贤思齐，见不贤自省，求于自己而不苛求于别人，团结一切可以团结的人，不可自恃清高，搞成孤家寡人。

19.4 【原文】

子夏曰：“虽小道[①]，必有可观者焉[②]，致远恐泥[③]，是以君子不为也！”

【注释】

①小道：指无关大道的小技艺。②可观：值得一观，有可取之处。③致：达到，这里指追求。远：远大目标。泥：拘泥，行不通。

【译文】

子夏说道：“即使是小技艺，也有值得一观的可取之处；但是对君子追求远大目标恐怕有妨碍，所以君子不去从事它。”

【评论】

子夏（公元前507年—公元前424年？）是孔子高才弟子之一，姓卜名商，字子夏，卫国人，一说晋国人。他以“文学”，即学习古代文献优秀而著称。并在孔子之后，在传授古代文献，尤其在传授《诗经》《春秋》方面作出了巨大的贡献。有人说：“诗书礼乐，定自孔子，发明章句，始于子夏。”（《后汉书·邓张徐张胡列传》）汉代祭祀仲尼七十二弟子，其中就有他。唐代追封子夏为“卫侯”，宋朝增谥为“东阿公”“魏公”。韩非子在其《显学》中把孔子之后的儒学分为子张、子思、颜氏、孟氏等八派，没有子夏派，然而子夏一派势力也很大，此派的思想已融入了法家的思想。子夏在孔门弟子中，更重视切实可行的治世大道，所以子夏曾说：“即使是小技艺，也有可取之处；但是对君子追求远大目标恐怕有妨碍，所以君子不去从事它。”什么是“小道”呢？一是与儒家仁义大道相对的

学说，《礼记·礼运》中说："大道之行也，天下为公。" 凡是与实现天下为公无关的异端学说都可视为小道。二是与治国平天下的大道相对的具体的谋生技艺。三是与匡国理政、国计民生关系不大的才艺也算"小道"，如汉代的扬雄认为辞赋与"明道""宗经""征圣"无关，是"雕虫篆刻"小技，"壮夫不为也"。(《法言·吾子》）与扬雄相似，班固认为小说也属小道，他在阐述小说的性质时，引用了子夏上述的话："小说家者流，盖出于稗官。街谈巷语，道听涂说者之所造也。孔子曰：'虽小道，必有可观者焉，致远恐泥，是以君子弗为也。'" 班固误把子夏的话当成孔子的话，或许是子夏转述孔子的话，班固见到过这方面的资料，就不得而知了，不过，究竟是谁讲的，都无关紧要。

19.5 **【原文】**

子夏曰："日知其所亡①，月无忘其所能②，可谓好学也已矣③。"

【注释】

①日：每天。知：知道，懂得。亡：无，此处指不知道，不懂。②无：不要。所能：指已经掌握的知识。③可谓：可以说。

【译文】

子夏说："每天知道些所不知道的新知识，每月都不忘记已经懂了的旧知识，可以称得上是好学的了。"

【评论】

大千世界奥妙无穷，自然、社会、人生千变万化，人们对它的认识是无终极的，因而学习也是无止境的。"日知其所亡"，是指每日能清楚自己所不知道的奥秘，才有永不满足的求知欲，这是知新的开始，发愤学习的动力。"月无忘其所能"，才能巩固所得的知识，对学到的知识进行归纳综合融会贯通，从而将知识转化为探求事物奥秘的能力。"无忘其所能"，既是温故而知新的手段，也是"学而时习之"的过程，既包括对旧有知识的温习而加深印象，发现以前所学时没有感悟到的东西，又包括在实践中运用旧有知识，在实践中验证旧有知识，甚至在实践中矫正或发展旧有知识。俗话说："活到老，学到老"，一个人只要活着，就应该志在求其所不知，无忘其所知，从无能到有能，从小能到大能，勤奋好学是实现这一目标的桥梁。只要好学，日就月将，必能成就大业。

19.6 【原文】

子夏曰："博学而笃志①，切问而近思②，仁在其中矣。"

【注释】

①博：广博，广泛。笃志：专心致志，坚守志向。笃，坚守。②切，切身，切己。近思：思考当前的问题。

【译文】

子夏说："广泛地学习知识又能坚守自己远大的志向，同时能对切身的修养问题进行询问，能对身边的实际问题进行思考，仁德就包含在其中了。"

【评论】

博学才能掌握各种知识，博学才能成大器。但博学需要大量的付出，不仅是时间、精力，甚至是整个生命的热情，对知识的渴求达不到"痴迷"的程度，就难以达到博学，而"痴迷"的动力就在于"笃志"。博学与深思相辅相成，"学而不思则罔，思而不学则殆"。深思就要联系实际，运用知识分析、解决实际的社会问题及切身的疑难问题。自己难以解决的疑问，还要虚心请教师友，因为"独学而无友，则孤陋而寡闻"（《礼记・学记》）。知道博学的意义而无坚定的意志与毅力，则难以持之以恒，到头来志空而才疏。请教与思索不联系现实，则无的放矢，空谈无效果。博学、笃志、切问、近思，是修养的重要方法，博学才能识广，坚守其志才能专心致志，能解决切实疑难问题，思虑贴近现实，才能学以致用不虚浮，"力行近乎仁"，这四点做到了，便近于仁德了。

19.7 【原文】

子夏曰："百工居肆以成其事①，君子学以致其道②。"

【注释】

①百工：各种工匠。居：居住。肆：作坊或店铺。事：指事业、工作。②致：达到。

【译文】

子夏说："各种行业的工匠，在各自的作坊完成他们的制作事业，而君子是靠学习来成就其修德之道的。"

【评论】

这里子夏并不是强调工匠与君子分工不同，或工匠卑贱君子高贵，而是以"百工居肆以成其事"，来推论"君子学以致其道"。工匠劳作在作坊，完成制作各种器物，其劳作场所、劳作过程、劳作成果都是显而易见的。而君子学习求道，其过程主要体现为记忆、思索，其成果主要体现为思想意识，这个修行的过程是比较抽象的，子夏用形象来衬托抽象，就生动而容易明了。子夏曾把工匠的制作视为"小道"，但是就这"小道"，也需要专心致志，长期磨练，不断提高技艺，没有精雕细刻的劳作，是制作不出精美器物的。所以子夏说"小道""必有可观者焉"。比起小道，君子成就大道，更需要君子"能博学六艺之文，笃厚其志于道，而心不外驰"（吴林伯《论语发微》），更需要以一生的不懈学习，来追求它成就它。

19.8 【原文】

子夏曰："小人之过也，必文①。"

【注释】

①文：修饰，此处指掩饰。

【译文】

子夏说："小人对于自己的过错，一定是文过饰非。"

【评论】

为什么小人对自己的过错一定要掩饰呢？因为小人有了过错，就怕别人知道，怕影响自己的名利收益，于是有过不承认，或极力掩饰，或强词夺理进行狡辩，这本身就是又一种过错，就是过上加过。人非圣贤，孰能无过？偶然的过失人人有之，过而知过并能改过，过也不为过了，甚至改正过错就是一种进步。对待过错的态度就可看出一个人的道德修养，君子为了“不贰过”，要有闻过则喜的胸襟，盼望和欢迎别人对自己的过错进行批评，并把这种批评视为推动自己进步的助力。但是对自己过错轻描淡写甚至讳疾忌医的人，他的过错就没法改正了，这种人想进步，实在是太难了。小人之所以是小人，并不在于他有过错，而在于他对自己的过错不能正视，不做反省，还要千方百计地掩饰，这样的话，必然还要重犯同样的错误。

19.9【原文】

子夏曰：“君子有三变：望之俨然[1]，即之也温[2]，听其言也厉[3]。”

【注释】

①俨（yǎn）然：庄严的样子。②即，接近，靠近。温：温和。③言：说话。厉：严厉。

【译文】

子夏说：“君子给人的感觉有三种变化。远处望见他，庄严可畏。当和他接触后，觉得他温和可亲。听他说话，又是那样的义正词严。”

【评论】

“君子重修其德，自处正容静心，养浩然正气，因而其仪态形象，庄重威严，凛然不可侵犯，令人肃然起敬。内心宽厚爱人，心存忠恕，语气温文和祥。处事果敢，铿锵有力，是则是，非则非。不做出似是而非的变通，也不以功利的目的曲意讨好别人。”（刘强《论语·札记》）君子的“三变”，只是别人从仪表、待人、言谈三方面观察到的不同感受，实际上君子并没有“变”，他诚实坦然，不

因接待不同的人而有意去改变自己的神态与言谈，其神态之庄重严肃、待人之温和可亲、语言之严正认真，都是他一以贯之的仁义品质的自然流露，并无一点矫揉造作。

19.10【原文】

子夏曰："君子信而后劳其民[①]，未信，则以为厉己也[②]。信而后谏[③]，未信，则以为谤己也[④]。"

【注释】

①信，信任，这里是被动用法，被信任。劳：劳顿，役使，使唤。②厉：虐待。③谏：进谏，劝谏。④谤：毁谤，指责。

【译文】

子夏说："君子首先取信于老百姓，然后才可役使老百姓，否则，老百姓就会认为君子在虐待他们。君子首先取信于上司，然后才能去进谏，否则，君主就会以为君子在毁谤自己。"

【评论】

信就是诚实不欺，是仁德的重要表现之一，不论哪一阶层的人，都应具备这一品德，"上好信，则民莫敢不用情。"君子取信于民，老百姓则还之以真情，心悦诚服地服从命令。君子取信于君主，"信则人任焉"，就会得到君主的倚重及任用，向君主提意见也不会被误解为毁谤污蔑。君子使民、事君，都要以信为先。人无信不立，政无信不行，君子无信不成其为君子。

19.11【原文】

子夏曰："大德不逾闲[①]，小德出入可也[②]。"

【注释】

①大德：大节。逾：逾越，越过。闲：门栏，栅栏。这里指界限。②小德：

小节。出入：偏义复合词，这里偏重“出”意，指超出，逾越。

【译文】

子夏说:“在大节上不能逾越道德界限,在生活小节方面有点出轨还是可以的。”

【评论】

据《韩诗外传》等经籍所记，这两句话是古语，子夏用来做交友待人的原则。看待一个人，他只要大节能守得住，小节虽有点瑕疵，也无大碍，对人不要求全责备。什么是大节呢？当然是仁义伦理的道德原则，如父慈子孝，君仁臣忠，弟悌友信，这些道德原则是必须遵守的，不可有丝毫的违背。何谓小节？是指生活琐细的小事，如一个人马虎不很谨严，待人接物有时不注意方式方法，说话有时不够准确，甚至在礼仪、仪表方面不拘小节等，但他能守持得住大节操，在大节方面不含糊，这个人的人格就算健全了。作为君子自己，虽宽以待人，不必计较他人的小节，但却不能以宽容他人的标准来降低对自己的要求。大节当然必须守持，小节也不可忽视，小节经常出毛病，也会影响大节。

19.12 【原文】

子游曰:“子夏之门人小子,当洒扫应对进退①,则可矣,抑末也②。本之则无③,如之何?”子夏闻之,曰:“噫！言游过矣④！君子之道⑤,孰先传焉？孰后倦(传)焉⑥？譬诸草木,区以别矣。君子之道,焉可诬也⑦？有始有卒者⑧,其惟圣人乎⑨！”

【注释】

①应对：回答问题。进退：迎来送往。②抑：然而，可是，或许。末：细末，小事情。③本：根本的，重要的，指礼乐、道德等知识和技能。④过：过分，错。⑤君子之道：这里指君子教育之道。⑥倦：本是厌倦、困倦意，有人怀疑“倦”是“传”字之讹，传：教诲，传授意。也有人解释为：先教授深奥大道，必厌倦。故先教授小事，后教授大道。⑦诬：歪曲，冤枉别人。⑧卒：结

束，这里指最后。⑨惟：只有。

【译文】

子游对人说："子夏的学生们做些洒水扫地、应对宾客、迎来送往的事，这当然是可以的，然而这是些细枝末节的事，如没有重视传授他们礼乐道德根本的学问，这怎么能行呢？"子夏听到这些话后，反驳说："咳！言游（子游）说得有点过头了，君子的教学，先教什么，后教什么，就好比花草树木，都有类别区分从而有不同的培植方法。君子的教学方法，怎么可以随便来胡乱指责呢？从头至尾只授根本大道的，大概只有圣人能做到吧。"

【评论】

孔子死后，儒家内部分为许多派别，韩非有"八儒"之说，实际上并不止八派。这些派别不仅观点有异，而且教学方式也有所不同。子游教学"重本轻末"，子夏教学强调循序渐进，先从小事讲授起，然后教以大道。虽说圣人可以不按这一规则行教，但子夏认为圣人此种行教一般人难以做到，也等于说在现实中是找不到的。他的教学法虽不及孔子的因材施教，但比子游要注意受教育者的实际，所授学问与学生的智力相吻合。求学有先有后，教学有深有浅，先学什么，后学什么，都应有合理安排。不考虑学生的基础、接受能力，也不管教学的效果，只知道传授所谓礼乐根本大道，恰违犯了教学规律。还不如先易后难，循序渐进。

19.13 【原文】

子夏曰："仕而优则学①，学而优则仕。"

【注释】

①仕：当官。优：优裕，充足，此处指有余力。则：连词，相当于"就"。

【译文】

子夏说："当官有余力就去学习，学习有余力就去当官。"

【评论】

这是两句在民间尤其在学堂、书院、学校中传诵了两千多年的名言，但人们多数把它曲解了，尤其是后一句话，往往解释成："学习好了就能当官。"其实子夏是在说："当官有余力就去学习，学习有余力就去当官。"宋人郑汝谐解释说："学，其本也；仕，其用也。二者非相离也。仕之所以有余裕者，即学也，非可于学外求仕，亦非可于仕外求学也。"（《论语意原》）当官还有余力而不去学习，则不能从理论上进一步提高，那么在仕途上也不会建大功立大业。学习还有余力而不去当官，则没有实践其从政理论的机会，所学知识不能转化为理政的能力，何谈真正掌握理论？"学而优"不忘仕，"仕而优"不忘学，学、仕结合才能达到学业与理政都优秀。我们常见学习好的被录用为官，但为官后再去学习的不常见，实际人的一生，都应该始终不渝地坚持学习，尤其是当了官后，更应该重视学习，这样才能做好自己的职事，当好百姓的表率。过去有人把"优"理解为"优秀"，子夏语中二个"优"是同一意思，若当"优秀"讲，前一句就成了"当官政绩优秀就去学习"的意思，学习须以政绩优秀为前提，这在情理上显然是说不通的。但把"优"当"优秀"理解的人，只考虑后一句，认为学习成绩优秀了就能当官，把当官视为学习的唯一目的和动力，其当官的目的自然就为了追求荣华富贵、光宗耀祖，与孔子倡导的学习为了治国平天下，"风马牛不相及"。遗憾的是持学习好可当官这一观点的人，还将他们的观点强加于子夏，而子夏又受孔子的影响，把"学习好可当官"最终视为孔子的思想，"名正言顺"地曲解了孔子教育思想几千年！

19.14 **【原文】**

子游曰："丧致乎哀而止①。"

【注释】

①丧：丧事，丧礼。致：达到，尽到。哀：哀痛。止：停止，这里指可以了，适可而止。

【译文】

子游说："丧礼能尽到哀戚就可以了。"

【评论】

子游（公元前506年—？）姓言，名偃，字子游，鲁国人，一说吴国人，与子夏一同被孔子列为有"文学"特长的优秀弟子。其实，子游还是个很有理政能力的人，他当武城宰时，就用一整套礼乐教化来治理地方，被孔子戏言为"割鸡焉用牛刀"，说明子游有治国平天下的本事。他在"文学"方面的成就和推行礼乐教化方面的能力，受到孔子的称赞与肯定，也引起后人的重视与尊崇。汉代祭祀仲尼七十二弟子，其中就有他。唐代尊为"吴侯"，宋追封为"丹阳公""吴公"。子游重视礼乐教化，并在教化中牢牢地把握礼乐的本质，如他说："丧礼能尽到哀戚就可以了。"这句话显示了两个原则，一是"哀而不伤"的原则。父母的丧事，子女当然应致哀痛，但不能悲伤过度而损伤身体，甚至危及性命，这种"太过"的行为，等于给九泉之下的父母增添了极大的痛苦，这不是行孝道而是有损孝道。二是坚持"礼，与其奢也，宁俭；丧，与其易也，宁戚"的原则。只要能表达哀痛就行了，不必超过丧礼的规定而大操大办。悲情太过导致伤身，不合适；礼的形式太过导致奢侈也不合适。处理任何事，都应注意贯彻中庸之道，善于把握不偏不倚的那个"度"。致丧，并不是越悲伤越显得孝，越铺张浪费越好。

19.15 【原文】

子游曰："吾友张也①，为难能也②，然而未仁。"

【注释】

①张：指子张。②为：算是。能：到，及。

【译文】

子游说："我与子张是老学友了，他的许多优点是一般人难以达到的，然而，他还没有达到仁的高境界。"

【评论】

“自孔子之死也，有子张之儒，有子思之儒，有颜氏之儒，有孟氏之儒，有漆雕氏之儒，有仲良氏之儒，有孙氏之儒，有乐正氏之儒。”（《韩非子·显学》）韩非把子张一派列为八儒之首，可见子张的影响力。子张曾说：“士，见危致命，见得思义，祭思敬，丧思哀，其可已矣。”仅凭子张临危敢于奉献生命这一点，就难能可贵了。但孔子在世时，曾批评说：“师也辟”，师即子张，子张姓颛孙，名师，孔子认为子张性子有点偏激。子游评价子张是：“我的朋友子张，许多地方做得已经是难能可贵了，然而还没有达到仁的标准。”孔子从不轻易以仁赞许人，子游讲此话也不是没有针对性，他可能是对于一些人认为子张是仁人而发此论。他对子张的认识绝不是仅来自子张的几句话与老师的评价，这是他与子张长期相处而得出的结论，子游评价子张，很合乎一分为二的辩证法。

19.16【原文】

曾子曰：“堂堂乎张也①，难与并为仁矣②。”

【注释】

①堂堂：形容仪表雄伟。②并：副词，一并，一起。

【译文】

曾子说：“子张仪表虽堂堂正正，但是难以和他一道追求仁”

【评论】

曾子即曾参（公元前505年—公元前432年），姓曾名参，字子舆，鲁国南武城（今山东嘉祥县满硐乡南武山村）人，与其父曾点同为孔子弟子。曾子资质较迟钝，孔子曾说：“参也鲁”，但他学习勤奋，每日“三省吾身”，他不像子路那样常和老师顶嘴，不像宰我那样好和老师辩论，也不像子张那样外强中不足。他与颜回相似，修养全面，忠厚老实，后来终于成为一名儒家大师，传说著《孝经》，对后世影响极大。东汉明帝东巡狩，“幸孔子宅，祀仲尼及七十二弟子”（《后汉书·明帝纪》），弟子中就有曾子。唐代赠“太子少保”“郕伯”，宋朝改

“郕伯”为“郕侯”“武城侯”“郕国公”，元代更封为“郕国宗圣公”，在孔子弟子中只有两个人谥号达到“圣”，即颜回为“复圣”，曾子为“宗圣”，至今嘉祥还有《宗圣庙》。曾子对子张的评价是：“子张仪表虽堂堂正正，但是和他一道追求仁的高境界就困难了。”曾子没有明说为什么难，只是暗示说子张外貌像个大丈夫的样子，但内心修养不及其堂堂的仪表，尤其在待人方面，盛气凌人，使人难以接近。从子游对子张“然而未仁”的评价中，也可猜测出一二，大概是子张以仁人自负，志高而偏激，说得慷慨激昂，行动上却得不到完全的落实，所以他人难以与他一同求仁行仁了。

19.17【原文】

曾子曰：“吾闻诸夫子：人未有自致者也①，必也亲丧乎②！”

【注释】

①未有：没有。自致：这里指自我充分表露感情。②必：一定。丧：丧事。

【译文】

曾子说：“我听老师说过，人不能控制自己尽情表露感情时，那一定是遇到了父母的丧事。”

【评论】

曾子对儒家思想的继承与发展，主要体现在孝道上，他对孝道不仅具体履行，而且有理论上的全面阐述。他同意老师孔子的看法，孝是出自于人的自然本性，父母无私而不图报答的大爱，对每个人来说都刻骨铭心，没有父母，何来自己？没有父母，自己何以成人？父母丧亡，必悲痛欲绝，情不能自已。如果父母丧亡都不能尽情表露自己的悲情，此人的人性也将泯灭，孝心全无，何有仁德？曾子强调服丧尽哀与子游主张的“丧致乎哀而止”虽不矛盾，但强调的各有侧重。曾子重视孝道，从而认识到服丧、守孝、祭祀对社会的作用。他曾说：“慎终追远，民德归厚矣。”慎重地对待父母丧葬，恭敬地追念远祖的功德，老百姓的道德风气就归于淳厚了，社会上的人们个个忠厚老实，家庭就会和谐，社会就会安定。后世一些为政者，提出以孝治国，正是看到了这一点。

19.18 【原文】

曾子曰:“吾闻诸夫子,孟庄子之孝也①,其他可能也②;其不改父之臣与父之政③,是难能也。”

【注释】

①孟庄子；鲁国大夫孟孙速，名速，庄是谥号。其父是孟孙蔑（孟献子），历仕鲁文公、宣公、成公、襄公四朝，有贤名。②能：胜任，能做到。③改：更改，改变。政：政治措施。

【译文】

曾子说：“我听老师说过，孟庄子的孝行，其他人也能做到，只有他不更换他父亲所用的旧臣，不改变他父亲所行施的政治措施，是他人难以做到的。”

【评论】

曾子说别人能做到的孟庄子的孝行，是指一般人对父亲生活方面的孝顺，别人做不到的孟庄子的孝行，是指居于高位时仍对父亲旧臣旧政的尊重。常言说：“一朝天子一朝臣”，儿子继承父亲高位后，为了巩固自己的地位，就要使用追随自己、忠于自己的部下，就要更换父亲原来的旧臣。即使父亲的旧臣表示忠于新主，但新主担心他们会倚老卖老，不好控制而弃置不用。父亲的旧臣都改换了，改变父亲的旧政策就更不在话下了。不更换父亲的旧臣，是感念这些旧臣当年辅佐父亲的劳苦功高，敬老尊贤也出于尊重父亲的感情。不改变父亲的旧制，是不彰父亲为政之过，维护父亲生前的声誉，这些都是高位者难以做到的。当然，不忍心撤换的是只有小过错的旧臣，不废除的是只有小错的旧政策，若是有大恶的旧臣，大错的旧政策，若不废除，就属于只念及孝父私情而不顾及国家危害了。不过，从孔子赞其不改父之臣与父之政为孝行来看，可知其父之臣与父之政并非属于一定废除的恶臣恶政。

19.19 【原文】

孟氏使阳肤为士师[1]，问于曾子。曾子曰："上失其道[2]，民散久矣[3]。如得其情[4]，则哀矜而勿喜[5]。"

【注释】

①孟氏：鲁国大夫孟孙氏。阳肤：曾子的学生。士师：掌管司法刑狱的官员。②上：执政者，统治者。③民散：民心涣散。④得其情：审出犯人真实情况。⑤哀矜：同情，怜悯。

【译文】

孟孙氏任命阳肤做掌管司法刑狱的官员，阳肤向曾子求教。曾子说："在上位的执政者失去其正道，因而民心涣散，这种情况已经很久了。你如果审出犯人犯罪的实情，应当对他们迫不得已而犯罪的处境抱有同情、怜悯之心，不应当以审得实情而沾沾自喜。"

【评论】

古代一般法官，为了审出犯罪的实情，往往采取严刑逼供，一旦审出实情，说明自己有相当高的审讯、判案的能力，是个称职的好法官，为此高兴也是合乎情理的事。但是曾子却告诫阳肤不仅不能为此而高兴，而且还要同情、怜悯罪犯，既然怀有同情、怜悯之心，当然也不会对之进行严刑逼供了。然而当时的现实是：法官们普遍只知查明犯罪的实情，不知查明犯罪的原因。曾子着重地告诉阳肤：老百姓犯罪，原因是"民散久矣"，为何"民散久矣"？原因是"上失其道"。居上位的少数人为了满足自己的荒淫奢侈，疯狂搜刮民财，使老百姓苦不堪言，把一部分人"逼上梁山"，为盗为寇，真正的罪犯应是居上位者，那些犯罪的民众说起来还是他们的受害者。汉代马融说："民之离散为轻漂犯法，乃上之所为，非民之过，当哀矜之，勿自喜能得其情。"（邢昺《论语注疏》）正如"季康子患盗，问于孔子。孔子对曰：'苟子之不欲，虽赏之不窃。'"作为一名法官，如果没有这点仁心，看不清这一社会现实，就案而论案，看似断案如神，实际上是为虎作伥。

19.20 【原文】

子贡曰："纣之不善[1]，不如是之甚也[2]。是以君子恶居下流[3]，天下之恶皆归焉[4]。"

【注释】

①纣：商朝的最后一个帝王，名辛，纣是他的谥号。相传纣是个暴君、昏君。善：好。②甚：过分，严重。③恶（wù）：厌恶，这里指害怕。居：处于，处在。下流：地位卑微，这里比喻众恶所归的地位。④恶（è）：坏，罪恶。归：归属。

【译文】

子贡说："纣王的恶行，不像后世传说的那么严重。所以君子害怕处于众恶所归的卑贱污秽的地位上，使普天下的坏名声都归到自己的身上。"

【评论】

子贡（公元前 520 年—？），姓端木，名赐，卫国人，是孔子著名的弟子，他思维敏捷，能言善辩，性格活泼、办事通达，喜欢评议他人是非善恶，以"言语"为特长，善经商，有杰出的外交能力。有如此众多的优长，所以有人把他与孔子比附，甚至说他的才学超过了孔子，每当听到这些议论，子贡便认为这是在毁谤孔子，立即给予批驳。他对孔子的感情最深，孔子死后，其他弟子如父母一样为孔子服丧三年，"唯子贡庐于冢上凡六年"（《史记·孔子世家》）。子贡对后世的影响很大，东汉时祭祀仲尼及七十二弟子，弟子中就有子贡。唐代追封"黎侯"，宋朝加封"黎阳公""黎公"。子贡喜欢研究、谈论今古人物，他的这种爱好曾受到孔子的批评："子贡方人，子曰：'赐也贤乎哉！夫我则不暇。'"实际上，子贡喜好评论人物，善于从各种人物的经历中，总结经验教训，对他的经商与外交活动也有借鉴价值。由于他阅人观事较多，往往对历史人物有独到的见解，如他评价商纣王："纣王的恶行，不像后世传说的那么严重。所以君子害怕处于众恶所归的卑贱污秽的地位上，使普天下的坏名声都归到自己的身上。"商纣王暴虐无道，后世人人憎恨，他简直成了暴君恶人的代名词。我们且不管子贡

对商纣王评价得是否得当，他从商纣本身的结局所引出的历史教训值得令人深思。地形低下，则众流所归之，人若为恶，则众人会以各种恶名声来谴责之。所以为人要谨言慎行，不要轻易使自己历史有污点，有了污点，可能就会有人将其他罪名强加于你。正如朱熹说：“子贡言此，欲人常自警省，不可一置其身于不善之地。”（《四书章句集注》）

19.21 **【原文】**

子贡曰：“君子之过也①，如日月之食焉②：过也，人皆见之；更也③，人皆仰之。”

【注释】

①过：过错，错误。②日月之食：日食月食。③更：改正。

【译文】

子贡说：“君子有过错，就像发生日食月食一样，人人都看得见；君子改正过错，就像日月复明，人人都仰望。”

【评论】

子贡把君子之过比作日食月食，形象而准确。日食是指月球运行到地球与太阳之间时，太阳的光被月球挡住，使人们看不见太阳的光芒。月食则是指地球运行到月球与太阳之间时，挡住太阳射向月球的光，月球出现黑影的现象。日食月食是暂时的黑暗，虽然人人都能看到，但无损太阳、月亮明亮的本质，它们很快又恢复了光明，不减人们对它们的仰望。君子有过，本出无心，也非故意，偶然的失误，不是君子本质的反映。世上没有无过错的人，君子对自己的过错持光明磊落的态度，错了就承认，不隐瞒不掩饰，叫大家都看得见。君子“过则勿惮改”，乐于接受大家监督，过而能改，改过之后仍然得到大家的信任与尊敬，损失不了君子的形象。

19.22 【原文】

卫公孙朝问于子贡曰[①]："仲尼焉学[②]？"子贡曰："文武之道[③]，未坠于地[④]，在人[⑤]。贤者识其大者[⑥]，不贤者识其小者，莫不有文武之道焉，夫子焉不学，而亦何常师之有[⑦]？"

【注释】

①卫公孙朝：卫国大夫。因当时鲁、楚、郑三国都有叫公孙朝的，所以名前冠以国名来分别。②焉：疑问代词，相当于"从哪里"。③文武：周文王和周武王。④坠于地：在大地上失传。⑤人：指文化传承的人。⑥识：记，掌握。⑦常师：固定的老师。

【译文】

卫国的公孙朝问子贡："仲尼广博的学问是从哪里学来的？"子贡说："周文王、周武王的仁义道德的道理没有在大地上失传，关键在于有人传承。贤明的人能记住其大道理，不如贤人的人只记住其小道理。没有什么地方不传播文王武王的仁义道德的道理。我的老师在哪里没有可学的？又何必要有固定的老师专门传授呢？"

【评论】

周子贡所谓的"文武之道"，已不单纯就指周文王、周武王之道，而是指几千年来中华民族所创造的优秀文化传统，是指儒家奉行的仁义大道。此道由尧、舜时代开创，又有夏、商的继承发展，至周，制礼作乐，礼乐大备，博大精深的中华文化传统初步形成。子贡说："文武之道，未坠于地，在人"。在子贡心目中，这个"人"主要就指孔子。孔子能高举"文武之道"的旗帜继往开来，能对几千年的文明历史进行总结，尽力保存几千年来的文化遗产，使中华文化"未坠于地"，即避免了中华文明的中断。连现代人都认为孔子的"道德智慧，卓绝千古，……孔子为中国文化之中心，其前数千年之文化，赖孔子而传。其后数千年之文化，赖孔子而开。"（吴宓：《孔子之价值及孔教之精义》，1927 年 9 月 22 日《大公报・文学副刊》）子贡又说：贤者能掌握其精髓，识其修身治国的根本。不

如贤者的普通人只能掌握其皮毛，知道名物制度一般的事情。这个贤者也是指孔子而言，孔子博学多才，尤其精通“文武之道”，把握其修身齐家治国平天下的根本思想，这是当时列国上层都认可的事实，只是他们不知孔子为何具备如此渊博的知识，所以才有卫国的公孙朝询问子贡一事。孔子在贤与不贤者的身上，都可学到自己需要的知识，到处都有自己的老师，他曾说：“三人行，必有我师焉”。他问礼于老聃（dān），访乐于苌（cháng）弘，问官于郯（tán）子，学琴于师襄，善于向所有的人学习，从而才成为历史上少有的优秀传统文化的总结者与集大成者，才成为优秀传统文化最优秀的捍卫者与传承者。子贡在当时，就正确评估出孔子在中国历史上的伟大地位与巨大影响力，其眼光其意识，真是超越千古！

19.23 **【原文】**

叔孙武叔语大夫于朝曰[①]：“子贡贤于仲尼。”子服景伯以告子贡[②]。子贡曰：“譬之宫墙[③]，赐之墙也及肩，窥见室家之好。夫子之墙数仞[④]，不得其门而入，不见宗庙之美，百官之富[⑤]。得其门者或寡矣。夫子之云[⑥]，不亦宜乎！”

【注释】

①叔孙武叔：名州仇，鲁国大夫，武是谥号。②子服景伯：名何，鲁国大夫。③宫墙：这里指围墙。④夫子：指孔子。仞：量度名，一仞为七尺或八尺。⑤百官：本义众官，这里引申为宫墙内的居住者。⑥夫子：指叔孙武叔。

【译文】

鲁国大夫叔孙武叔在朝廷上对大夫们讲：“子贡比他的老师仲尼还要贤明”，子服景伯把这话告诉了子贡。子贡说：“以围墙作比喻吧，我端木赐（子贡）家的围墙只达到肩高，人们在墙外就可以看到里面房屋的漂亮。我老师的围墙有几丈高，如果找不到门走进去，就看不到其宗庙与宫殿的美好和居住者的富有。能找到门的人大概很少吧，叔孙武叔先生这样讲，不也很自然吗？”

【评论】

鲁国大夫叔孙武叔在朝廷上散布说“子贡比孔子还贤明”，这是借吹捧子贡来贬低孔子。子贡听说后，就以围墙作比喻向人们解释，来捍卫孔子的尊严。他以人们常见的普通人家的家室美好，说明自己绵薄的德行易于人们了解，而孔子博大精深的思想，就如天子或诸侯的宫墙，遮挡着里面宗庙与宫室的富丽堂皇和主人财产的富裕，无法一睹其风采，“不入门”，人们自然对其一无所知。叔孙武叔对孔子之道“不入门”，当然看不到孔子思想的博大精深，“不入门”的人口出不着边际的话，也是很自然的。子贡说“不亦宜乎”，好像是谅解的话，实际是对叔孙武叔浅薄无知的一种嘲讽。不知为不知，莫伪装知。有些人对某思想某理论或某个人，还不了解，或了解甚少，毫无评论的依据和资格，就妄加批评指责，确实太狂妄无知了。

19.24 【原文】

叔孙武叔毁仲尼[①]。子贡曰：“无以为也[②]！仲尼不可毁也。他人之贤者，丘陵也[③]，犹可逾也[④]；仲尼，日月也，无得而逾焉[⑤]。人虽欲自绝[⑥]，其何伤于日月乎[⑦]？多见其不知量也[⑧]。”

【注释】

①毁：毁谤，诋毁。②无以为：不要这样做。③丘陵：连绵不断的小山。④逾：超过，超越。⑤无得：不能。⑥自绝：自己与对方断绝关系。⑦伤：损伤。⑧多：恰好，只。见：显示。不知量：自不量力。

【译文】

叔孙武叔毁谤仲尼。子贡说：“不要这样搞了吧！仲尼的形象是毁谤不了的。他人的贤德虽高，不过就如丘陵，别人还是可以跨越的。仲尼的贤德，高如日月，是没人能超越的。有人想弃绝于日月，但对于日月来说，其光芒有丝毫损失吗？正如有人想诋毁仲尼，不但不能丝毫损伤仲尼，恰足以自显其不自量力。”

【评论】

前章记叔孙武叔借捧子贡来贬孔子，本章记叔孙武叔明目张胆地直接诋毁孔

子，如果说子贡对叔孙武叔借捧自己来贬孔子的言论，还是留有情面地给予含蓄的批驳，而面对叔孙武叔赤裸裸公开诋毁孔子，子贡就勇敢地站出来义正词严地捍卫孔子尊严了。他仍以比喻来说事，严正告诫叔孙武叔：孔子的崇高形象是任何人也诋毁不了的，恰暴露了诋毁者的无知与狂妄。《韩诗外传·卷八》载，齐景公向子贡问孔子的才学贤德，子贡回答："臣终身戴天，不知天之高也。终身践地，不知地之厚也。若臣之事仲尼，譬犹渴操壶杓就江海而饮之，腹满而去，又安知江海之深乎？"颜回曾说："仰之弥高，钻之弥坚。瞻之在前，忽焉在后。夫子循循然善诱人，博我以文，约我以礼，欲罢不能。既竭吾才，如有所立卓尔，虽欲从之，末由也已。"子贡与颜回具有同一感受。孔子弟子如此崇拜其先生孔子，完全是因为他们对孔子思想、人品的全面、深刻的了解。有人诋毁孔子，不仅损伤不了孔子的形象，反而说明孔子的影响越来越大。韩愈曾说："李杜文章在，光焰万丈长。不知群儿愚，那用故谤伤。蚍蜉撼大树，可笑不自量。"(《东雅堂昌黎集注》）李白、杜甫尚且可喻为"大树"，那么孔子就是"参天大树"，叔孙武叔诋毁孔子，实在是不自量力。令人叹息的是，叔孙武叔死后，其诋毁孔子的"继承人"始终没有绝迹，然而其诋毁的行为，只能使孔子的名声更加远播，孔子伟大的形象仍如泰山一样巍然屹立。

19.25 **【原文】**

陈子禽谓子贡曰[①]："子为恭也[②]，仲尼岂贤于子乎？"子贡曰："君子一言以为知[③]，一言以为不知，言不可不慎也[④]！夫子之不可及也[⑤]，犹天之不可阶而升也[⑥]。夫子之得邦家者[⑦]，所谓立之斯立，道之斯行[⑧]，绥之斯来[⑨]，动之斯和[⑩]。其生也荣[⑪]，其死也哀，如之何其可及也？"

【注释】

①陈子禽：姓陈，名亢，字子禽，陈国人，孔子的弟子。本章中提到的陈子禽可能不是孔子弟子陈子禽，是同一称谓的他人。谓：对……说。② 子：对人的尊称。恭：谦恭。③ 一言：一句话。以为知：显出出智慧。"知"同"智"。④言：说话。慎：谨慎。⑤及：赶上。⑥犹：像……一样。阶：阶梯，这里指踩着梯子。⑦得邦家：指成为诸侯。⑧道：通"导"，引导，教导。⑨绥（suí）：安

抚。来：归附。⑩动：感动，鼓舞。和：和谐，和睦。⑪生：活着。

【译文】

陈子禽对子贡说："你是故意谦恭吧，仲尼怎能贤能过你呢？"子贡回答说："君子说话，一句话就能显示出他有智慧，一句话也能显示出他缺乏智慧，说话不能不谨慎呀。我们老师的道德学问高不可及，就像不能踩着梯子上天一样。如果让老师来治理国家，就如人们所说的：他以礼教人自立，人们就能自立。他以德引导人，人们就能奉行德。他以仁安抚人，则连远处的人们都纷纷来归附。他以乐感动人，人们就能和睦。他活着有荣名，死后人们都哀悼他。有这样的道德功业，其他人怎么能达到他的水平？"

【评论】

孔子死后，引起不同人的评说，子贡每当听到人们评论孔子时，就极力称誉其师。子贡对孔子的无限崇拜，连陈子禽都觉得有点过分了，他认为这是子贡过谦。子贡一听陈子禽所言，就知道陈子禽未能真正认识孔子的道德学问，跟着社会上一些错误观点跑，便又以生动形象的比喻，耐心地开导他，批评了他的胡言乱语，告诫他说话要谨慎，不要说不符合事实的话。历来认为陈子禽是孔子的弟子，但孔子的弟子称老师为"子"或"夫子"，没有一个直呼老师为"仲尼"的，当陈子禽直呼"仲尼"时，子贡并没有给予纠正，看来这位陈子禽并非是孔子的弟子。

历史人物肯定有其历史的局限性，但有的人等伟人一死，就觉得自己是圣贤了，特别爱听奉承的话。叔孙武叔、陈子禽都称子贡贤于孔子，可见子贡的进德修业在当时已为世人仰慕，但子贡听了他们赞扬的话，不仅没有沾沾自喜、飘飘然，而且对他们的妄言提出严厉的批评，说明子贡有自知之明。孔子之所以伟大，在于他一生不为物欲所诱惑，不以个人温饱安逸为追求，也不以避世隐居逍遥自在为快乐。而是以修已安人为目的，以能"立人""达人"为幸福。他的人生目标就是实现仁爱天下的历史使命，他的理念就是实现大同世界，为此他一生奋斗不息。孔子之所以伟大，在于生前只索取自己的聪明才智而无私地奉献于人民，死后他的精神仍是后人的宝贵精神财富，令千秋万代的人永远怀念，能做到这一点的，除了孔子还有几人？

尧曰篇第二十

本篇只有三章，记述古代圣王的告辞及孔子关于修身从政的论述。首章先记述尧让位于舜的禅位之辞，次为舜让位给禹时的嘱辞，再次是商汤伐夏桀时祭告上天之辞，其次是周武王伐纣后誓众之辞。由于尧、舜二帝及夏、商、周三王施行了善政，开创了上古盛世，本章最后总结了他们治理天下的具体措施。孔子"祖述尧舜，宪章文武"，就是宣扬先王施行善政的大法，并在此基础上，又有自己的创新表述。在下一章中，孔子认为："尊五美，屏四恶，斯可以从政矣。""五美"中，关键是与民以"惠"，实行富民政策。"四恶"中，首恶就是虐民，对民实行严刑峻法与苛捐杂税。说到底，从政就是为民，就是实行仁政。最后一章，孔子强调"三知"，知天命，以成君子；知礼，以立于世；知言，以识别人。整部《论语》，就是教人如何成为君子，以"三知"来终篇，再次强调修身以成君子，其蕴意深刻。

20.1 【原文】

尧曰："咨[①]！尔舜！天之历数在尔躬[②]，允执其中[③]。四海困穷[④]，天禄永终[⑤]。"

舜亦以命禹[⑥]。

曰："予小子履敢用玄牡[⑦]，敢昭告于皇皇后帝[⑧]：有罪不敢赦。帝臣不蔽[⑨]，简在帝心[⑩]。朕躬有罪[⑪]，无以万方[⑫]；万方有罪，罪在朕躬。"

周有大赉[⑬]，善人是富。"虽有周亲[⑭]，不如仁人。百姓有过，在予一人。"

谨权量[⑮]，审法度，修废官[⑯]，四方之政行焉。兴灭国[⑰]，继绝世[⑱]，举逸民，天下之民归心焉。所重：民、食、丧、祭。宽则得众[⑲]，信则民任焉[⑳]，敏则有功[㉑]，公则说[㉒]。

【注释】

①咨：语气词，表示赞叹。②历数：日月星辰运行的顺序，这里指决定君王地位传承的天命。尔躬：你自身。尔，你。躬，身，身上。③允执其中：诚实地执行中正之道。允，切实，诚恳。中，中正，中庸之道。④四海：天下。⑤天禄：上天赐予的禄位。终：终结，完结。⑥以：介词，相当于“用”，后面省略了宾语。⑦小子：祭天时国君自称，表示是天帝的儿子。履：商汤的名。敢：谦词，相当于“冒昧”的意思。玄牡：黑色公牛。⑧皇皇，光明伟大。后帝：指天帝。古代天子称“后”，后来才指帝王妻。⑨蔽：隐蔽。⑩简：明察。⑪朕躬：自己。朕，我，到秦始皇时才成为天子专用的尊称。躬，自身。⑫以：牵连。万方：指四方百姓。⑬大赉（lài）：重大、普遍的赏赐，指分封诸侯、奖励战功之类。赉，赏赐。⑭周亲：至亲。周，至，全。⑮谨：谨慎。权：秤砣（tuó），这里指衡器。⑯修：恢复，修复。官：指官职与机构。⑰兴：恢复。灭国：被灭掉的诸侯国。⑱绝世：已断绝嗣后的家族。⑲宽：宽厚，宽容。众：指民心。⑳任：信任。杨伯峻《论语译注》中注释“信则民任焉”五字为衍文：“《汉石经》无此五字，《天文本校勘记》云：‘皇本、唐本、津藩本、正平本均无此句。’足见这一句是因阳货篇‘信则人任焉’而误增的。阳货篇作‘人’，‘人’是领导。此处误作‘民’。‘民’指百姓。有信实，就会被百姓任命，这种思想绝非孔子所能有，尤其可见此句不是原文。”㉑敏：勤勉，勤奋。㉒公：公平。

【译文】

尧帝说：“啊！你这个舜啊！按照天命相继顺序的安排，帝位已传到你的身上，你要诚实地把持着中正公道。如果天下老百姓困顿贫穷，上天所赐你的禄位就永远终结了。”

舜帝后来让位给禹的时候，也重复地说了这一番话。

商汤说：“我作为天帝的儿子履，谨用黑公牛作为牺牲祭品来祭祀，斗胆地向光明伟大的天帝禀报。我顺天奉法，不敢擅自赦免有罪的人。夏桀身居天帝臣子之位，所犯的罪行已不可隐蔽，这是天帝心里很清楚的事。如果我自身有罪，请天帝不要牵连四方百姓，如果四方百姓有罪，其罪责由我一人来承担。”

周朝得天下后普遍进行赏赐，使好人都富贵起来。周武王说：“虽有周族至

亲的人，却不如有仁德的人。天下老百姓若有过错，是我的不教之过，罪应当归于我一人。”

谨慎地制定度量衡标准，审定礼仪法规制度，修复废弃了的官职与机构，使各地政令畅通无阻。恢复不该灭亡的诸侯国，为已断绝的先王、贤大夫的世系立有后嗣，提拔举用遁世隐居的高士，这些做到了，天下的民心就自然归服了。所重视的应是：民众、粮食、丧礼、祭祀。君王宽厚待民则得民心，诚信待民则得民的信任，从政勤勉敏捷，为政公平，民众必然心悦诚服。

【评论】

本章记述二帝三王施政大法。第一段是帝尧命舜禅以帝位之辞。第二段写舜让位给禹时，也用尧命舜的话来嘱咐禹。第三段是商汤伐夏桀时祭告上天之辞。第四段写周武王伐商纣成功后，周朝大赐天下，分封诸侯，善良的人都得到了富贵。周武王发表了誓众辞。第五段，鉴于尧、舜二帝及夏、商、周三王所行善政，总结治理天下的大法。大法列出重要几条：“谨权量，审法度，修废官，四方之政行”“兴灭国，继绝世，举逸民”。尧、舜二帝及夏、商、周三王治理天下的方法或许还能列出许多，但它们都有一个出发点与落脚点，那就是：得民心。所以君王所重视的四项：民、食、丧、祭，也是从得民心出发的。民是国家之本，必须重视。民以食为天，必须重视。服丧体现孝道，必须重视。祭祀培养敬畏之心，必须重视。民既是国之本，保民就是国策的重中之重，而解决民食，即解决民生主要问题，就是保民的关键，这是君王最基本的养民、惠民之策。重视丧礼与祭祀，是以德教化民众的有效措施。二帝三王所以开创盛世，不外就是做到了以上几点，后世治国者常把它奉为帝王治国之道。

20.2 **【原文】**

子张问于孔子曰：“何如斯可以从政矣？”子曰：“尊五美①，屏四恶②，斯可以从政矣。”

子张曰：“何谓五美？”子曰：“君子惠而不费③，劳而不怨④，欲而不贪，泰而不骄⑤，威而不猛⑥。”

子张曰："何谓惠而不费？"子曰："因民之所利而利之[7]，斯不亦惠而不费乎？择可劳而劳之，又谁怨？欲仁而得仁，又焉贪？君子无众寡，无小大，无敢慢[8]，斯不亦泰而不骄乎？君子正其衣冠[9]，尊其瞻视[10]，俨然人望而畏之[11]，斯不亦威而不猛乎？"

子张曰："何谓四恶？"子曰："不教而杀谓之虐[12]。不戒视成谓之暴[13]。慢令致期谓之贼[14]。犹之与人也[15]，出纳之吝谓之有司[16]。"

【注释】

①尊：尊崇，崇尚。美：指美德。②屏：通"摒"，摒弃。恶：恶行，恶习。③惠：恩惠。费：耗费。④劳：使唤，役使。⑤泰：安泰，安详舒坦。⑥威：有威严。猛：凶猛。⑦因：依据，因循。⑧慢：怠慢，轻慢。⑨正：端正，这里是"使……端正"的意思。⑩瞻视：目光，眼神。⑪俨然：庄严的样子。畏：害怕，引申为敬畏。⑫虐：暴虐。⑬戒：告诫。成：成功，成绩。⑭慢令致期：命令下得缓慢，要求完成却急迫而限期。贼：坑害，迫害。⑮犹之：同样的意思。与：给与。⑯出纳：偏义复合词，表示"出"意。吝：吝啬。有司：古代负责具体事务的官吏，职位低贱，此处借指小家子气。

【译文】

子张问孔子："怎样才能从事政务？"孔子回答："尊崇五种美德，摒弃四种恶行，这就可以从事政务了。"

子张问："什么叫五种美德？"孔子回答："君子给老百姓恩惠但却不需要耗费财物，役使老百姓但让老百姓无怨言，君子有追求的欲望但不自私贪婪，仪态安泰但不骄傲，神色威严但不凶猛。"

子张又问："什么叫作给老百姓恩惠，但却不需要耗费财物？"孔子回答："依照老百姓因地制宜的办法让他们去得利，这不就是以政策让老百姓得到恩惠，但不耗费财物吗？选择老百姓认为合适的时间合适的方式让他们去劳作，不影响他们的正常生产，还有谁会怨恨呢？君子意在追求仁而如愿以偿地得到仁，除此之外还有什么欲望可贪图？无论人多人少，无论势大势小，君子都一律不敢怠慢

而平等相待，这不就是仪态安泰而不骄傲吗？君子端正自己的衣冠，庄重自己的瞻视仪容，庄严地使人见了就敬畏，这不就是威严而不凶猛吗？”

子张又问：“什么叫四种恶行？”孔子回答：“不先进行教育，只要人们犯罪就杀头，这叫作暴虐；不事先告诫就要求立即出成绩，这叫作暴躁；政令怠慢松弛不加督促，突然责其限期完成，这叫作坑害人；同样赐予人，出手吝啬如同出纳的库吏一般，这叫作小家子气的官吏。”

【评论】

此章孔子论述从政，最为详备。孔子论政，着眼于执政者的素质，孔子心目中的执政者，能扬善除恶，即“尊五美，屏四恶”。“五美”中，让子张最关心的是如何做到与民以“惠”，这是从政的根本，也是从政的目的。孔子告诉他：民得利，民无怨，就是惠民。“屏四恶”，就是对民不虐、不暴、不贼、不吝。说到底，“尊五美，屏四恶”，是实行仁政的基本措施，当然这还要涉及各种政令的制定与执行、从政作风与态度的改进，等等。行仁政又涉及到执政者的自身品德修养，能坚决贯彻“尊五美，屏四恶”的执政者必是贤能者，正是由于他们具备仁德的素质才保证了仁政的推行。

20.3 **【原文】**

孔子曰：“不知命①，无以为君子也②；不知礼③，无以立也④；不知言⑤，无以知人也⑥。”

【注释】

① 命：指命运，天命，不以人的意志为转移的规律。② 无以：没有什么。③礼：礼法。④立：立身，处世。⑤知言：指分析辨别他人的言论。⑥知人：指了解认识他人。

【译文】

孔子说：“不知道不以人的意志为转移的规律，就无法成为君子；不知道礼法，就没有资格立足于世；不知道分析辨别他人的言论，就不可能正确地认识他人。”

【评论】

整部《论语》，就是教人如何成为君子，具有君子仁义之德与治国之才，然后安民平天下，而这一切，基础还是修身。编纂《论语》的孔子弟子及后学以孔子的“三知”来终篇，再次强调修身，是有深刻用意的。一个人要想成为君子立于世，知命、知礼、知言这“三知”，不可不牢记。

一说知命，有人就怀疑孔子在提倡鬼神迷信，宋人许谦解释“命”说：“有天理之命，有气数之命。天理之命，人得之以为性者也；气数之命，人得之以为生死寿夭贫富贵贱者也。”（《读论语丛说》）从整部《论语》中所载的孔子言论看，孔子本无鬼神迷信的思想，他对“命”是这样理解的：一是指人们难以把握的自然规律，如生死寿夭贫富贵贱等，等同于许谦所说的“气数之命”。对它的知，就是顺其自然，所谓“死生有命，富贵在天”，知道这些不可强求而不必求。一是指人性所向往的美好精神理念，等同于许谦所说的“天理之命”，如仁、义、礼、智、信等。孔子坚信仁义大道终有实现的一天，现在虽然大道难行，但要“知其不可而为之”。为大道的实现奋斗不息，为己立命，为生民立命，这就是知命，就是达到了君子的根本标准。

礼是社会生活中形成的行为准则、道德规范和各种礼节，知礼就是知理，知人之所为，就是以具体行为履行仁、义、礼、智、信等伦理原则。《晏子春秋·谏上二》曰：“凡人之所以贵于禽兽者，以有礼也。故《诗》曰：‘人而无礼，胡不遄死？’礼，不可无也。”孔子教学生，博之以文，约之以礼，告诫他们为仁的细目就是“非礼勿视，非礼勿听，非礼勿言，非礼勿动”。大至接人待物，小至举手投足，莫不有礼的约束，无不体现着孝慈、友悌、忠信、仁义，言行合于礼，为立身处世之本，由此可见知礼的重要。

“三知”中的“知命”，重在要求君子对包括福禄寿等持淡然豁达的态度，对仁义大道持孜孜不倦追求的信念。“知礼”，重在要求君子克己、守礼、行礼。“三知”中最不好知的是“言”，因为它不是仅凭君子个人的信念、律已就能知的，世上有忠言、直言、诤言、狂言、佯言、妄言、谗言、怨言、谣言、谎言、胡言、流言、传言等等，需要有分析、辨别的智慧与能力，然后才可知。何谓知

言？孟子说：“诐辞知其所蔽，淫辞知其所陷，邪辞知其所离，遁辞知其所穷。”(《孟子·公孙丑上》) 即：听了偏颇不正的话，能知其病根在于有所壅蔽；听了放荡的话，能知其病根在于有所沉溺；听了邪僻的话，能知其病根在于叛离了正道；听了躲躲闪闪的话，能知其病根在于理亏。《周易·系辞下》中也说：“将叛者其辞惭，中心疑者其辞枝，吉人之辞寡，躁人之辞多，诬善之人其辞游，失其守者其辞屈。”即：将要背叛的人，说话就惭愧不安；心中有疑惑的人，说话就枝蔓分散；善良的人话少；急躁的人话多；诬蔑善良人的人，说话虚浮不实；丧失操守的人，说话理屈词穷”。言为心声，不知言就不知人，不知人如何处世？所以知言也是君子必备的素质。

附录一

孔子年谱

一岁：公元前 551 年（鲁襄公二十二年）

孔子祖先本是商朝宗室后裔，周灭商后，周成王封商纣王的庶兄微子启于宋，建都商丘（今河南省商丘市一带）。微子启死后，其弟微仲继位，微仲即为孔子的远祖。孔子的十一世祖是宋缗公（名公），缗公有二子，长子弗父何是孔子十世祖，次子鲋祀（又名方祀）。缗公死时传位于其弟熙，为宋炀公。鲋祀杀熙，以国授弗父何，弗父何不肯接受，让位于鲋祀，是为宋厉公。弗父何生宋父周，宋父周生世子胜，世子胜生正考父，正考父生孔父嘉，五世亲尽，别为公族。据《孔子家语》、胡仔《孔子编年》所载，从孔子远祖微仲到其父叔梁纥共十四代，次序为：宋微仲→宋公稽→丁公申→缗公共→弗父何→宋父周→世子胜→正考父→孔父嘉→木金父→睪夷→防叔→伯夏→叔梁纥。

孔子六世祖孔父嘉是宋国大夫，做过大司马，封地于宋国栗邑（今河南省商丘市夏邑县）。在宋国宫廷内乱中被宋太宰华督所杀。自孔父嘉之后，其后代子孙开始以孔为姓（原姓子）。孔父嘉的儿子木金父即孔子的五世祖为避内乱逃到鲁国（此说取自胡仔《孔子编年》，而《孔子家语》则认为孔父嘉的三代孙孔防叔才“避华氏之祸而奔鲁”），从此孔氏之后就变成了鲁国人。孔子的父亲是鲁国有名的勇士，名纥字叔梁。叔梁纥曾任鲁国陬邑大夫，为鲁国立过两次战功，尤其在一次战斗中，以单臂托住偪城悬门，让盲目冲进城池的部队撤出而闻名于诸侯各国。叔梁纥先娶妻施氏，生九女而无男孩。又娶妾，生一男孩，取名伯尼，又称孟皮。可惜孟皮脚有毛病，依照当时礼仪不宜继嗣，于是又与年轻女子颜徵在生孔子。孔子在此年 9 月 28 日（农历八月廿七）于鲁国陬邑昌平乡（今山东省曲阜市东南的南辛镇鲁源村）出生，因父母曾为生他而祈祷于尼山，所以为孔子起名叫丘，孔子因有兄长孟皮，排行老二，故字仲尼。

孔子出生后，大部分时间生活在鲁国，较长时间离开鲁国有两次。第一次发生在三十五岁时，鲁国发生内乱，鲁昭公出走齐国，孔子也离开鲁国去到齐国，

在三十七岁时又由齐返鲁。五十五岁时，因与鲁国执政季氏不和，又一次被迫离开鲁国，带领部分弟子周游列国十四年（期间也有短期回到鲁国的时候），六十八岁时又返回鲁国，直到病逝。

二岁：公元前 550 年（鲁襄公二十三年）

齐庄公发兵攻打晋国，鲁国叔孙豹率兵救援晋国。

三岁：公元前 549 年（鲁襄公二十四年）

孔子父亲叔梁纥去世，葬于防山（今曲阜市东二十五里处），母亲颜徵在未将孔子父亲的墓地告诉儿子。父亲死后，孔子母子不为叔梁纥正妻施氏所容，只好携孔子与孟皮移居鲁都城曲阜阙里，孤儿寡母，家境贫寒。

四岁：公元前 548 年（鲁襄公二十五年）

齐国崔杼率兵攻打鲁国北部边境。

五岁：公元前 547 年（鲁襄公二十六年）

鲁襄公在澶渊与晋、郑、宋、曹国代表会见。孔子弟子秦商出生，商字不慈，鲁国人。

六岁：公元前 546 年（鲁襄公二十七年）

鲁国叔孙豹与诸侯国大夫们在宋国结盟。在母亲颜徵在教育下，孔子自幼好礼习礼。孔子弟子曾点出生，点字皙，曾参父，鲁国人。

七岁：公元前 545 年（鲁襄公二十八年）

周灵王去世，在位二十七年，其子周景王继位。孔子弟子颜繇出生，繇又名无繇，字季路，又称颜路，颜渊的父亲，鲁国人。

八岁：公元前 544 年（鲁襄公二十九年）

吴国公子季札来鲁观周乐。孔子弟子冉耕出生，耕字伯牛，鲁国人。

九岁：公元前 543 年（鲁襄公三十年）

鲁国大夫叔弓赴宋国为宋国共姬送葬。郑国子产执政，郑国大治，后来孔子给予子产很高的评价。

十岁：公元前 542 年（鲁襄公三十一年）

鲁襄公去世，其子黲继位，是为昭公。孔子弟子仲由出生，由字子路，又称季路，卞国人，一说鲁国人。

十一岁：公元前 541 年（鲁昭公元年）

鲁国的叔孙豹在虢地与晋、楚、齐、宋、卫、陈、蔡、郑、许、曹等国代表会盟，鲁国攻取郓地。

十二岁：公元前 540 年（鲁昭公二年）

晋国韩宣子来鲁观书，见《易》《象》与《鲁春秋》，说："周礼尽在鲁矣。"（《左传·昭公二年》）孔子弟子漆雕开出生，开字子若，一说子开，蔡国人，一说鲁国人。

十三岁：公元前 539 年（鲁昭公三年）

鲁国举行大型祈雨活动，后又有大冰雹。

十四岁：公元前 538 年（鲁昭公四年）

鲁国轻易占领了鄫国。孔子少年时期从事过各种体力劳动，他说："吾少也贱，故多能鄙事。"（《子罕篇》）

十五岁：公元前 537 年（鲁昭公五年）

鲁国取消中军编制，把属于公室的军队分为四部分，叔孙、孟孙氏各掌其一，季孙氏掌其二，公室势力进一步削弱。孔子立志在修身求学上有所建树，他说："吾十有五而志于学。"（《论语·为政篇》）

十六岁：公元前 536 年（鲁昭公六年）

郑国人把郑国的刑法铸在鼎上。孔子弟子闵损出生，损字子骞，鲁国人。

十七岁：公元前 535 年（鲁昭公七年）

孔子母亲颜徵在去世，孔子向人打听父亲墓地，将父母合葬，开始三年的服丧。鲁执政季孙宿（季武子）去世。

十八岁：公元前 534 年（鲁昭公八年）

鲁国在红地举行大型阅兵式。孔子已长得身强力壮，传说他个子很高，身高约一米九，人称"长人"。鲁国执政季氏宴请士一级贵族，孔子赴宴，被季氏家臣阳虎阻拦。孔子虽被季氏家臣拒之门外，但其博学知礼多才已闻名遐迩。《左传·昭公七年》记载，此年鲁国大夫孟僖子病危时召其大夫说：我听说有一个将要显达的人名叫孔丘，他是圣明者的后代，家族在宋国灭亡了……臧孙纥有话说：圣明的人具有明德，即使不做国君，他的后代也必然发达显贵。现在恐怕会应验在孔丘身上吧！我如果能得以善终，一定把儿子说（南宫敬叔）和何忌（孟懿子）托付给孔丘，让他们侍奉孔丘而学习礼仪，以稳定自己的地位。

十九岁：公元前 533 年（鲁昭公九年）

鲁国建造郎囿。孔子为鲁国贵族季氏做文书。孔子娶宋国人亓官氏女子为妻。

二十岁：公元前 532 年（鲁昭公十年）

孔子在鲁国已经很有影响力。孔子得子，鲁昭公赐鲤鱼庆贺，孔子深感荣幸，故为儿子起名为鲤，字伯鱼。孔子入仕，任季氏的委吏，是管理仓库账目的小官吏。

二十一岁：公元前 531 年（鲁昭公十一年）

孔子在季氏处又改任乘田吏，管理畜牧。不论担任委吏还是乘田吏，孔子都干得很出色。

二十二岁：公元前 530 年（鲁昭公十二年）

鲁国叔仲小、南蒯、公子慭谋划反对季氏，失败后南蒯、公子慭相继投奔齐国。孔子弟子南宫适出生，适字子容，又称南容，鲁国人，后来成为孔子的侄女婿。

二十三岁：公元前 529 年（鲁昭公十三年）

楚灵王被公子比杀死于乾溪。孔子说："古也有《志》：'克己复礼'，仁也。信善哉！楚灵王若能如是，岂其辱于乾溪？"（《左传·昭公十二年》）可见，"克己复礼"一词出于孔子见过的一本古书中。

二十四岁：公元前 528 年（鲁昭公十四年）

晋国叔向执法公正，孔子赞颂道："叔向，古之遗直也。治国制型，不隐于亲，三数叔鱼之恶，不为末减。由义也夫，可谓直矣……"（《左传·昭公十四年》）

二十五岁：公元前 527 年（鲁昭公十五年）

鲁国人在武公庙祭祀，参加祭祀的叔弓猝然死去，祭祀草率收场。

二十六岁：公元前 526 年（鲁昭公十六年）

鲁昭公去晋国聘问被晋人扣留，孔子后来修《春秋》，不载此事，出于为尊者隐讳。此年晋昭公去世。

二十七岁：公元前 525 年（鲁昭公十七年）

郯国君来鲁朝见，孔子向他询问郯国的古代官制。《左传·昭公十七年》载："仲尼闻之，见于郯子而学之。既而告人曰：'吾闻之：天子失官，学在四夷，犹信。'"孔子的好学精神，由此可见一斑。

二十八岁：公元前 524 年（鲁昭公十八年）

宋、卫、陈、郑国发生火灾，郑国人请求子产祭神禳灾，子产说："天道远，人道迩……"拒绝祭神（《左传·昭公十八年》）。子产是孔子肯定的历史人物，其"天道远，人道迩"的思想对其影响深远。

二十九岁：公元前 523 年（鲁昭公十九年）

孔子学琴于师襄子。

三十岁：公元前 522 年（鲁昭公二十年）

孔子曾自述："吾十有五而志于学，三十而立……"（《论语·为政篇》）此时他博学多才，在道德涵养及为政方面的能力，已得到公认。孔子在鲁国创办私学可能在此前后。齐景公与晏婴来鲁，还特地求教孔子秦穆公何以称霸的问题。孔子弟子颜回（回字子渊，又称颜渊，鲁国人）、冉雍（雍字仲弓，鲁国人）、冉求（求字子有，鲁国人）、商瞿（瞿字子木，鲁国人）、梁鳣（鳣字叔鱼，齐国人）出生。

三十一岁：公元前 521 年（鲁昭公二十一年）

秋季七月初一，发生了日食。孔子弟子巫马施（鲁国人，一说陈国人，姓巫马，名施，字子期，又称巫马期）、高柴（卫国人，一说齐国人，柴字子羔，又称子皋、子高、季皋等）、宓不齐（鲁国人，不齐字子贱）出生。

三十二岁：公元前 520 年（鲁昭公二十二年）

周景王去世，其子周悼王继位。王子朝率兵杀死悼王自立。晋国帮助周王室立景王另一子为周敬王。孔子弟子端木赐（卫国人，姓端木，名赐，字子贡）出生。

三十三岁：公元前 519 年（鲁昭公二十三年）

晋国扣捕了鲁国在晋的外交官叔孙婼。

三十四岁：公元前 518 年（鲁昭公二十四年）

鲁国大夫孟僖子的二个儿子孟懿子与南宫敬叔向孔子学礼。相传孔子还与南宫敬叔到成周（洛阳）视察周朝的文物制度，并问礼于老聃，问乐于苌弘。

三十五岁：公元前 517 年（鲁昭公二十五年）

鲁昭公率兵攻击季氏，三桓联合攻昭公。三桓，指鲁国卿大夫孟氏、叔孙氏和季氏。三桓之名起于鲁庄公时代（公元前 693 年—公元前 662 年）。鲁庄公父

亲鲁桓公有四子，嫡长子鲁庄公继承鲁国国君；庶长子庆父（谥共，又称共仲，其后代称仲孙氏。庶子之长又称“孟”，故又称孟氏、孟孙氏）、庶次子叔牙（谥僖，其后代称叔孙氏）、嫡次子季友（谥成，其后代称季氏）皆按封建制度被鲁庄公封官为卿，后代皆形成了大家族，由于三家皆出自鲁桓公之后，所以被人们称为“三桓”。鲁昭公被“三桓”击败后，投奔到齐国。孔子在此年也离鲁去到齐国。

三十六岁：公元前 516 年（鲁昭公二十六年）

齐景公问政于孔子，孔子提出“君君、臣臣、父父、子子”的理论（《论语·颜渊篇》），齐景公很赏识，欲以尼溪之田封孔子，因晏婴阻挠未成。孔子在齐闻舜时的《韶》乐，如醉如痴，竟三月不知肉味。

三十七岁：公元前 515 年（鲁昭公二十七年）

孔子在齐，得到齐景公的器重，齐大夫扬言欲害孔子，孔子由齐返鲁，自此较长时间在鲁国或从教或从政。吴公子季札聘齐，其子死，葬于瀛、博之间。孔子往，观其葬礼。孔子弟子樊须（鲁国人，一说齐国人，须字子迟，又称樊迟）、原宪（宋国人，一说鲁国人，宪字子思，又称原思、原思仲）出生。

三十八岁：公元前 514 年（鲁昭公二十八年）

鲁昭公到晋国，住在乾侯。晋国魏献子举贤不论亲疏，孔子赞许此为义举，说：“近不失亲，远不失举，可谓义矣。”（《左传·昭公二十八年》）

三十九岁：公元前 513 年（鲁昭公二十九年）

晋国铸刑鼎，鼎文为范宣子制定的刑书。孔子反对这种法度公开的做法，并说：“晋其亡乎，失其度矣……”（《左传·昭公二十九年》）

四十岁：公元前 512 年（鲁昭公三十年）

鲁昭公仍在乾侯，晋顷公去世。经过几十年的磨练，孔子对人生、社会各种问题有了比较清楚的认识，对自己确立的人生观很自信，他曾自谓：“四十而不惑”（《论语·为政篇》）。孔子弟子澹台灭明（鲁国人，姓澹台，灭明字子羽）出生。

四十一岁：公元前 511 年（鲁昭公三十一年）

晋国想送鲁昭公回国，执政的季孙意如也来晋前迎，但昭公的随从胁迫昭公，不得返国。孔子弟子陈亢（陈国人，亢字子禽）出生。

四十二岁：公元前 510 年（鲁昭公三十二年）

鲁昭公病逝于乾侯，季孙意如立昭公弟公子宋为鲁定公。鲁国至昭公时，鲁公已有四代政权旁落，所以孔子特别重视“正名”。

四十三岁：公元前 509 年（鲁定公元年）

鲁定公即位，重建鲁炀公（伯禽儿子）庙。昭公灵枢运回鲁都城，安葬在墓道南侧，后来孔子做司寇时，在昭公墓的边缘挖了一条沟，和鲁国先公的坟墓连成一片。孔子弟子公西赤（鲁国人，姓公西，名赤，字子华，又称公西华）出生。

四十四岁：公元前 508 年（鲁定公二年）

鲁国都城雉门及两边的台观遭火焚，后又造新的雉门及台观。

四十五岁：公元前 507 年（鲁定公三年）

邾庄公去世，邾隐公即位，鲁国与邾国新君在郯地结盟，重修和好。孔子弟子卜商（卫国人，一说晋国人，商字子夏）出生，孔子死后，子夏成为颇有影响的传播孔子思想的学者。

四十六岁：公元前 506 年（鲁定公四年）

吴国军队攻入楚国的郢都，楚国申包胥赴秦求援。孔子弟子言偃（鲁国人，一说吴国人，偃字子游）出生。

四十七岁：公元前 505 年（鲁定公五年）

秦国出兵救楚，楚昭王返回郢都。鲁国季孙意如去世，其家臣阳虎（又称阳货）拘禁其子季孙斯（季桓子）而执政。阳货想任用孔子当在此时，孔子虽口头答应，实际是敷衍应付。孔子弟子曾参（鲁国人，参字子舆）、颜幸（鲁国人，幸字子柳）出生。

四十八岁：公元前 504 年（鲁定公六年）

阳货和定公及三桓在周社盟誓，也和国都里的人在亳社盟誓，在五父之衢祭祀，诅咒不顺从自己的人。阳货擅权的现象被孔子称之为“陪臣执国命”（《论语·季氏篇》）。

四十九岁：公元前 503 年（鲁定公七年）

齐国归还鲁国郓地、阳关，阳虎据为己有。齐国的国夏率兵进攻鲁国。孔子弟子颛孙师（陈国人，姓颛孙，师字子张）出生。

五十岁：公元前 502 年（鲁定公八年）

阳虎想除掉三桓，谋杀季氏未遂。公山不狃投靠了阳虎，他占据费地背叛季氏，使人召孔子，孔子欲去施展抱负，被子路阻拦未成行。孔子自谓“五十而知天命”（《论语·为政篇》），认为自己掌握了社会发展的规律。

五十一岁：公元前501年（鲁定公九年）

鲁军进攻阳虎盘踞的阳关，阳虎逃往齐国，后又逃到宋国、晋国。孔子被任中都（今山东省汶上县）宰，治理一年，卓有政绩，四方仿效。孔子弟子冉鲁（鲁国人，鲁字子鲁）、曹卹（蔡国人，卹字子循）、伯虔（鲁国人，虔字子析）、颜高（鲁国人，高字子骄）、叔仲会（鲁国人，会字子期）出生。

五十二岁：公元前500年（鲁定公十年）

孔子由中都宰升任司空（相当于现在的建设部部长），后升大司寇（相当于现在的公、检、法负责人），摄相事（代理宰相）。以大司寇身份为定公相礼，参加了定公与齐景公的夹谷（今山东莱芜南）会谈。由于孔子预先做了充分的武事准备，会上又据理力争，挫败了齐国劫持定公的阴谋，逼迫齐国答应归还侵占的鲁国郓、讙、龟阴等处的土地。

五十三岁：公元前499年（鲁定公十一年）

孔子以大司寇治鲁，鲁国大治，商贾无欺，道不拾遗，国人称颂。鲁国与郑国讲和，开始背弃晋国。

五十四岁：公元前498年（鲁定公十二年）

孔子为强公室弱三桓，提出拆毁三桓采邑的防御工事，即“堕三都”。叔孙氏与季孙氏为削弱家臣的势力，支持孔子的这一主张，孔子利用叔孙氏、季孙氏与家臣的矛盾，首先拆毁了叔孙氏的郈邑（今山东东平南）和季孙氏的费邑（今山东费县）的防御工事。当拆毁费邑防御工事时，费宰公山不狃率领费邑人袭击国都，孔子指挥击败叛乱，公山不狃逃亡齐国。准备拆毁孟孙氏的采邑成邑（今山东宁阳东北）防御工事时，孟孙氏暗中支持家臣公敛处父进行抵制，孔子堕三都计划未能全部实现。孔子弟子公孙龙（楚国人，姓公孙，龙字子石）出生。

五十五岁：公元前497年（鲁定公十三年）

孔子以“五恶”的罪名，诛杀鲁大夫乱政者少正卯，当是发生在孔子任大司寇或摄行相事期间的事（《史记·孔子世家》记载此事发生在定公十四年）。鲁国大治引起齐国的恐慌，于是馈赠鲁国八十名美女与许多毛皮漂亮的良马，欲让鲁国君臣沉溺于享乐而荒废朝政。孔子拒绝接受，季桓子却背着孔子接受了。齐国又挑拨孔子与季氏的矛盾，孔子愤然带领部分弟子们离开鲁国去了卫国。卫灵公本想优待孔子，后听信谗言，改变初衷。孔子又离开卫国到陈国。经过匡地时，被匡人误以为是鲁国的阳虎而遭围困。后经蒲地，遇公叔氏叛卫，又遭其围困，只好返回卫国都城，住蘧伯玉处。

五十六岁：公元前 496 年（鲁定公十四年）

卫灵公夫人南子有绯闻，召孔子相见，孔子弟子子路对此很有意见。“灵公与夫人同车，宦者雍渠参乘，出，使孔子为次乘”（《史记·孔子世家》）孔子耻之，称卫灵公为好色寡德之人。

五十七岁：公元前 495 年（鲁定公十五年）

孔子离卫返回鲁国。郑国君隐公来鲁朝见鲁定公，子贡前去观礼，从行礼的姿态推断二国君将不久于人世。不久，鲁定公果然去世，孔子说：“赐不幸言而中，是使赐多言者也。”（《左传·定公十五年》）定公儿子鲁哀公继位。

五十八岁：公元前 494 年（鲁哀公元年）

孔子在鲁，吴国使人聘鲁，就“骨节专车”一事问于孔子。吴国军队打败越军，攻入越国国都，越王勾践求和，伍员（子胥）拒和，吴王不听，越国与吴国达成和议。

五十九岁：公元前 493 年（鲁哀公二年）

孔子由鲁至卫，在卫期间，一直得不到卫灵公的重用，有一次卫灵公向孔子询问如何排兵布阵，遭到孔子的婉言谢绝。夏，卫灵公去世，立其孙子辄为卫出公。孔子在卫国呆不下去，离卫西行，与弟子经曹国到宋国的途中，宋国司马桓魋扬言要加害孔子，孔子只好微服而行到郑国，郑国也不欢迎。

六十岁：公元前 492 年（鲁哀公三年）

孔子经郑到陈国，在郑国都城与弟子失散，独自在城东门等候弟子来寻找，被人嘲笑为“累累若丧家之犬”，孔子欣然笑曰：“然哉，然哉！”孔子自谓：“六十而耳顺”（《论语·为政篇》），认为自己对各种意见与说法都能明辨是非与妥善处理。鲁国都城发生火灾，孔子虽远在陈国，他推测说：“恐怕烧的是桓公庙、僖公庙吧！”事情果然不出所料。季孙斯（桓子）去世，季康子继位，欲召孔子，受阻，改召冉求。

六十一岁：公元前 491 年（鲁哀公四年）

孔子及弟子自陈国到蔡国。蔡国君昭公被其大夫用箭杀死。

六十二岁：公元前 490 年（鲁哀公五年）

孔子带领弟子们离开蔡国，路经楚国的叶地时，叶公问政于孔子，讨论有关正直的道德问题。叶公询问子路对孔子的评价，子路一时答对不上来，孔子后来对子路说："女奚不曰：其为人也，发愤忘食，乐以忘忧，不知老之将至云尔。"（《论语·述而篇》）在离叶地的途中，遇隐者劝告孔子不如隐去。

六十三岁：公元前 489 年（鲁哀公六年）

吴国攻伐陈国，楚军来救，楚昭王不信邪不乱祭，孔子说："楚昭王知大道矣！"（《左传·哀公六年》）孔子与弟子由叶地又返蔡国，在陈蔡之间被困绝粮，孔子处之泰然。楚昭公欲聘孔子，楚令尹子西作梗，孔子未能成行。与弟子们返回卫国。

六十四岁：公元前 488 年（鲁哀公七年）

孔子弟子多仕于卫，卫出公召孔子。子路问孔子如果治理卫国政事，先从何处抓起？孔子回答说："必也正名乎！"（《论语·子路篇》）正名不仅解决卫出公父子相争卫国君位的问题，也是解决列国"臣不臣、父不父、子不子"名分颠倒的重大原则（《论语·颜渊篇》）。

六十五岁：公元前 487 年（鲁哀公八年）

吴国讨伐鲁国，公山不狃虽逃亡于吴，但仍为鲁国着想。在抗击吴军进犯时，孔子弟子有若参战有功。吴国向鲁国提出有条件的媾和。孔子仍在卫国。

六十六岁：公元前 486 年（鲁哀公九年）

吴国通知鲁国出兵攻打齐国。孔子仍在卫国。

六十七岁：公元前 485 年（鲁哀公十年）

鲁国会合吴、邾、郯国攻打齐国，齐国人杀死了齐悼公。孔子仍在卫国，夫人亓官氏去世。

六十八岁：公元前 484 年（鲁哀公十一年）

为报复，齐国攻打鲁国，孔子弟子冉求（又称子有、有子、冉有）指挥一部分鲁军作战，大获全胜。季康子问冉求从哪里学的军事指挥本领，冉求回答说是从孔子那里学的。鲁国于是用丰厚财礼召孔子回国，孔子及部分弟子从此结束了列国十四年的周游生涯，回到鲁国，从此再没离鲁。季康子想实行按田亩征税，孔子反对，主张轻敛薄赋。所以执政的季氏终不用孔子，孔子便专心整理文献与培养弟子。

六十九岁：公元前 483 年（鲁哀公十二年）

鲁国实行按田亩征税。鲁昭公夫人孟子去世，孔子前去吊唁。鲁国蝗虫成灾，季孙氏曾向孔子询问成灾的原因。孔子的儿子孔鲤去世。孔鲤有儿子孔伋，伋字子思，是曾参的学生，作《中庸》。孟轲是其再传弟子。

七十岁：公元前 482 年（鲁哀公十三年）

孔子自谓："七十而从心所欲，不逾矩。"（《论语·为政篇》）说明自己任何想法与做法都符合事物发展规律与礼法规矩。孔子从十五岁讲到七十岁的这段著名的话，就是七十岁之后二三年内讲的。颜回去世，孔子悲痛欲绝。

七十一岁：公元前 481 年（鲁哀公十四年）

有人在鲁国西部猎获了一怪物，只有孔子知道它是麒麟。孔子认为是不祥征兆，悲叹说："吾道穷矣！"（《史记·孔子世家》）停止了《春秋》的写作。齐国的陈恒杀了齐简公，孔子请求鲁国出兵讨伐陈恒，三桓没有应允。孔子弟子宰我死于齐国的政变中。

七十二岁：公元前 480 年（鲁哀公十五年）

卫国太子蒯聩发动政变，驱逐其儿子卫出公，自立为卫庄公。在政变中孔子弟子子路遇难，临死前，"子路曰：'君子死，冠不免。'结缨而死"（《左传·哀公十五年》）。孔子闻讯，悲痛不已。

七十三岁：公元前 479 年（鲁哀公十六年）

此年 4 月 11 日（农历二月十一），孔子病逝，葬于鲁曲阜城北泗水边上（今曲阜孔林），鲁哀公作诔哀悼。孔子众弟子守墓三年，之后，子贡又独自守墓三年。弟子及鲁人围绕墓地居家者上百，得名孔里。孔子的故居改为庙堂，受到人们的奉祀。司马迁赞叹道："天下君王至于贤人众矣，当时则荣，没则已焉。孔子布衣，传十余世，学者宗之。自天子王侯，中国言六艺者折中于夫子，可谓至圣矣！"（《史记·孔子世家》）

附录二

孔氏家谱

八世祖世子胜

七世祖正考父

六世祖孔父嘉

五世祖木金父

高祖祁父

曾祖防叔

祖父伯夏

父叔梁纥

孔子

子孔鲤

孙孔伋

曾孙孔白

玄孙孔求

六代孙孔箕

七代孙孔穿

八代孙孔谦

九代孙孔鲋、孔树、孔腾，汉高祖刘邦封孔腾为“奉祀君”。

十代孙孔忠

十一代孙孔武

十二代孙孔延年

十三代孙孔霸，汉元帝封为“褒成侯”，赐食邑八百户。

十四代孙孔福，汉成帝绥和元年封为“殷绍嘉侯”。

十五代孙孔房，褒成侯。

十六代孙孔均，褒成侯。

十七代孙孔志，褒成侯。

十八代孙孔损，褒亭侯。

十九代孙孔曜，奉圣亭侯。

二十代孙孔完、孔赞，褒成侯。

二十一代孙孔羡，宗圣侯。

二十二代孙孔震，奉圣亭侯。

二十三代孙孔嶷，奉圣亭侯。

二十四代孙孔抚，奉圣亭侯。

二十五代孙孔懿，奉圣亭侯。

二十六代孙孔鲜，奉圣亭侯。

二十七代孙孔乘，崇圣大夫。

二十八代孙孔灵珍，崇圣侯。

二十九代孙孔文泰，崇圣侯。

三十代孙孔渠，崇圣侯。

三十一代孙孔长孙，恭圣侯。

三十二代孙孔嗣悊，绍圣侯。

三十三代孙孔德伦，褒圣侯。

三十四代孙孔崇基，褒圣侯。

三十五代孙孔璲之，褒圣侯、文宣王兼兖州长史。

三十六代孙孔萱，文宣公。

三十七代孙孔齐卿，文宣公。

三十八代孙孔惟晊，文宣公。

三十九代孙孔策，文宣公。

四十代孙孔振，文宣公。

四十一代孙孔昭俭，文宣公。

四十二代孙孔光嗣，泗水主簿。

四十三代孙孔仁玉，文宣公兼曲阜县令。

四十四代孙孔宜，文宣公兼曲阜主簿、赞善大夫。

四十五代孙孔延世，文宣公兼曲阜县令，历代衍圣公从此始。

四十六代衍圣公孔圣佑，文宣公兼知县事、孔宗愿，宋仁宗改称孔子嫡长孙为衍圣公。

四十七代衍圣公孔若虚、孔若愚、孔若蒙。

四十八代衍圣公孔端立、孔端操、孔端友（南宗）。

四十九代衍圣公孔琥、孔璠、孔玠（南宗）。

五十代衍圣公孔拂、孔揔、孔晋、孔拯。

五十一代衍圣公孔元用、孔元孝、孔文远（南宗）、孔元措、孔元紘。

五十二代衍圣公孔之厚、孔之全、孔万春、孔之周。

五十三代衍圣公孔浣、孔治、孔贞、孔洙（南宗）。

五十四代衍圣公孔思晦、孔思诚、孔思许（南宗）。

五十五代衍圣公孔克坚、孔克忠（南宗）。

五十六代衍圣公孔希学、孔希路（南宗）。

五十七代衍圣公孔讷、孔议（南宗）。

五十八代衍圣公孔公鉴、孔公诚（南宗）。

五十九代衍圣公孔彦缙、孔彦绳（南宗）。

六十代衍圣公孔承庆、孔承美（南宗）。

六十一代衍圣公孔宏绪、孔宏泰（字永实）、孔弘章（南宗）。

六十二代衍圣公孔闻韶、孔闻音（南宗）。

六十三代衍圣公孔贞干、孔贞宁、孔贞运（南宗）。

六十四代衍圣公孔尚贤、孔尚乾（南宗）。

六十五代衍圣公孔衍植、孔衍桢（南宗）。

六十六代衍圣公孔兴燮、孔兴燫（南宗）。

六十七代衍圣公孔毓圻、孔毓垣（南宗）。

六十八代衍圣公孔传铎、孔传锦（南宗）。

六十九代衍圣公孔继濩、孔继涛（南宗）。

七十代衍圣公孔广棨、孔广杓（南宗）。

七十一代衍圣公孔昭焕、孔昭烜（南宗）。

七十二代衍圣公孔宪培、孔宪坤（南宗）。

七十三代衍圣公孔庆镕、孔庆仪（南宗）。

七十四代衍圣公孔繁灏、孔繁豪（南宗）。

七十五代衍圣公孔祥珂、孔祥楷（南宗）。

七十六代衍圣公孔令贻（字谷孙），1877 年（光绪三年）五岁时承袭衍圣公，1919 年 11 月 8 日病逝于北京太仆寺街衍圣公府。

七十七代衍圣公孔德成（1920 年生），母王氏夫人。出生百日，奉徐世昌大总统明令，承袭衍圣公爵位。1935 年，国民政府改封号为“大成至圣先师奉祀官”。1936 年，娶前清名宦孙家鼐孙女孙琪芳女士。1949 年国民党政府退守台湾，孔德成随迁往台湾，复建台北家庙，历任大成至圣先师奉祀官、“考试院院长”、“总统府资政”，兼任台湾大学中文系教授，开设商周青铜彝器、三礼综合研究、金文等课程。2008 年 10 月 28 日上午 10 点 50 分在台北慈济医院台北分院因心肺功能衰竭，安详辞世，享年八十九岁。长女维鄂，子维益（卒）、维宁，长孙垂长。

奉祀官世袭：

——第七十七代大成至圣先师奉祀官孔德成。

——第七十八代大成至圣先师奉祀官孔维益，早逝，未袭封。

——第七十九代大成至圣先师奉祀官孔垂长，2009 年 9 月 25 日正式袭封大成至圣先师奉祀官，应享特任官待遇。

南宗奉祀官世袭。

（《家谱》录自《曲阜市利用世界银行贷款项目、开展创新能力和技能培训教材》，仅删个别衍字与标点符号。《家谱》中载：孔子高祖为祁父，而《孔子家语》载：孔子高祖为睪夷。）

附录三

孔子优秀弟子名录

孔子是中国古代最伟大的政治家、思想家、史学家、文献整理家，也是儒家学派的创始人与伟大的教育家。《史记·孔子世家》记载："孔子以诗、书、礼、乐教，弟子盖三千焉，身通六艺者七十有二人。"在这些贤弟子中，又有十位最优秀，人称"孔门十哲"或"孔门四科"。他们都是孔子思想和学说的坚定追随者和实践者，也是儒学的积极传播者。以下所载孔子优秀弟子名录，因各资料说法不一，其生卒年仅供参考。

孔门十哲：

孔门十哲从科来分，分别是：

德行：颜回、闵子骞、冉耕、冉雍

政事：冉有、仲由

言语：宰予、端木赐

文学：言偃、卜商

孔门贤弟子：

1. 颜回（公元前 521 年—公元前 481 年），颜氏，名回，字子渊，又称颜渊，鲁国人，十哲之首，儒家五圣之一，最为孔子钟爱，曾褒奖说："贤哉回也！一箪食，一瓢饮，在陋巷，人不堪其忧，回也不改其乐。""用之则行，舍之则藏，唯我与尔有是夫！""回也好学，不迁怒，不贰过。"自汉代起，有时祭孔时独以颜渊配享。此后历代统治者不断追加谥号，最高谥号是在明嘉靖九年尊为"复圣"，山东曲阜城中至今还有复圣庙，俗称颜庙。

2. 闵损（公元前 536 年—？年），闵氏，名损，字子骞，鲁国人。少年丧母，继母偏爱亲生二子，虐待闵损，给他的棉衣絮以芦花。一日闵损驾车送父亲外出，因寒冷饥饿使车滑入路旁沟内。父亲呵斥鞭打他，棉服露出了芦花。父亲醒悟，想休掉妻子。闵损跪在父亲面前说：“母在一子寒，母去三子单。”劝父莫休妻。孔子赞曰：“孝哉！闵子骞，人不间于其父母昆弟之言。”后人根据这一孝行故事，编了《鞭打芦花》一戏，并作为《二十四孝》中单衣顺母的主角。闵损寡言稳重，孔子评价：“夫人不言，言必有中。”历代帝王对其屡有追封，最高谥号是在南宋度宗咸淳三年尊为“费公”。今山东省济南市百花公园内有闵子骞衣冠冢，附近有闵子骞路。另外，在沂水县亦有闵公山，相传是闵子骞当年登高避祸的所在，今韩国闵氏是他的后人。

3．冉耕（公元前 544 年—公元前 439 年），冉氏，名耕，字伯牛，鲁国人。曾任鲁国的中都宰，孔子很器重他。在他病重时，孔子特地去探望他，从屋外窗口握住他的手，边叹息边说天道不公，让这等优秀之人得如此恶疾。其德行，与颜渊、闵子骞等同，都属孔门十哲的德行科哲人。最高谥号是在宋代尊为“郓公”。冉子第 65 代孙冉士朴于清朝雍正十三年（1735 年），奉旨授为翰林院五经博士，世代袭封，至民国三年，改为奉祀官。

4．冉雍（公元前 522 年—？年），冉氏，名雍，字仲弓，鲁国人。有德行，孔子对于他期望很高，曾说：“雍也可使南面。”仲弓是冉伯牛的“宗族”，为人敦厚、气度宽宏。仲弓曾问政于孔子，孔子教仲弓存心敬恕重修身，办事从大局着想，多举贤才。随孔子周游列国后，回鲁的第三年（鲁哀公十三年，公元前 482 年），四十一岁的仲弓当上了鲁国季氏的总管。死后最高谥号是在宋代被尊为“薛公”。

5．冉求（公元前 522 年—？年），冉氏，名求，字子有，又称冉有，鲁国人，与冉雍、冉耕同族。多才多艺，以善于政事、军事闻名。孔子称赞其才可于千户大邑，百乘兵马之家，胜任总管职务。曾任鲁国权臣季氏管家，一度因为为季氏征税聚敛而被孔子责备，在孔子的教导下逐渐向仁德靠拢，其性情也因此而逐渐完善。最高谥号是在宋代尊为“徐公”。

6．仲由（公元前 542 年—公元前 480 年），仲氏，名由，字子路，又称季路，卞人（卞为鲁邑）。好勇力，性直爽，多直言，敢于批评乃师，孔子包容而循循善诱之。以政事闻名，后死于卫国之乱，最高谥号是在宋代尊为“卫公”。

7．宰予（公元前 422 年？—？年），宰氏，名予，字子我，又称宰我，鲁国人。擅长辞令，有独特见解，曾与孔子讨论丧期的礼制及仁的问题，因反对服丧

三年而受到孔子批评。又因昼寝而遭到孔子的不满，称其为“朽木不可雕也”，此语竟成后人常用的成语。孔子曾说：“吾以言取人，失之宰予。”对宰予的不同意见能给予体谅。最高谥号是在南宋咸淳三年（1267年）尊为“齐公”。

8. 端木赐（公元前520年—公元前456年），端木氏，名赐，字子贡，卫国人。能言善辩，名列言语科。齐相田常伐鲁，鲁君命他出使他国救鲁。子贡穿梭于齐国，吴国，越国和晋国之间，高超的演说技能和外交能力在此次外交活动中发挥得淋漓尽致。子贡曾任鲁、卫两国之相。他还善于经商，富致千金，为孔子弟子中首富。他倡导的诚信经商之道，后人称为“端木遗风”。孔子去世后，子贡守丧六年，为弟子中为孔子守丧时间最长者。最高谥号是在宋大中祥符二年（1009年）加封为“黎公”。

9. 言偃（公元前506年—？年），言氏，名偃，字子游，吴国人。熟习诗、书、礼、乐文章，能行礼乐之教，曾任鲁国武城宰，用礼乐教育士民，境内到处有弦歌之声，孔子对此表示赞赏。子游曾问孝于孔子，孔子说孝重在一个“敬”字，养而能敬，才算合了孝的内外之道于一体。后南归，对江南儒学的繁荣有很大贡献，被誉为“南方夫子”。最高谥号是在宋代封为“丹阳公”，后又称“吴公”。

10. 卜商［公元前507年—公元前424年（？）］，卜氏，名商，字子夏，卫国人，一说晋国人。出生贫穷，约在公元前483年，来鲁拜孔子为师。他勤奋好学，治学严谨，比较全面地掌握了孔子的学说。一次孔子讨论《诗》句“巧笑倩兮，美目盼兮”，子夏的见解甚得孔子嘉许，说：“商始可以言《诗》已矣。”孔子死后，子夏最有资格统领孔门，然学友之间意见不统一，只好前往西河行教。西河人将子夏作为孔子看待，魏文侯常向其咨询国政。子夏开创“西河学派”，门人甚众，出了不少有影响的思想家和政治家。儒学的许多经典是由子夏流传下来的，《论语》一书也疑多出于他和门人手撰。最高谥号是在宋代尊为“魏公”。

11. 曾参（公元前505年—公元前432年），曾氏，名参，字子舆，鲁国人。是孔子之孙子思及战国初期政治家，军事家吴起的老师，儒家五圣之一，被后世尊称为宗圣。最高谥号是在元代尊为“郕国宗圣公”。

12. 公冶长（生卒年不详），公冶氏，名长，字子长，齐国人，一说鲁国人。公冶长为人器量大，能忍人所不能忍的耻辱。孔子说：“长可妻也”，把他招作了自己的女婿。宋代追封为“高密侯”。

13．颛孙师（公元前 503 年—？年），颛孙氏，名师，字子张，陈国人。容貌姿质较好，宽厚谦和，但学友们友之而不敬。最高谥号是在宋代尊为“陈公”。

14．澹台灭明（公元前 512—？年），澹台氏，名灭明，字子羽，鲁国人。相貌丑陋，不为孔子看重。学成后南游江淮，为人率直重诺，从游弟子达三百多人，名闻诸侯。孔子闻之，叹气说：“吾以貌取人，失之子羽。”最高谥号是在宋代尊为“金乡侯”。

15．宓不齐（公元前 521 年—？年），宓氏，名不齐，字子贱，鲁国人。做过单父宰的官，有才智，讲仁爱，孔子赞他是君子。最高谥号是在宋代尊为“单父侯”。

16．原宪（公元前 515 年—？年），原氏，名宪，字子思，又称原思、原思仲，宋国人，一说鲁国人。他清静守节，安贫乐道。孔子死后，退隐荒原草泽中。一次，子贡高车驷马，拜访原宪。原宪衣着破烂，出来迎接。子贡问：“夫子岂病乎？”原宪回答说：“吾闻之，无财者谓之贫，学道而不能行者谓之病。若宪，贫也，非病也。”子贡听后非常羞愧。最高谥号是在宋代尊为“任城侯”。

17．南宫适（公元前 530 年—？年），南宫氏，名适，字子容，又称南容，鲁国人。他以孔子思想处世，世清不废，世浊不污。孔子曾赞叹道：“君子哉若人，上德哉若人！”把哥哥的女儿嫁给了他，成为孔子的侄女婿。最高谥号是在宋代尊为“龚丘侯”。

18．公皙哀（生卒年不详），公皙氏，名哀，字季次，一说字季沉，齐国人。出身于贫寒人家，《史记·游侠列传》说他是“闾巷人也，终身空室蓬户，褐衣疏食不厌。”他一生潦倒，虽处窘境，但鄙薄天下多污身以事权贵的人，不愿屈节做人家臣，孔子特别赞赏他这一精神。最高谥号是在宋代尊为“北海侯”。

19．曾点（公元前 546 年—？年），曾氏，名点，字子皙，曾参的父亲，鲁国人。孔子曾使诸弟子各言其志，曾点以“浴乎沂，风乎舞雩，咏而归”为理想追求，得到孔子的赞同。最高谥号是在宋代尊为“莱芜侯”。

20．颜无繇（公元前 545 年？—？年），颜氏，名无繇，一说名繇，字路，一说字季路，颜回的父亲，鲁国人。《史记·仲尼弟子列传》云：“路者，颜回父。父子尝各异时事孔子。”《孔子家语·七十二弟子解》云：“颜繇，颜回父，字季路，孔子始教学于阙里，而受学。少孔子六岁。”元代进封“杞国公”。

21. 商瞿（公元前 522 年—？年），商氏，名瞿，字子木，鲁国人。对《易》学极有兴趣，得孔子真传。最高谥号是在宋代尊为“须昌侯”。

22. 高柴（公元前 521 年？—？年），高氏，名柴，字子羔，又称子皋、子高、季皋等，卫国人，一说齐国人。他以尊老孝亲著称，拜孔子为师后，从未违反过礼节，入仕后以此德行治理民众。最高谥号是在宋代尊为“共城侯”。

23. 漆雕开（公元前 540 年—？年），漆雕氏，名开，字子若，一说字子开，鲁国人，一说蔡国人。精通《尚书》，无意仕途，孔子很赞赏他。最高谥号是在宋代尊为“平舆侯”。

24. 公伯寮（生卒年不详），公伯氏，名寮，一作僚，字子周，鲁国人。《史记·仲尼弟子列传》中名列第二十四，是孔子的重要弟子。

25. 司马耕（？年—公元前 481 年），司马氏，名耕，字子牛，又称司马牛，宋国人。《左传·哀公十四年》记载：他是桓魋的弟弟，司马牛把他的封邑和玉圭交还给宋景公，又把齐国给的封邑交还齐国而去到吴国，吴国人讨厌他，他就回到宋国。晋国的赵简子召唤他去，齐国的陈成子也召唤他去，在途中死在鲁国国都的外城门外，鲁国人阬氏把他葬在了丘舆。最高谥号是在宋代尊为“楚丘侯”。

26. 樊须（公元前 515 年—？年），樊氏，名须，字子迟，又称樊迟，鲁国人，一说齐国人。曾向孔子请教农业方面的知识。子迟曾问“仁”，孔子答：“爱人”。问智，孔子答：“知人”。这是孔子对仁、智最精炼的概括。最高谥号是在宋代尊为“益都侯”。

27. 有若（公元前 508 年？—？年），有氏，名若，字子有，鲁国人。在孔子弟子中，颜渊被尊称为颜子，曾参被尊称为曾子，有若也被尊称为有子，可见在孔门弟子中其地位不同一般。最高谥号是在宋代尊为“平阴侯”

28. 公西赤（公元前 509 年—？年），公西氏，名赤，字子华，又称公西华，鲁国人。娴熟宾主礼仪，曾言其志说：“宗庙之事，如会同，端章甫，愿为小相焉。”最高谥号是在宋代尊为“钜野侯”

29. 巫马施（公元前 521 年—？年），巫马氏，名施，字子期，又称巫马期，鲁国人，一说陈国人。最高谥号是在宋代尊为“东阿侯”

30. 陈亢（公元前 511 年—？年），陈氏，名亢，字子亢，一字子禽，陈国人。最高谥号是在宋代尊为“南顿侯”。

31. 颜幸（公元前 503 年—？年），鲁国人，颜氏，名幸，字子柳。

32. 冉孺（公元前 501 年—？年），鲁国人，冉氏，名孺，字子鲁。

33. 曹恤（公元前 501 年—？年），蔡国人，曹氏，名恤，字子循。

34. 伯虔（公元前 501 年—？年），鲁国人，《史记·仲尼弟子列传》言“伯虔字子析，少孔子五十岁。”

35. 公孙龙（公元前 498 年—？年），楚国人，公孙氏，名龙，字子石。《史记·仲尼弟子列传》言其少孔子五十三岁。

36. 冉季，鲁国人，冉氏，名季，字子产。

37. 公祖句兹，鲁国人，公祖氏，名句兹，字子之。

38. 秦祖，秦国人，字子南。

39. 漆雕哆，鲁国人，漆雕氏，名哆，字子敛。

40. 漆雕徒父，鲁国人，漆雕氏，名徒父。

41. 壤驷赤，秦国人，壤驷氏，名赤，字子徒（《孔子家语》作字子从）。

42. 商泽，鲁国人，商氏，名泽，字子秀。

43. 石作蜀，秦国人，石作氏，名蜀，字子明。

44. 任不齐，楚国人，任氏，名不齐（《孔子家语》作任子齐）。

45. 公良孺，陈国人，公良氏，名孺，字子正。贤而有勇。

46. 后处，齐国人，后氏，名处，字里之。

47. 奚容箴，卫国人，奚氏，名容箴，字子皙。

48. 公肩定，鲁国人，公氏，名肩定，字子中（《孔子家语》作子仲）。

49. 颜祖，颜氏，名祖，字襄。

50. 句进疆，卫国人，句井氏，名疆，字子疆。

51. 秦商（公元前 547 年—？年）鲁国人，秦氏，名商，字子疆。

52. 申党，鲁国人，申氏，名党，字周。

53. 颜之仆，鲁国人，颜氏，名之仆，字叔。

54. 荣旗，鲁国人，荣氏，名旗，一作祈，字子祈（《孔子家语》作子祺）。

55. 县成，鲁国人，县氏，名成。字子祺。

56. 左人郢，鲁国人，左人氏，名郢，字行（《孔子家语》作子横）。

57. 燕伋，国籍不详，燕氏，名伋，字思。

58．郑国，国籍不详，《史记·仲尼弟子列传》言“郑国，字子徒”，《孔子家语·七十二弟子解》无郑国，而有“薛邦，字子徒”。唐司马贞《史记索隐》以为“《史记》作‘国’而《家语》称‘邦’者，盖（太史公）避汉祖讳而改。‘郑’与‘薛’，字误也。”所以郑国与薛邦实为一人。

59．秦非，鲁国人，秦氏，名非，字子之。

60．施之常，国籍不详，施氏，名之常，字子恒（《孔子家语》作子常）。

61．颜哙，鲁国人，颜氏，名哙，字子声。

62．步叔乘，齐国人，步叔氏，名乘，字子车。

63．乐欬，鲁国人，乐氏，名欬，字子声（《孔子家语》作乐欣）。

64．廉絜，卫国人，廉氏，名絜，字庸。

65．叔仲会（公元前501年—？年）鲁国人，一说晋人，叔仲氏，名会，字子期。

66．狄黑，卫国人，狄氏，名黑，字皙（《孔子家语》为字皙之）。

67．孔忠，鲁国人，孔氏，名忠（《孔子家语》为孔弗字子蔑）。

68．公西舆如，鲁国人，公西氏，字子上（《孔子家语》作公西舆）。

69．琴牢，卫国人，琴氏，名牢，字子开，一字张。

70．梁鳣（公元前522年—？年），齐国人，梁氏，名鳣，字叔鱼。

71．颜高，颜氏，名高，字子骄，国籍不详。

72．林放，林氏，名放，字子丘，鲁国人，为商代比干二十七世孙，为孔子得意门生。

73．公西蒧，公西氏，名蒧，字子上，国籍不详，宋封“徐城侯”。

74．鄡单，鄡氏，名单，字子家，国籍不详。学成后居聊城行教，宋真宗加封“聊城侯”。宋理宗御制赞曰：“杏坛受教子家其莫抠衣侍之善训思明，学业益进惟德斯馨宜崇厥祀宠爵聊城。”

附录四

学习《论语》时的几个热点辨析

一、《论语》在中华传统文化中的地位

中华传统文化的主体是国学，国学的主流是儒学，儒学的核心是孔子思想，孔子是中华传统文化源头的主要开拓者、奠基者。孔子的思想间接地体现在他所整理的古代文献中，直接地体现在他的史学著作《春秋》与以他的言论为主的语录集《论语》中，尤其是《论语》，体现孔子的思想更集中、更鲜明。从汉代实行“罢黜百家，独尊儒术”以来，《论语》比“五经”更受人尊崇，传播更为广泛，成为中国两千多年封建社会执政者的理政大纲，入学出仕者的必修教材，书中以仁为核心、以礼为规范、以中庸为准则的基本观念，渗透到社会生活的方方面面，影响了一代又一代中华儿女的文化心理结构、风俗习惯甚至性格特征，同时随着中国与世界其他民族文化的不断交流，《论语》也成为影响全人类精神面貌的伟大著作。

《论语》之所以有如此大的影响力，就在于它的历史进步性与思想深刻性，《论语》主要阐述如何“修身”，因为这是“齐家治国平天下”的基础。首先使自己成为有爱心、有道德、有良知、有才干的君子，才能关爱他人、服务社会、保护自然环境，促进人和人、人和社会、人和自然的和谐，从而维护社会的稳定统一，推动社会的进步发展。早在二千一百多年前，伟大的史学家司马迁就认识到了孔子核心观念的价值，他说：“余读孔氏书，想见其为人。……自天子王侯，中国言《六艺》者折中于夫子，可谓至圣矣。”（《史记·孔子世家》）司马迁通过读孔子的书，了解了孔子的为人，才准确地给予了孔子一个几乎无人逾越其道德智能的称谓——“至圣”。

孔子先进、深刻的思想及其高尚的人品，主要靠其著述，尤其是《论语》来体现，为了帮助人们更准确、深刻地理解《论语》，历代《论语》注译阐释之作不绝，读《论语》者必兼读这些注译阐释之作。但由于存在着版本、训诂、史实

考证、时代背景及著者的思想观念、学术素养等方面的差异，各注译阐释之作不同程度地存在着歧义，甚至有的注译阐释者为迎合时代的政治、学术风气，或受传统偏见的影响，不仅影响了《论语》的正确传播，还严重地歪曲了孔子的进步思想与孔子的君子形象。对弈《〈论语〉校释译论》一书，著者自知也受到时代的局限，更受到著者本人理论水理、学术视野、表达能力的局限，但主观愿望是想正确地阐述《论语》本真的意蕴及所蕴含的精神价值，使其宝贵的精神资源转化为当下人们的精神财富。

二、孔子继承了哪些中国传统道德价值观？

伟大的中华民族在自己长期的历史发展中，创造了无可比拟的灿烂的中华文明，这种文明有着鲜明的民族特色，就其社会主流意识来讲，它属于非宗教、少思辨的伦理道德型的体系。其中的道德价值观，是其主体与核心。中国传统道德价值观字面上虽然是一种道德的评价，但它却是中华民族对一切事物评价的根本标准，一切是非都要以是否符合道德观为标准。它是中华民族的精神追求，人生观的核心，它指导着人们的道德规范和行为准则，也是人们认识价值与审美价值的出发点，它体现了中华民族几千年来最基本的价值取向，是他们唯一的精神归依和心灵居所。

中国传统道德价值观是由长期以来中华民族全体人民（包括各个学派）共同创造的精神财富，并构成了整个民族的共识。在创造这一精神财富的过程中，值得一提的是，以孔子为代表的儒家学派的贡献功不可没。中国传统道德价值观不能局限于儒家的传统道德价值观，但中国传统道德价值观毕竟以儒家的传统道德价值观为主体，儒家的传统道德价值观以个人道德修养为其价值评判的标准，追求个人道德高尚，并包括对高尚道德的践履。

在创建中国传统道德价值观的过程中，儒家学派的贡献之所以远超其他学派，有两个原因：一是其代表人物孔子整理了前人的文化遗产——六经，并为后世的儒家学派在保护和传承前人文明成果方面做出了榜样，李光地在其《榕村四书说·读孟子札记》中说："夫子所以超于群圣者，以其祖述尧舜，宪章文武，还先王之法，传之无穷也。"儒家的传统道德价值观就是建立在前人全部精神文明的基础之上。二是儒家学派对前人的精神成果不仅有继承，而且有批判有发展，孔子明白：“殷因于夏礼，所损益可知也；周因于殷礼，所损益可知也；其或继周者，虽百世可知也。”（《论语·为政》）孔子举礼为例，实际所有的精神文明皆如此。“损”就包含着批判，“益”就包含着发展。

那么，儒家代表人物孔子继承了中国哪些传统道德价值观？这可用中国传统道德价值观的主要核心概念来表述。哪些核心概念呢？这就是自强与厚德。《易传·象》中说：“天行健，君子以自强不息。”“地势坤，君子以厚德载物。”天之道刚毅强健，周而复始，永不疲倦地运行，君子效法天道刚毅强健，自强不息，永远奋斗。地之道柔顺宽厚，包载万物，养育万物，君子效法地道厚重广阔，胸襟宽容博大，厚其德而经世济民。古人将此道德价值观核心概念视为天地之性，常称人生天地间，自强法天，厚德法地，从而将人的天地良心赋予了神圣性与规范性。

自强与厚德的民族特征，是中华民族自古以来长期不断积淀而形成的。《尚书》记载从尧舜开始，《史记》记载从黄帝开始，《山海经》等书，更记载了不少史前的传说与神话，不论何种典籍，都在述说着中华民族从很早就具备了自强的特征。如女娲敢于补天拯救人类，夸父敢于追逐太阳，小小的精卫敢于填海，虽说都是神话传说，但反映了上古祖先改造自然的自强不息的奋斗精神。而猛志常在的刑天不仅敢于和天帝争胜，而且在天帝砍掉他的头，将其头葬之常羊之山后，刑天仍以乳头为目，以肚脐为口，操干戚继续战斗，成为后世所称颂的不屈不挠的英勇斗争的典型。中国的神话比较少而零散，大量记载先人自强不息的事迹的，还是后来的史籍。如全世界都有大洪水的记载，当大洪水来临，中华民族并没有乘上“诺亚方舟”逃之夭夭，而是在鲧、禹父子领导下，经过几十年的劈山导水，将洪水引入大海，变水患为水利。大禹做表率，全民总动员，谱写了一曲中华儿女改天换地的英雄赞歌。

厚德，既包括个人高尚道德修养，又包括对高尚道德的践行，个人道德修养不高尚，则不能践行高尚道德，不能践行高尚道德，则不能证明个人道德修养高尚。厚德的践行对执政者或君子来说，主要体现为惠民。中华民族的先王前圣，都是以为民创造幸福、解救人民于苦难而著称，上古传说中射日的后羿、钻木取火的燧人氏、尝遍百草的神农，培植五谷的后稷就不用说了，史籍中记载的五帝、三王，哪个不是爱民如子的领袖人物？就以尧为例吧，尧虽然贵为君王，但

他在生活上和一个普通人一样，冬天穿着兽皮衣，夏天穿着粗布衣，住着茅草房，吃的糙米饭，喝的野菜汤，《韩非子·五蠹》篇说尧的生活水平还不如一个把守城门的小官吏。然而尧却时时把天下百姓的饥寒痛苦牵挂在心上，把每个人的困难视为自己的困难，若有人不慎犯了罪，他就认为是自己没有管理教育好，责任在自己，是自己把他害了。《说苑·君道》中写道："尧存心于天下，有一民饥，则曰：'此我饥之也！'有一人寒，则曰：'此我寒之也！'一民有罪，则曰：'此我陷之也！'"尧惠天下万民的贤德，得到后人的高度赞颂，孔子就赞美说："大哉尧之为君也！巍巍乎！唯天为大，唯尧则之。荡荡乎！民无能名焉。巍巍乎！其有成功也，焕乎其有文章！"（《论语·泰伯》）孔子赞美帝尧伟大，他能效法天德，他的恩德像天一样广大无边，他创造了丰功伟绩，制定了礼仪制度，施惠于万民，造福于后代，老百姓的感恩之情都无法用语言来表述。

自强与厚德是中华民族在长期历史发展过程中，所形成的传统道德核心价值观，逐渐形成了中华民族的普遍心理及性格特征。其表述不限于《易传·象》，几乎所有的古籍记载都体现着这种精神。孔子传承中华传统文化，首先就传承了这一传统道德核心价值观，他的一系列表述也体现了这一点。对自强与厚德最精炼的概括莫过于"内圣外王"，"内圣外王"一词最早出自《庄子·天下》，虽不是孔子提出来的，但却是孔子表述传统道德价值观的基本命题，后世学者无一例外地将"内圣外王"之道归于孔子的主要思想。内圣旨归在于自我修养道德、人格，使自己成为一名自强不息的君子，外王旨归在于成就一番事业，有惠于万民。孔子说："修己以安人"，"修己以安百姓"（《论语·宪问》）。这一思想直接影响后来的儒家学派总结出"修齐治平"，即"修身而后家齐，家齐而后国治，国治而后天下平"的思想（《礼记·大学》）。"修身"成为"内圣"，"内圣"是成为"外王"的前提、起点、基础，"齐家治国平天下"成为"外王"，这是"内圣"的终点、目的、结果，只有内圣，才能够安邦治国平天下，外王实现了，内圣才最终完成。所以修身是内圣之业，而齐家治国平天下则为外王之业。孔子十分清楚道德修养与政治目的相互统一性，他把自身德行的好坏看成推行政治好坏的关键，如他说："为政以德，譬如北辰，居其所而众星共之。"（《论语·为政》）他要求"外王"必须具有"内圣"的德行，政治家首先出自道德家，统治者有"内圣"的人格魅力，才可能成为天下人爱戴的"外王"。

孔子表述的自强不息的内涵是多方面的，其行为主要表现为“勤”，勤本是效仿天道的，天高行健，四时行焉，春生夏长，秋收冬藏，这是天道之大经。人只有勤才能“己欲立”而立、“己欲达”而达，这就是所谓的“天道酬勤”。对社会一般成员，孔子要求他们勤劳、俭朴、敬业、守法、崇礼等。对君子的要求主要是好学、行仁、忠于职守、舍生取义，以及修炼温良恭俭让、刚勇智信等品质，从而建立三不朽事业。对执政者的要求主要是为政以德、亲民、节俭、戒奢、公正、执法，做百姓的表率。只要上下同心不懈努力，就会实现天下小康、大同的远大理想。

厚德载物是地之道，地厚载物，包容万物，养育万物，君子效仿地道的酬善之德，增厚美德，济天下而泛爱众。厚德可分解为众多的概念，但“仁”是其核心的概念，“仁”在西周本为众德中的一德，《诗经·郑风·叔于田》中说：“洵美且仁”，《诗经·齐风·卢令》中说：“其人美且仁”，《尚书》有“予仁若考”，但孔子把“仁”视为“至德”，“仁”也成为德的代名词，具备了仁德就等于具备了众德。“仁”是孔子处理社会人伦关系的核心理论，它主要贯彻于五种人际关系之中。因人伦对象的不同，仁有不同的称呼，正如孟子讲：“父子有亲，君臣有义，夫妇有别，长幼有序，朋友有信。”（《孟子·滕文公上》）有亲、有义、有别、有序、有信即有仁。孔子认为仁可以概括为“爱人”二字（《论语·微子》），对家庭家族成员方面，主要提倡孝悌、慈爱、亲亲等。对社会成员，主要提倡忠恕、诚信、和谐、恭敬、谦让、泛爱众等。对自己方面，主要提倡克己、律己、守礼，“己所不欲，勿施于人”（《论语·颜渊》），“己欲达而达人，己欲立而立人”等（《论语·雍也》）。除此之外，还有对自然方面，主要提倡天人合一、民胞物与，与自然和谐共处，《论语·述而篇》记载：“子钓而不纲，弋不射宿。”孔子不用大绳拉网来捕鱼，不射杀归巢歇息的鸟。不对自然界生物赶尽杀绝，不毁坏与人类和谐的自然环境。孔子曾说：“克己复礼为仁。一日克己复礼，天下归仁焉。为仁由己，而由人乎哉？”（《论语·颜渊》）克己才能立己、达己，才能成为仁人，只有仁人才能立人，达人，才能实现内圣外王之道。

三、为什么说仁是孔子思想体系的核心？

孔子的思想博大精深，最基本的精神就是“爱人”，虽然他的“爱人”是有

等级不同层次的爱，然而他顺应了农奴解放、生产力迅猛发展的历史潮流，把下层劳苦大众从牲畜般的地位提高到被爱的行列，表现了一位新兴地主阶级思想家对人民力量的重视。“爱人”又概括为一个“仁”字：“樊迟问仁，子曰‘爱人。’”（《论语·颜渊》）“仁”源出《尚书·金縢》：“予仁若考”，周人把“仁”视为人的众多好品德中的一种，孔子把仁阐述成最高政治原则，它涵盖了贤能政治的一切准则，又阐述成最高道德标准，它概括了一切善良的品德。孔子以仁为人生追求的最高道德境界，构成自己全部思想的核心。

仁是孔子所宣扬的“一以贯之”的道，对这个道，孔子与其弟子反复讨论过，其内涵是非常丰富的。

从政治上来说，仁主要体现在“克己复礼”上。《论语·颜渊》中记载：“颜渊问仁。子曰：‘克己复礼为仁。一日克己复礼，天下归仁焉。为仁由己，而由人乎哉？’颜渊曰：‘请问其目？’子曰：‘非礼勿视，非礼勿听，非礼勿言，非礼勿动。’”孔子打着推崇、恢复周代礼节仪式及礼治思想的旗号，实际上用新的社会等级的社会规范和道德规范来要求社会每一个成员，要求社会每一个成员按照不同的要求来规范自己的行为，这便是“君君，臣臣，父父，子子”（《论语·颜渊》）。凡是符合新的社会等级的社会规范和道德规范的行为都是礼的体现，仁为体，礼为用，礼是贯彻仁的各种具体规定和措施，全面执行礼就是贯彻了仁，以礼来维护社会秩序，就是礼治，礼治是孔子的重要政治主张。孔子的礼治与周礼有原则的区别，区别主要在于：周礼主张“亲亲”，孔子主张“爱人”；周礼举用亲故，孔子举用贤才；周礼主张“礼不下庶人”，孔子主张礼下庶人；周礼以刑政治民，孔子主张以德礼为治；周礼规定教育限于贵族，孔子主张有教无类，等等。归根到底，周礼维护的是旧有的宗法制，爱的是有宗法关系的“亲亲”，而孔子的礼是想构建新的等级制，爱的是社会上所有的人，尽管这些人又分成了新的等级。

对于个人修养来说，仁可以用“忠”“恕”二字来表述。《论语·里仁》记载：“子曰：‘参乎！吾道一以贯之。’曾子曰：‘唯。’子出，门人问曰：‘何谓也？’曾子曰：‘子之道，忠恕而已矣！’”忠，可以用“己欲立而立人，己欲达而达人”来解释，这是从积极的方面——“欲”的方面来爱人。恕，可以用“己所不欲，勿施于人”来解释，这是从消极方面——“不欲”的方面来爱人。忠恕构成了仁的基本道德框架，它是以一种推己及人之心以爱人的高尚情操，是“爱人”思想的社会实践总结。

一个人推行仁之道，还需要具备多方面的道德品质，如孝、悌、智、勇、宽、温、良、恭、俭、让、信、义、敏、惠、敬、刚、毅等，这些美德善行都属于仁的具体内容。孔子并不苛求每一个人集如此多的美德于一身，但他希望每一个人在行仁时具备被爱者最需要而自己最缺乏的那一方面或几方面的美德。在《论语》中，多处记载孔子向他的学生解释仁，孔子所强调的仁的内容各有不同，如子张问仁，孔子说：“能行五者于天下为仁矣。”这“五者”就是：“恭、宽、信、敏、惠。”（《论语·阳货》）再如子贡问为仁。孔子说：“工欲善其事，必先利其器。居是邦也，事其大夫之贤者，友其士之仁者。”（《论语·卫灵公》）孔子还说：“刚、毅、木、讷近仁。”（《论语·子路》）并不是仁的含义可以随便解释，孔子针对的对象不同，强调他们修持仁德的内容也不同。

对于普通人来讲，行仁首先要从孝、悌做起，孝顺父母双亲，尊敬兄长，然后把这份爱心推及社会，对朋友讲信用，对君主讲忠诚，用爱协调好家庭、社会的各种关系。孔子学生有若说：“其为人也孝弟，而好犯上者，鲜矣；不好犯上，而好作乱者，未之有也。君子务本，本立而道生。孝弟也者，其为仁之本与！”（《论语·学而》）孝悌成了立身的根本和处世的基础，成了推行仁的出发点。

对于执政者来说，其爱人的具体方法就是行施仁政，具体措施可分为治民与从政二部分。治民方面，孔子主张宽以待民，反对对老百姓进行过重的剥削，他的仁政的标准是轻徭薄赋、敬事节用、博施济众，等等。如孔子说：“道千乘之国，敬事而信，节用而爱人，使民以时。”（《论语·学而》）还说：“百姓足，君孰与不足？百姓不足，君孰与足？”（《论语·颜渊》）又说：“恭则不侮，宽则得众，信则人任焉，敏则有功，惠则足以使人。”（《论语·阳货》）从政方面，孔子要求执政者要正己、贤能、亲君子远小人等等。如孔子说：“苟正其身矣，于从政乎何有？不能正其身，如正人何？”“其身正，不令而行；其身不正，虽令不从。”（《论语·子路》）《论语·为政》记载：“哀公问曰：‘何为则民服？’孔子对曰：‘举直错诸枉，则民服；举枉错诸直，则民不服。’”不论治民还是从政，孔子首先强调的是执政者仁德的修养，没有仁德修养的人是治不好民从不好政的，也就是不会推行仁政的，要想“齐家、治国、平天下”，首先还是要“修身”。

四、孔子的学说有哪些特点？

孔子的学说主要体现在《论语》中，《论语》中记载孔子的论述是零散不成系统的，但这并不能说明孔子的学说不成系统。孔子生在中国第一次激烈的社会转型期，他作为一名新兴的地主阶级伟大思想家，系统地总结了以往转型期的历史，编著了中国现存的第一部编年史《春秋》，并利用授课讲学教育弟子，周游列国告诫相关人员，系统地宣传了新兴地主阶级的世界观，系统地为将要到来的新社会设计了种种社会规范。孔子的学说博大精深而成体系，其学说简要地说主要有以下特点：

（一）确立了以仁为核心的伦理思想

孔子很少讲传统的天道，所以他的学说没有宗教迷信的色彩，后来有人称其学说为“孔教”，或称儒、释、道融合为“三教合一”，那是将孔子学说视为宗教般神圣，实质上并没有把孔子学说作为宗教迷信来看待。孔子说的“士志于道”（《论语·里仁》），指的是人道，而人道的本质就是“爱人”。行仁是孔子关于人事、人伦、人生理想的最高准则，成为仁人则是孔子关于为人之道的最高准则。孔子有句名言：“志士仁人，无求生以害仁，有杀身以成仁。”（《论语·卫灵公》）行仁与做仁人是伦理的最高原则，同样也是孔子学说的核心。仁是调节社会各种人际关系的准则，仁对社会上各种不同的人来说，又有不同的道德要求。如要求父慈子孝，兄友弟悌，交友信，君敬臣忠，当官的宽以待民，为民的不犯上作乱，等等。还根据每个人秉性、学识、喜好等，有针对性地提出不同的道德规范，如恭、敏、智、勇、刚等等。孔子把道德教化视为治理政事的根本，他说：“道之以政，齐之以刑，民免而无耻；道之以德，齐之以礼，有耻且格。”（《论语·为政》）他还把恪守德行视为做人的先决条件，如说：“人而无信，不知其可也。”（《论语·为政》）重视伦理教化，成了孔子学说的重要特征。

（二）确立了以礼治为主要内容的政治思想

对于行政，道家主张顺其自然无为而治，法家主张强权法治，孔子主张以伦理道德为指导，以礼乐来推行各项制度，提出了礼治的重要政治主张。孔子的礼治思想借鉴了周代的礼治思想，但孔子的礼治思想是对周礼的继承和发展，决不是简单地恢复周礼。如孔子主张对民“齐之以礼”，打破了“礼不下庶人，刑不上大夫”（见《礼记·曲礼》）的周礼界限。西周的礼只适用于统治阶级，对被统治者则用“刑”“政”来镇压与统治。孔子的礼治主张将礼施于每个人，对周礼作了原则性的修改，这是其仁德思想在政治上的体现。就像行仁一样，礼对不同的人有不同的要求，行礼也因各种人的不同而有不同的规则，形成了有等级的社会规范和道德规范的各种礼仪规定，依靠并切实推行这些礼的规定便可维持社会秩序，保持社会的稳定。

（三）确立了以“中庸”为特色的哲学思想

孔子把“中庸”视为最高的美德：“中庸之为德也，其至矣乎！”（《论语·雍也》）中庸之所以是一种美德，就在于中庸是道德修养和处理事物的基本原则和方法。中庸的中，含中正、中和、不偏不倚等义，中庸的庸，有平常、常用等义，北宋程颐、程颢解释说：“不偏之谓中，不易之谓庸。中者，天下之正道；庸者，天下之定理。”（《遗书》卷七）中庸之道，叫人们牢牢把握住最能保持事物本质的那个“度”，不偏向任何极端，追求对立两端的统一和中和，不使事物走向其反面。中庸之道用以指导修身，则使自己的言行保持中正不偏颇，性情平和不乖戾。用以指导处理事情，则把握宽严适度，做到恰到好处，如处理人际关系，考虑各方面的利益，不偏袒一方，也不鄙弃一方，更不激化矛盾。若事物不能取理想的“中”，便取其次，如面临不可避免的二害时，最大限度地取其最小害，此小害也属“中”，也符合中庸之道。如孔子说：“不得中行而与之，必也狂狷乎！狂者进取，狷者有所不为也。”（《论语·子路》）中庸之道是富有辩证法的方法论，是辨别真、善、美及人生价值、道德价值的好方法。

（四）确立了均富的经济思想

孔子是中华民族历史上少有的伟大的思想家、教育家和政治家，他对经济也有重要的论述。在经济活动中，孔子主张“见利思义”（《论语·宪问》），反对见利忘义。他不反对人们对富贵的追求，但追求的手段应该是符合道义的，也就是富贵取之有道，凡符合仁义原则的物质利益，孔子还鼓励人们去积极追求。他曾表示：“富而可求也，虽执鞭之士，吾亦为之。”（《论语·述而》）否则，虽然得到了富贵，也是一种耻辱。孔子曾说：“邦无道，穀，耻也。”（《论语·宪问》）不义的富贵，孔子视如“浮云”，他赞颂颜渊安贫乐道的精神，强调用道德指导、制约人们的物质生活。

对于执政者来说，要把富民作为自己从政的重要的大事。“子适卫，冉有仆。

子曰：‘庶矣哉！’冉有曰：‘既庶矣，又何加焉？’曰：‘富之。’曰：‘既富矣，又何加焉？’曰：‘教之。’”（《论语·子路》）孔子主张“先富后教”，非常重视老百姓物质利益，为了使老百姓“富之”，孔子还要求执政者“使民以时”“因民利而利之”，主张轻徭薄赋，实行十抽一的“彻”税制，提倡统治者“节用”，减轻人民的负担，反对对百姓过重的剥削。他反复强调只有老百姓富足了国家才能富足、统治者才能富足的道理。他认为经济管理，在于能“均”，“丘也闻，有国有家者，不患寡而患不均，不患贫而患不安。盖均无贫，和无寡，安无倾”（《论语·季氏》）。孔子认为社会财富分配不均，贫富悬殊，是国家不安稳，社会矛盾激化的根本原因，在很大程度上代表了广大人民的利益，有其进步意义，这种思想显然受到当时社会下层劳动者意识的影响。

（五）确立了有教无类的教育思想

孔子之前，只有贵族才有受教育的权利，孔子主张“有教无类”（《论语·卫灵公》），开办私人讲学的“私学”，招收下层平民做门人弟子，打破了贵族“官学”对教育的垄断，在教育史上第一次打破了受教育者的等级界限，使教育对象扩大到平民，引起传统教育翻天覆地的变化。孔子办私学的目的，在于培养能“弘道”的君子，这正是实现其仁德理想的新兴的社会中坚。孔子教育的对象、教育的目的，决定了他所采用的教学内容、教学方法、教学形式等，孔子不仅是私学的创立者，而且在新的教育事业上取得了空前杰出的成就，据说教育培养了三千弟子，其中就有七十二贤能。这些弟子如同一粒粒种子，撒遍神州大地，他们宣传、发展孔子学说，他们兴办教育再传授弟子，逐渐形成了庞大的儒家学派，并代代相传，延绵不绝。后来乃至全国各地都设文庙，文庙中皆有孔子塑像，各个学堂皆挂孔子圣像，童子入学，必在孔子像前叩拜，孔子对中国两千年来传统教育的形成起到了奠基的作用。

五、如何正确地研究孔子的思想？

孔子作为春秋时期最伟大的思想家、政治家、教育家、史学家、文献学家，他对中国历史、特别是中国文化的贡献是他人无法比肩的，然而他毕竟是个历史人物，必然有着历史的局限性。如何研究孔子的思想，匡亚明先生主张采用“三分法”来研究孔子的思想，他说：“研究孔子思想应从三个方面加以剖析，即：

一、对其封建性糟粕进行批判和清除；二、对其人民性精华进行继承和发扬；三、对其封建性和人民性相混杂的部分进行批判分析，去其糟粕，取其精华，即扬弃。”（《孔子评传》）匡亚明先生认为：孔子思想中，有一部分是为当时统治阶级政治服务的，如“忠君尊王”思想、“三年毋改父之道”的愚孝思想等，即使当时具有合理性，甚至起过某些历史作用，但在当今，无法转化成对我们有益的思想资源，我们对这些封建性的糟粕只能持批判及与之彻底决裂的态度；对于那些超越时空、保持有永恒生命力、且有现实意义的思想，应该继承发扬。如艰苦朴素、好学不倦的精神，力求创新、为真理献身的精神等等，永远是我们民族的“传家宝”，永远是我们精神文明建设的宝贵资源；孔子还有一部分思想，是糟粕与精华混淆在一起，需要我们根据批判继承的精神发扬其积极的因素，清除其消极的因素。如“大同世界”思想、“仁政德治”思想等等，不能简单地全盘肯定继承，也不能简单地否定摒弃，要认真批判、取舍，然后继承合理的因素，最终转化成为当今文明建设的资源。

除了匡亚明先生“三分法”涉及的问题外，这里还要强调，不要把后来统治阶级改造了的孔子思想当作孔子本人的思想。孔子思想的正能量远远大于其负能量，但在历史发展的过程中，统治阶级往往给它注入不少负能量。孔子有的思想本来具有永恒的价值，统治阶级强加给它某些历史的局限性。儒家思想在长期的历史演变中，它属于一个动态的常变形态，不要把某历史时期普遍流行但确有局限性或负面性的儒家思想当作孔子的思想。如经封建统治者赋予的“忠孝节义”，从概念上讲仍属“仁爱”范畴，但它的核心已成为尊者享有权力、卑者只尽义务的不平等的人伦关系，体现的是“三纲”的思想。再如长期以来曲解孔子的“学而优则仕”（《论语·子张》），把“金榜题名”“光宗耀祖”奉为读书人的人生追求，实际上只把理想局限于个人名利，只把孝道局限于家族，而没有升华为爱国为民的道德规范。诸如此类，不一而足。所以对孔子的思想不仅要认真分析，历史辩证地看待，还要认清孔子原本的思想，不要把统治阶级思想糟粕的脏水泼在孔子身上。

六、君子——孔子心目中完美的人格

人格是人的性格、气质、能力、道德品质等素质的体现，每一个阶级、阶层

乃至每一个人所推崇的人格，就是自己的理想模式。

先秦时期，不同的学派不仅有各自的学说主张，同时也有各自追求的人格。孔子推崇的是有仁德理想和道德、多才多艺、有治理政事才能、能施惠于民的君子人格。

君子本指统治者，就像小人本指被统治者一样，都被孔子赋以人格的判断而改变了原有的概念。于是君子成了有德有才人格的代名词，小人成了缺德少才人格的代名词。孔子心目中的君子有哪些特点呢？

（一）具有远大的人生追求

君子把追求仁德作为自己始终不渝的人生目标，这是任何力量都无法动摇的信念，“三军可夺帅也，匹夫不可夺志也”（《论语・子罕》）。为了捍卫这一志向，君子愿为此而献出自己的一切，包括最宝贵的生命在内。孔子说：“无求生以害仁，有杀身以成仁。”（《论语・卫灵公》）生死关头、困顿时刻坚持仁，富贵安逸的时候也如此。在任何时候、任何环境下，都依仁而行。“君子无终食之间违仁，造次必于是，颠沛必于是。”（《论语・里仁》）

（二）以仁为己任，积极有为

孔子以为君子不仅具备仁德品质而且应该是推行仁德理想的人，他的弟子曾参受其影响，也说：“士不可以不弘毅，任重而道远，仁以为己任，不亦重乎？死而后已，不亦远乎？”（《论语・泰伯》）仁德的本质就是爱人，君子把家庭之爱推广到一个邦国、整个人类社会，才做到了“泛爱众”（《论语・学而》）。为了实现“泛爱众”，积极入世，关心社会，忧国忧民，否则，爱众就是一句空话。孔子虽然赞扬蘧伯玉说：“君子哉蘧伯玉！邦有道则仕，邦无道则可卷而怀之。”（《论语・卫灵公》）但他自己却不论邦有道还是邦无道，都一样富有社会责任感。邦有道则积极弘扬仁道，邦无道，也积极去改变局面，甚至“知其不可而为之”（《论语・宪问》），反对“危而不持，颠而不扶”（《论语・季氏》）。他给其弟子灌输从政的意识与注意的事项，并不是指导弟子去“谋食”，而是去更好地“谋道”，不是为了丰厚的俸禄、光宗耀祖，而是为了更好地推行仁道。“君子之仕也，行其义也。”（《论语・微子》）君子做官，为的是行义，为的是能求得惠民的机会。子贡曾问：“如有博施于民而能济众，何如？可谓仁乎？”孔子回答说：“何事于仁？必也圣乎！尧舜其犹病诸。”（《论语・雍也》）“圣”是最理想的，但这是谁也难具备的，能“博施于民而能济众”者，足可称圣人了。能“博施于民而能济众”的主要途径在于能从政治国，在孔子这种意识的影响下，中国士阶层参政意识十分强烈，即使不能参政，也特别关心政治，具有强烈的忧国忧民的忧患意识。

（三）重视个人道德修养，追求个人人格完美

孔子把个人道德修养的全面性与人格健全的完美性作为君子的必备素质，君子是有道德素养与美好人格的人，这是与小人的本质区别。孔子说：“君子喻于义，小人喻于利。”“君子怀德，小人怀土；君子怀刑，小人怀惠。”（《论语・里仁》）孔子以君子重公义、小人重私利作为区分君子与小人的根本标准。但君子之所以为君子，又不仅仅“喻于义”，他的道德修养和人格塑造是全面而完整的，如孔子说：“孝弟也者，其为仁之本与！”（《论语・学而》）提倡君子应有亲情之爱，父慈子孝的道德风尚。孔子说：“君使臣以礼，臣事君以忠。”（《论语・八佾》）“事君，能致其身。”（《论语・学而》）君子把“使臣以礼”的仁德君主视为国家与民族的代表和象征，忠君就自然等于忠于祖国和人民，在这种爱国主义精神鼓舞下，中国历史上一代代地涌现出多少为捍卫祖国主权、统一而献身的民族英雄。孔子还提倡君子应处事讲信用，为人正直善良，待人谦虚厚道，生活节俭朴素，等等。在《论语》中，孔子提出的道德修养的条目多达三十多条，对君子人格的塑造起了重要的作用，后来的《大学》把孔子完善道德修养的理论概括为八个条目：“格物、致知、诚意、正心、修身、齐家、治国、平天下”，这八个条目也概括了君子人格完善的全过程。

（四）具有历史主人翁感

孔子的学说是“仁学”，也是“人学”，其学说首先揭示了“人”的价值，才为其“爱人”的理论奠定了坚实的基础。孔子的学说之所以区别于宗教，就在于宗教信奉神，靠神来赎罪，靠神来拯救人的灵魂；而孔子的学说完全相信人本身，靠人的自身能力去“齐家、治国、平天下”。孔子的学说也与先秦其他学派有区别，道家信仰的是无为的自然，法家信仰的是严峻的法律，而孔子信仰的是人，是具有道义的君子。君子是自强不息的人，达则能济天下，穷则能善其身。君子有自信心，认为“为仁由己”（《论语・颜渊》），“我欲仁，斯仁至矣”（《论语・述而》）。在追求“济天下”或“善其身”的过程中，“君子求诸己”（《论语・卫灵公》），不去苛求别人。自觉地挑起以天下为己任的历史职责。总之，孔

子弟子的人格和后世君子的人格，是按照孔子的要求塑造的，君子是中国人崇拜的对象，是代表着有理想、有觉悟、有能力、推动历史进步的社会健康力量。

（五）具有勤奋好学的精神

孔子从不以"圣人""仁人"自居，但自认是"好学"者，孔子说："十室之邑，必有忠信如丘者焉，不如丘之好学也。"（《论语·公冶长》）他要求君子也应是个"好学者"，因为只有好学才能克服自身弱点，获得君子应该具备的各种美德。他说："好仁不好学，其蔽也愚；好知不好学，其蔽也荡；好信不好学，其蔽也贼；好直不好学，其蔽也绞；好勇不好学，其蔽也乱；好刚不好学，其蔽也狂。"（《论语·阳货》）从不好学的弊端强调好学的意义。君子"好学"不是应付一时之用，而是要将"好学"贯彻终生，要把学习当作人生最大的乐事，《论语》第一句话就是："学而时习之，不亦说乎？""好学"也决定了学习的质量，孔子说："知之者，不如好之者；好之者，不如乐之者。"（《论语·雍也》）只有"好学"，才能以苦读为享受，才能自觉地一辈子"学而不厌"，而且平时就能争分夺秒地学，常怀"学如不及，犹恐失之"（《论语·泰伯》）的紧迫感、危机感。孔子说："三人行，必有我师。"（《论语·述而》）君子学无常师，正体现了君子"不耻下问"的好学精神。

七、孔子总结了哪些宝贵的教学经验？

孔子一生主要从事教学活动，他在教学实践中总结了一些可贵的教学经验，概括起来主要有以下几点：

（一）注重因材施教

孔子的教学从受教育者的实际出发，对志趣、智能、性格、知识基础不同的学生，以不同的方式，授以不同的教学内容，注重从不同方面发展学生的特长。如"德行：颜渊、闵子骞、冉伯牛、仲弓。言语：宰我、子贡。政事：冉有、季路。文学：子游、子夏。"因材施教的前提是了解和把握学生的实际情况，孔子对他的弟子的性格、优长和缺点都有准确的了解，如他说："师也过，商也不及。""柴也愚，参也鲁，师也辟，由也喭。""回也其庶乎，屡空。赐不受命，而货殖焉，亿则屡中。"（以上引自《论语·先进》）在准确"摸底"的基础上，孔子对不同人施以不同的教育，如他的几个弟子都请教成仁的含义与从政的知识，孔子都根据每个人的特点，有针对性地予以回答。这些答案无疑不是从理论的角度进行全面、准确地阐述，从理论角度分析，这些答案又无不偏颇，缺少普遍指导的意义。然而就是这些答案，才真正管用，具体针对每个学生的实际情况，起到了补偏救弊的作用。因材施教就是在教学中贯彻实事求是的路线，切实贯彻这条路线，就是最大程度上遵循了教学的基本规律。

（二）注重启发式教育

在教学中，培养学生的学习兴趣，调动学生的学习主动性，帮助他们树立学习的自觉性，激发学生独立思维的活力，甚至比传授一些专门知识还重要。孔子说："不愤不启，不悱不发，举一隅不以三隅反，则不复也。"（《论语·述而》）"启"与"发"是指启发、开导，前提是学生具有求知欲。在没有引导学生引起学习兴趣前，是不能对其进行强制性的知识灌输。"举一隅不以三隅反，则不复也"，是希望所教的学生能"举一反三"，触类旁通。启发式教育，调动了学生学习的积极性与主动性，培养了学生独立思考问题的能力。这种启发式教育针对学生的实情而启发诱导，启发的内容随着学生素质的提高而提高，是一种循循善诱的好方法，许多学生对此深有体会，颜渊就曾说："仰之弥高，钻之弥坚。瞻之在前，忽焉在后。夫子循循然善诱人，博我以文，约我以礼，欲罢不能。既竭吾才，如有所立卓尔。虽欲从之，末由也已。"（《论语·子罕》）学生的学习如果达到"欲罢不能"的程度，就算具备了学习的主动性、自觉性。

（三）注重培养学生实事求是的学习态度

学习是实实在在的求知过程，必须持科学的态度，来不得半点虚伪。孔子不怕学生不懂或懂得不多，就怕学生不懂装懂，他把学习上老老实实的态度视为一种自知之"智"。孔子说："知之为知之，不知为不知，是知也。"（《论语·为政》）在实事求是方面，孔子还要求学生具备言行一致的品德，他说："君子耻其言而过其行。"（《论语·宪问》）甚至强调多做事少说话："敏于事而慎于言。"（《论语·学而》）孔子学生中颜渊是最"好学"的，在孔子看来，颜渊也有缺点，孔子曾说："回也，非助我者也，于吾言无所不悦。"（《论语·先进》）"吾与回言终日，不违，如愚。退而省其私，亦足以发，回也不愚。"（《论语·为政篇）但从颜渊的角度看问题，他好学多思，不肯轻易发表自己的看法，正遵循了先生孔子的教导："君子欲讷于言而敏于行。"（《论语·里仁》）

（四）注重学与思的统一

求知不仅仅是一个读书的过程，就好像我们吃饭，把山珍海味吃到肚子里，并不等于已成为自己肌体的一部分，还要经过消化吸收。读书就好比吃饭，思考就好比消化，只有既读书又思考，才能真正占有知识材料，又能理解掌握知识材料，最终把知识材料转变为自己的一种能力。孔子明白学与思的辩证统一关系，他说："学而不思则罔，思而不学则殆。"（《论语·为政》）指出学与思二者不可偏废。如果光学习不思考，学得再多也会茫然无措。孔子注重培养学生独立思考的能力，颜渊是他最赏识的学生，但只因颜渊在他面前不提自己的不同看法，孔子以为他不善于思考，就认为他"愚"。如果光思考不学习，整日苦思冥想，即陷入想入非非的危险境地。孔子因此又说："吾尝终日不食，终夜不寝，以思，无益，不如学也。"（《论语·卫灵公》）学与思也不是截然分开的两个阶段，有时学中有思，思中有学，结合得非常密切。学中有思，则对所学理解得更深，思有不解再去学，因学而豁然开朗，使所思更加深入。学与思好比行舟的双桨，缺少哪个都难以到达知识的彼岸。

（五）注重互教互学

孔子说："三人行，必有我师焉：择其善者而从之，其不善者而改之。"（《论语·述而》）就是说"善者"其善行足值得我学，"不善者"其不善之行足值得我鉴戒，所以我无处不可以学，无人不可为我师：在教学中，并不是老师单纯地教，学生单纯地学，而是还存在着互教互学。孔子公开承认其弟子在某些方面不亚于自己甚至超过自己，如他对颜渊说："用之则行，舍之则藏，唯我与尔有是夫！"（《论语·述而》）他又说："由也好勇过我"（《论语·公冶长》），在《论语》中，记有不少孔子从学生身上得到教育和启发的事例，如在《八佾》中记道："子夏问曰：'巧笑倩兮，美目盼兮，素以为绚兮。何谓也？'子曰：'绘事后素。'曰：'礼后乎？'子曰：'起予者商也，始可与言《诗》已矣。'"在同学之间，并不是单纯地各自求学，也存在着一个互教互学的关系。子路问怎样才能成为一个人格完美的人，孔子回答："若臧武仲之知，公绰之不欲，卞庄子之勇，冉求之艺，文之以礼乐，亦可以为成人矣。"（《论语·宪问》）把冉求的多艺，作为子路及其他同学学习的一个目标。孔子倡导师生之间、学友之间相帮互学风气，《论语·先进》中的"子路、曾皙、冉有、公西华侍坐章"，生动地描述了他们师生、学友间相互切磋学问、共同交流思想的情景。教学的过程，确实是师生思想道德和知识水平相互增长的过程。

八、孔子对文学艺术有哪些重要论述？

在中国文学艺术史上，孔子有着重要的地位，他对文学艺术的重要论述，是他学说的重要组成部分。文学一词最早见于《论语·先进》："文学：子游、子夏。"但这个"文学"指博学古文，与后世所说的"文学"既有区别又有联系。《论语》中无"文艺"一词而有"艺"这个词："志于道，据于德，依于仁，游于艺。"（《述而》）"……冉求之艺，文之以礼乐，亦可以为成人矣。"（《宪问》）这里的"艺"指才艺，与后世所说的艺术既有区别又有联系。孔子对文学艺术的论述，主要体现在他对诗歌与音乐的理解与阐述中：

（一）关于文学艺术社会功能的论述

孔子有一段很出名的言论，全面地论述了文学艺术的社会作用，孔子说："小子何莫学夫诗？诗，可以兴，可以观，可以群，可以怨。迩之事父远之事君。多识于鸟兽草木之名。"（《论语·阳货》）兴，就是文学艺术使人感发兴起，"可以兴"，就是指诗歌可以启发人的思维和想象，陶冶人的性情，激发人的感情，振奋人的意志；观，就是对文学艺术的观赏、鉴别，"可以观"，就是指通过诗歌中现实生活的反映，可以了解各地的风俗民情的盛衰及政治上的得失；群，就是能使人与人和谐合群。"可以群"，就是指诗歌帮助人们沟通思想，联络感情，增强群体观念，互相切磋，共同提高。怨，就是对执政者不满，有怨恨。"可以怨"，就是指诗歌可以针砭时弊，批评指责执政者的错误和缺点，发泄对苛政的怨愤。总之，"兴、观、群、怨"一说指出了文学艺术所具有的美感作用、认识作用和教育作用。

诗歌还用以"事父""事君"，这就是要求文学艺术要为一定的政治服务，同忠孝观念有明确政治目的一样，文学艺术也是为维护封建社会秩序，为礼教、治国服务的。孔子说："诵诗三百，授之以政，不达；使于四方，不能专对；虽多亦奚以为？"（《论语·子路》）从阶级的功利主义出发，进一步强调了文学艺术为统治阶级政治服务的特征。孔子注意到文学艺术与政治、社会生活的密切关系，重视文学艺术的社会功能，揭示了阶级社会中文学艺术的重要规律，形成了

中国文学艺术一个重要的传统理论，对后世文学艺术的发展有重要的影响作用。

（二）关于文学艺术内容和形式的论述

孔子关于文学艺术内容和形式的论述，主要体现在对“文”“质”二者关系的论述上，孔子说：“质胜文则野，文胜质则史。文质彬彬，然后君子。”（《论语·雍也》）质，实质，本质，就是事物的内容。文，文采，华饰，就是事物的形式。对于文学艺术来说，如果质胜文，就没有文采或缺少文采，内容就粗野不生动；如果文胜质，内容就空虚，只有形式上的华丽辞藻。孔子主张“文质彬彬”，既不赞成“质胜文”，又反对“文胜质”，只有“文质彬彬”，才文质兼备、文质并茂，将内容和形式有机地结合统一起来，从美学角度讲，才达到尽善尽美的高度。

《左传·襄公二十五年》引孔子的话：“志有之，言以足志，文以足言，不言谁知其志？言之无文，行而不远。”《礼记·表记》引孔子的话：“情欲信，辞欲巧。”志足言文，情信辞巧，讲的还是文质完美的统一。在内容与形式统一的基础上，就内容与形式比较而言，孔子更强调内容的重要性，在重视内容充实的前提下来重视形式的美巧。孔子评价《诗》，其标准首先是它的内容：“《诗》三百，一言以蔽之曰：思无邪。”（《论语·为政》）“无邪”是指内容纯正、符合礼教，不论“无邪”是否能概括《诗经》的内容，但孔子已为中国文学艺术评论提出了一个内容方面的政治标准。

孔子强调内容即质的重要的言论，还有“绘事后素”说，《论语·八佾》记载：“子夏问曰：‘巧笑倩兮，美目盼兮，素以为绚兮。何谓也？’子曰：‘绘事后素。’曰：‘礼后乎？’子曰：‘起予者商也，始可与言《诗》已矣。’”有了美质，再饰以脂粉，才能更加美丽，美的决定性因素在于质。文学艺术作品必须有好的内容，然后再加修饰，这就是“绘事后素”对文学艺术的要求。中国的文学艺术创作，历来强调作者品德的修养，所谓“人品即文品”，作者有德才能创作出合乎仁德要求的作品来，这仍是在强调作品的美质。

（三）关于文学艺术美的论述

孔子在评论品德、才能时，有时所说的“美”就是指“善”，如《论语·尧曰》记载：“子张问于孔子曰：‘何如斯可以从政矣？’子曰：‘尊五美，屏四恶，斯可以从政矣。’子张曰：‘何谓五美？’子曰：‘君子惠而不费，劳而不怨，欲而不贪，泰而不骄，威而不猛。'"这种概念至今沿用，我们现在不是还说"心灵美""行为美""道德美"吗?

但在评论文学艺术作品时，他就把"善"与"美"分开了,《论语·八佾》记载:"子谓《韶》:'尽美矣，又尽善也。'谓《武》:'尽美矣，未尽善也。'"这里所说的"善"，指内容，即合乎仁德要求的内容。所说的"美"，指形式，即赏心悦目的表现形式。也就是:一个是政治标准，一个是艺术标准。《韶》因为宣扬圣德，又在艺术上达到完美，所以说它是尽善尽美的。《武》虽然在艺术上达到高标准，但它宣扬征伐取天下，不合圣德，所以说它是尽美而未尽善。孔子注意到文学艺术中"善"与"美"的区别，对准确地论述文学艺术的构成奠定了理论基础。

文学艺术作品"善"与"美"的关系，实质就是"质"与"文"的关系，一个问题两种说法，"文质彬彬"就是"尽善尽美"。合乎"中庸之道"，是对文学艺术审美的最高要求，中庸之道在文学艺术上的体现就是"中和之美"。孔子对《诗经·关雎》的评价，体现了这一美学思想原则。孔子说:"《关雎》乐而不淫，哀而不伤。"(《论语·八佾》)朱熹《诗集传·序》中说:"淫者，乐之过而失其正者也;伤者，哀之过而害于和者也。"中和之美就是求文学艺术表现的"中""正"，既不能不及，又不能过，"乐而不淫""哀而不伤"即表达感情取中而适度，不能过于放纵，如果欢乐过度成为"淫"，即坠入情欲狂热宣泄。如果悲哀过度成为"伤"，即陷入不能自拔的无限伤痛之中，就都属于有害无益的偏激了。如郑国的音乐，孔子认为它淫，不合中和之美，并说:"恶郑声之乱雅乐也"(《论语·阳货》)，主张"放郑声"(《论语·卫灵公》)，即主张排斥、废除淫荡的音乐。

孔子说:"温柔敦厚，诗教也。"(《礼记·经解》)温，声色温和;柔，性情柔和;敦，态度亲善;厚，秉性忠厚。合乎中庸的性情反映到文学艺术上，就表现出"怨而不怒"，"怨刺"合乎礼义，含蓄委婉地寄寓讽谏。孔子以"中和"为审美标准，这一思想成为传统的中国文学艺术一贯追求的美学风格。

九、孔子对中国史学的发展有哪些贡献?

中华民族是一个史学意识最早形成的民族，刘勰认为记史始于黄帝，史体完备于周公旦(借指《尚书》)与孔子(指孔子著《春秋》):"史肇轩黄，体备周

孔。”（《文心雕龙·史传》）依照国家建立必定改变习惯法为成文法这一规律来推断，中国的史官，应该在夏代就设立了。夏、商、周的记史全由王官中的史官垄断，但是从西周末期开始，周王室衰微，政权下移于各侯国，侯国也相继出现了专门的史官，并且在春秋末期第一次出现了私人撰史的现象，这个私人就是儒家创始人孔子。孔子修《春秋》之前，各种史实的收录、编写还属于史官的一种特权，孔子以大无畏的精神修《春秋》，打破了以往史官的文化垄断，在中国文化史上，第一次出现了有名有姓的史学家，孔子并且成为中国成体系的历史著作的开山祖。

孔子清楚用历史的经验教训，来说明社会复杂的问题，寻找治理世道的规律与方法，探究当前及未来社会发展的动向及趋势，要比理论上阐述，更为简明有力。他说：“我欲载之空言，不如见之于行事之深切著明也。”（司马迁《史记·太史公自序》）由他编撰的《春秋》，就体现了这种意识。孔子的《春秋》，不仅标志着儒家学派从此创立，也标志着中国成体系的历史著作由此而诞生。

“春秋”作为一种史书体，其产生的年代是很早的，孔子把周代及之前的史书统称之为《春秋》，曾说：“属辞比事，《春秋》教也。”（《礼记·经解》引）但年代久远的各种《春秋》大都已亡佚，连孔子也没有全能见到。孔子在编写自己的《春秋》（《左传》中称孔子的《春秋》为《书》）时，只借鉴了部分侯国“春秋”的编写体例，尤其是鲁《春秋》，当然孔子在编写中也有自己的独创。孔子的《春秋》形式虽然简单，但毕竟属于按时间顺序连续记载重大历史事件的严谨的编纂体例。孔子的《春秋》是中国现存的第一部编年史，虽属粗具时间、地点、人物、事件的记述，但它已经具备了历史著作的基本因素，开了编写中国成系统的历史著作的先河。

《春秋》一书，记事上起鲁隐公元年（公元前 722 年），下止鲁哀公十四年（公元前 481 年），共 242 年。记事原则是：“以事系日，以日系月，以月系时，以时系年，所以纪远近，别同异”（杜预《春秋经传集解·序》）。既说明了此事件发生的时间，又说明了与彼事件的相互时间关系。《春秋》就用这样的方式，以时为经，以事为纬，把 242 年的大事一年又一年地全联结起来。章太炎在《国故论衡·原经》中说：“《春秋》之所以独贵者，自仲尼以上，《尚书》则缺略无年次，‘百国春秋’之志，复散乱不循凡例。又亦藏之政府，不下庶人，国亡则人与事偕绝。……令仲尼不次《春秋》，今虽欲观定哀之世，求五伯之迹，尚荒忽如草昧。”刘知几说：“系日月而为次，列时岁以相续，中国外夷，同年共世，莫不备载其事，形于目前，理尽一言，语无重出，此其所以为长也。”（《史通·二体》）《春秋》编年体的长处就在于严格按时间顺序来排列历史事件，使历史事件逐渐展示出来，其形式成为我国各种史籍的基本形式，王应麟在《玉海》中说：“历代国史，其流出于《春秋》。”

《春秋》的“比事”有一定的“义法”，这就是“上至隐公，下讫哀公十四年，十二公。据鲁，亲周，故殷，运之三代，约其文辞而指博。……《春秋》之义行，则天下乱臣贼子惧焉”（《史记·孔子世家》）。“据鲁”，即以鲁国为本位来记事，又不限于鲁，兼记天下大势的演变，内详外略，具有列国史的意义。“亲周”，即尊周，维护周礼，代周天子褒善贬恶，对僭越违礼者进行舆论上的诛伐。春秋时诸侯国都有自己的纪年，早不奉周之正朔，但孔子《春秋》仍坚持书以“王某月”，记时统一于周正，表示扶周室明王道之义。“故殷，运之三代”，即以夏商灭国及周代衰微为借鉴，以所记之事阐明王道，所以 16572 个字的《春秋》，记载最多的是各国之间政治往来、相互攻伐，以及各国之间朝会立盟、往来聘访、婚丧祭祀、自然灾祥等。如果与王道相关，事虽小必记，与王道无关，事虽大而不书。

“属辞”，就是遣词造句。《春秋》属辞的特点是“微而显，志而晦，婉而成章，尽而不污”（《左传·成公十四年》），就是说《春秋》言辞少而意义显豁，记的虽是史事却含着深刻的道理，表述婉转有章法，书尽其事，无所污曲。《春秋》语言凝炼、平浅、含蓄、准确，比起《尚书》古奥的语言有很大进步，摆脱了诰语的“佶屈聱牙”，促进了历史散文语言向着流畅清新的方向发展，说明孔子还是一名语言革新的大家。

孔子著《春秋》时，对旧史“笔则笔、削则削”（《史记·孔子世家》），提炼语言，精选词句，在简洁的语言中隐寓褒贬，有所谓“微言大义”，这就是“春秋笔法”。孔子就是借“春秋笔法”，“上明三王之道，下辨人事之纪，别嫌疑，明是非，定犹豫，善善恶恶，贤贤贱不肖，存亡国，继绝世，补敝起废”（《史记·太史公自序》）。《春秋》的用语，看上去似乎平平常常，细细体味每个字都渗入作者鲜明的政治主张和强烈的感情，表现着作者对人物的爱憎褒贬，正如刘

勰《文心雕龙·宗经》说："《春秋》则观辞立晓，而访义方隐。"文笔浅显，用意深刻，以至于"一字之褒，宠逾华衮之赠；片言之贬，辱过市朝之挞。"（范宁《春秋穀梁传·序》）

《春秋》主体上还是以客观、求实为原则。孔子曾赞扬过太史董狐，赞其书法不隐。在他的《春秋》中，对于诸侯淫秽、纳贿、仇杀等丑行，也敢秉笔直书，甚至对不守君道的天子也敢讥讽，如隐公元年七月，鲁惠公安葬已久，周平王却向惠公妾仲子赠送助丧物，这在当时的人看来，是不合礼的轻佻之举，《春秋》便记下："秋七月，天王使宰咺来归惠公仲子之赗。"向后世君王提出"君不君则犯"的警告。孔子"不语怪、力、乱、神"（《论语·述而》），《春秋》尽管记了不少自然灾异，但并没有给以神秘解释，对旧史的荒谬还加以纠正，如鲁庄公七年夏四月辛卯夜，不见恒星，《鲁春秋》记载说："雨星不及地尺，而复。"（见《春秋公羊传》）流星陨落不待及地又返回天上，多么离奇！孔子于是把它改为"星陨如雨"，体现了他试图用无神论观点来解释自然现象的意识。

《春秋》存在着过于简短隐晦的缺点，大部分类似后世的文章纲目或简要大事记，记载仅具纲目，无史实的详情及过程，往往使人弄不清史实的因果关系，因而也就不能准确地理解它记载的全部含义，很难谈得上生动、形象地叙事写人。将一个历史人物的全部活动或一件重大历史事件的整个发展过程，按时间分成若干部分，分散在各个篇幅中，和同时的其他人物活动及其他事件混在一起，使人不易简捷、清晰、完整地看到这一人物的全部活动与这一历史事件的整个发展过程。这是编年体难以克服的"特点"，要想克服这一弊端，只有创建新的体例，这就是以后出现的纪传体、纪事本末体。但是这些新体例的创建完全建立在编年体的基础之上。

春秋末期是一个伟大的社会转型的时期，在社会的巨变中，时代呼唤着一代精神生产的"巨人"出现，来对许多重大的社会变革做出解释。孔子就是应运而生的"巨人"，他借《春秋》所载的史实来宣扬儒家思想，以达到拨乱反正的政治目的。《春秋》一书关系着天下国家大是大非，势必引起社会不同人的强烈反映，所以孔子才感叹说："知我者其惟《春秋》乎！罪我者其惟《春秋》乎！"（《孟子·滕文公下》）《春秋》是孔子亲自所撰，它如实地反映了儒家创始人孔子的思想倾向与是非爱憎感情，正因如此，后世儒家学人才把它奉为经典，并形成了专门的学问——《春秋》学。

子贡曾说："譬之宫墙，赐之墙也及肩，窥见室家之好。夫子之墙数仞，不得其门而入，不见宗庙之美，百官之富。得其门者或寡矣。"（《论语·子张篇》）子贡以围墙作比喻，说明其他人德行浅薄，就像低矮的围墙，一眼就看清围墙里的房屋，而孔子的思想博大精深，就如数仞高的宫墙，遮挡着里面富丽堂皇的宫殿，不入其门自然无法一睹其风采。孔子的《论语》与《春秋》，就是我们进入孔子思想殿堂的大门，用心细读《论语》与《春秋》，才可走近孔子。